EXPOSITION UNIVERSELLE de 1900

Catalogue illustré officiel

de

l'exposition décennale

DES **BEAUX-ARTS**

1889 à 1900

Imprimeries LEMERCIER & Cie
43 rue Vercingétorix
PARIS

Ludovic BASCHET éditeur
12 rue de l'Abbaye
PARIS

La librairie d'Art L. BASCHET, 12, rue de l'Abbaye, Paris, qui, depuis vingt-deux années publie le *Catalogue Illustré* du SALON, a édité les trois catalogues illustrés des Beaux-Arts, à l'Exposition Universelle de 1900, savoir :

Catalogue illustré officiel
de l'Exposition rétrospective de l'Art Français
DES ORIGINES A 1800

Catalogue illustré officiel
de l'Exposition centennale de l'Art Français
DE 1800 A 1889

Catalogue illustré officiel
de l'Exposition décennale des Beaux-Arts
DE 1889 A 1900

Chaque volume broché, 3 fr. 50. — Relié, 5 francs.

L'ouvrage le plus complet et le plus exact sur l'Exposition est

LE PANORAMA
de l'Exposition Universelle
de 1900

publié par l'Éditeur Baschet, 12, rue de l'Abbaye, Paris, et mis en vente sur toutes les tables et dans tous les Kiosques du **Catalogue officiel** *à l'Exposition.*

Le PANORAMA *comprendra 20 numéros de 16 pages 28 × 35 représentant tous les Palais et toutes les Attractions de l'Exposition.*

60 Centimes le numéro.

EXPOSITION UNIVERSELLE DE 1900

Catalogue Officiel illustré
de
L'Exposition Décennale

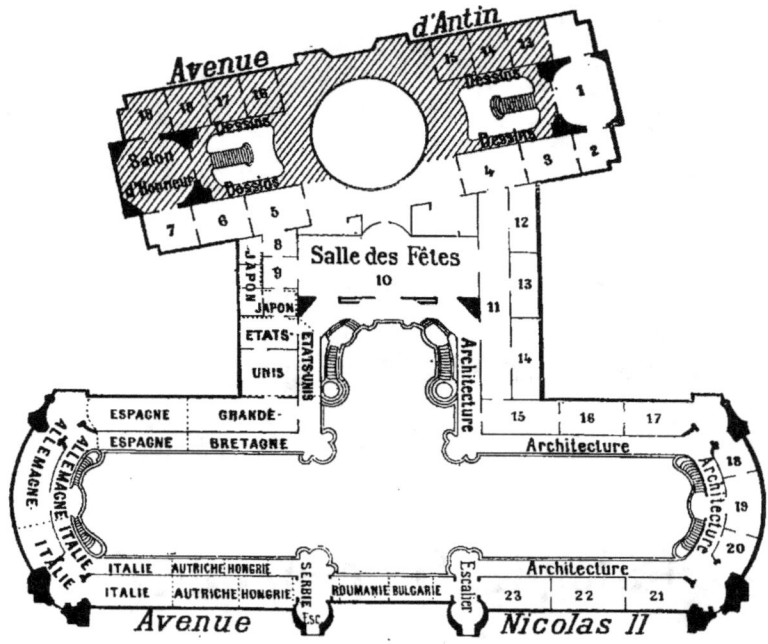

PLAN DU Ier ÉTAGE

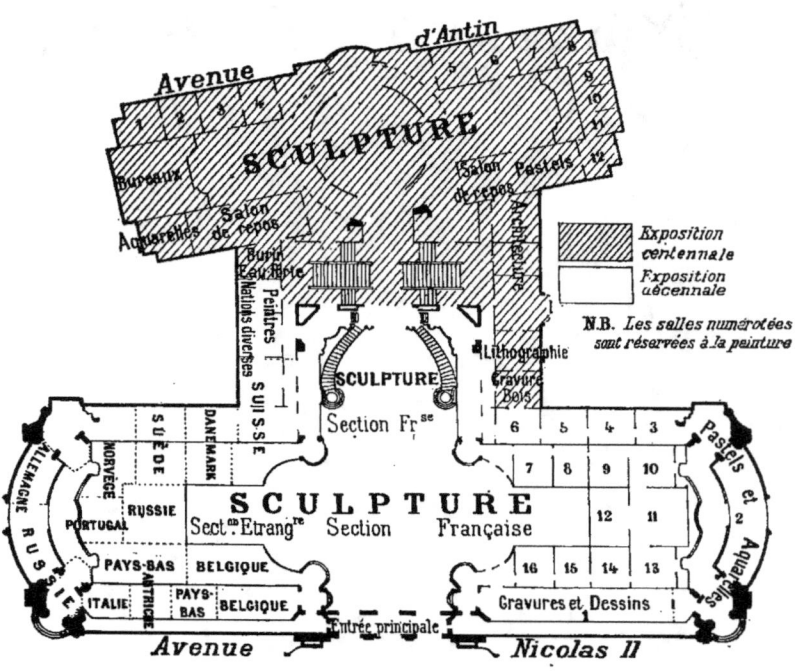

PLAN DU REZ-DE-CHAUSSÉE

EXPOSITION UNIVERSELLE DE 1900

Catalogue Officiel illustré
de
L'Exposition Décennale

DES BEAUX-ARTS

DE 1889 A 1900

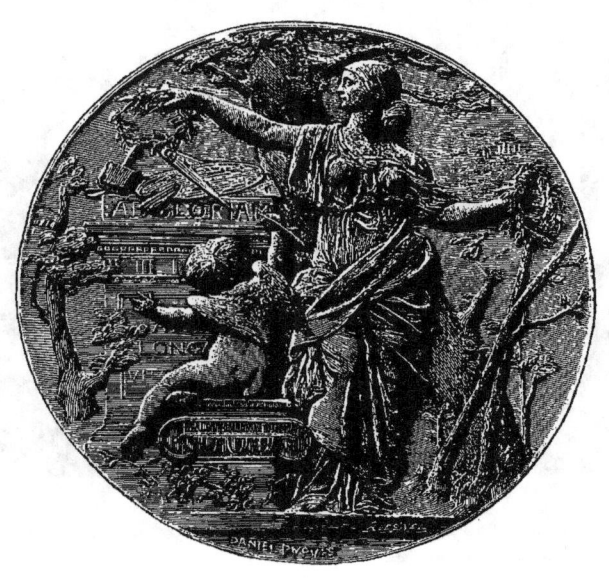

IMPRIMERIES LEMERCIER ET Cⁱᵉ | LUDOVIC BASCHET, ÉDITEUR
44, RUE VERCINGÉTORIX | 12, RUE DE L'ABBAYE
PARIS | PARIS

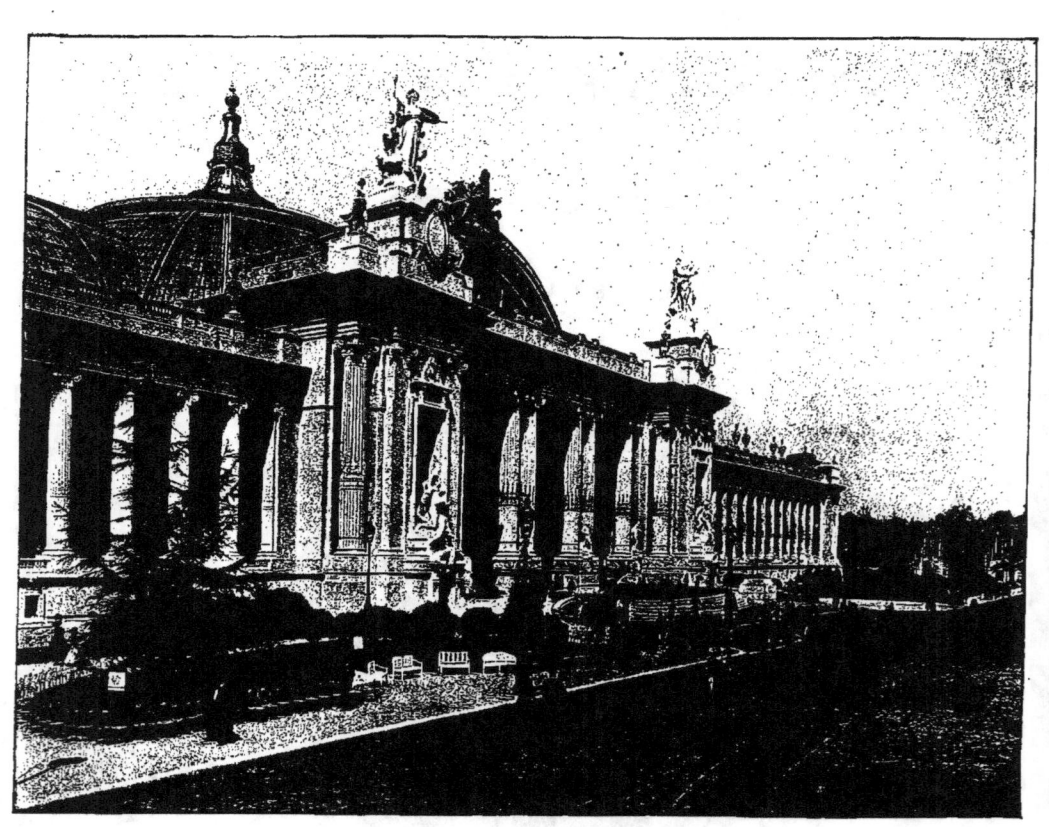
FAÇADE DU GRAND PALAIS, AVENUE NICOLAS II.

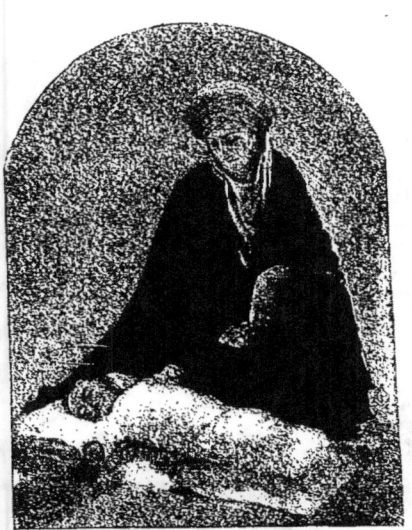

Copyright, by Braun, Clément et Cie.

A. AUBLET. — Au désert.

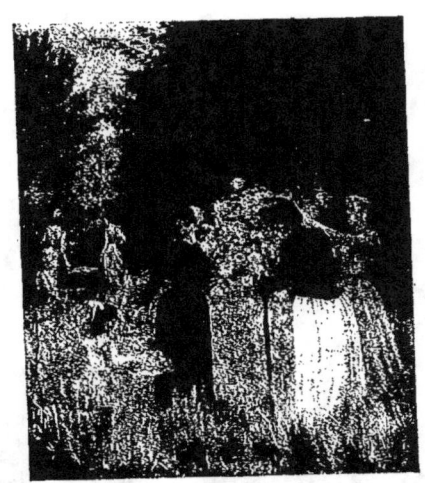

A. AUBLET. — Fête-Dieu.

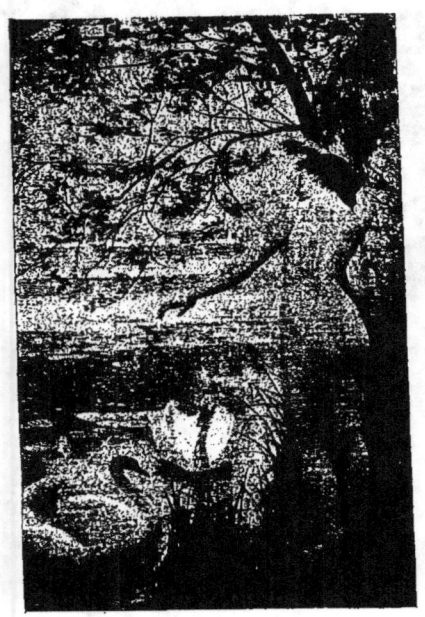

A. AUBLET. — Le Matin.

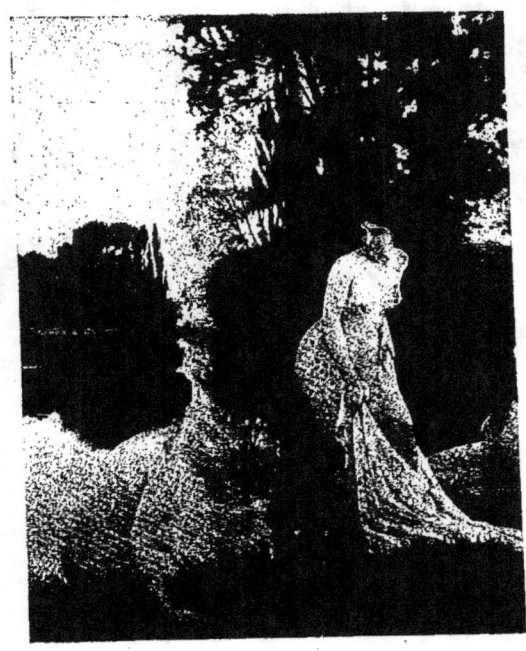

A. AUBLET. — Le Soir.

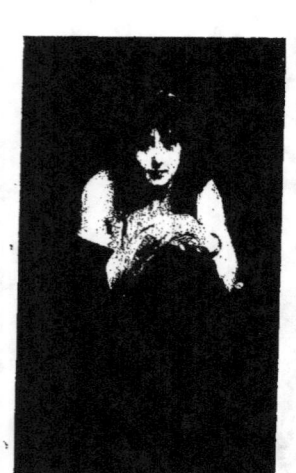

L. Deschamps. — Gitane.

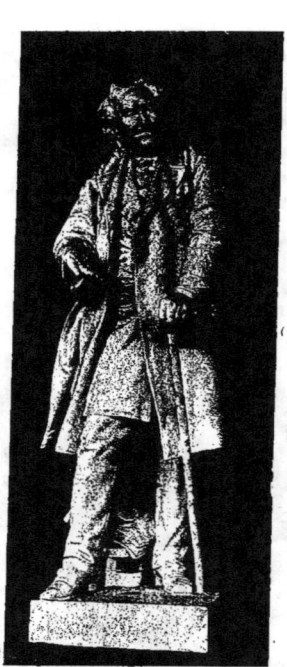

L. Fagel. — Chevreul.

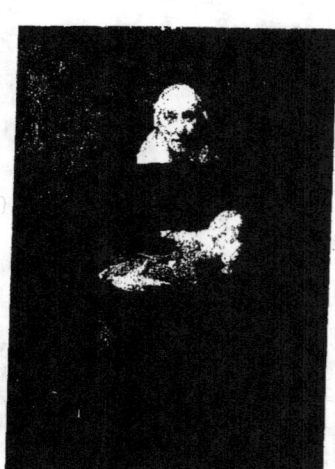

L. Deschamps. — Charité.

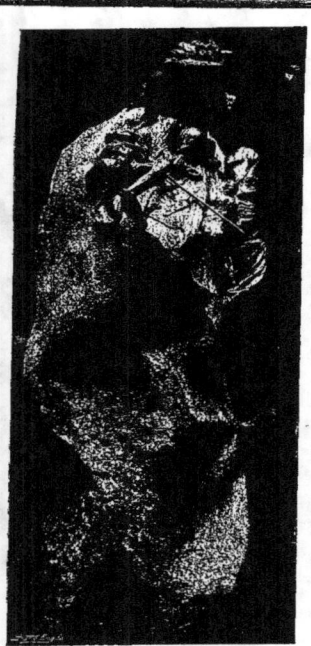

T. Rivière. — *Ultimum feriens*.

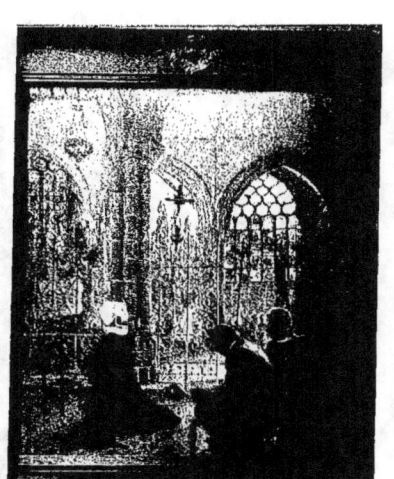

C. Duvent. — Le Seigneur soit avec vous !

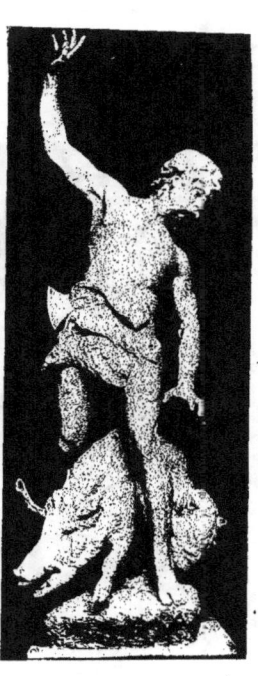

C. Perron. — « Surprise ».

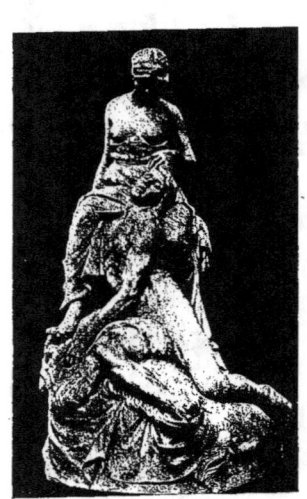 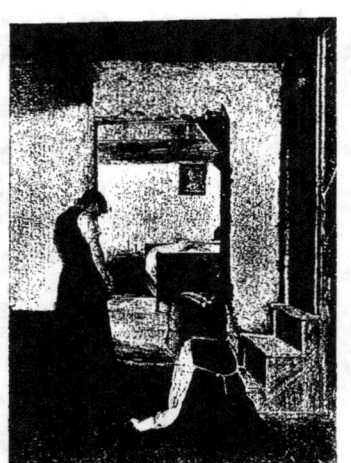 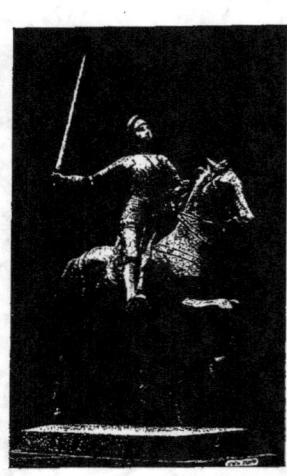

H. LOMBARD. — Samson et Dalila.   J. BOQUET. — Deuil.   P. DUBOIS. — Jeanne d'Arc.

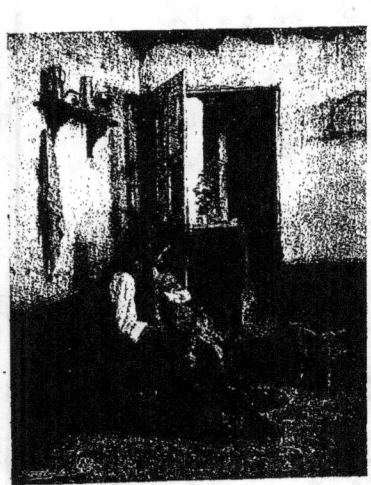

J. BOQUET. — Tendresse.

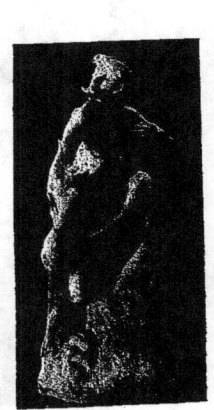

F.-R. LARCHE. — Les Violettes.

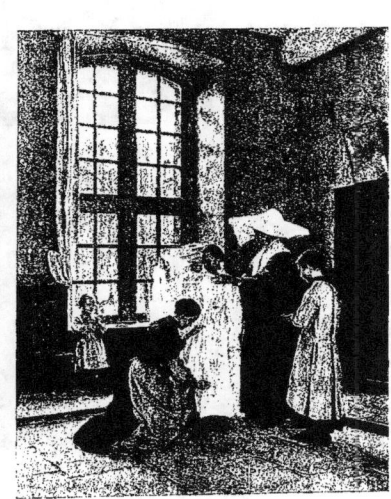

J. BOQUET. — Pour la Procession.

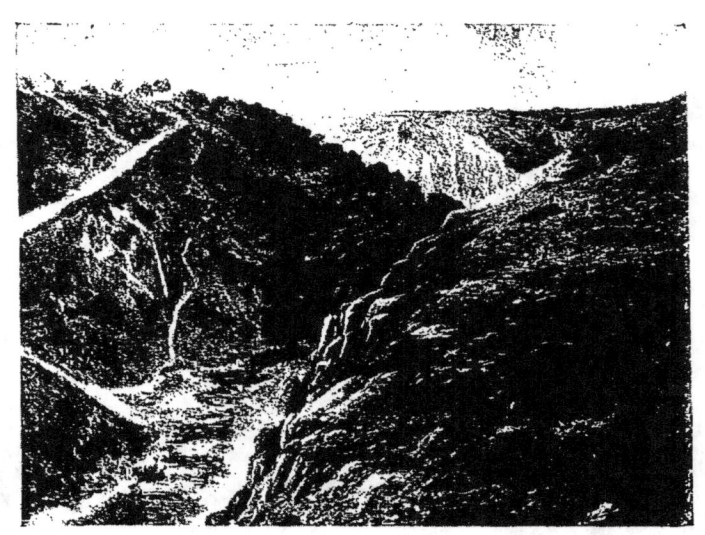

P. Madeline. — La Sedelle, à Crozant. (Creuse).

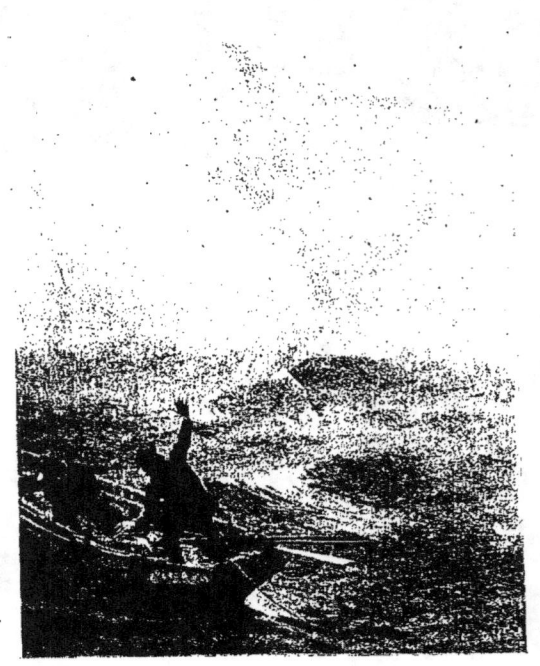

P. Jobert. — Dans la brume (banc de Terre-Neuve).

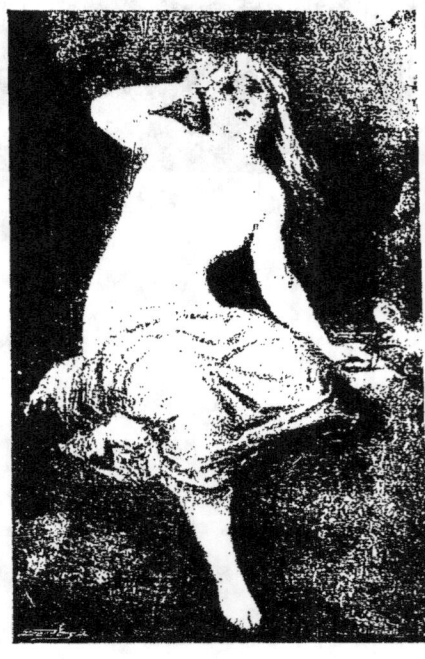

F. Giacomotti. — La Nymphe Écho.

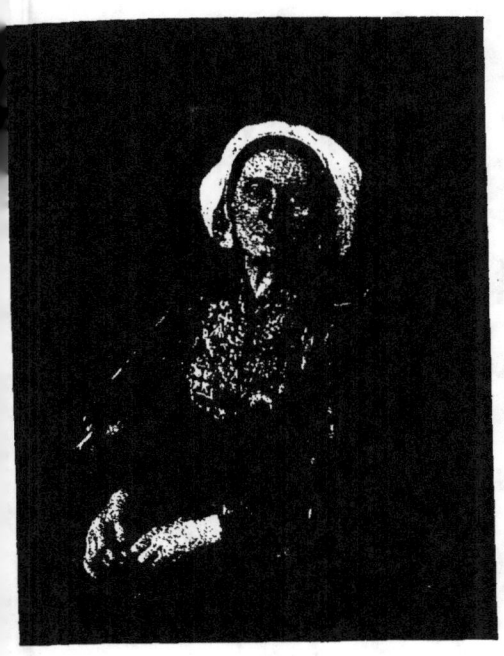

Mme E. Gruyer-Brielman. — Prière pour l'absent.

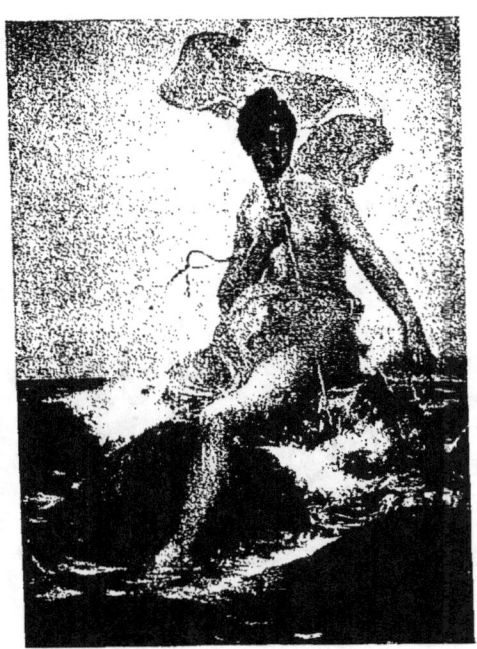

A. Édouard. — Thétis.

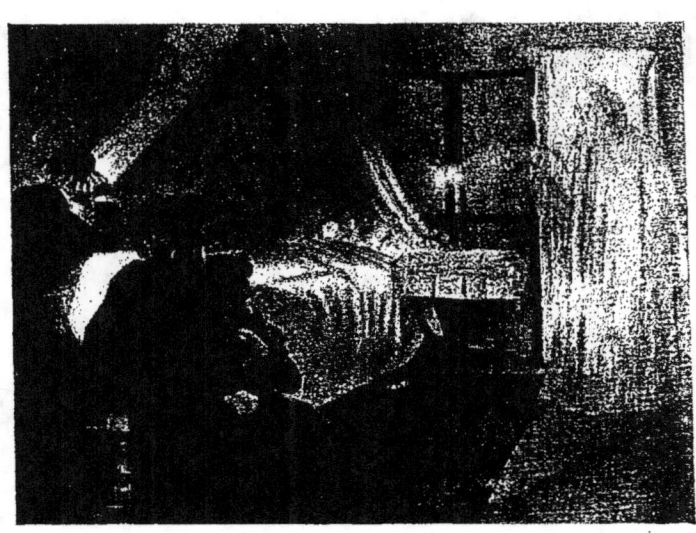

J.-G. Bondoux. — "Je suis la Résurrection et la Vie".

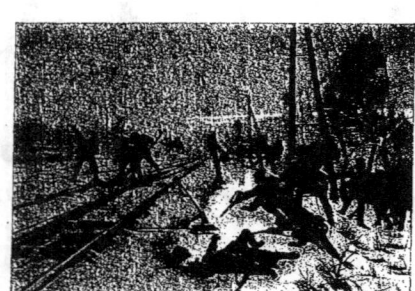

A. BLOCH. — Les Francs-Tireurs.

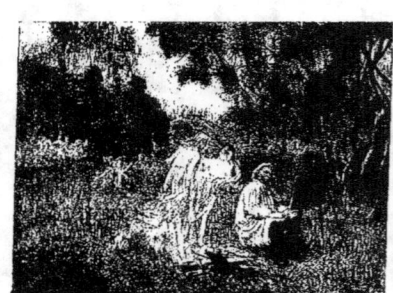

E.-L. FOUBERT. — Corot.

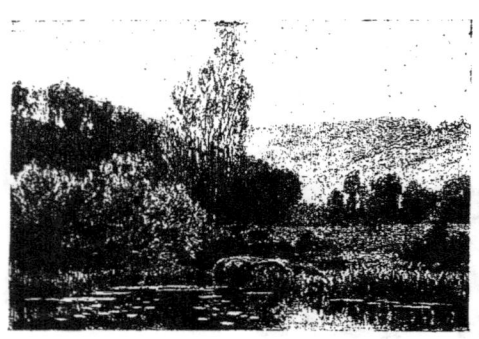

F. DE MONTHOLON. — Le soir, forêt de Vouvent.

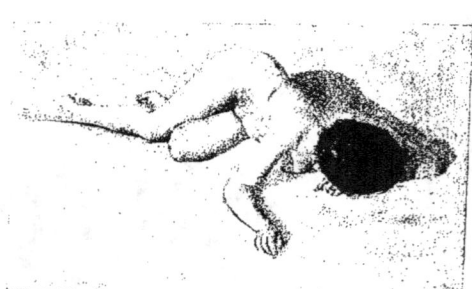

P. CARRIER-BELLEUSE. — Sur le sable.

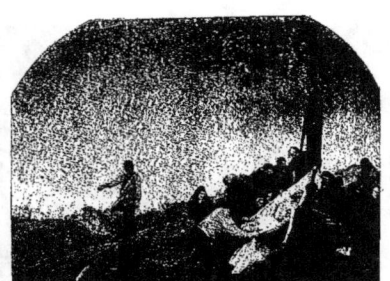

J. Béraud. — La descente de Croix.

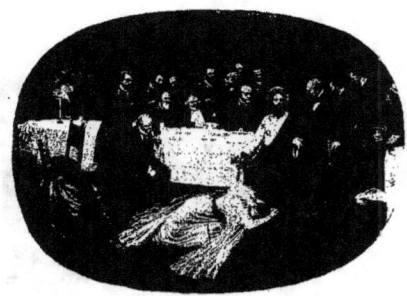

J. Béraud. — La Madeleine chez le Pharisien.

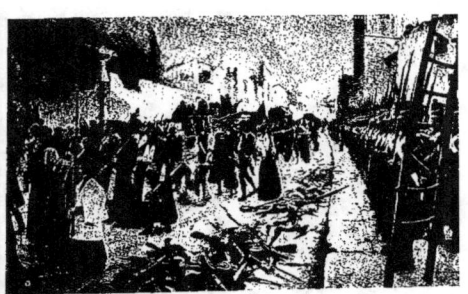

M.-H. Orange. — Les défenseurs de Saragosse.

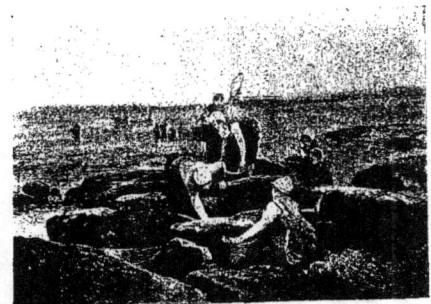

P. Beyle. — Les Travailleurs de la mer.

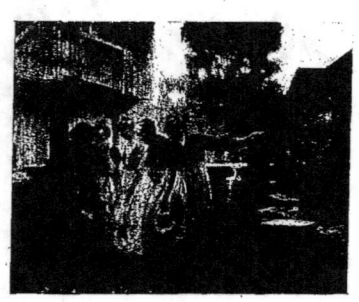

J.-J. Enders. — Un nid à cancans.

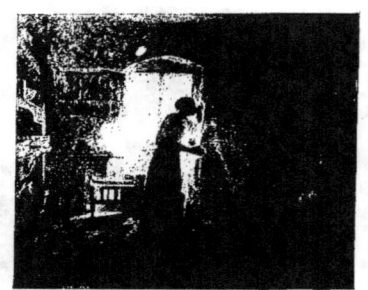

J.-J. Enders. — Rayon dans le deuil.

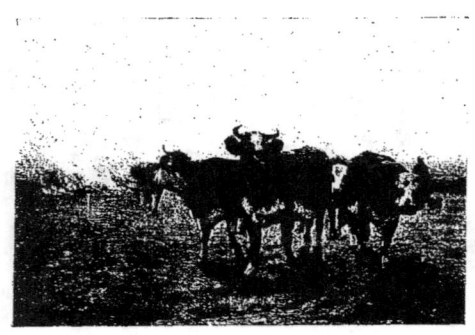

L. Barillot. — Les mauvaises herbes.

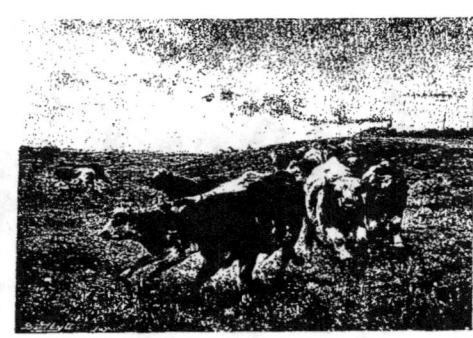

L. Barillot. — Le train 47.

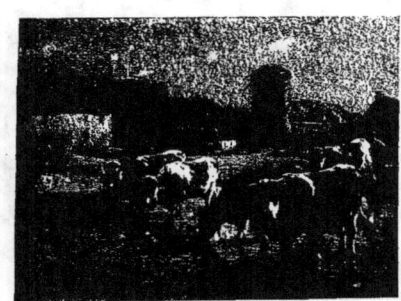

L. Barillot. — La Ferme de Thoville.

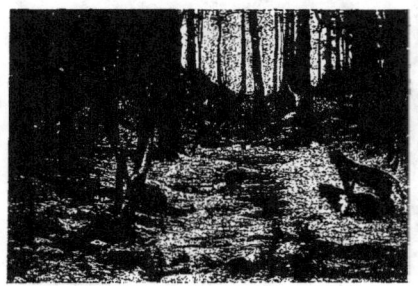

L.-H. Foreau. — Douleur d'Orphée

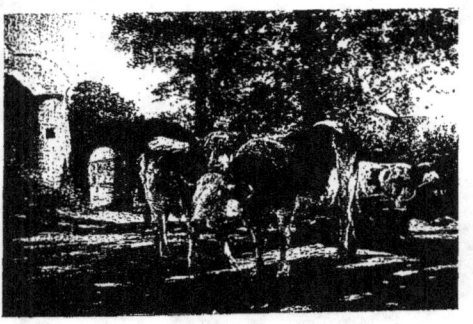

L. Barillot. — Bœufs à l'ombre.

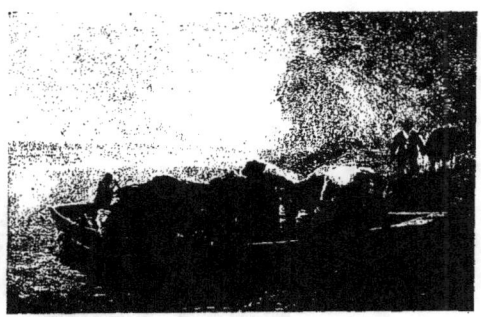

L. Barillot. — Embarquement de bestiaux.

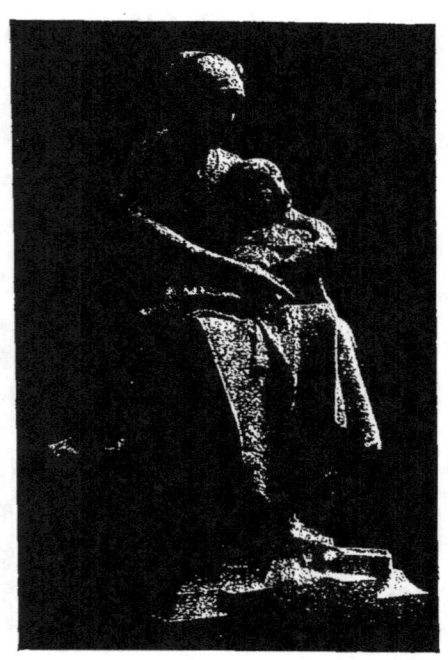
A. Cordonnier.F — Inoculation.

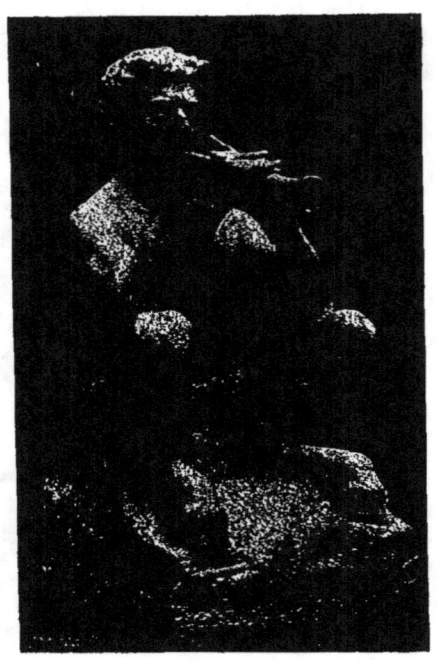
J. Escoula. — Pastorale.

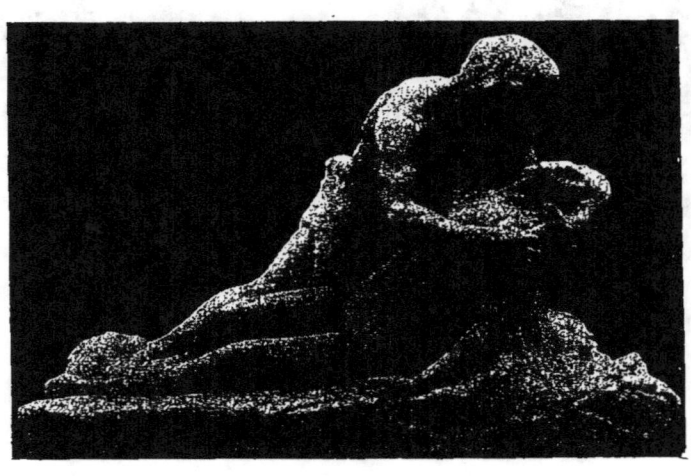
J. Escoula. — Mort de Procris.

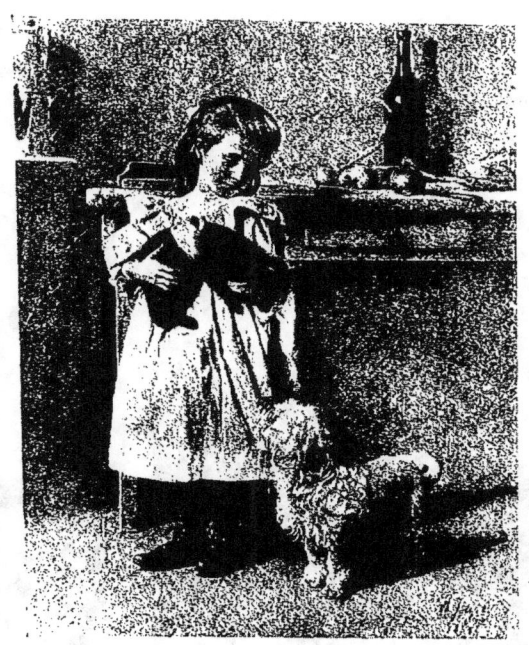

P. JOLYET. — Chien et Chat.

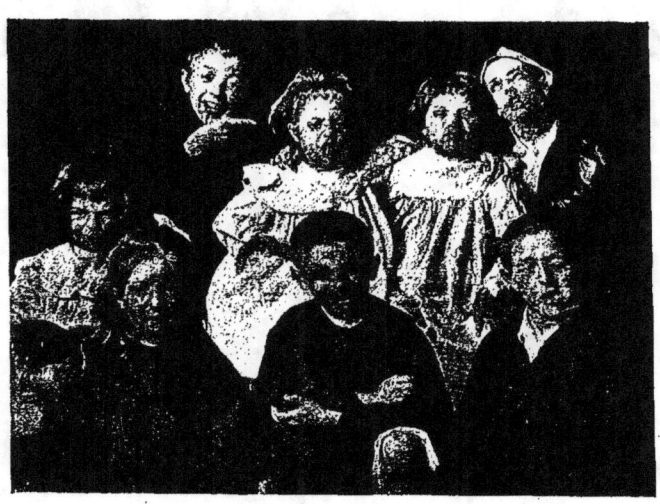

P. JOLYET. — Concours de grimaces.

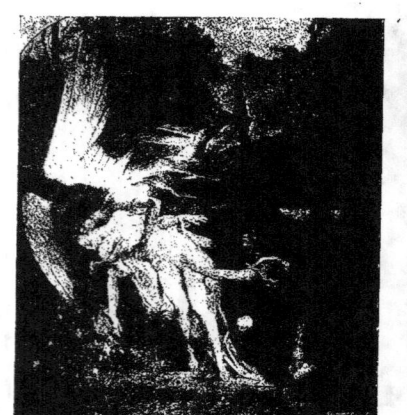 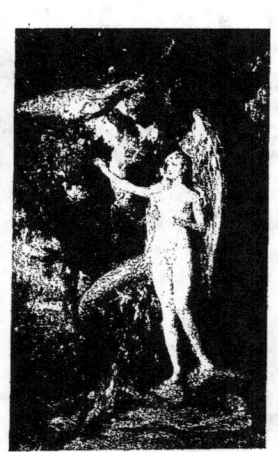 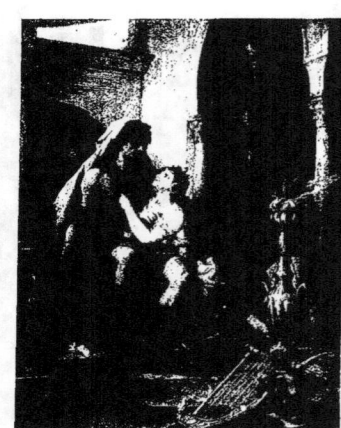

H. Lévy. — La jeune fille et la Mort.   H. Lévy. — Eve cueillant la pomme.   H. Lévy. — Samson et Dalila.

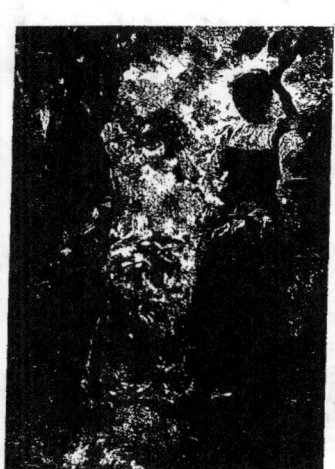
G. Laugée. — Au printemps de la vie.

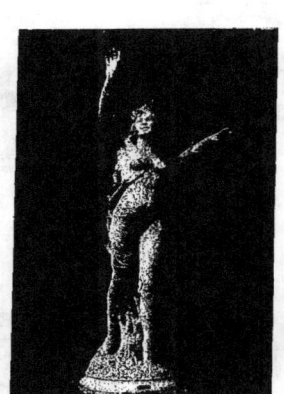
F.-R. Larche. — La Sève.

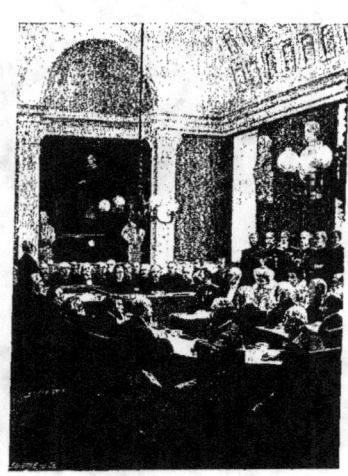
A. Brouillet. — Réception de LL. MM. l'Empereur et l'Impératrice de Russie par l'Académie Française.

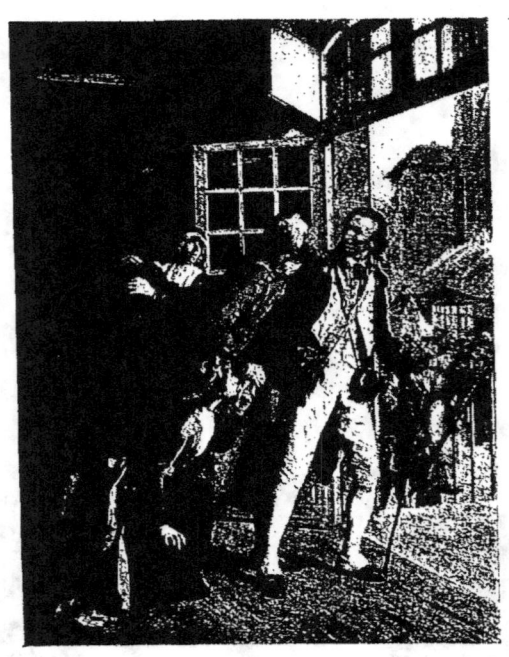
G. MELINGUE. — La Tour d'Auvergne.

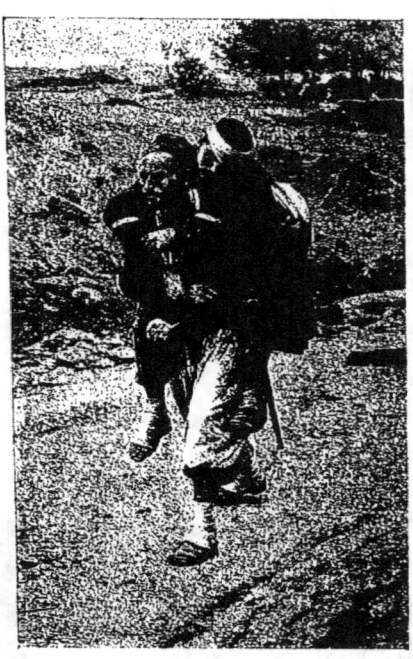
P. GROLLERON. — Frères d'armes.

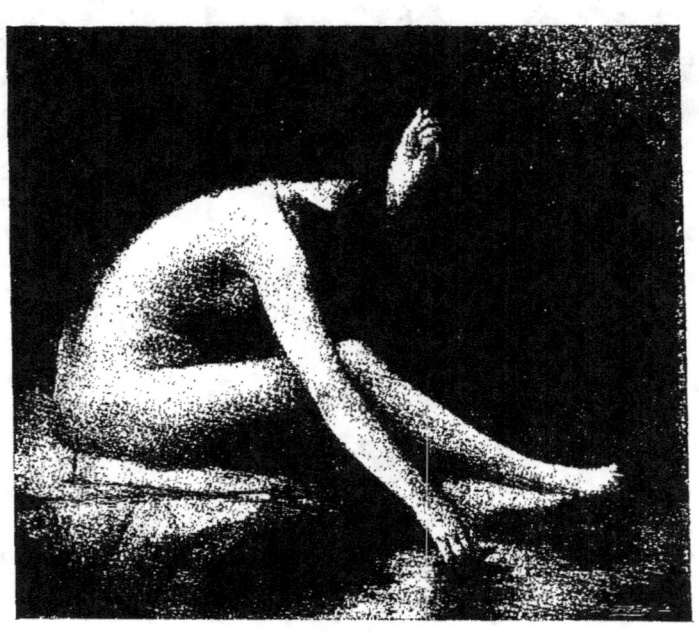
Mlle J. HOUSSAY. — Une chasseresse.

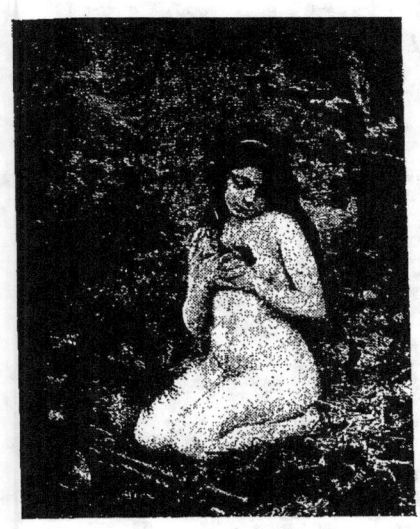
E. MARTENS. — Le Printemps trouve les oiseaux morts dans les bois.

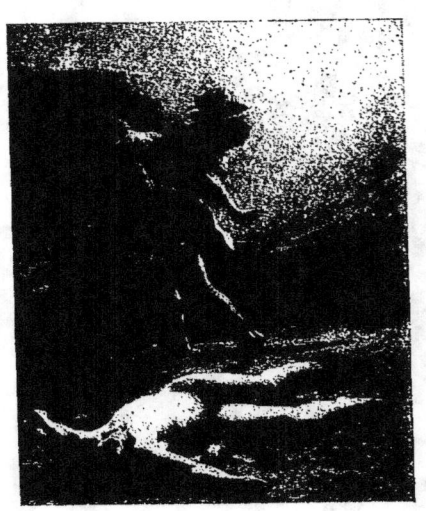
L. PERRAULT.
Le premier meurtre

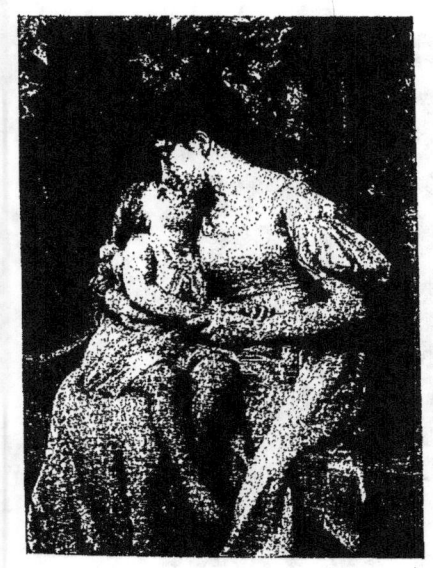
L. PERRAULT. — Tendresse maternelle.

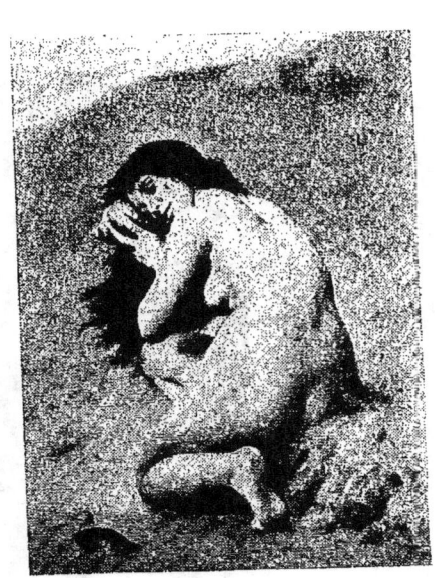
L. PERRAULT. — Nymphe des eaux.

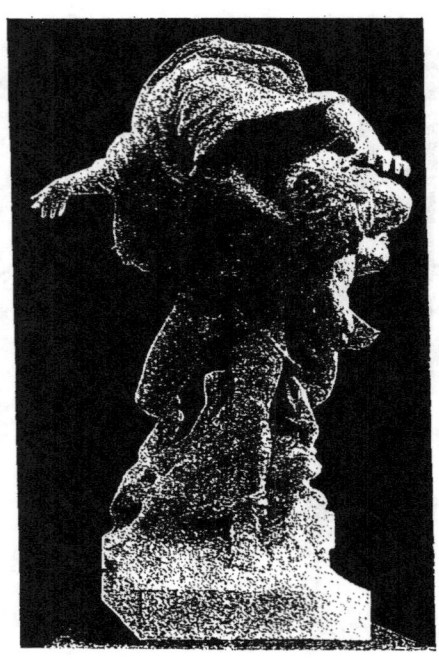
A. Octobre. — Le remords.

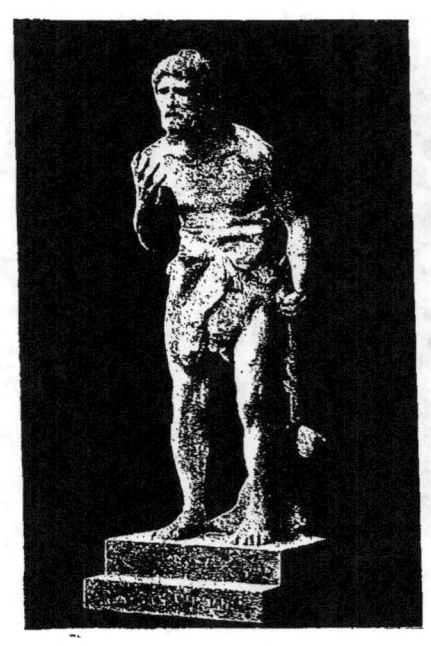
H. Vidal. — Le paysan du Danube.

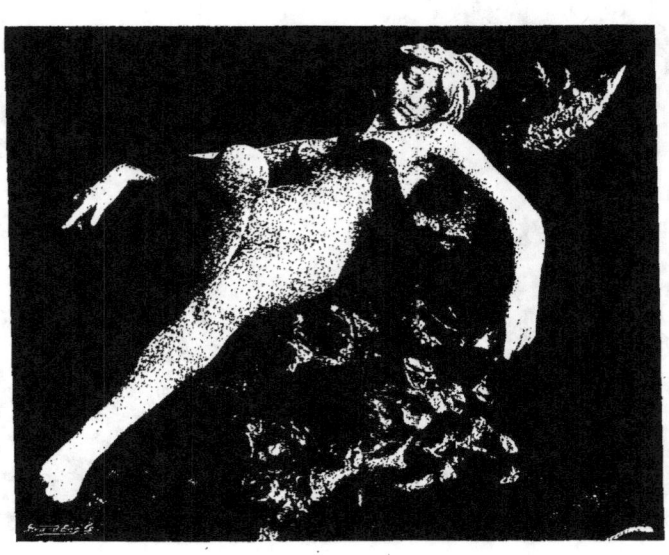
M. Ferrary. — Léda.

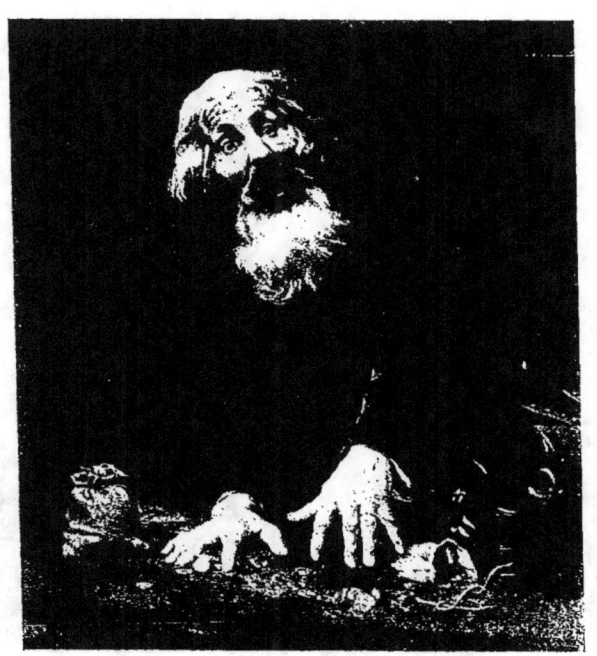

J. P. ALIZARD. — Peur d'avare.

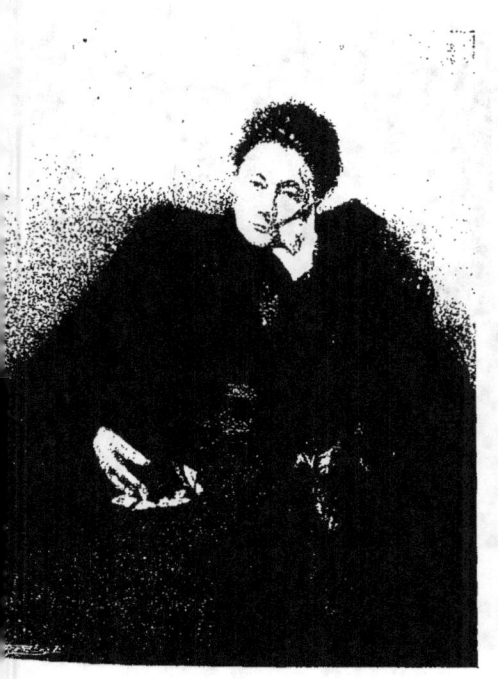

L. P. FÉLIX. — « Matri meæ. »

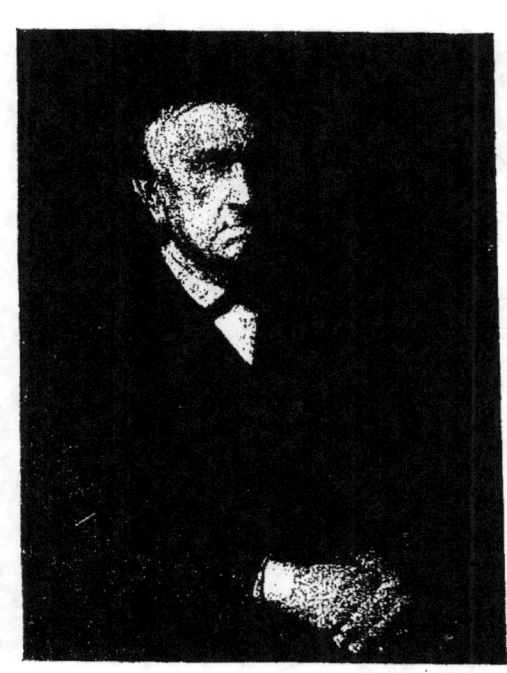

E. FOUGERAT. — Vieil Homme.

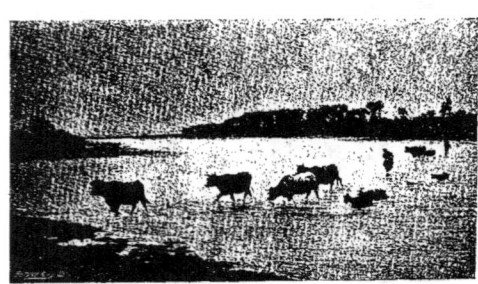
A. BEAUVAIS. — Le Gué.

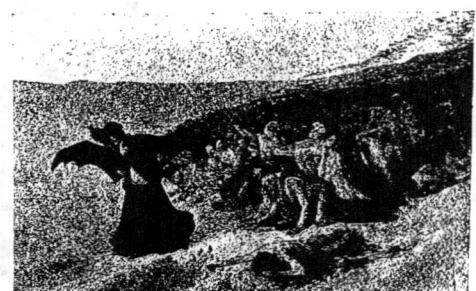
H. MARTIN. — Vers l'abîme.

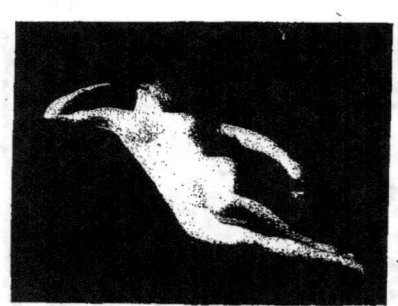
E. A. CAROLUS-DURAN. — Danaé.

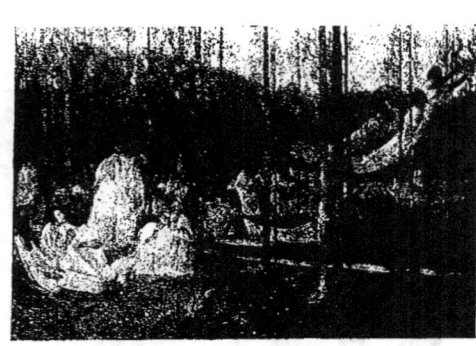
H. MARTIN. — Sérénité.

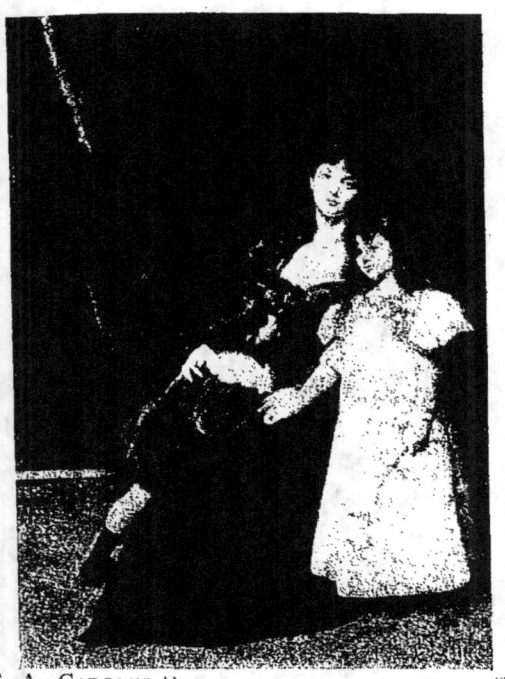

C.-A. CAROLUS-DURAN. — Portraits de Mme G. F. et de ses enfants.

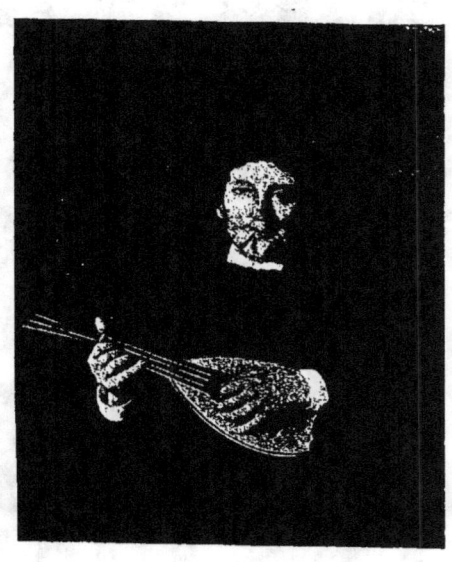

E.-A. CAROLUS-DURAN. — Le poète à la mandoline.

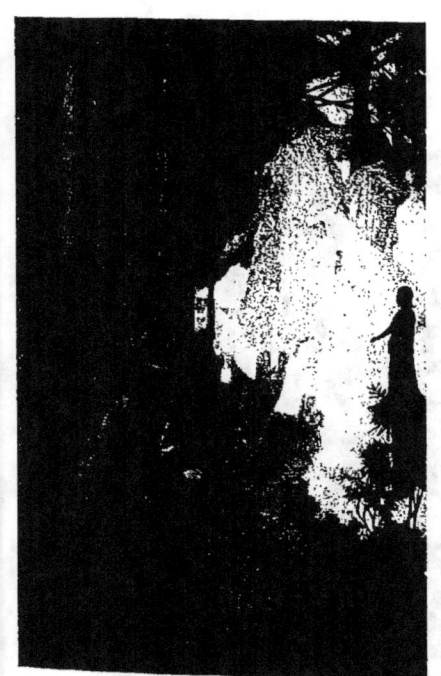

H. MARTIN. — Apparition de Clémence Isaure aux troubadours.

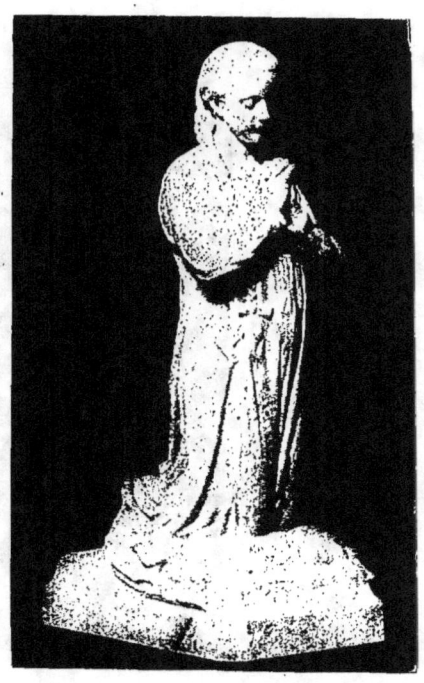

H.-E. ALLOUARD. — Pater noster.

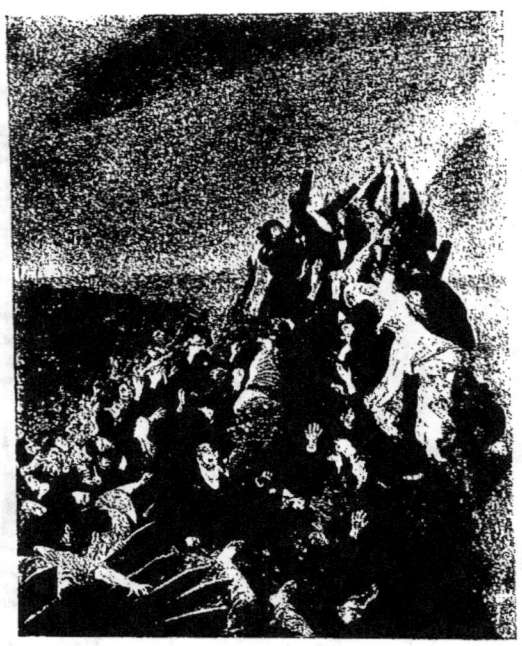

G. ROCHEGROSSE. — La Course au bonheur.

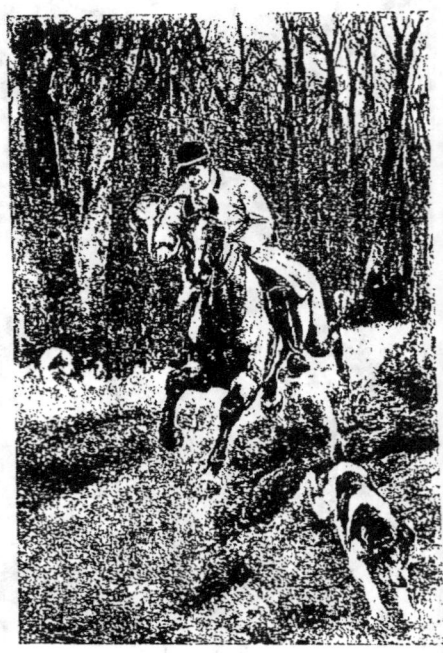

P. TAVERNIER. — Chasse à courre.

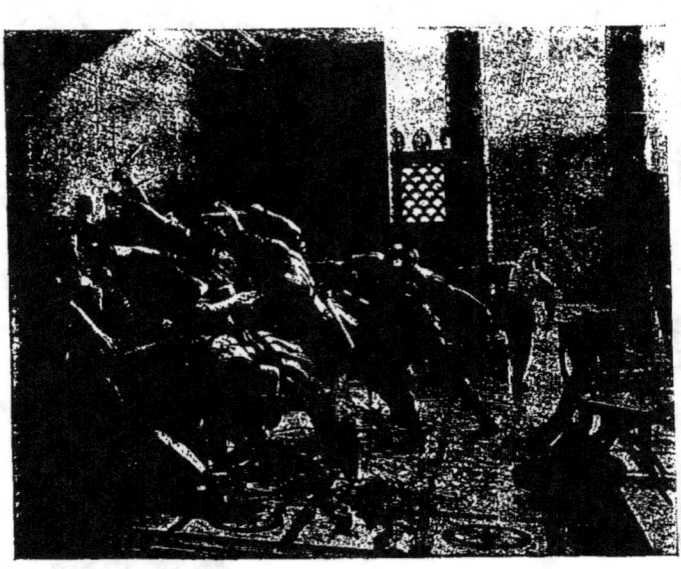

G. ROCHEGROSSE. — Assassinat de l'empereur Géta.

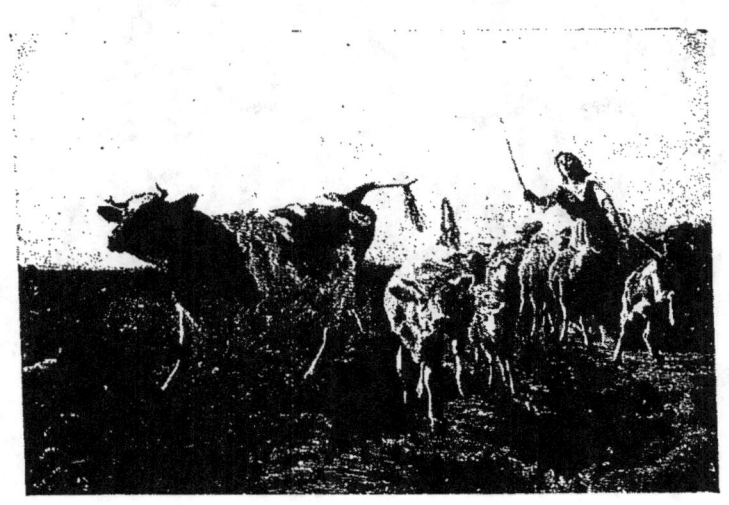

A. MARAIS. — "Au retour".

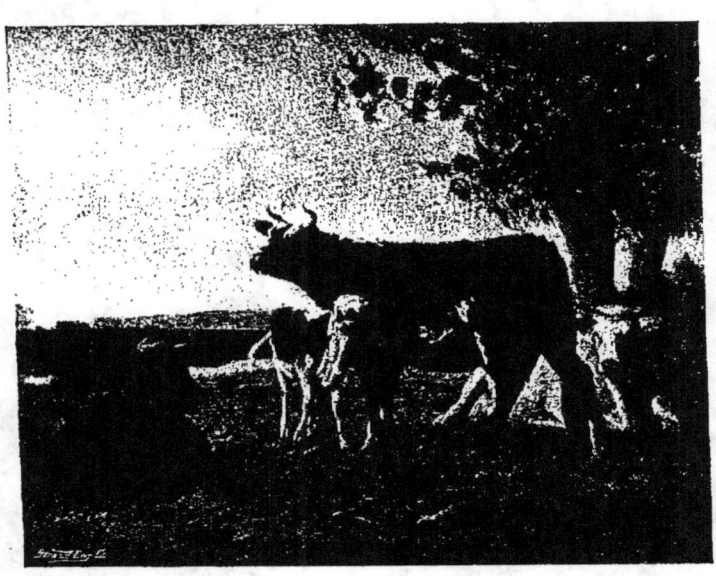

A. MARAIS. — Un coin au marais Verdier (Eure).

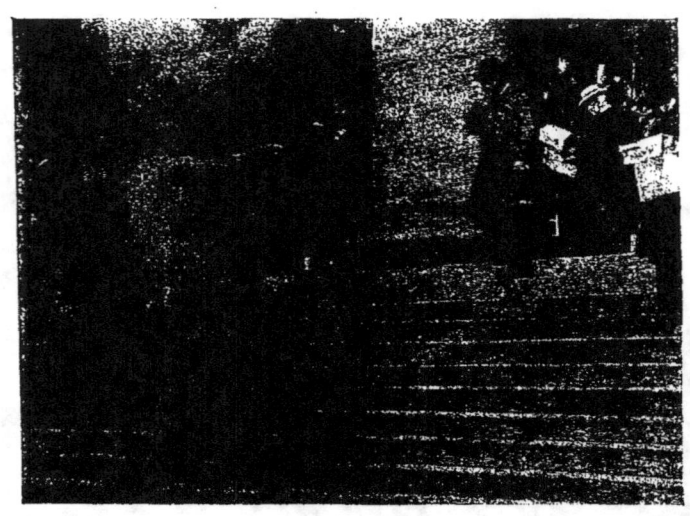

A. Maignan. — La Fortune passe.

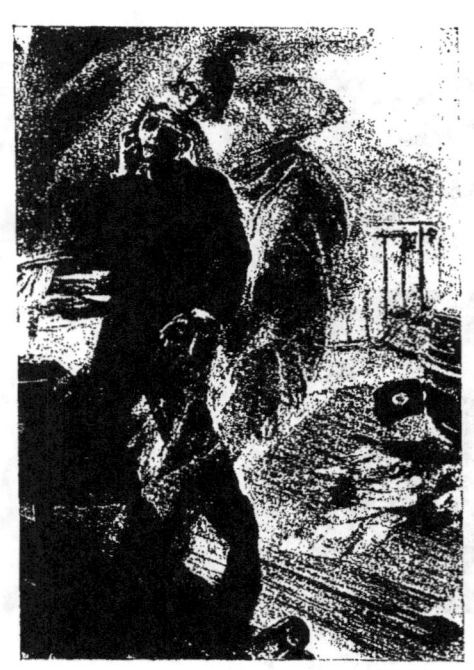

A. Maignan. — La Muse verte.

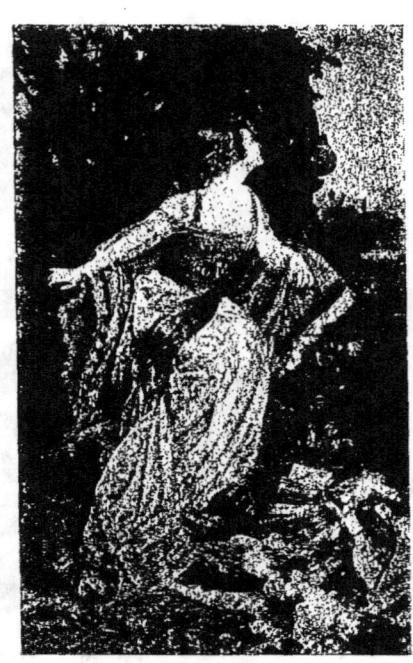

Copyright, by Braun. Clément et Cⁱᵉ.

G. Ferrier. — Spes invicta manet.

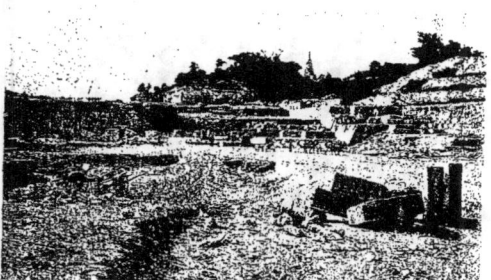

A. RIGOLOT. — La Carrière de St-Maximin.

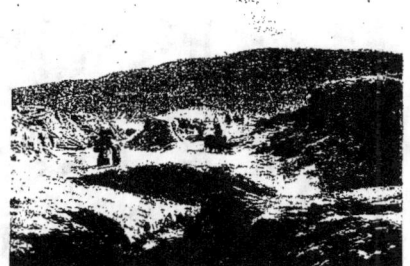

A. RIGOLOT. — Sur la route de Kardada à Bou-Saïda.

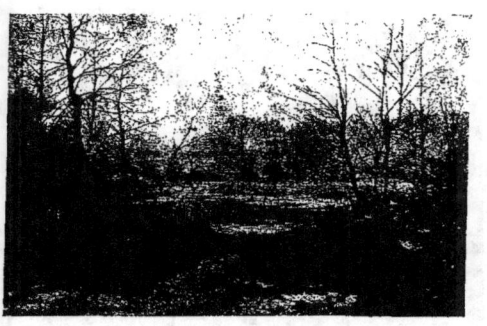

A. RIGOLOT. — La mare aux fées (Fontainebleau).

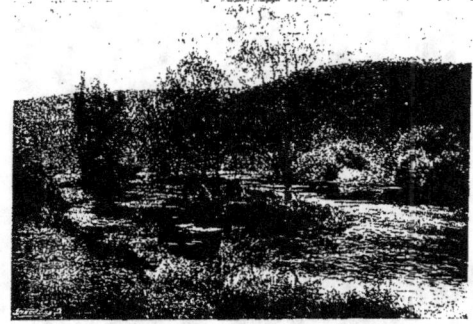

A. RIGOLOT. — Fin d'un beau jour d'Octobre.

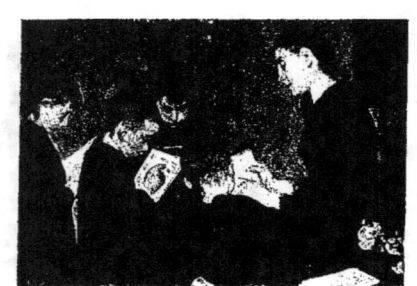

J. Geoffroy. — La leçon de lecture.

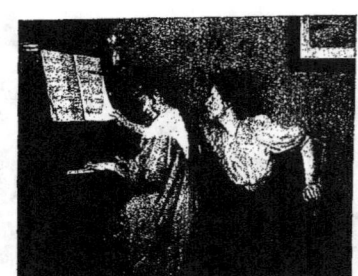

E. Boulard. — Au piano.

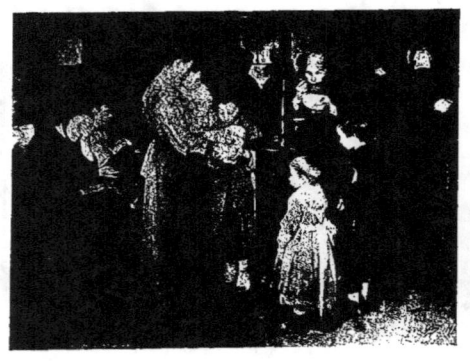

J. Geoffroy. — Asile de nuit.

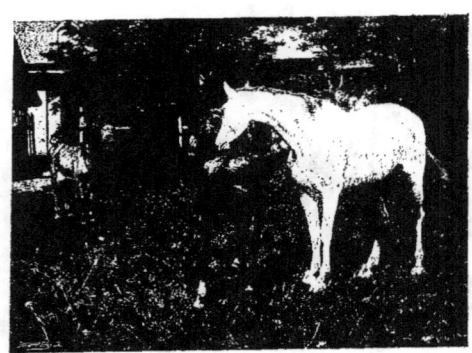

A. Paris. — Un intrus.

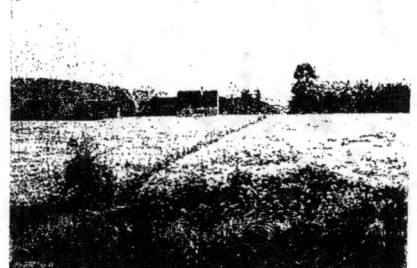

F. QUIGNON. — Le blé noir.

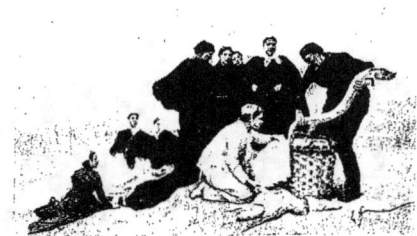

E. FEYEN. — Marchande de Poissons.

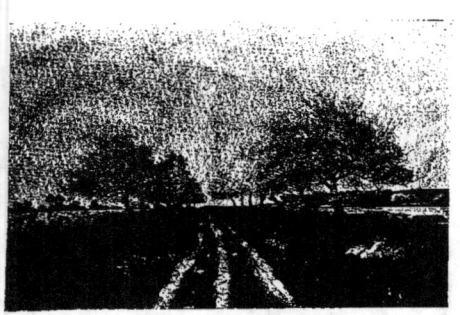

F. QUIGNON. — Pommiers en fleurs.

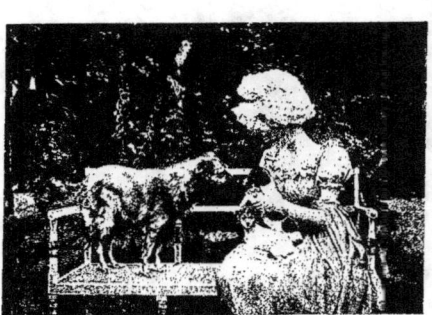

H. TENRÉ. — Une présentation.

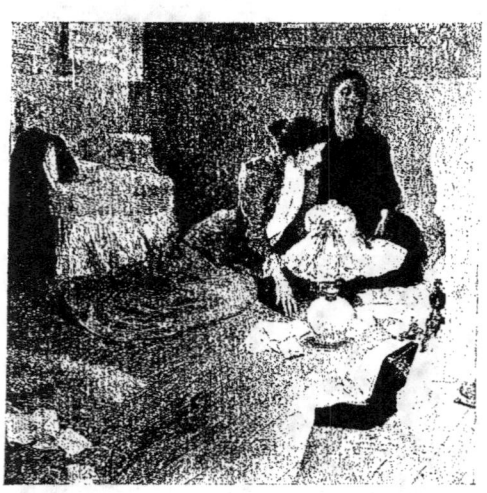

A. DE RICHEMONT. — Sacrifice.

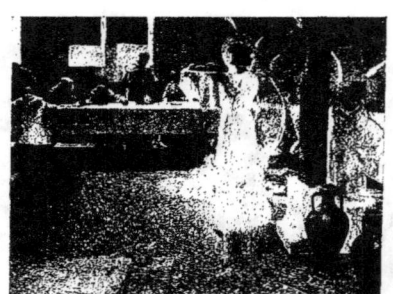

A. DE RICHEMONT. — Les Moines servis par les Anges.

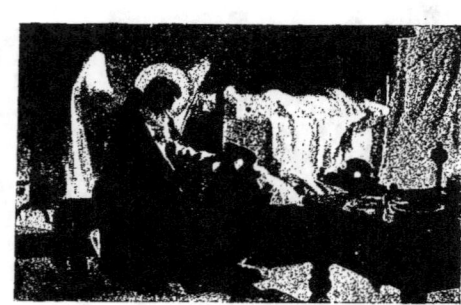

A. DE RICHEMONT. — Autour du berceau.

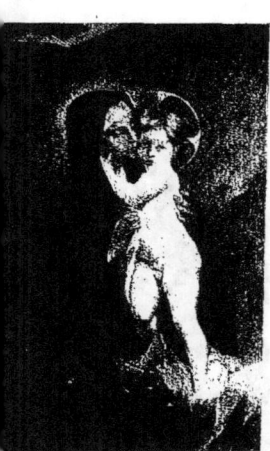

A. Mercié. — La Vierge noire.

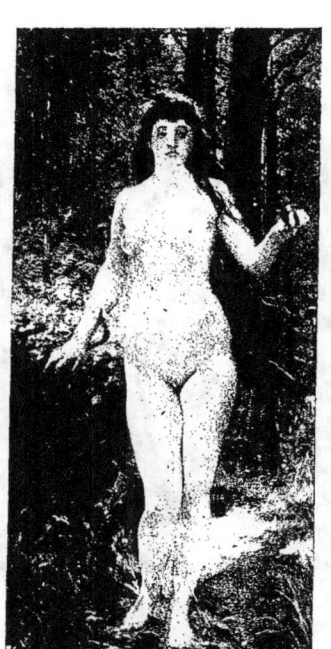

A. Mercié. — Eve.

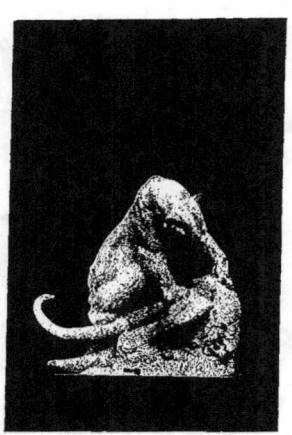

C. Valton. — Ours blanc et Mammouth.

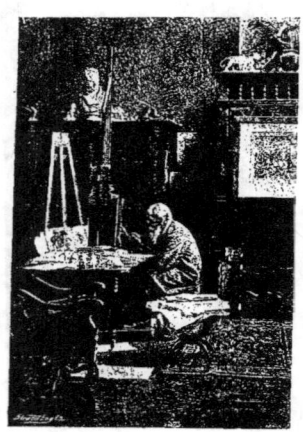
G. Claude. — Portrait de mon père dans son atelier.

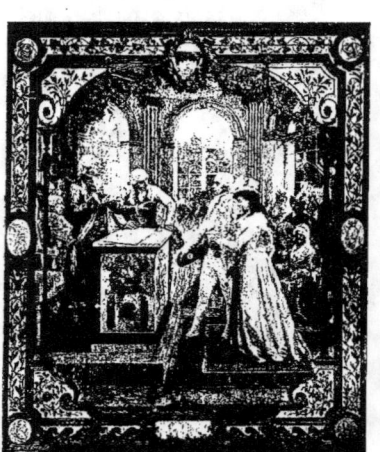
G. Claude. — Un mariage civil en 1792.

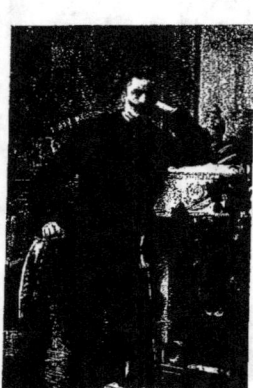
E. Maxence. — Portrait de M. L...

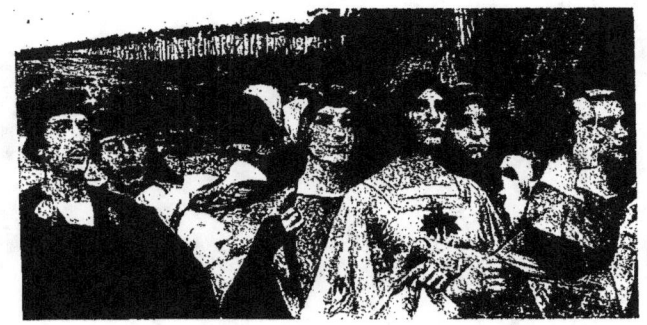

E. MAXENCE. — Les fleurs du lac.

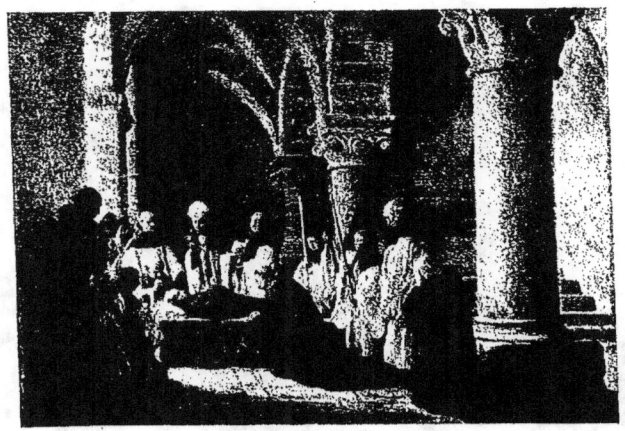

G. CLAUDE. — L'absoute, funérailles de Pierre le Vénérable.

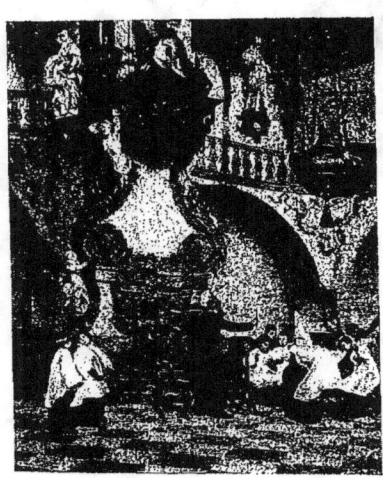

A.-P. DAWANT. — La répétition.

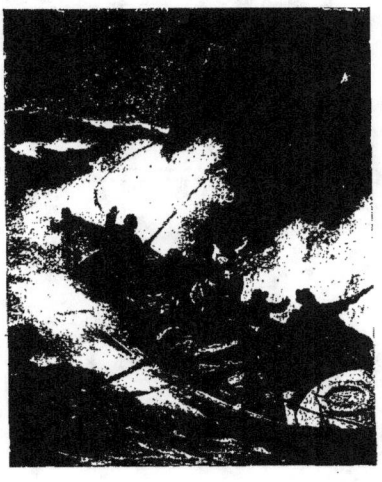

A.-P. DAWANT. — Le Sauvetage.

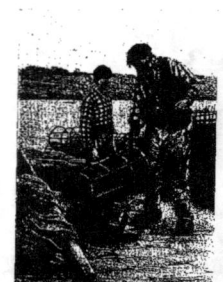
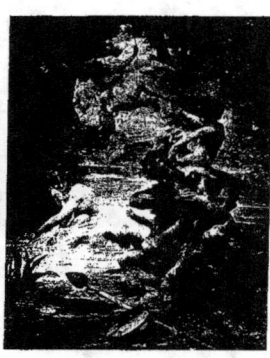
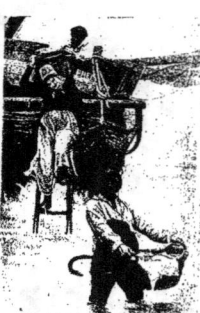

A. Granchi-Taylor. — Les Casiers (la leçon du vieux).   L. Priou. — Un Satyre aux abois.   R. Ravaut — Retour de pêche.

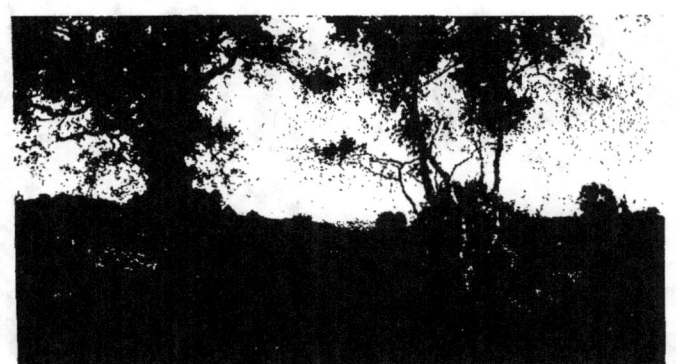

A. WALLET. — Calme.

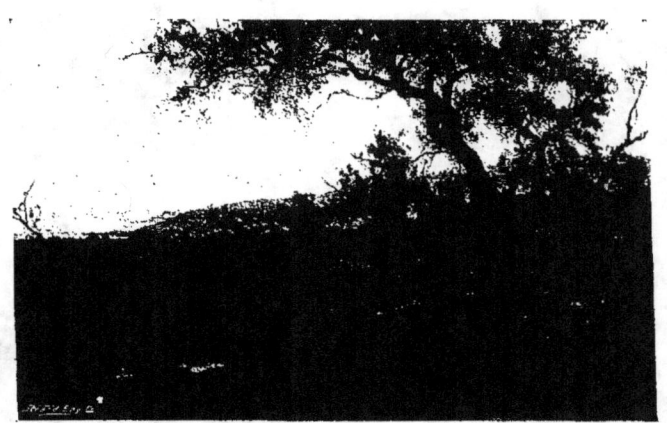

A. WALLET. — La Source.

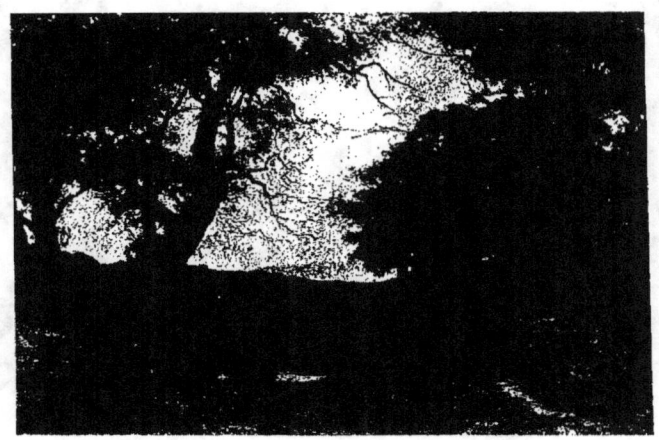

A. WALLET. — Le Soir.

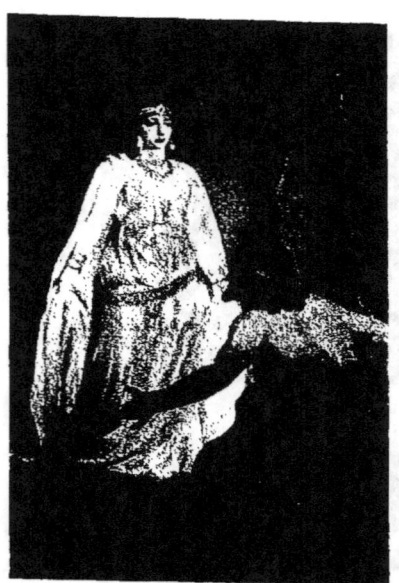

Copyrigh, by Braun, Clément et Cie

G. SAINTPIERRE. — Judith.

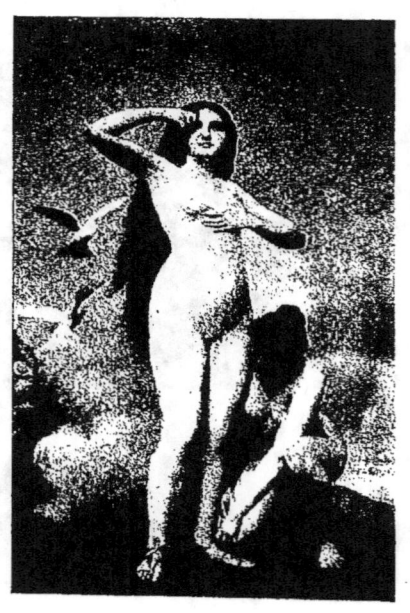

G. SAINTPIERRE. — Vénus.

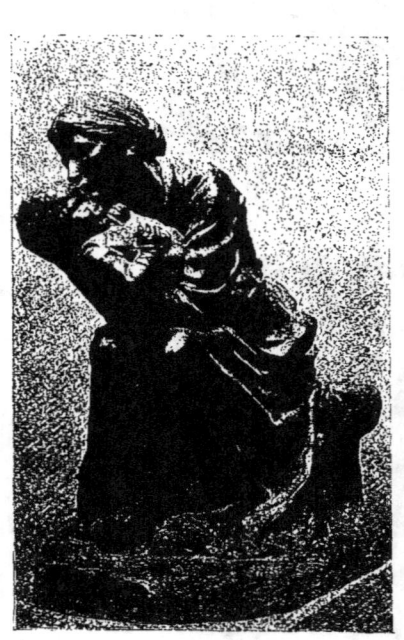

P. ROGER-BLOCHE. — L'enfant.

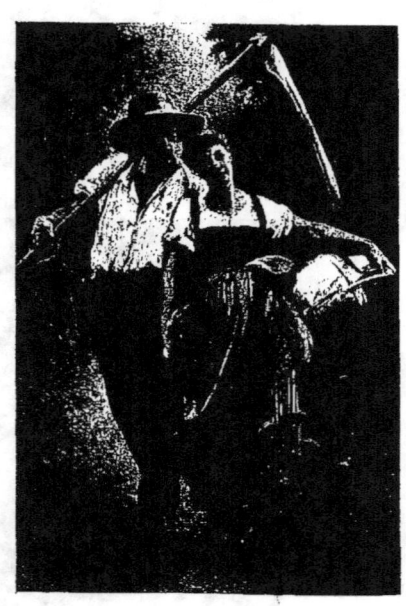

C. COESSIN. — Le long du vieux chemin.

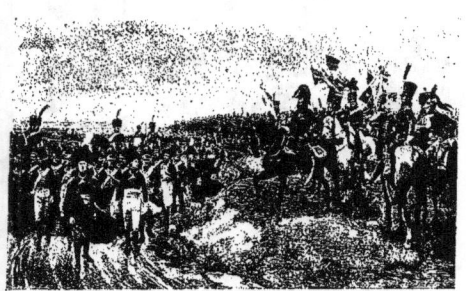

A. LALAUZE. — Reddition de la garnison de Stettin.

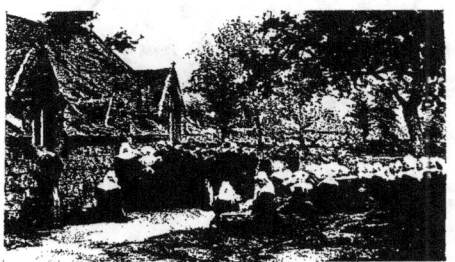

T. DEYROLLE. — Le pardon de N.-D. de Kerven.

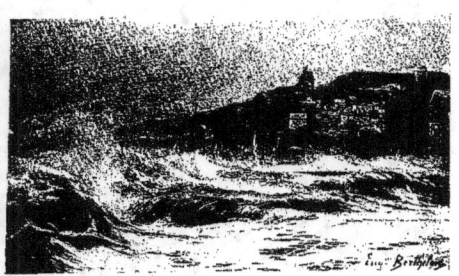

E. BERTHELON. — Grande marée au Tréport.

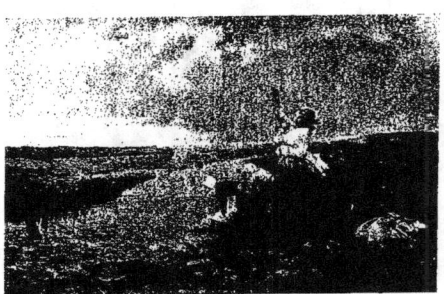

L. GAGNEAU. — Les Lavandières.

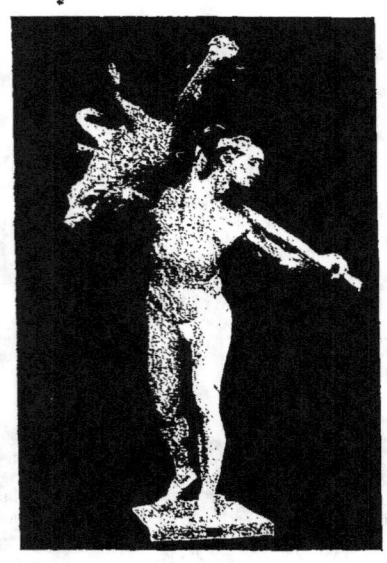
A. LARROUX. — Retour de chasse au sanglier.

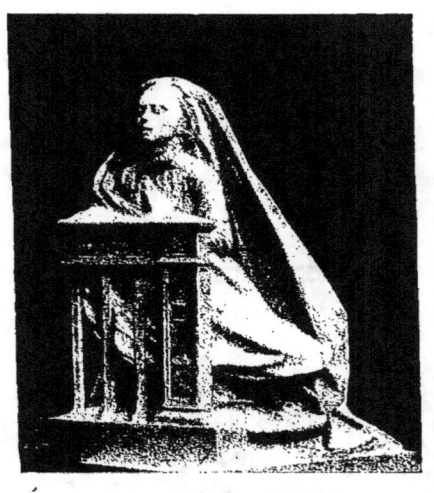
R. DE ST-MARCEAUX. — Première communiante.

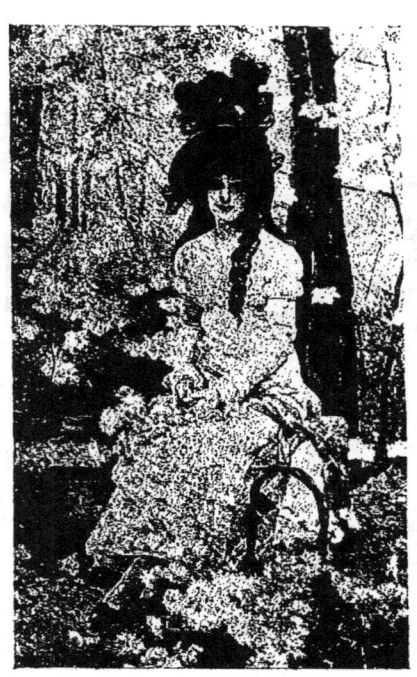
E. TOUDOUZE. — Fleur d'automne.

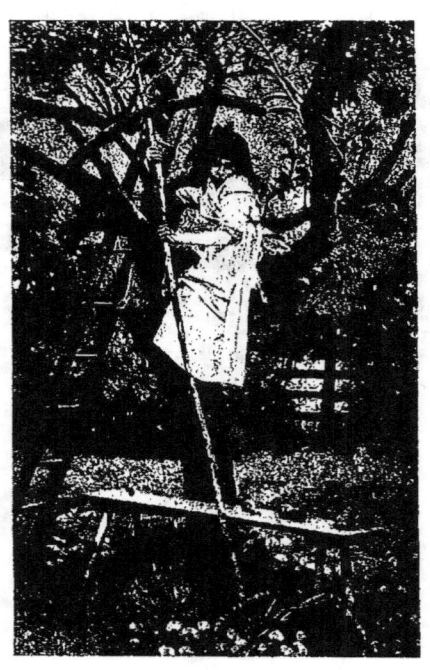
E. TOUDOUZE. — Octobre.

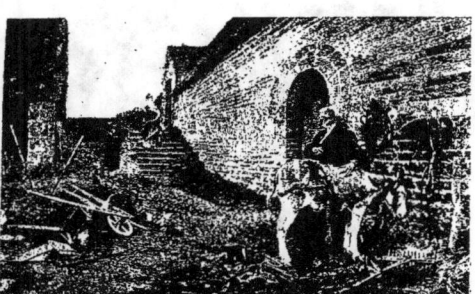

E. Toudouze. — Le départ de la Vierge.

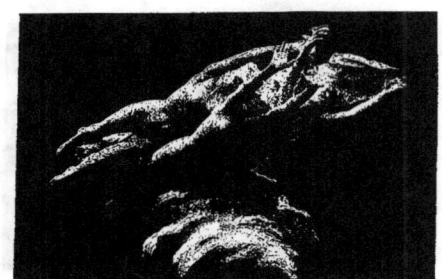

R. de Saint-Marceaux. — Nos destinées.

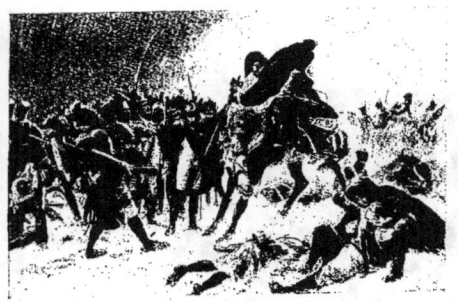

L. Royer. — Marbot.

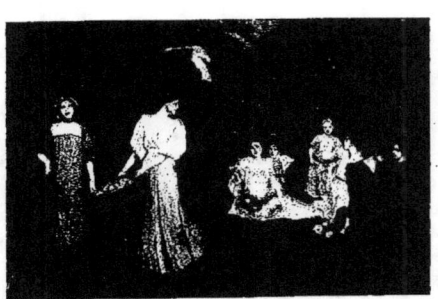

A. Gorguet. — Le jardin des Hespérides.

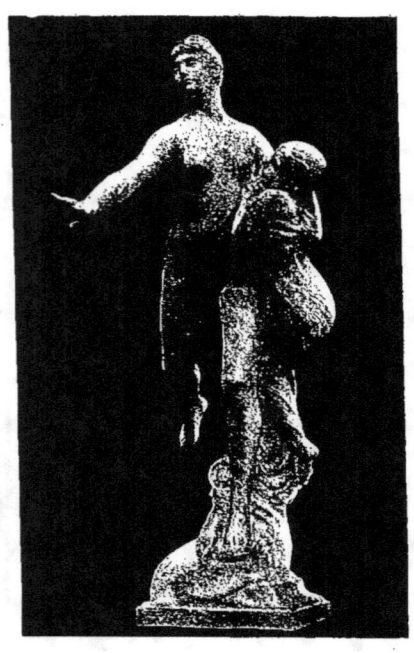
F. Soulès. — Enlèvement d'Iphigénie.

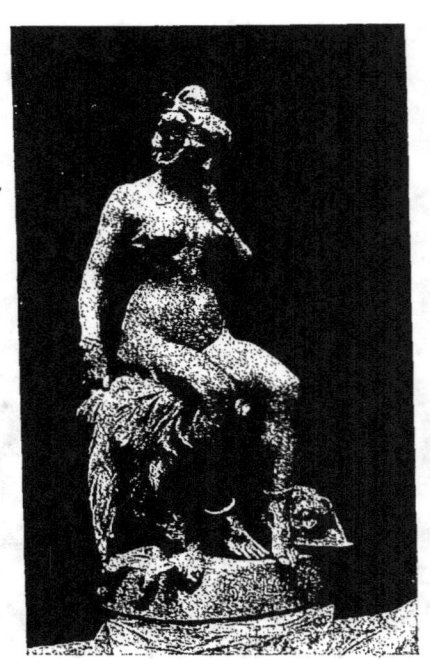
L. Convers. — Salomé.

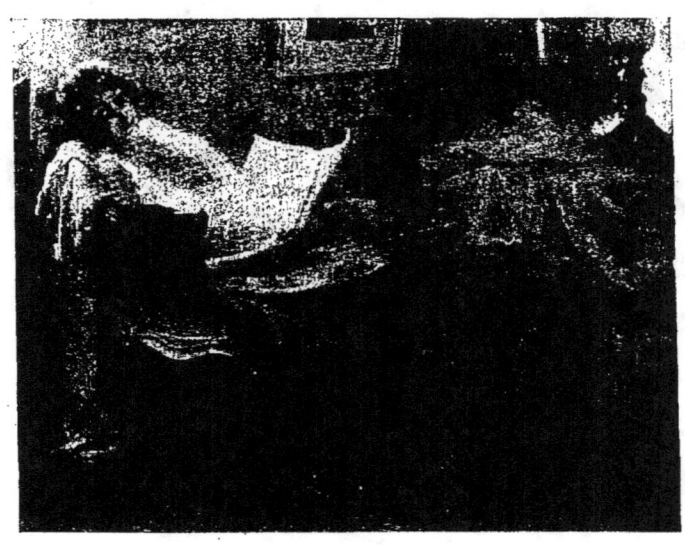
A. Bréauté. — Le repos.

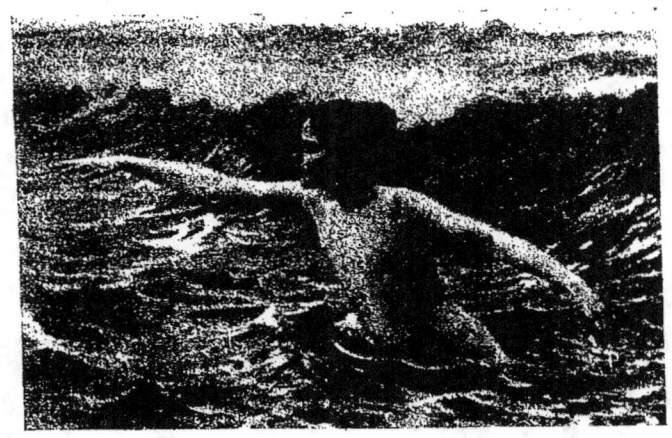
Mme V. Demont-Breton. — Dans l'eau bleue.

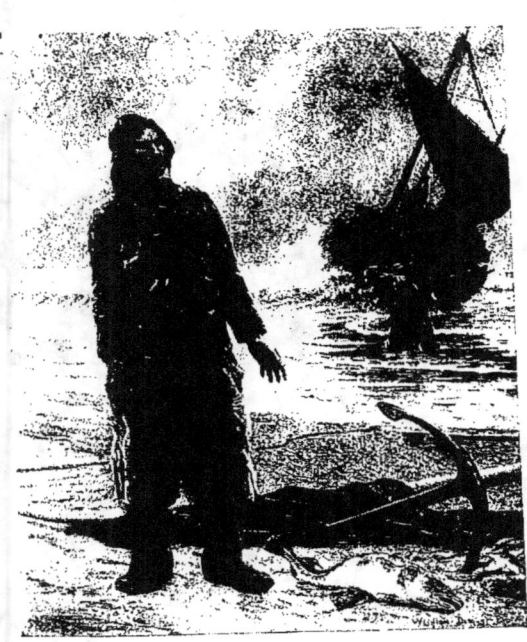
Mme V. Demont-Breton. — Hommes de mer.

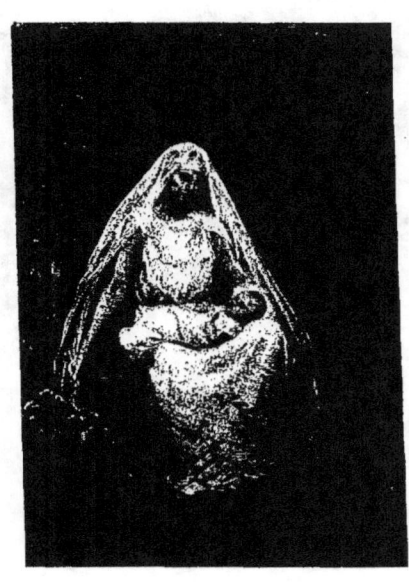
Mme V. Demont-Breton. — Alma Mater.

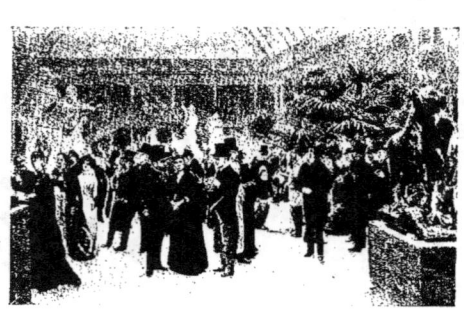

J.-A. Rixens. — Un jour de vernissage au palais des Champs-Elysées.

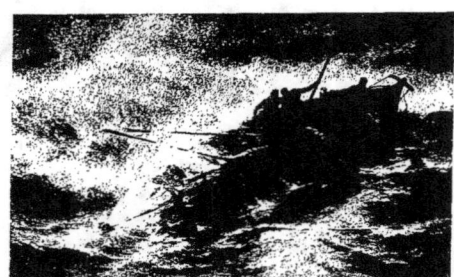

Copyright by Braun, Clément et Cie
A. Morlon. — Le devoir et ses victimes.

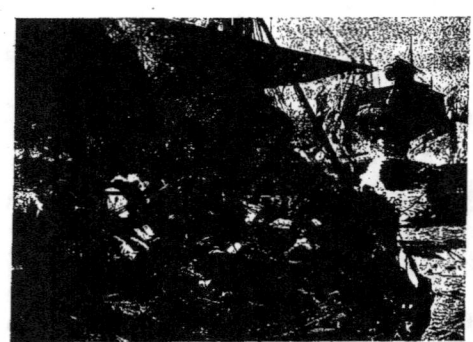

C. Fouqueray. — Trafalgar, 21 octobre 1805. Épisode du vaisseau l'" Achille ".

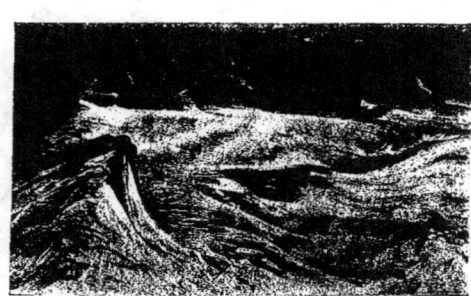

G. Clairin. — Le retour des conscrits (Égypte).

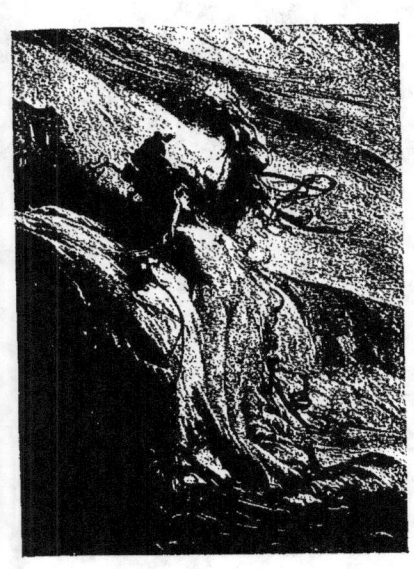
G. Clairin. — La grande vague.

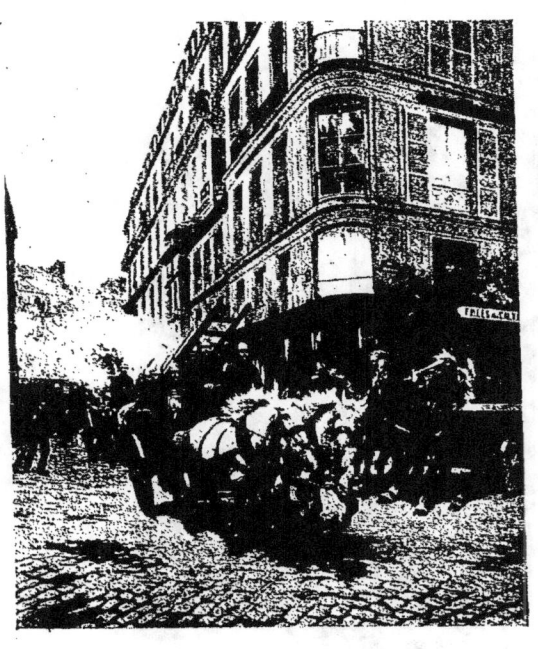
G. Busson. — Au feu !..

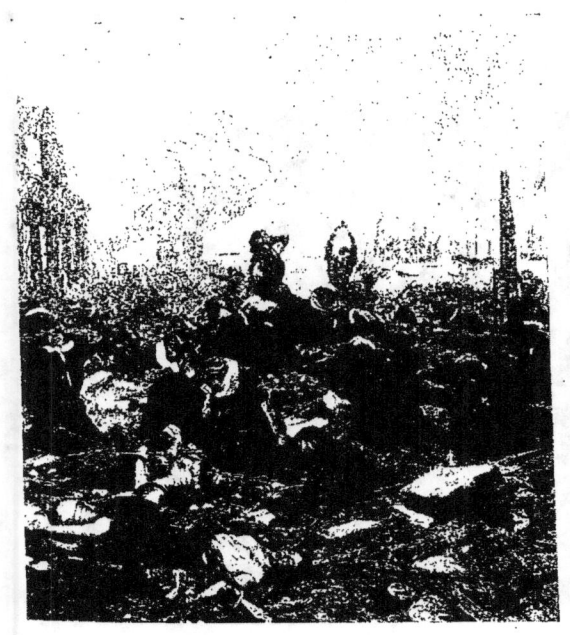
C. Fouqueray. — La guerre.

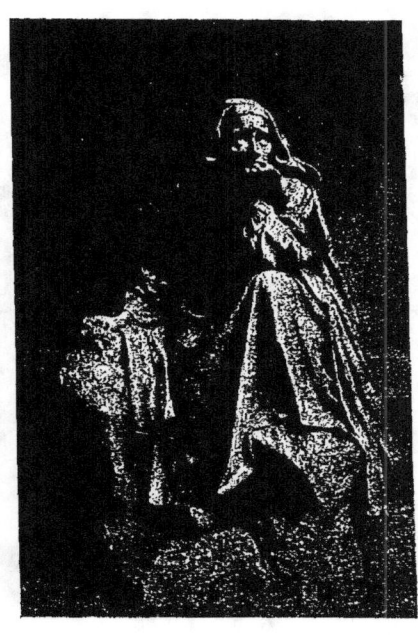
P. Moreau-Vauthier. — Bretonne.

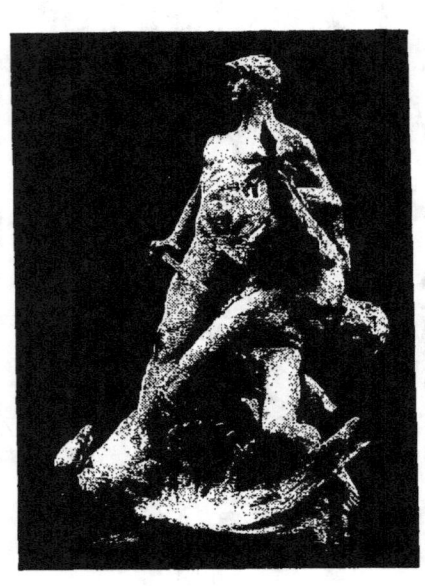
G. BAREAU. — Pour le Drapeau.

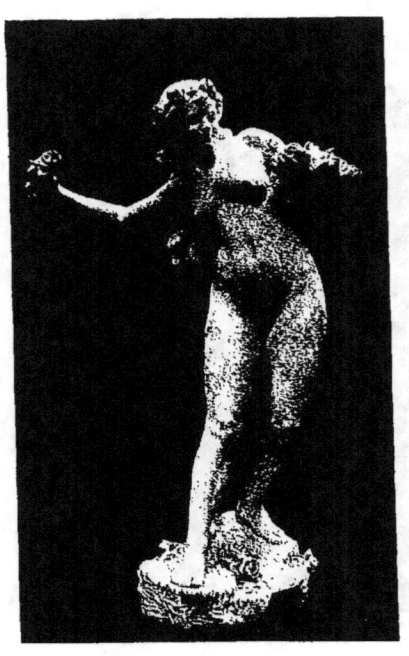
P. CHEVRÉ. — Le réveil de Flore.

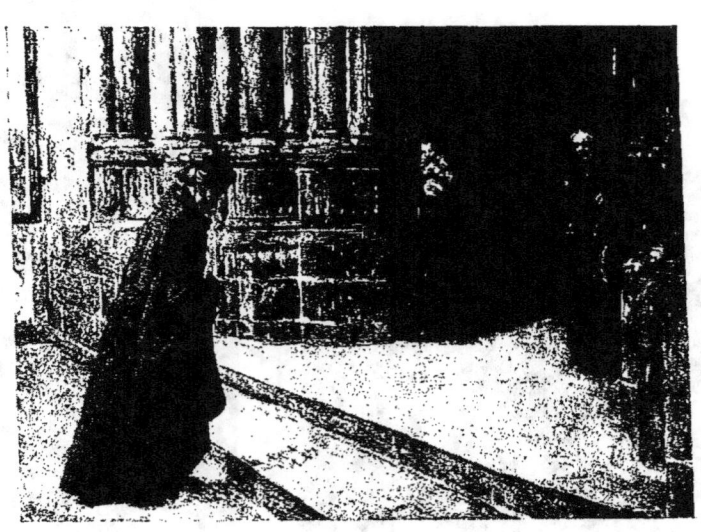
F. SABATTÉ. — Le Porche.

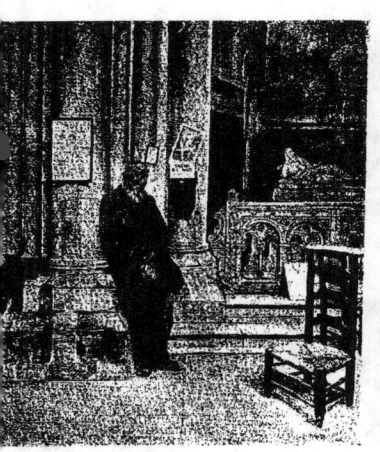 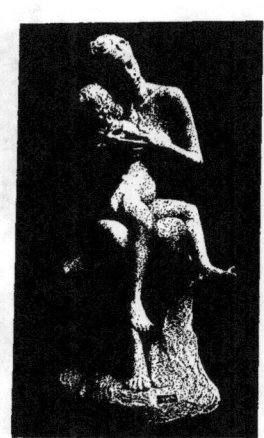 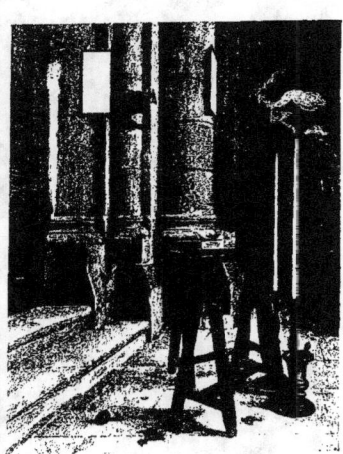

F. Sabatté. — Le pauvre.   G. Pech. — Un grand secret.   F. Sabatté. — A la mémoire des humbles.

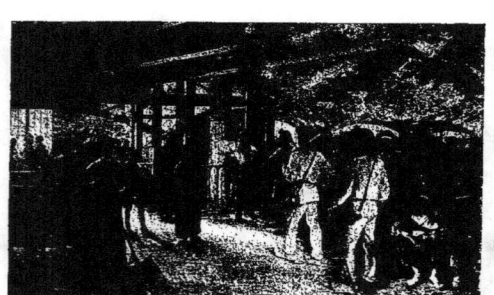

P.-L. Delance. — L'entrée d'une mine.

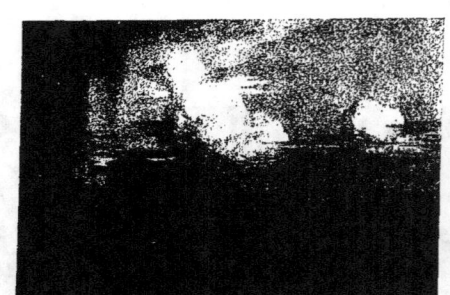

E.-R. Ménard. — Terre antique.

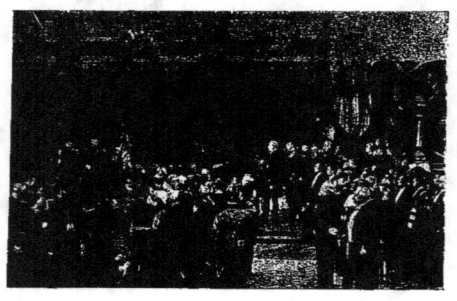

E. Detaille. — Les Funérailles de Pasteur.

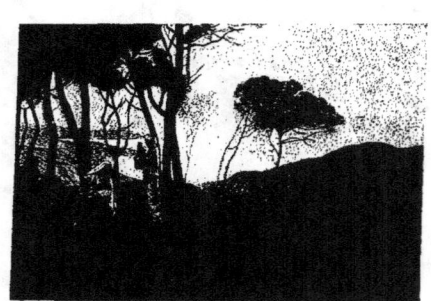

E.-R. Ménard. — "Harmonie du soir.".

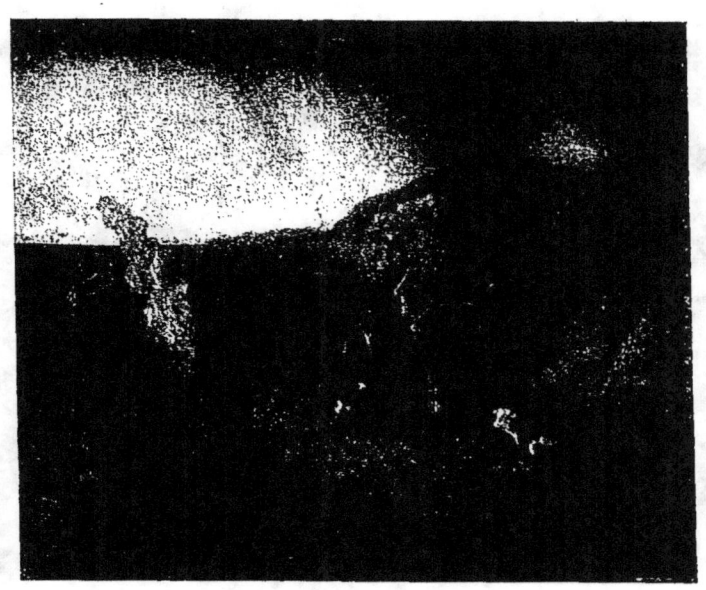

E.-R. Ménard. — Orage sur la forêt.

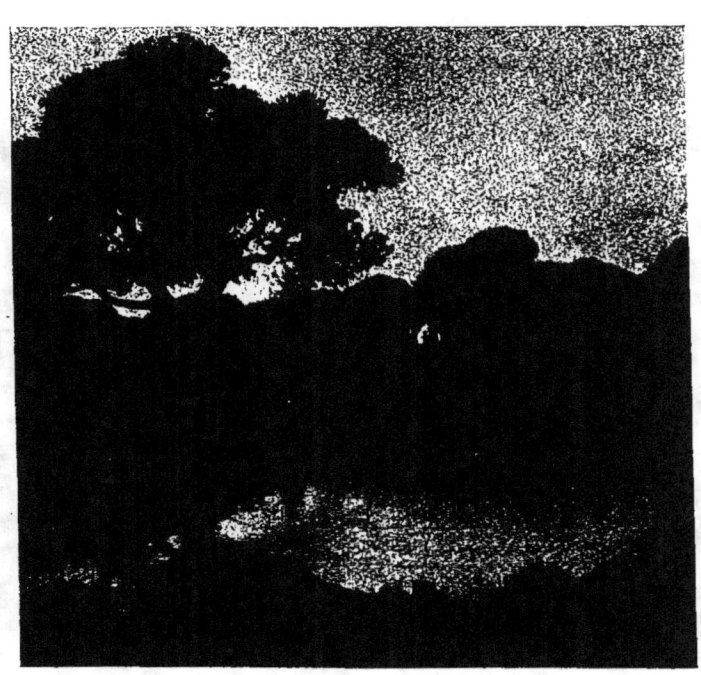

E.-R. Ménard. — Le Soir.

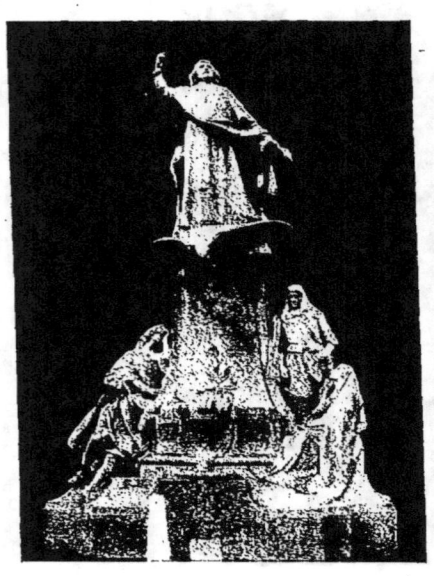

E. Dubois. — Monument Bossuet.

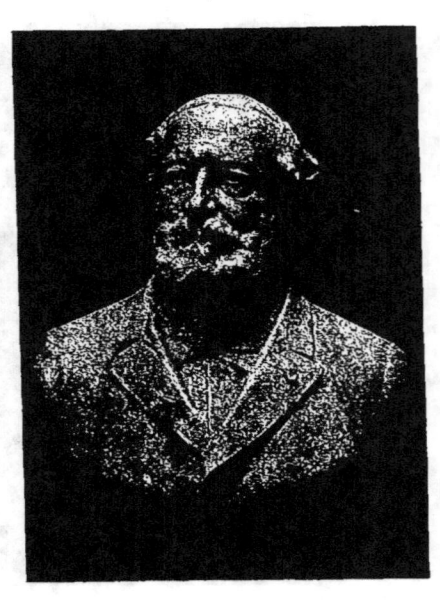

G. Bareau. — M. le baron de Lareinty.

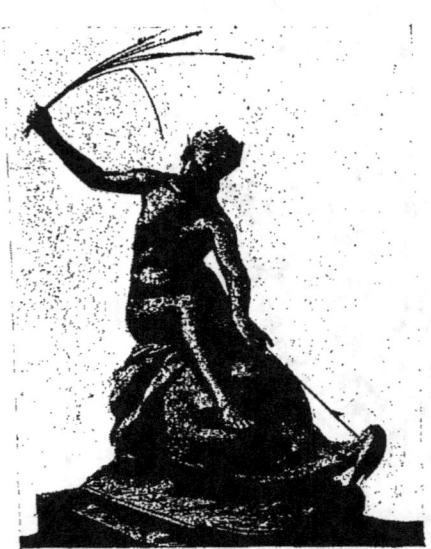

A. Larroux. — Nymphe.

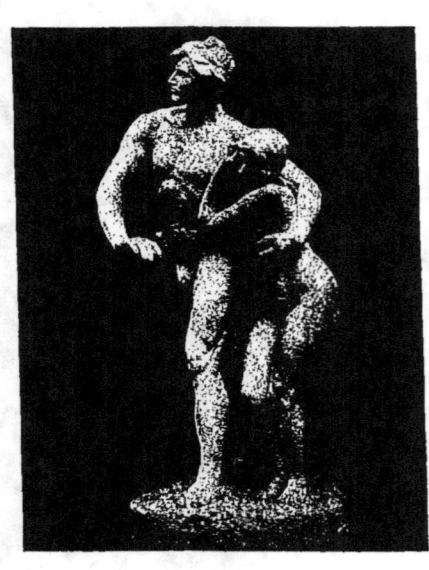

A. Larroux. — « Garde ton paradis, nou emportons l'amour ».

G. Surand. — Le massacre des barbares par les éléphants d'Amilcar.

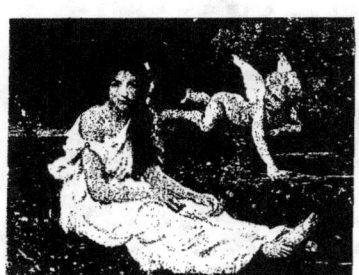

A. Delobbe. — Le murmure du ruisseau.

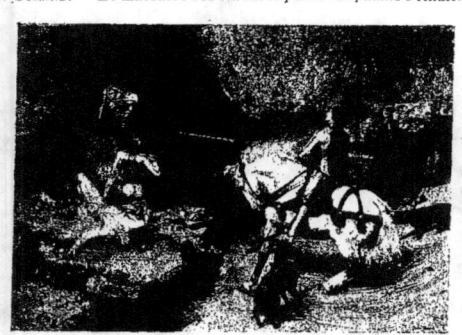

G. Surand. — Saint-Georges et le Monstre.

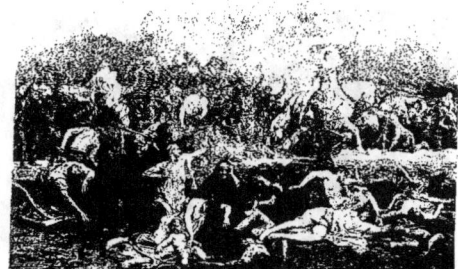

D.U.N. Maillard. — "A cause de la grande pitié au royaume de France."

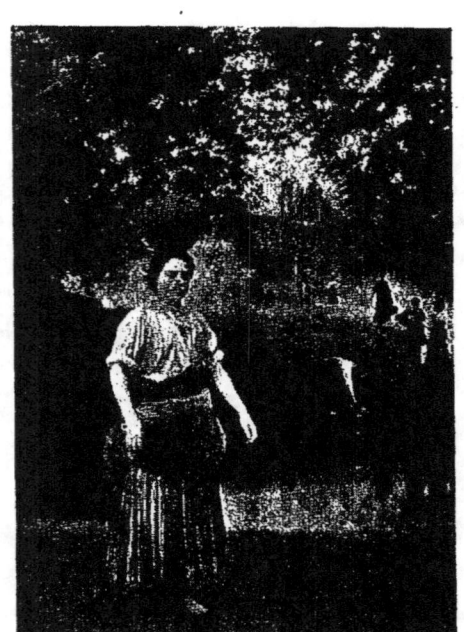

Copyright by Braun, Clément et Cie
J. WENCKER. — Soir d'été.

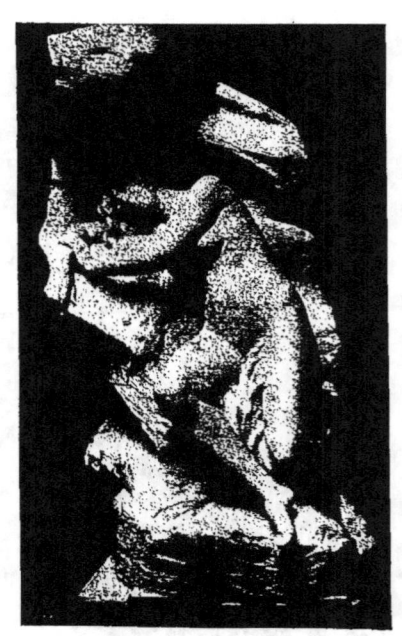

H. ALLOUARD. — Une Source.

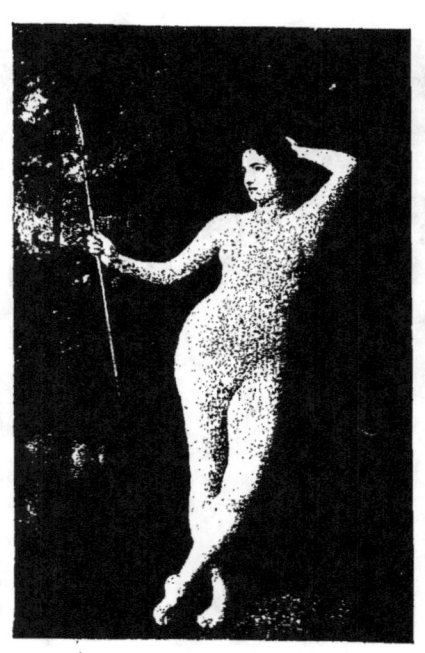

J. WENCKER. — Nymphe chasseresse.

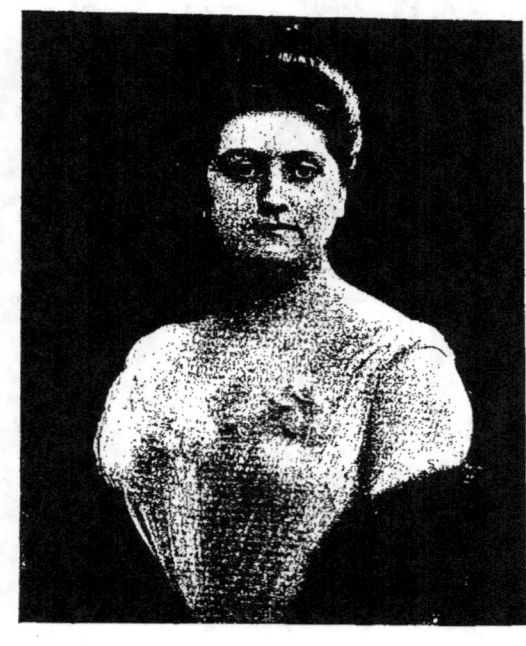

J. WENCKER. — Portrait de Mme D...

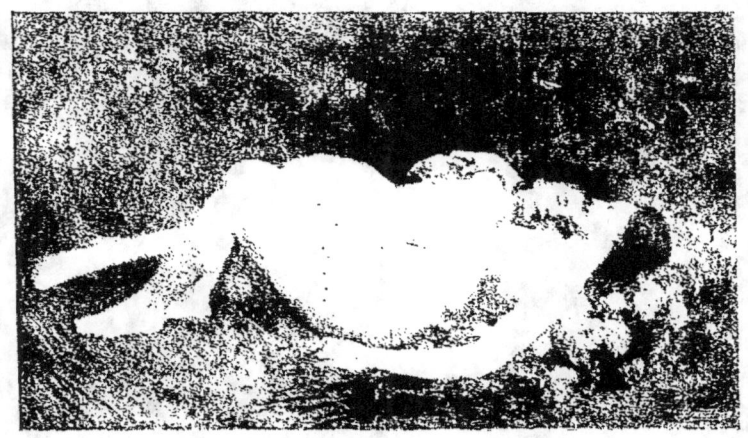

G. Callot. — Sommeil de Printemps.

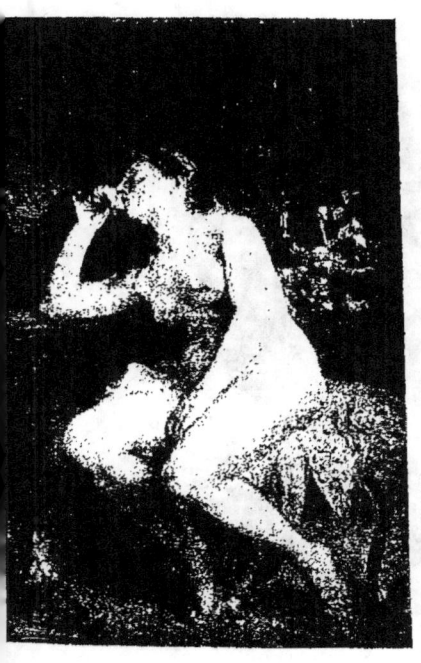

G. Callot. — Brumaire.

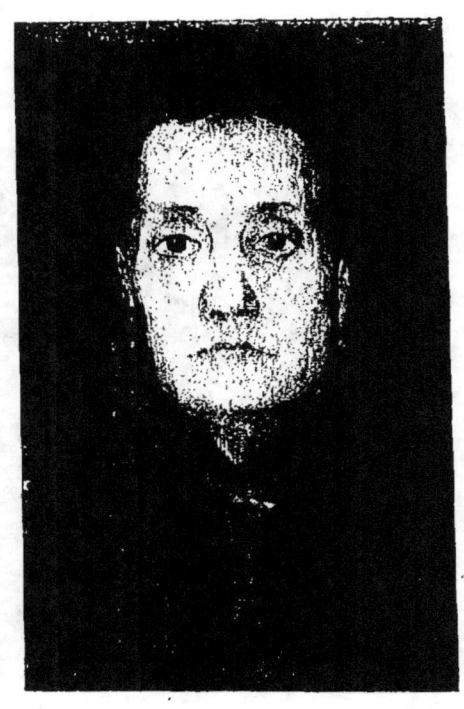

A. Braut. — Portrait de ma mère

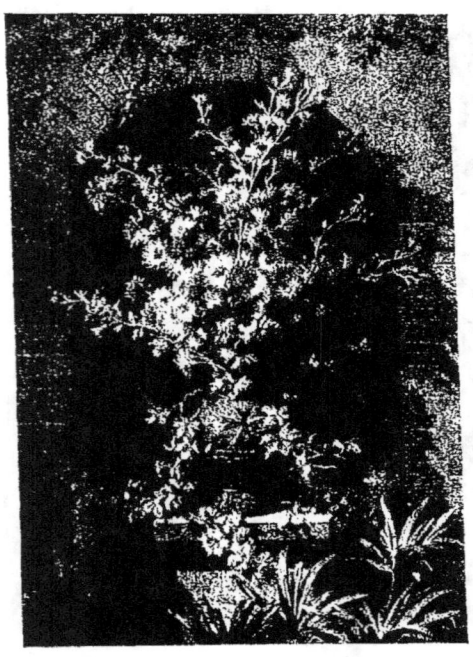
A.-P. Chabal-Dussurgey. — Chrysanthèmes.

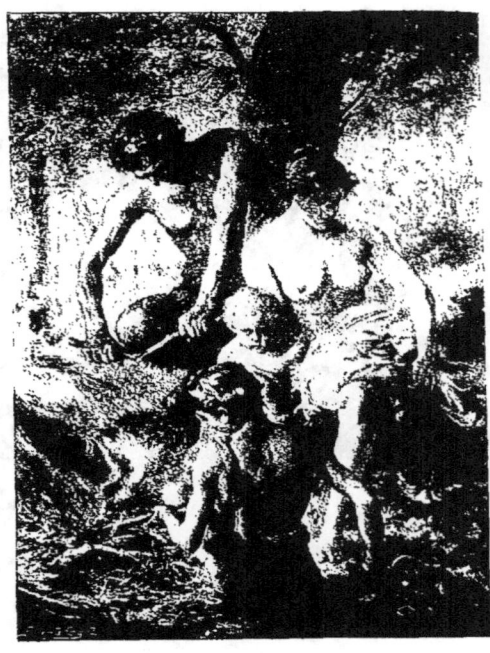
E. Carteron. — Cuisine en plein vent

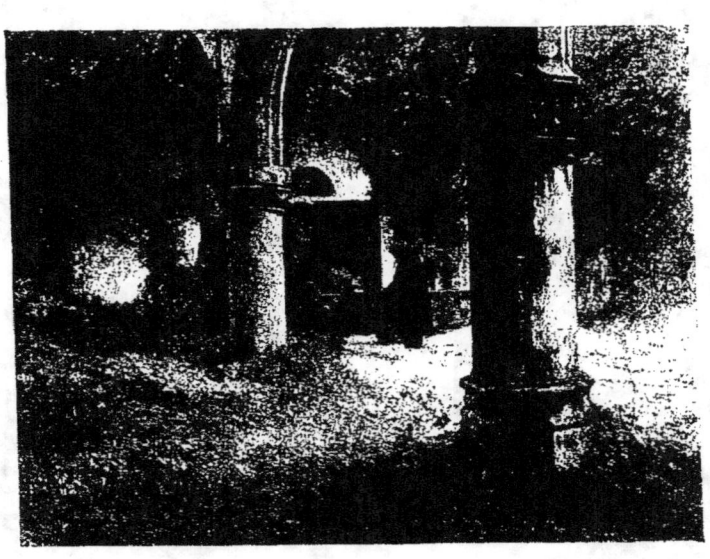
A. Buffet. — La messe à l'Abbaye de Saint-Arnould.

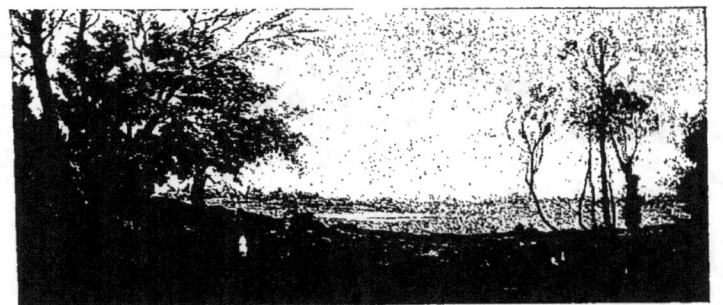

H. HARPIGNIES. — La Loire.

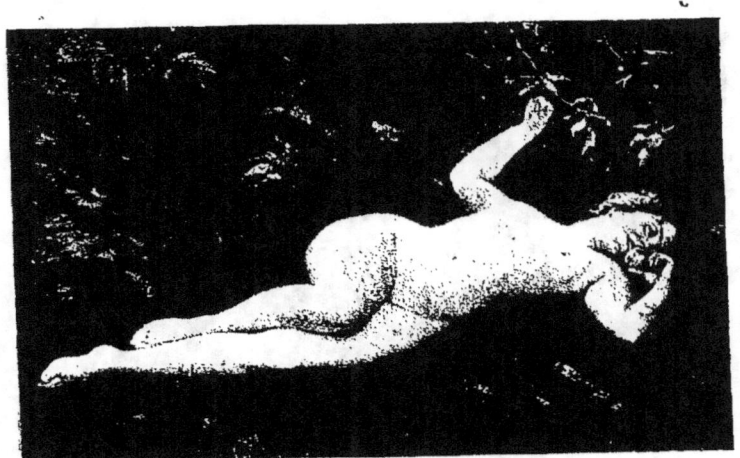

A. FOURIÉ. — Fille d'Ève.

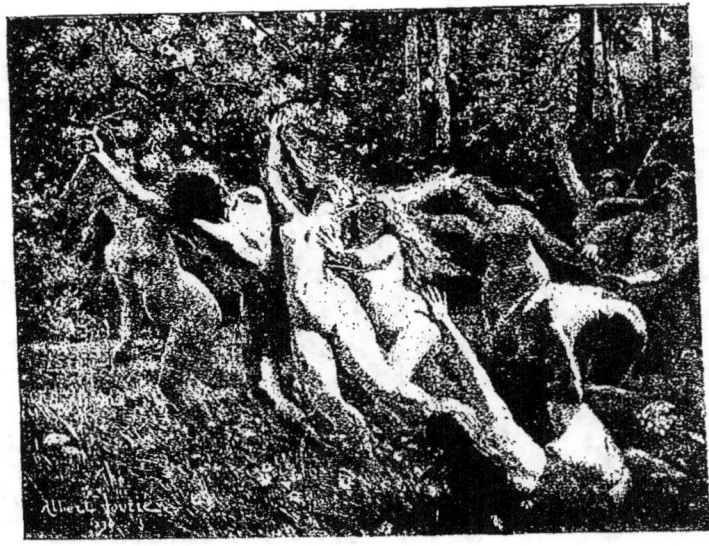

A. FOURIÉ. — La Sève.

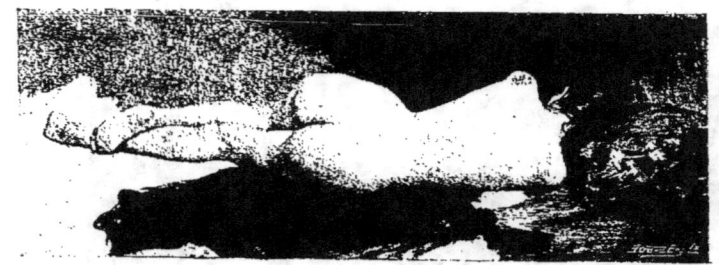

G. POPELIN. — Femme couchée

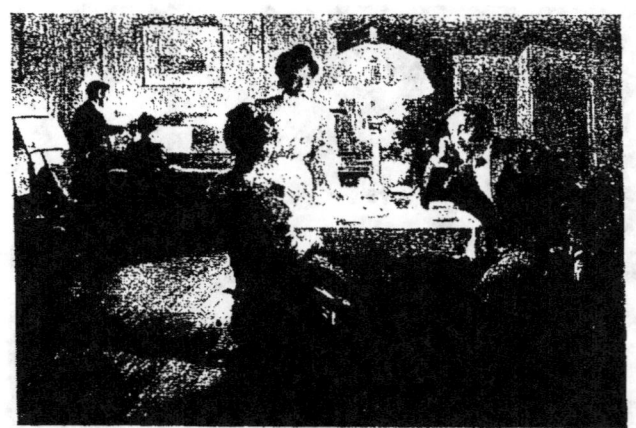

M. RIEDER. — Nocturne.

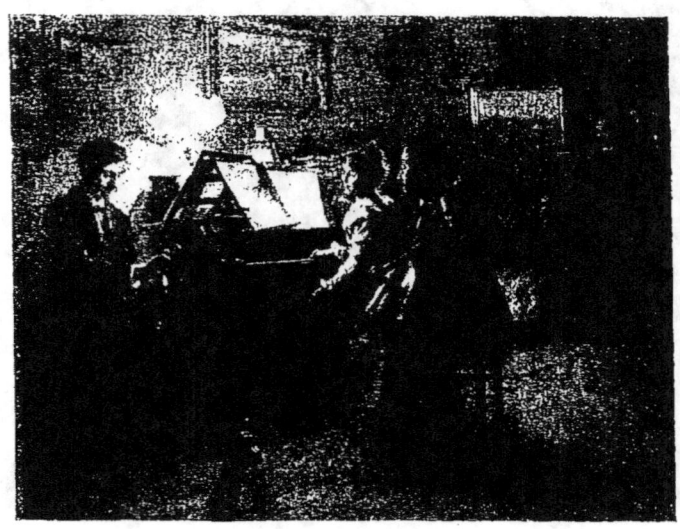

M. RIEDER. — Trio.

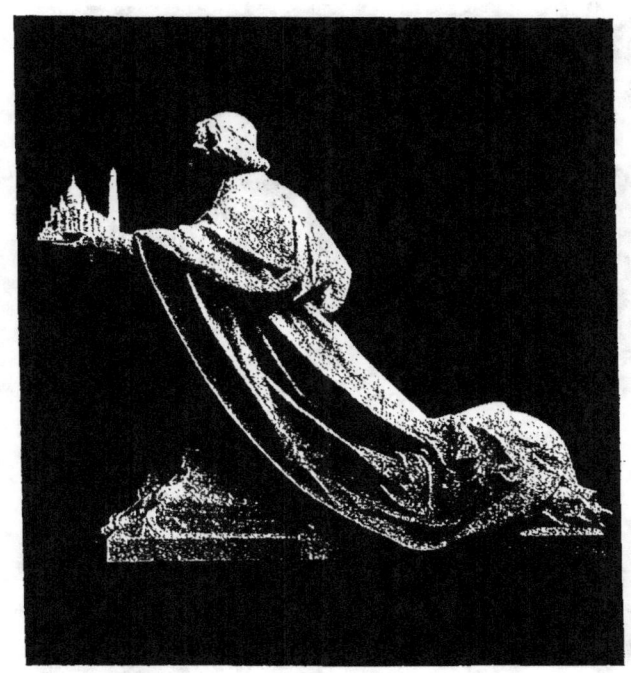

H. LOUIS-NOEL. — Le Cardinal Guibert.

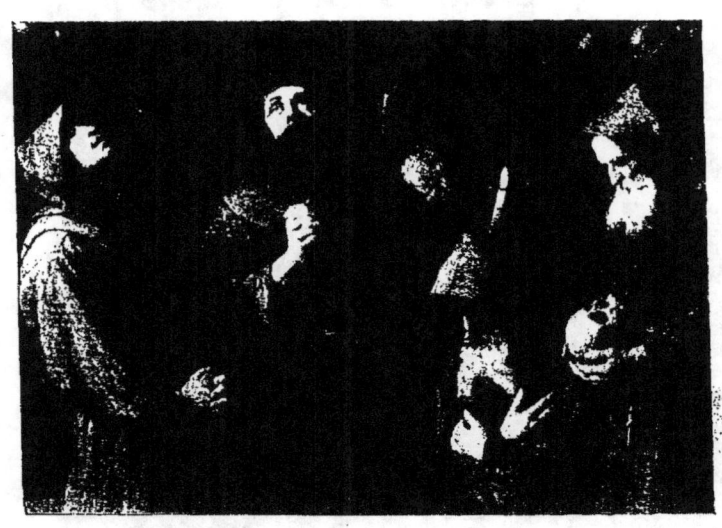

J. BENNER. — Dans la crypte du couvent des capucins à Palerme

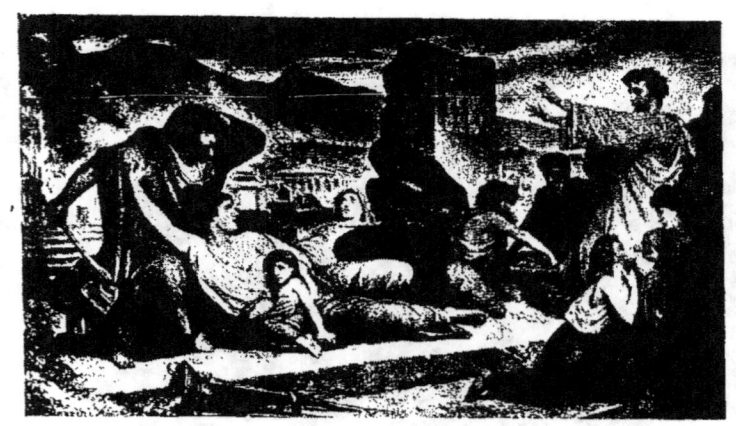

F. Barrias. — Chrétiens et Payens.

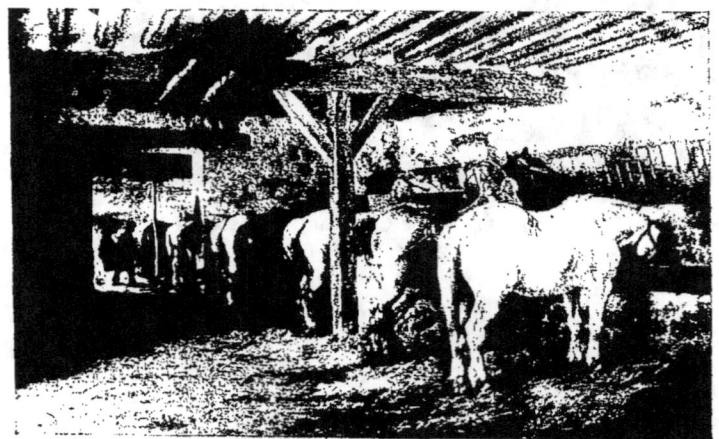

E. Grandjean. — Écurie de ferme.

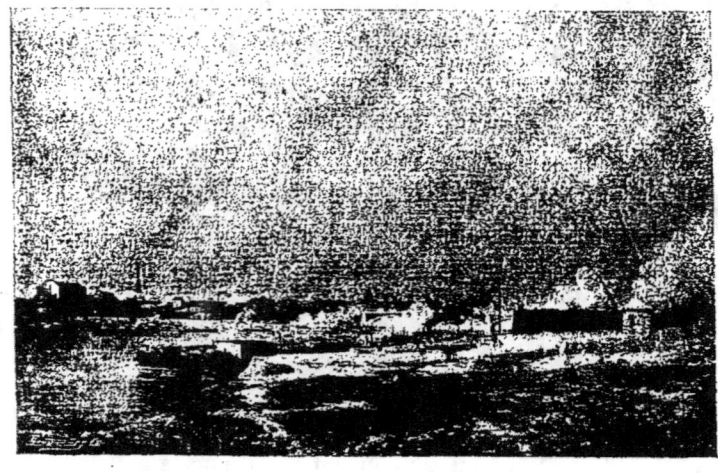

A. Guillemet. — La Seine a Conflans-Charenton.

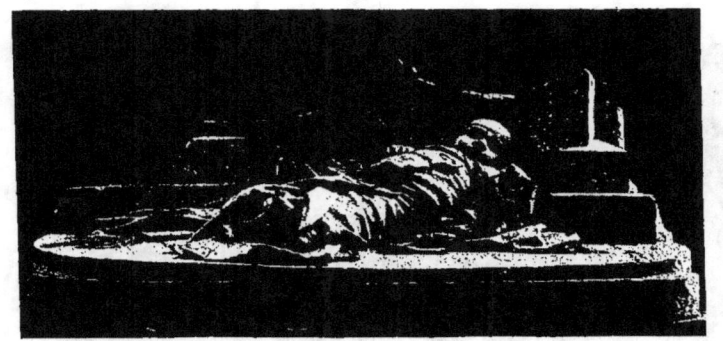

E. ROBERT. — Le réveil de l'Abandonné.

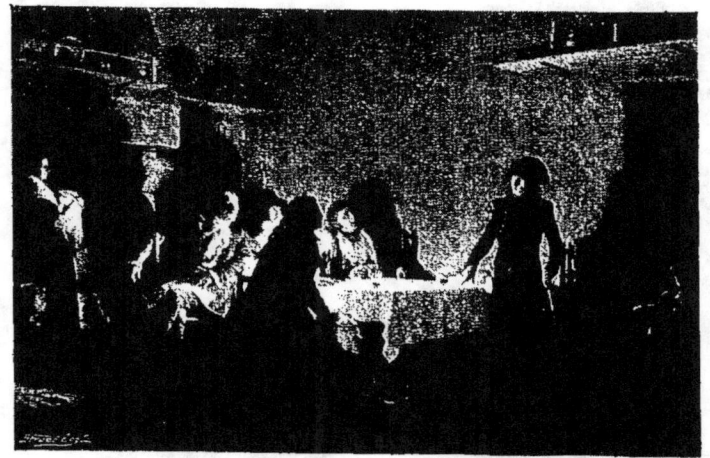

J. LECOMTE DU NOUY. — Le souper de Beaucaire.

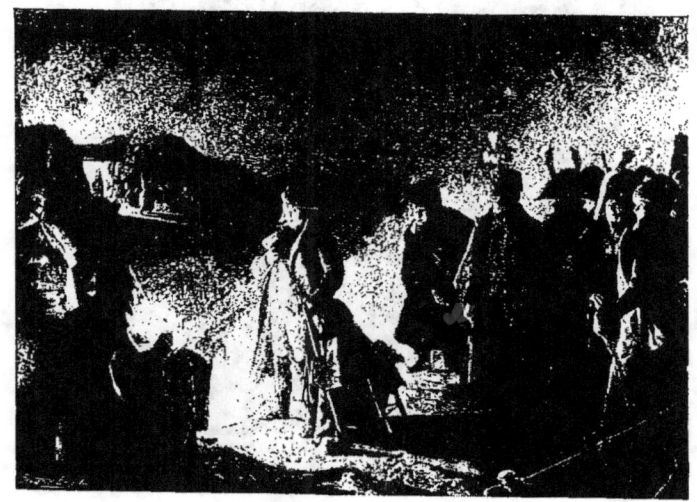

J. LECOMTE DU NOUY. — Austerlitz.

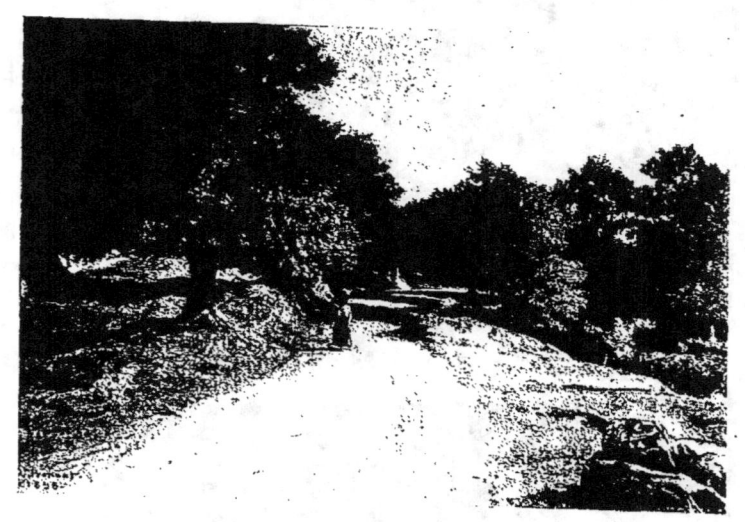

L. Bonnat. -- Pays basque.

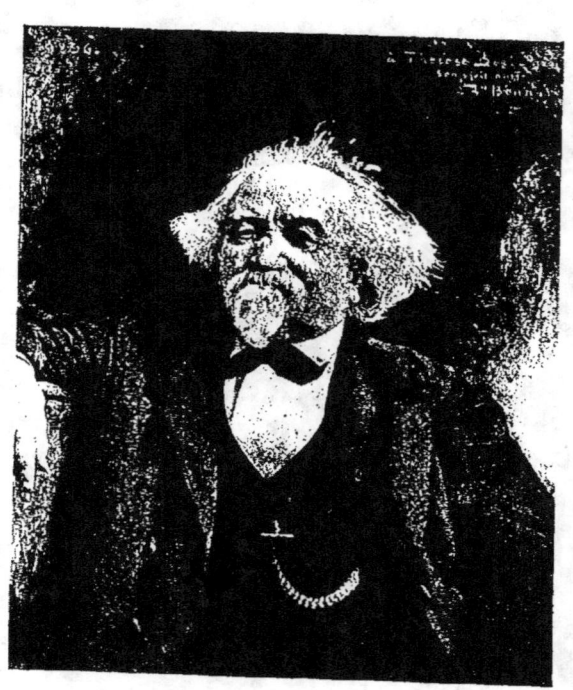

L. Bonnat. — Portrait de Joseph Bertrand.

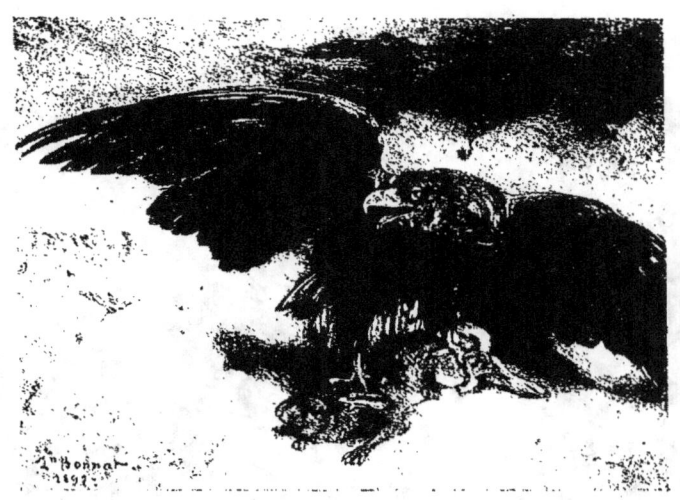

L. BONNAT. — Aigle liant un lièvre.

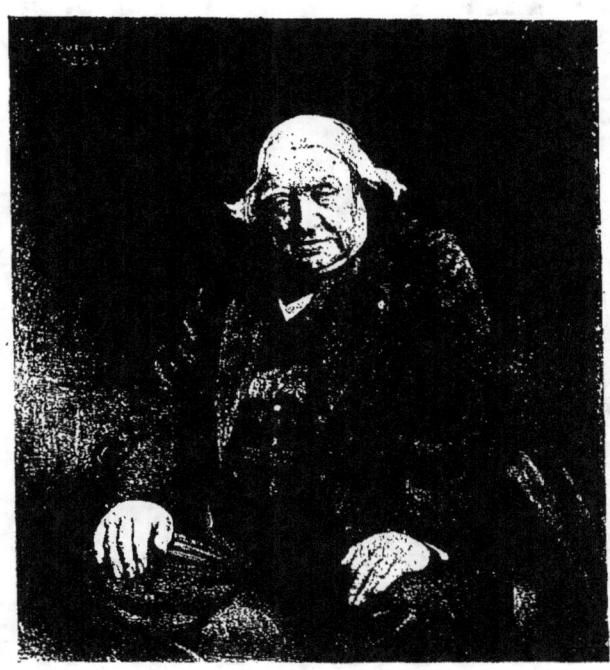

L. BONNAT. — Portrait de Renan.

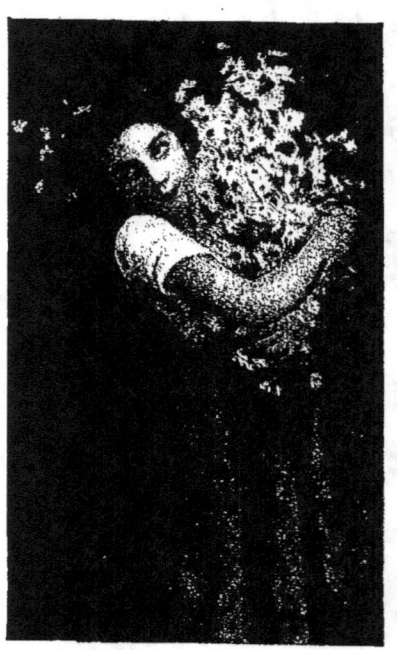

Copyright, by Braun, Clément et C¹ᵉ.
J. Cavé. — Brassée de fleurs.

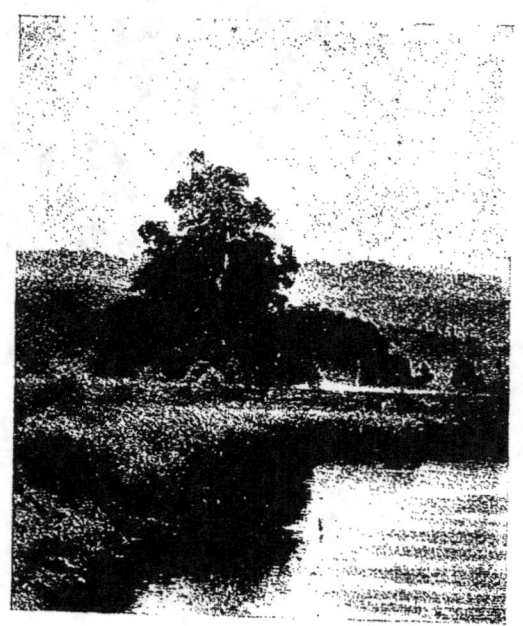

W. Didier-Pouget. — Derniers rayons.

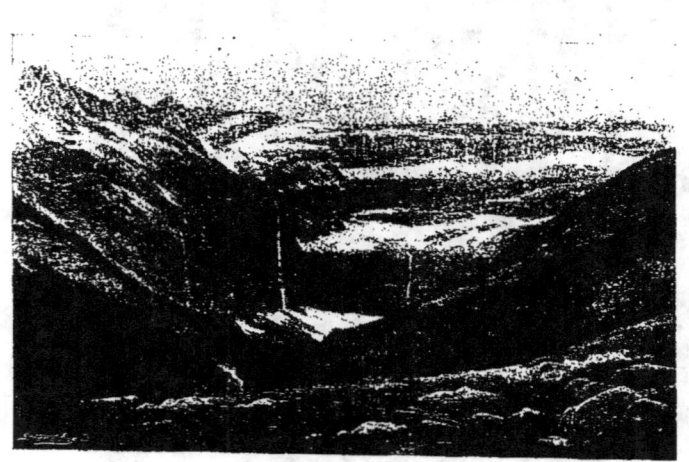

W. Didier-Pouget. — Le cirque de Gavarnie.

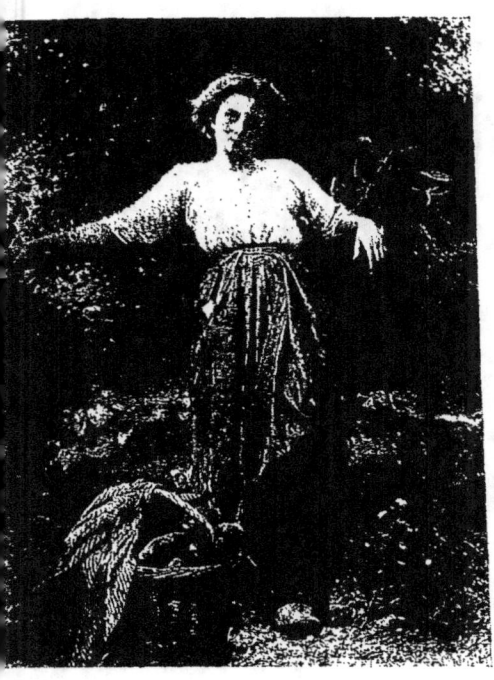

C. BELLANGER. — Le panier de pommes de terre.

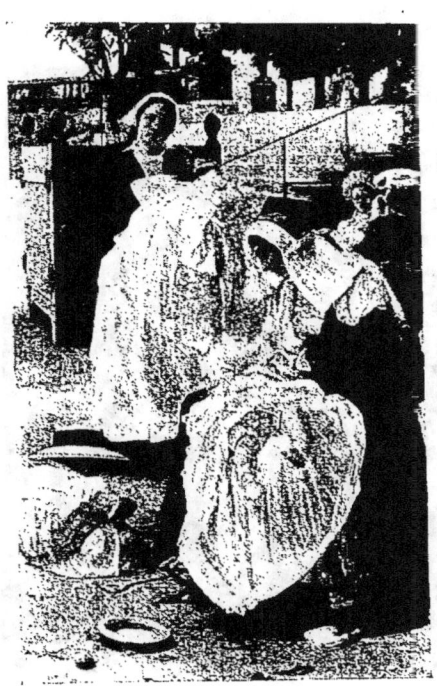

H. ETCHEVERRY. — Les Nounous.

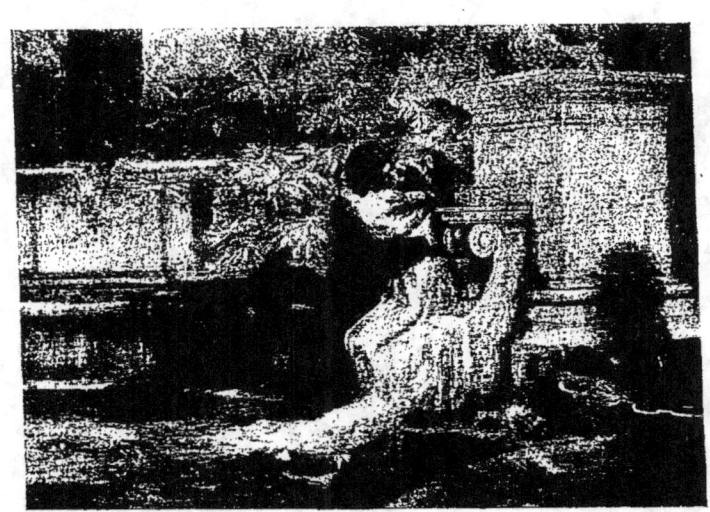

Copyright Manzi, Joyant et Cie.

D. ETCHEVERRY. — ... Ils ne lisaient plus.

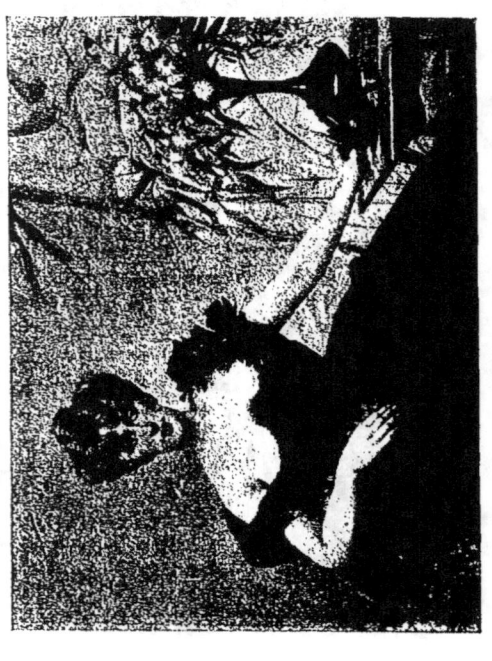

Mlle L. Abbema. — Portrait de Mme …

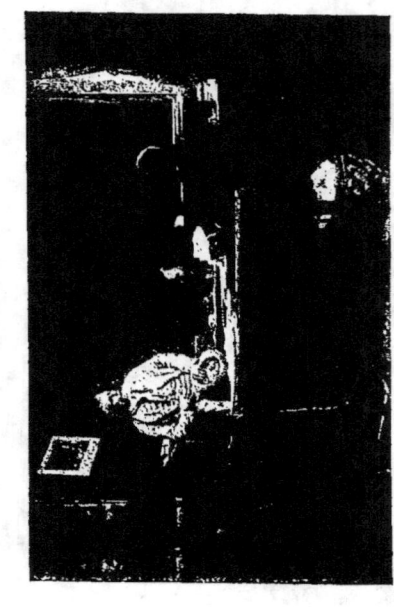

E. Gelhay. — Chez le juge d'instruction.

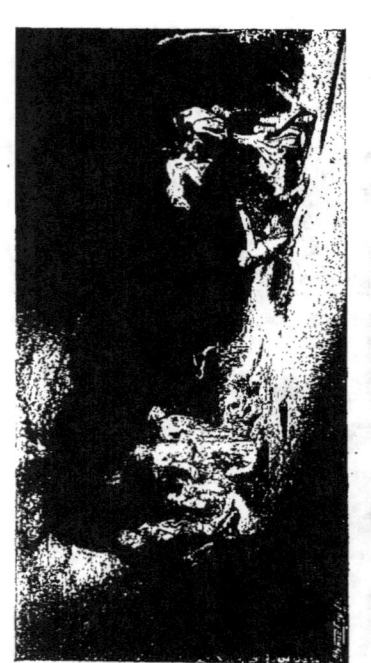

H. Gourse. — Au bord de l'antre.

E. Gelhay. — Projets d'avenir.

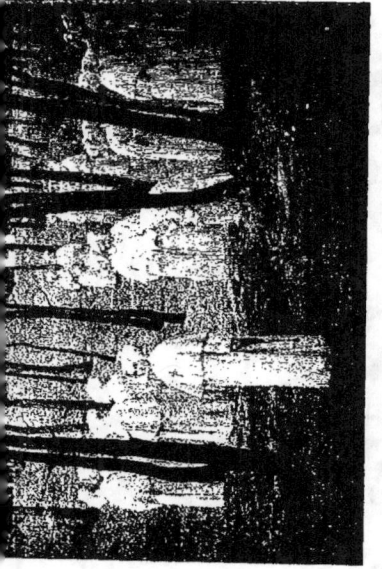

Mme M. DUHEM. — La promenade des Sœurs.

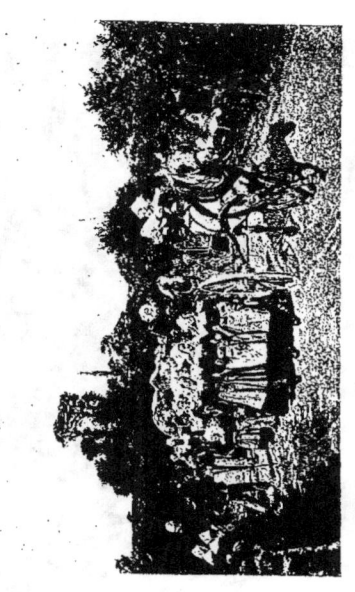

L. GROS. — Le retour du Pardon.

H. DUHEM. — Ste Geneviève de Paris.

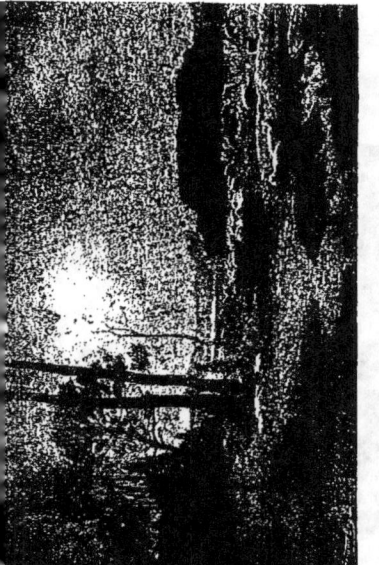

L. GROS. — Autour du Pardon.

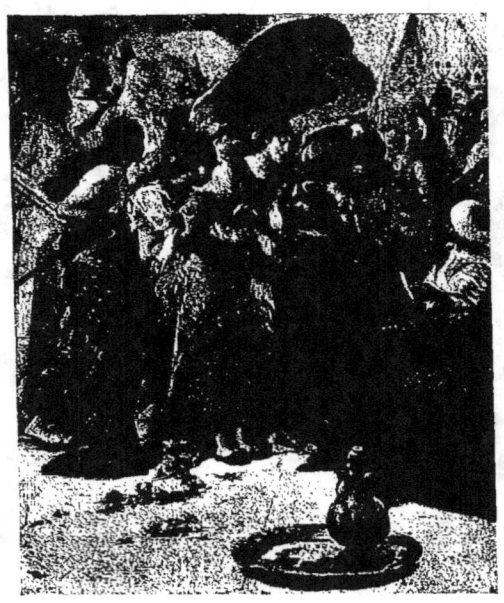

F. Cormon. — Mille et une nuits.

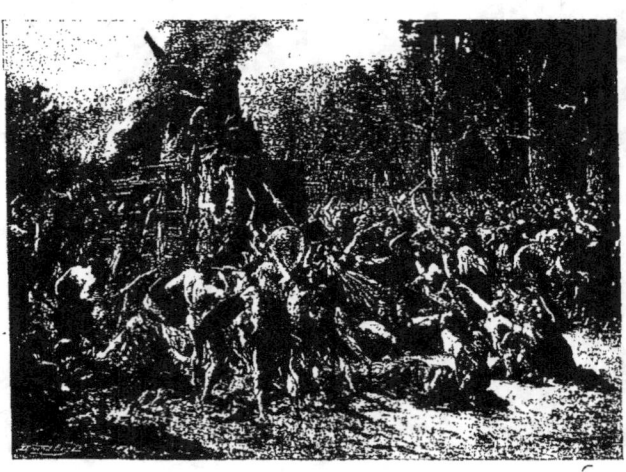

F. Cormon. — Funérailles d'un chef.

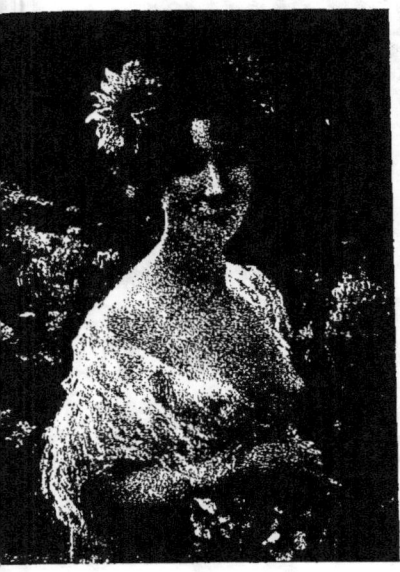
H. GUINIER. — Printemps.

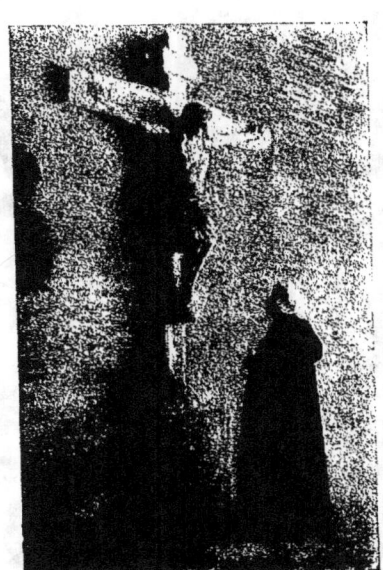
GUY. — Prière.

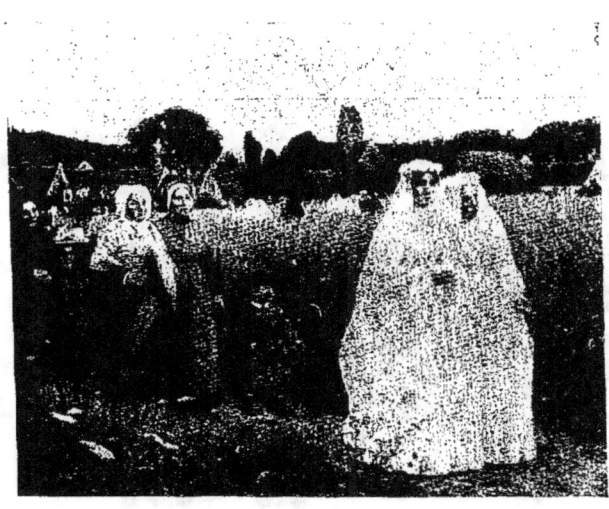
H. GUINIER. — Un dimanche, enfant de Marie.

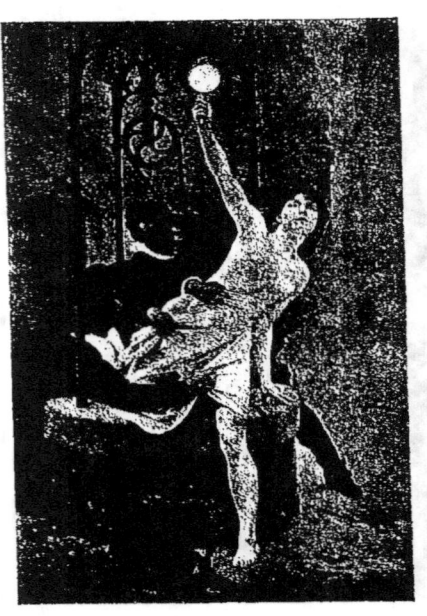
E. Debat-Ponsan. — Nec Mergitur.

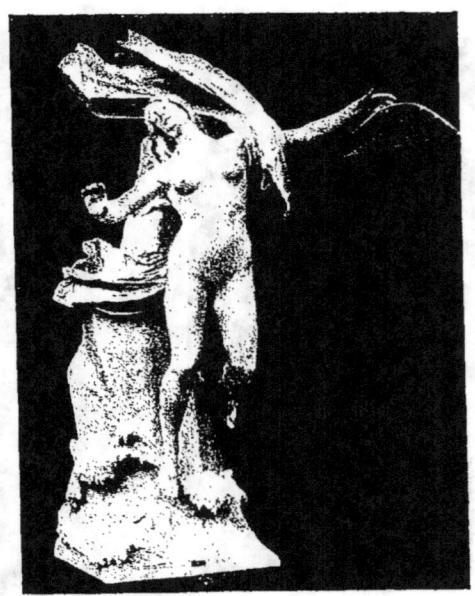
E. Guillert. — Sapho.

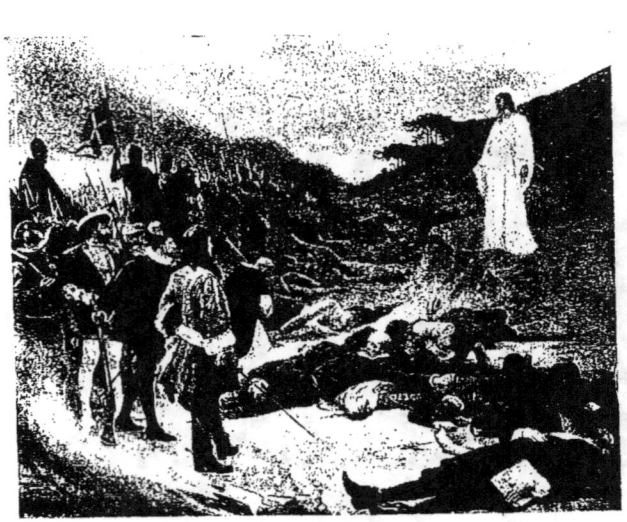
E. Debat-Ponsan. — Le Christ sur la montagne.

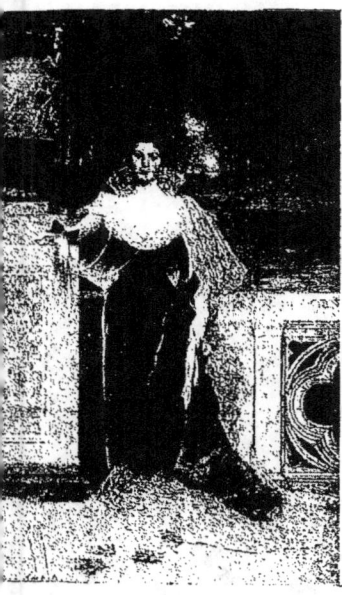

J. BENJAMIN-CONSTANT. — Portrait de Mme S. Von Derwies.

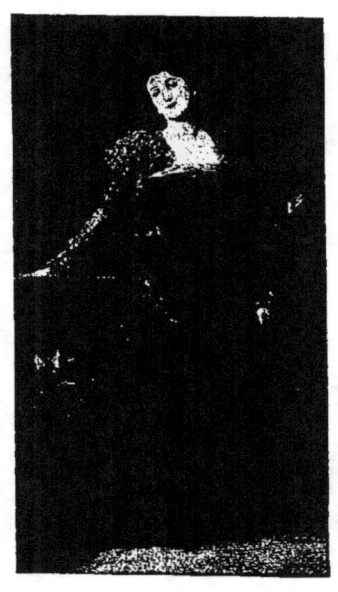

J. BENJAMIN-CONSTANT. — Portrait de Mlle Emma Calvé.

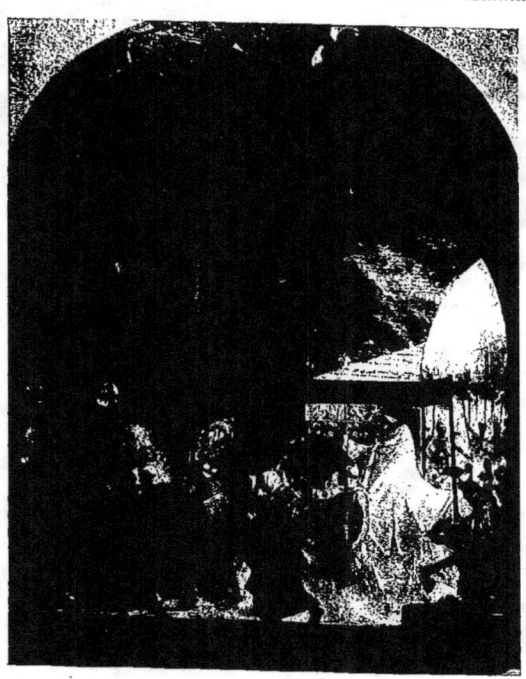

J. BENJAMIN-CONSTANT. — Urbain II.

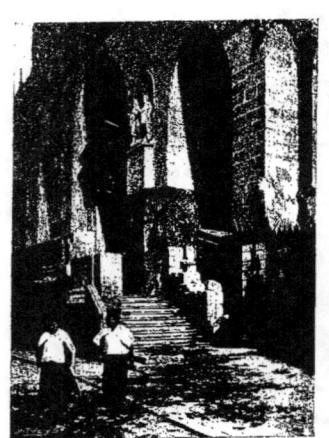 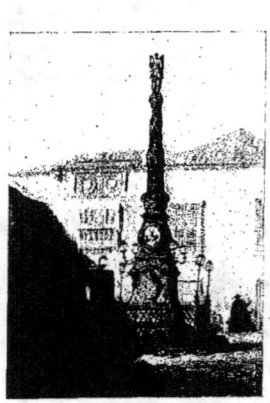 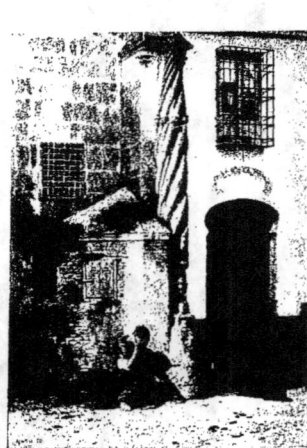

Ach. Zo. — Après la procession, Burgos.   A. Zo. — La Plazuela del Angel, à Séville.   A. Zo. — La maison des enfants trouvés à Cordoue.

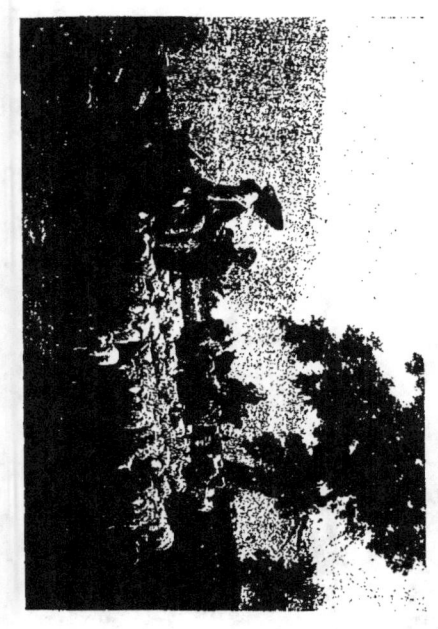

P. Vayson. — L'Engasado.

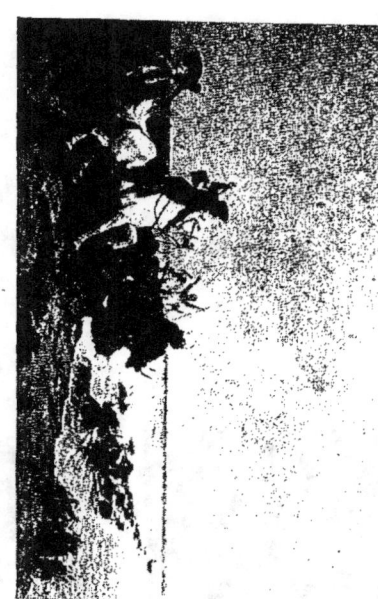

P. Vayson. — L'enfant prodigue.

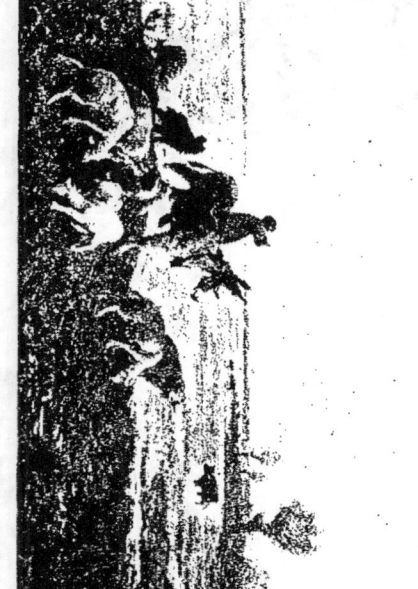

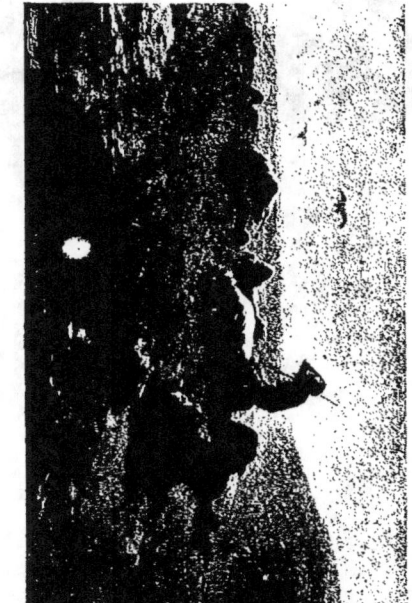

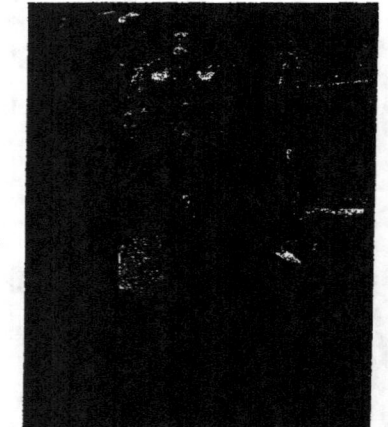 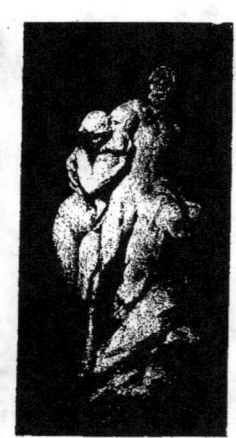 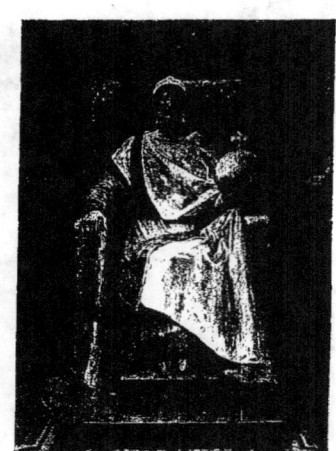

M. Béronneau. — Dans l'atelier   P. Capellaro. — Le déluge.   J. P. Laurens. — Irène.

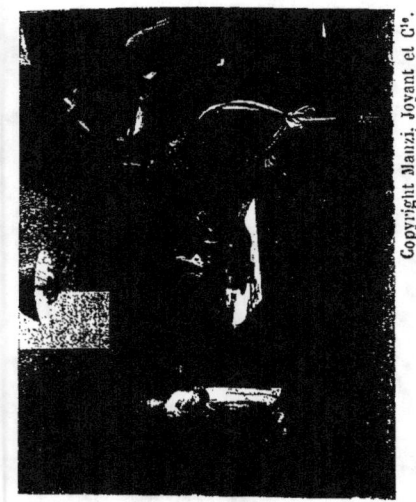

Copyright Manzi, Joyant et C¹ᵉ.

J.-P. LAURENS. — La petite de Bonchamps.

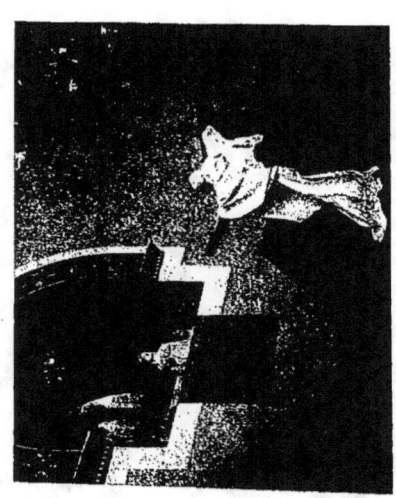

J.-P. LAURENS. — Jean Chrysostome.

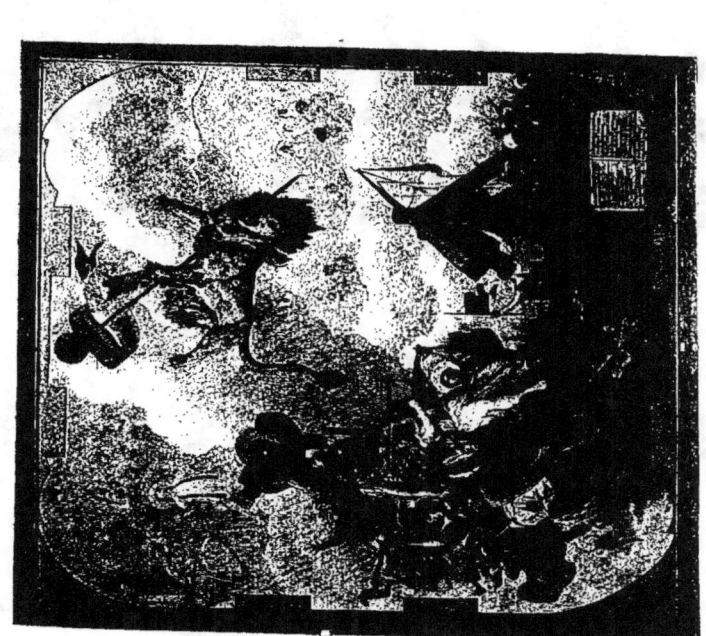

J.-P. LAURENS. — Toulouse contre Monfort.

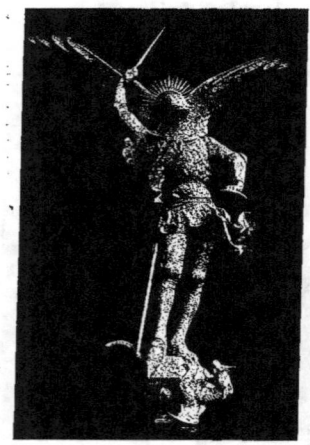 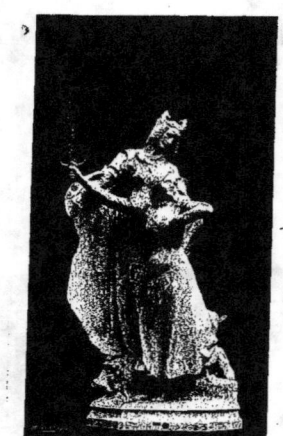 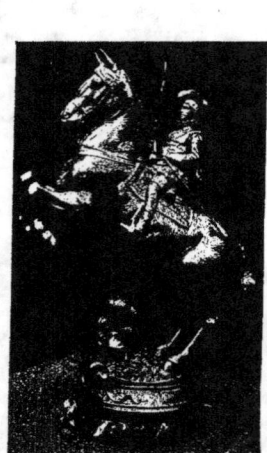

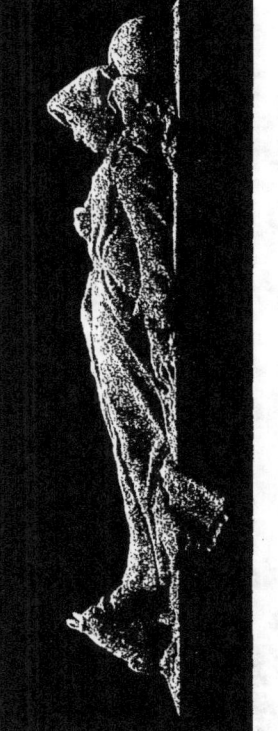

E. Frémiet. — Statue tombale de Mme Dru (château de Vez, Oise).

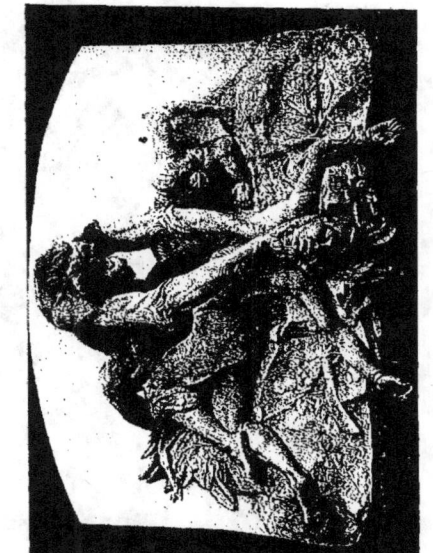

E. Frémiet. — Orang-outang et Sauvage.

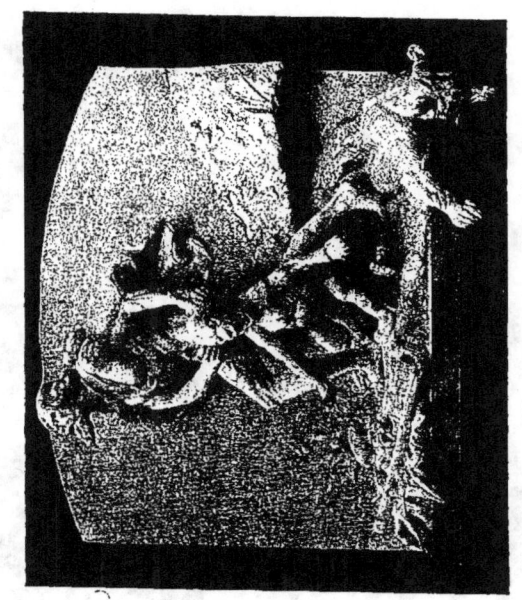

E. Frémiet. — Homme de l'âge de la pierre et ours.

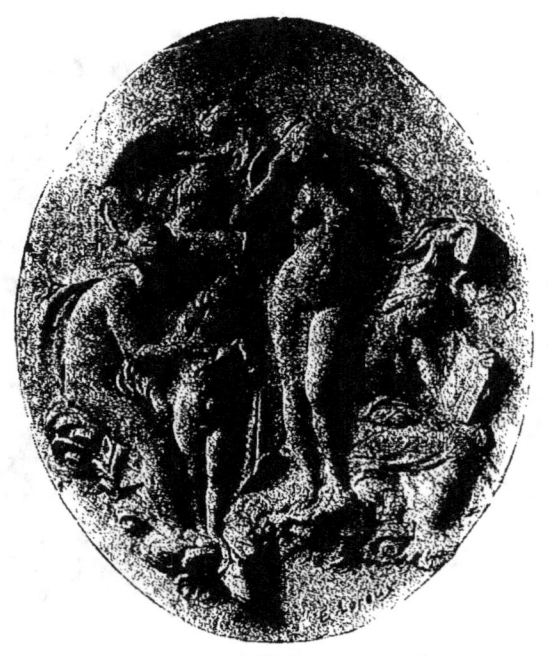

[E. Leroux. — La Littérature, la Philosophie, l'Instruction, l'Éducation.

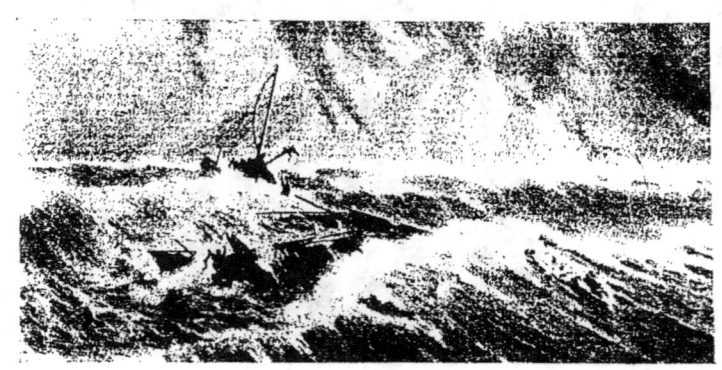

F. Tattegrain. — Sauvetage en mer.

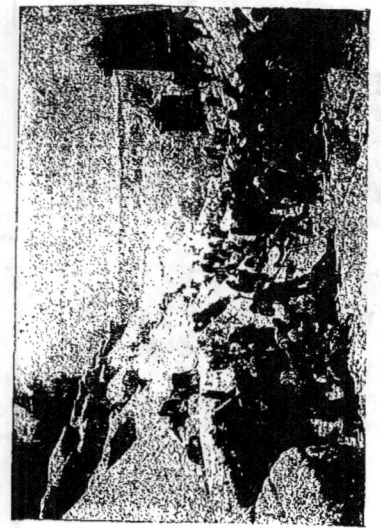

F. Tattegrain. — L'Épave.

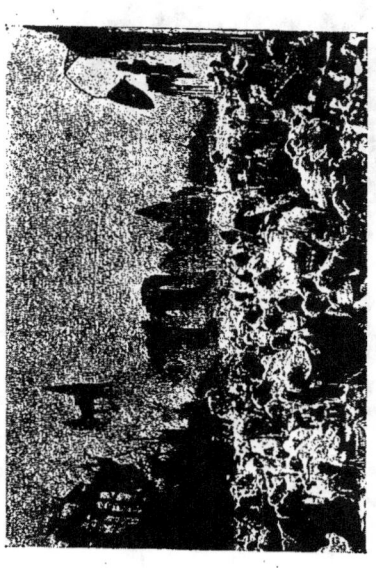

F. Tattegrain. — Les bouches inutiles.
Siège du Château-Gaillard, 1203.

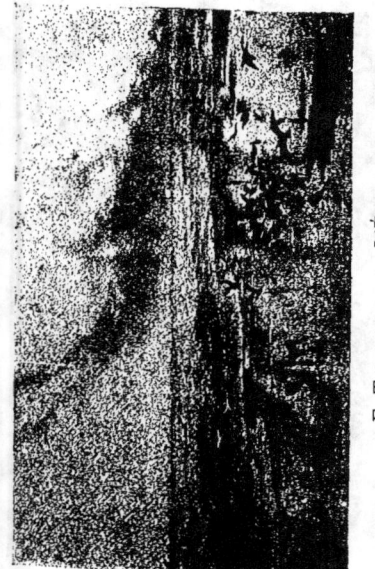

F. Tattegrain. — Incendie, Artois.

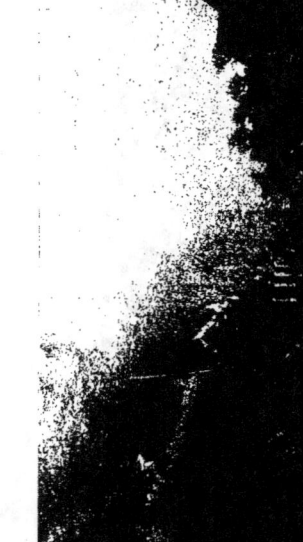

F. Tattegrain. — Saint-Quentin pris d'assaut. L'exode.

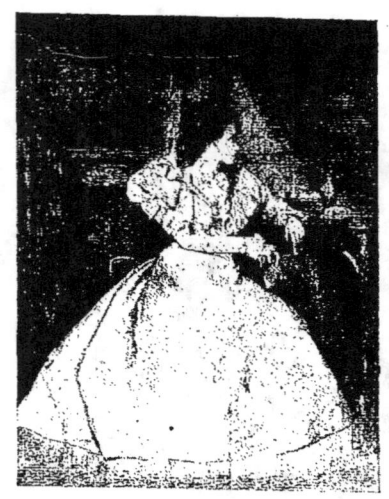
A. Martin. — Jeune femme.

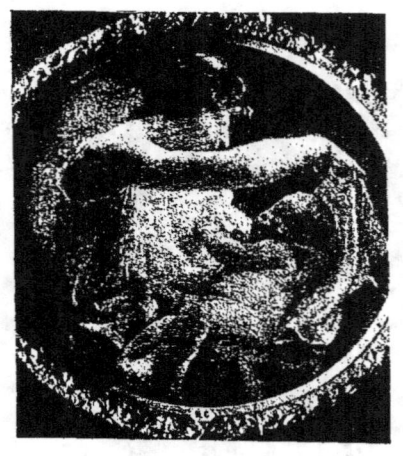
D. Saubès. — L'enfant endormi.

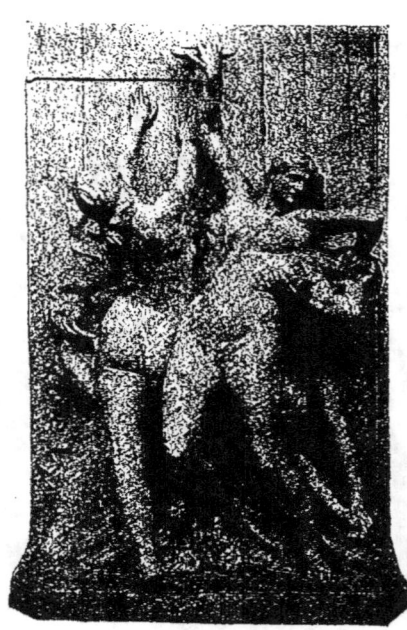
Mme Ducrot-Icard. — Les Vierges folles.

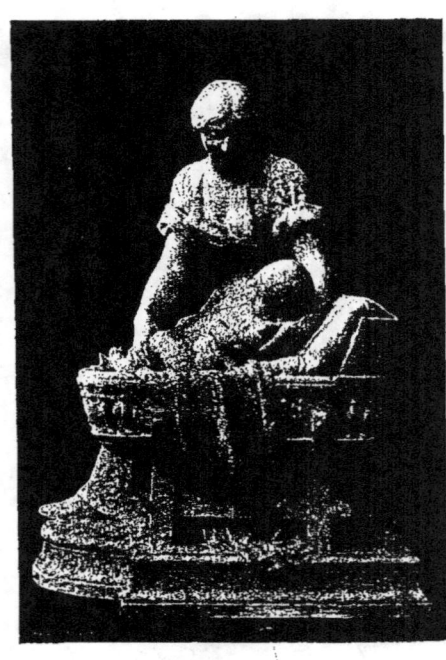
H. Daillon. — Coucher de l'enfant.

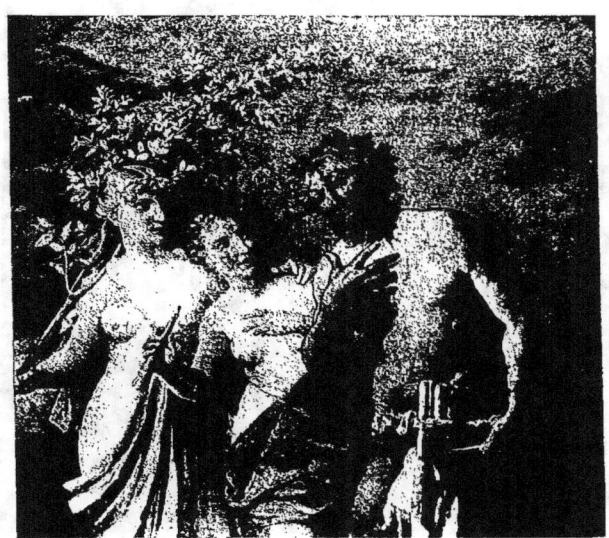

A.-B. Glaize. — Satyre.

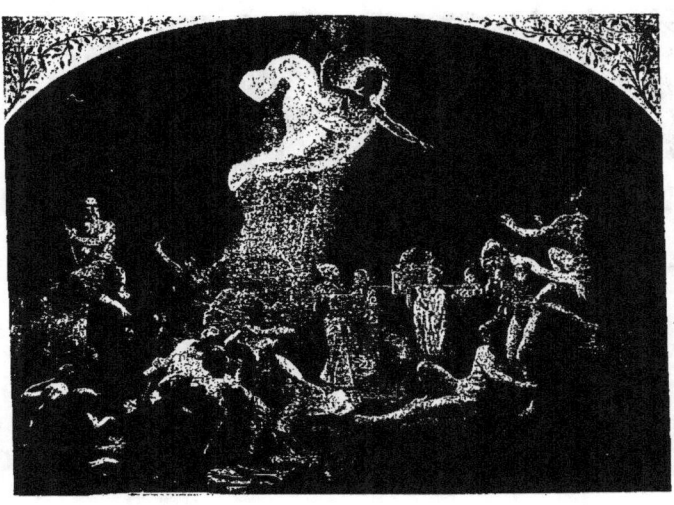

L. Glaize. — Les Limbes.

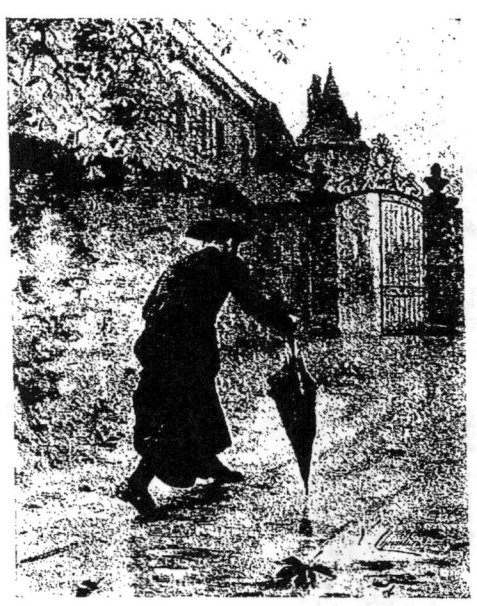
V. Chevilliard. — Il dîne au château.

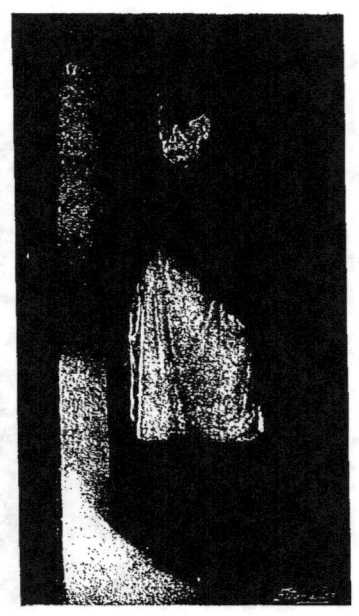
J. Adler. — L'homme à la blouse.

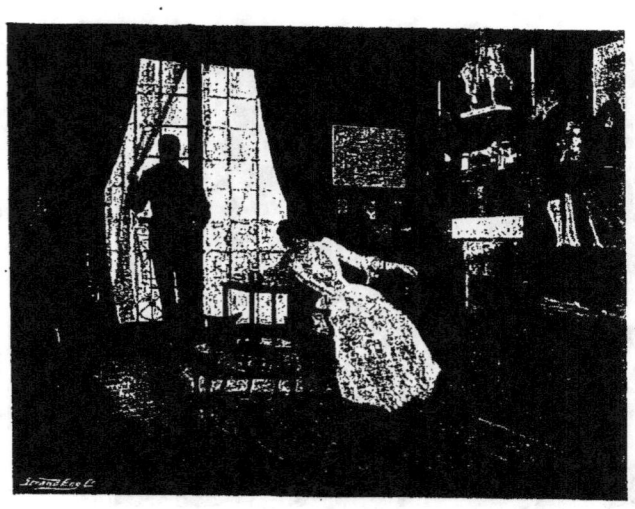
Roger Jourdain. — Un nuage.

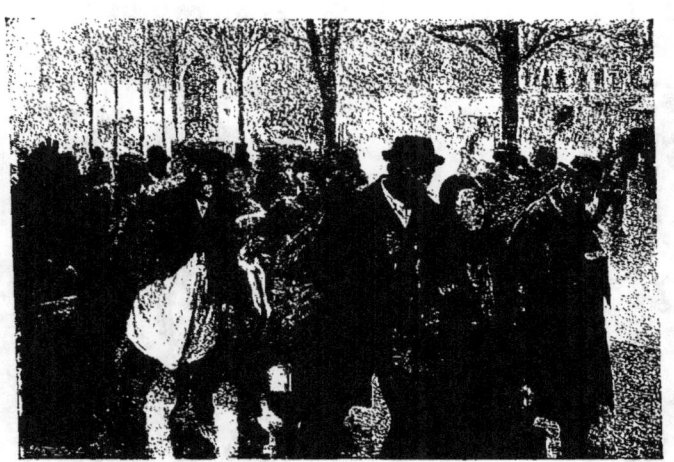

J. ADLER. — Les Las.

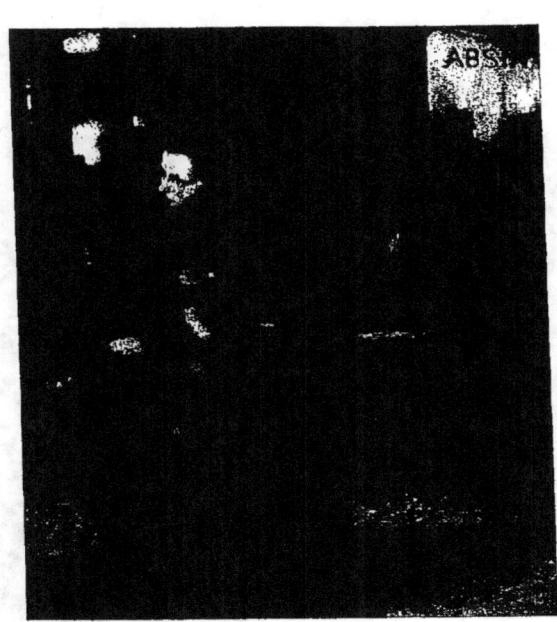

J. ADLER. — Mère.

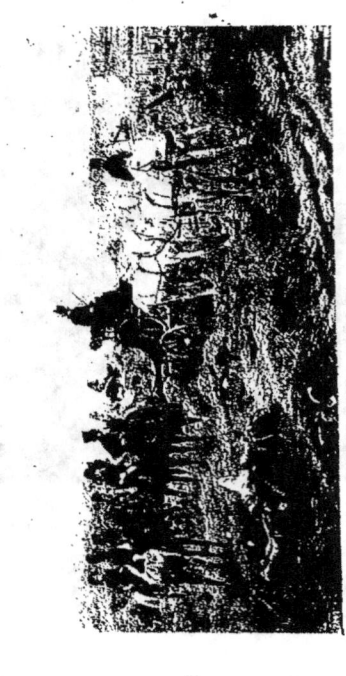

Copyright by Braun, Clément et Cⁱᵉ

J. HENNER. — Le Lévite d'Ephraïm et sa femme morte.

E. CHAPERON. — Le maréchal Masséna à la bataille de Wagram.

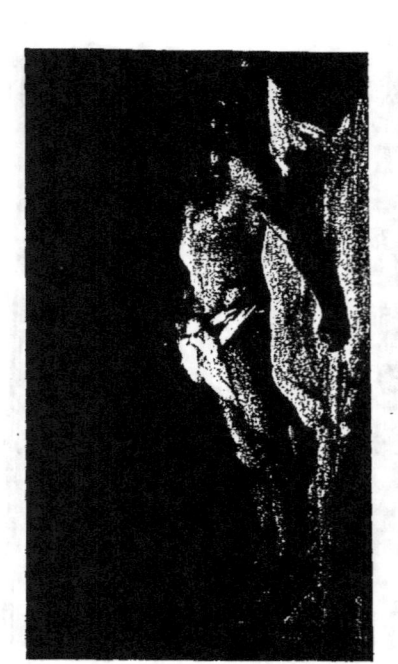

J. J. HENNER. — Le Christ au linceul.

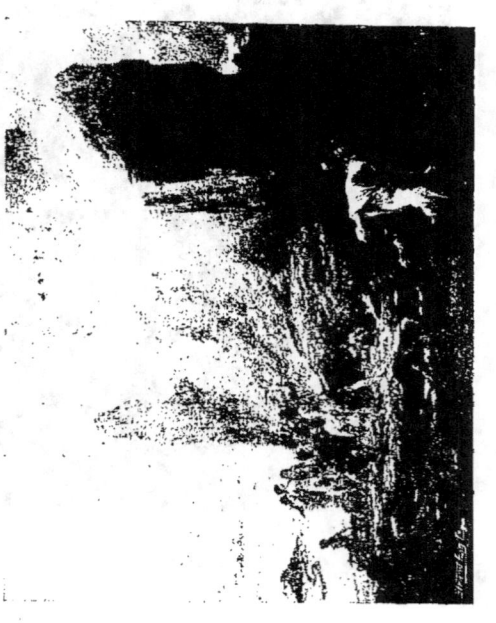

H. LÉVY. — Deucalion et Pyrrha.

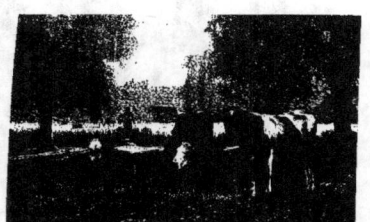
J. Dupré. — Vaches à l'ombre.

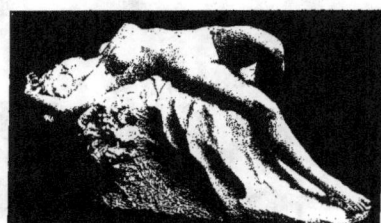
Mlle J. Itasse. — Bacchante.

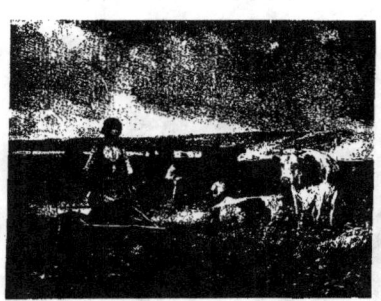
J. Dupré. — La vallée de la Durdent.

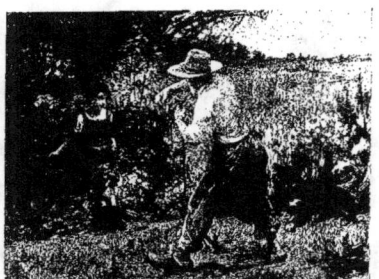
G. Thurner. — Le greffeur.

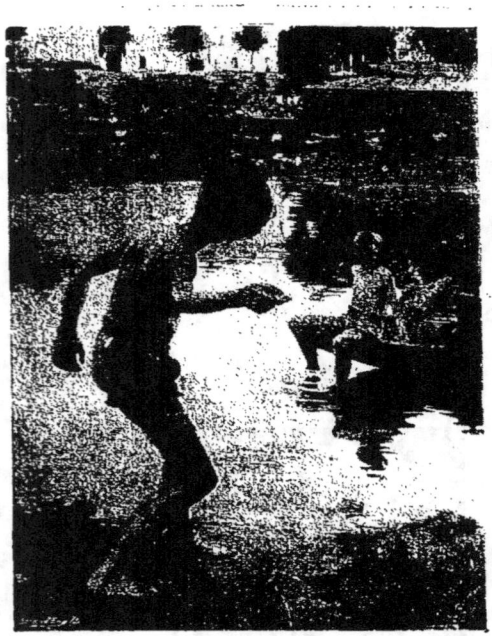
Mlle C.-H. Dufau. — Ricochets.

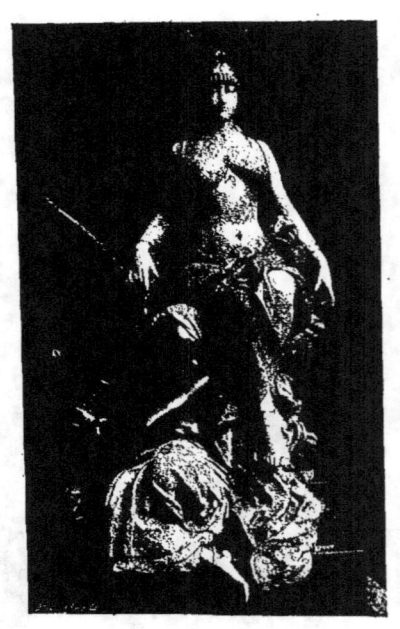
M. Ferrary. — La Sulamite.

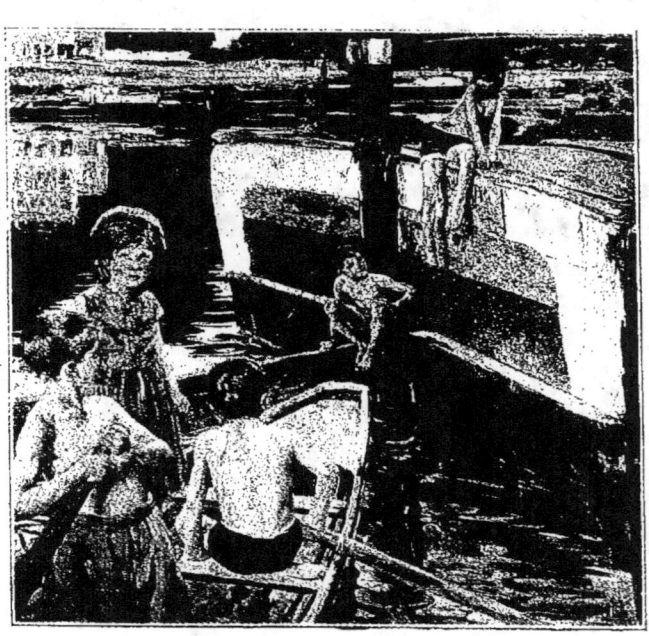
Mlle C.-H. Dufau. — Fils de mariniers.

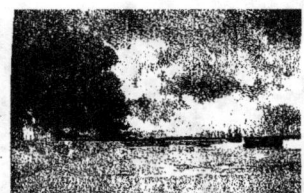

M. IWILL. — Le Calvaire.

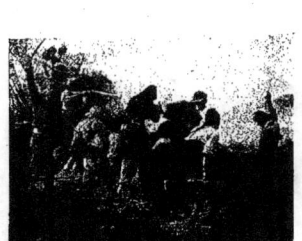

H. PERRAULT. — Défense héroïque du col de Banyuls.

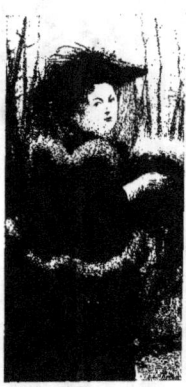

E. DE MONTZAIGLE. — Parisienne.

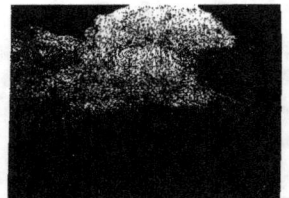

A.-L. DEMONT. — La Nuée.

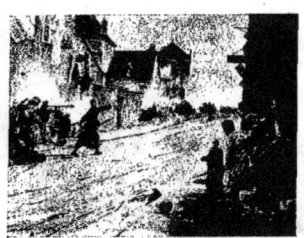

E.-J. DELAHAYE. — Prise de Montbéliard par Paul Déroulède.

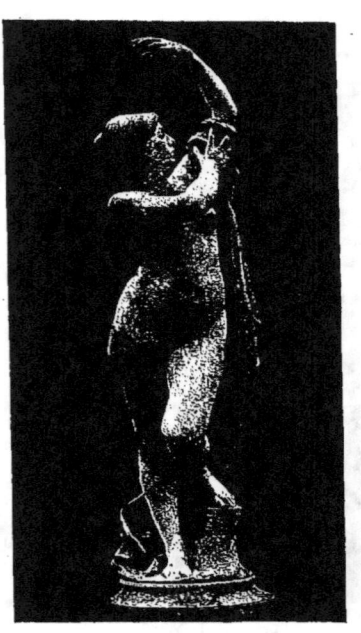

T. Barrau. — Suzanne.

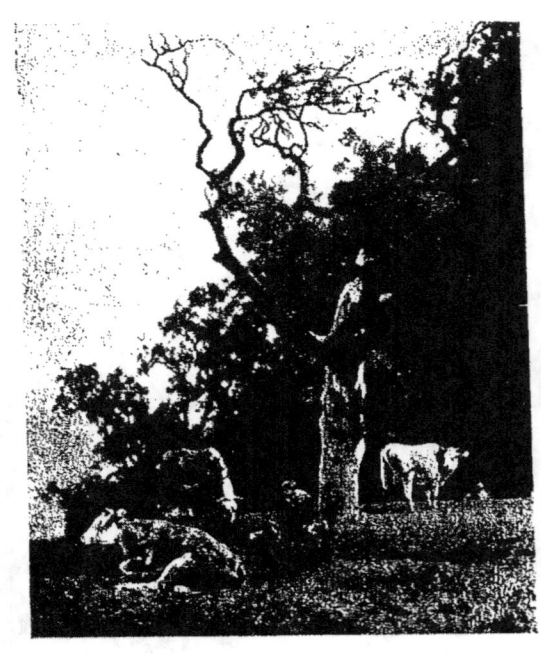

J. Didier. — Le vieux cerisier

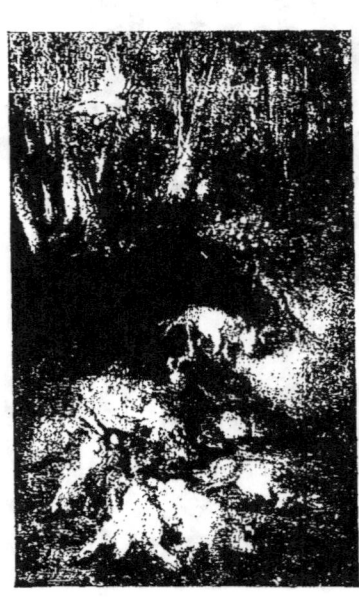

C. Monginot. — Massacre des Innocents.

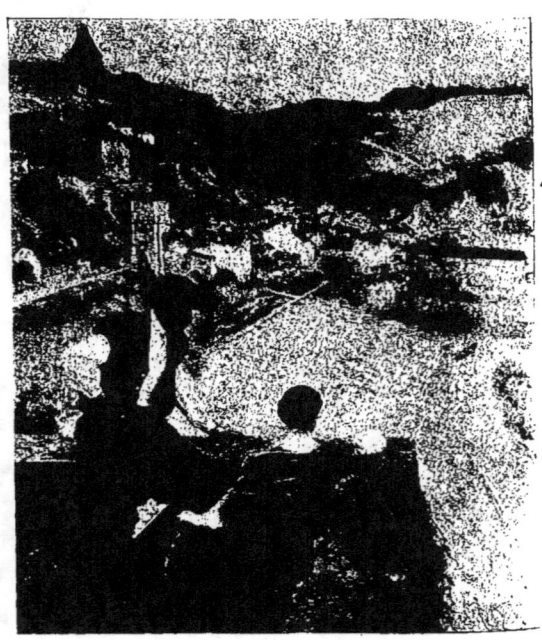

J. Muenier. — Un dimanche à Fribourg.

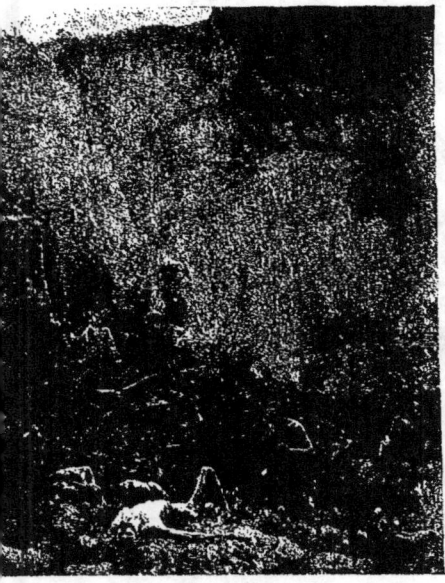

P. Buffet. — Le défilé de la Hache.

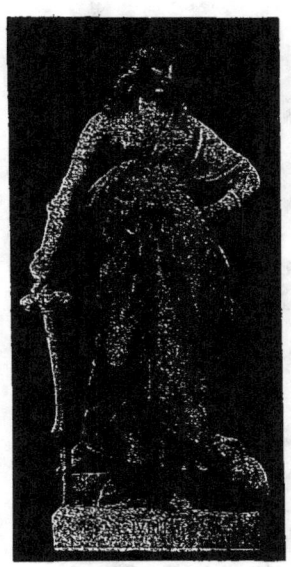

E. Aizelin. — Judith.

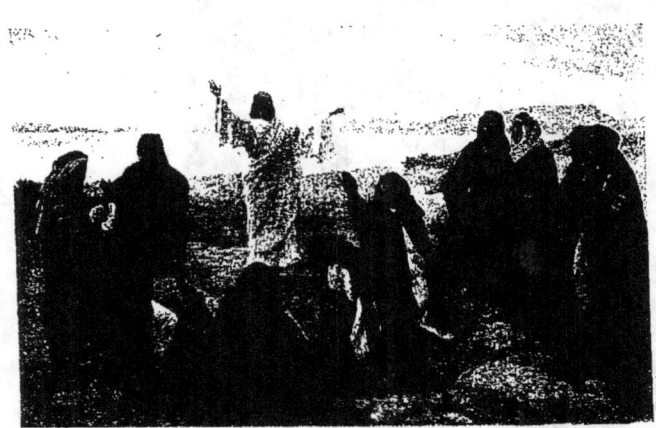

Copyright by Braun, Clément et Cie

J. Aubert. — La mission des Apôtres.

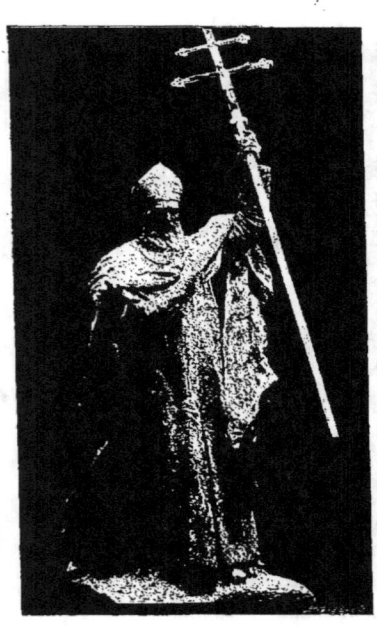

A. Falguière. — Cardinal Lavigerie.

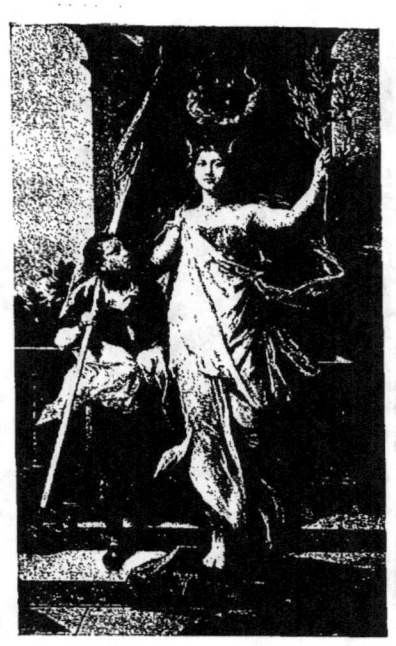

E. Thirion. — République.

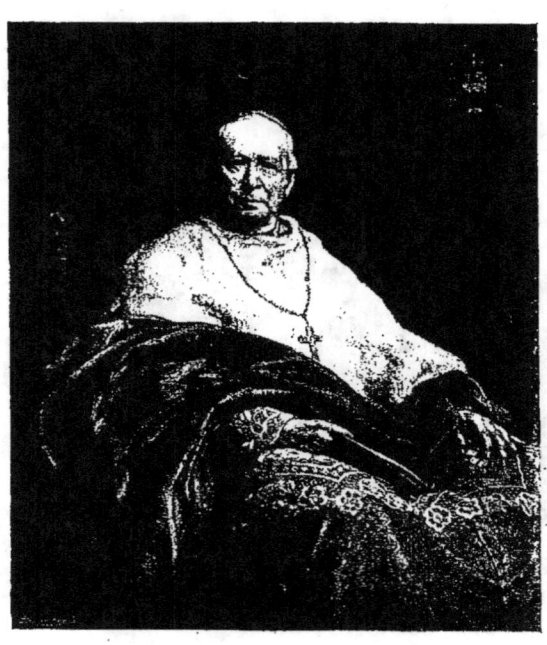

E. Thirion. — Mgr Place, cardinal-archevêque de Rennes.

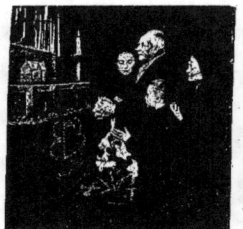
E. Buland. — Devant les reliques.

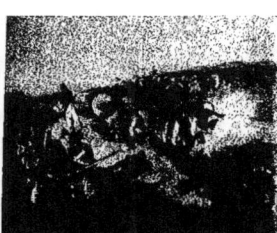
L. P. Sergent. — "Gaiement"

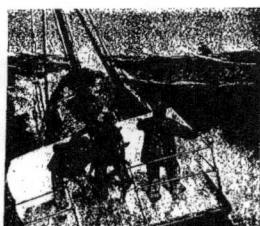
F. Montenard. — Un remorqueur en Méditerranée.

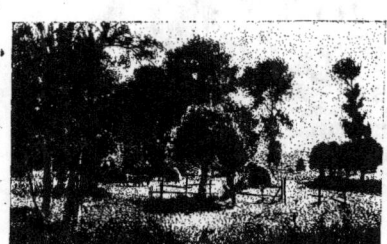
A. Prévot-Valeri. — Le clos Monsieur.

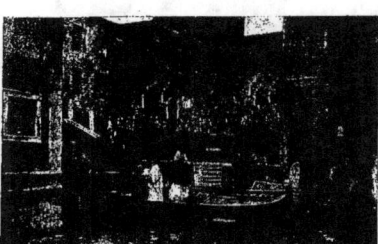
J. Saint-Germier. — Un enterrement à Venise.

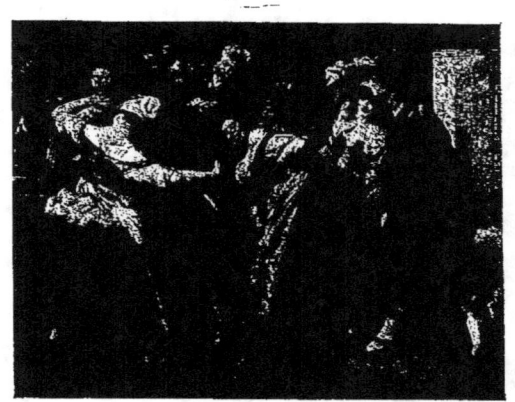

F. ROYBET. — La main chaude.

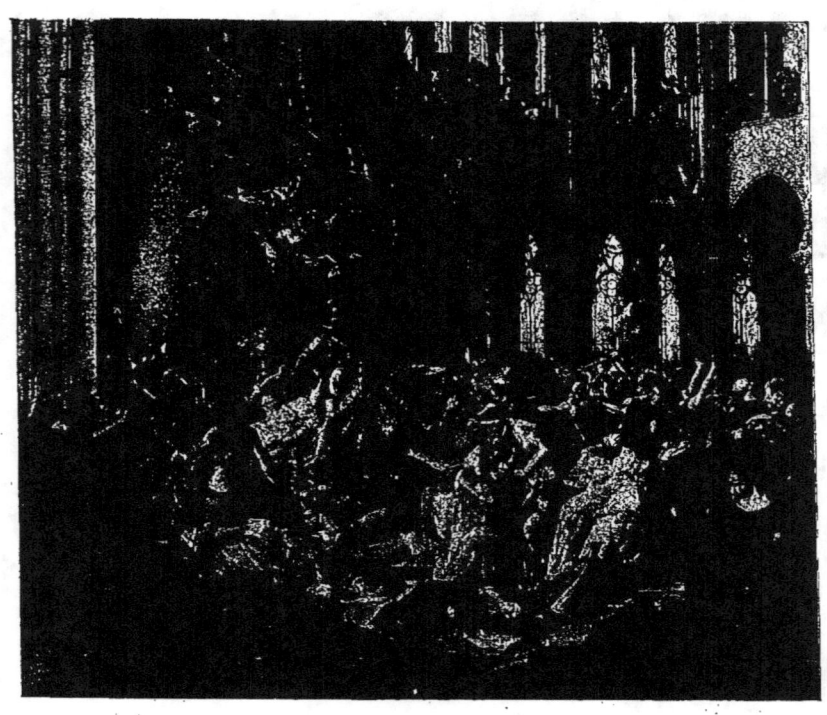

F. ROYBET. — Charles le Téméraire à Nesles.

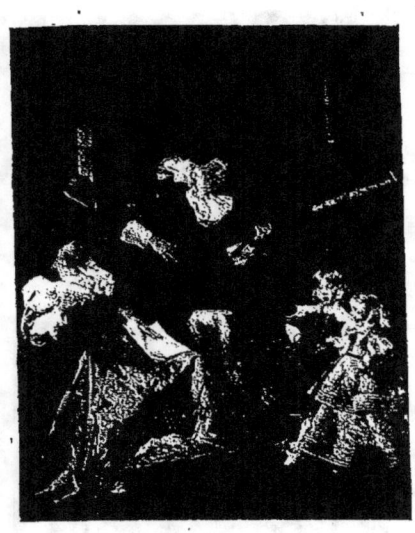
F. ROYBET. — La Sarabande.

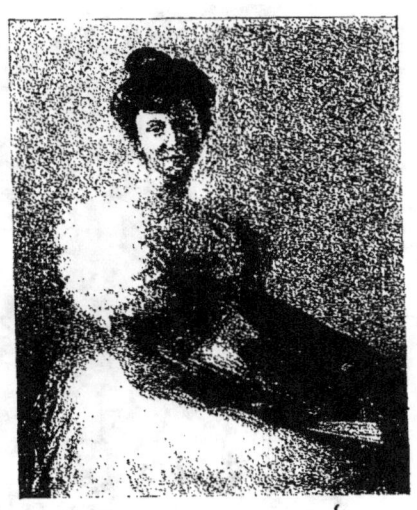
P. MATHEY. — Portrait de Mlle Lara.

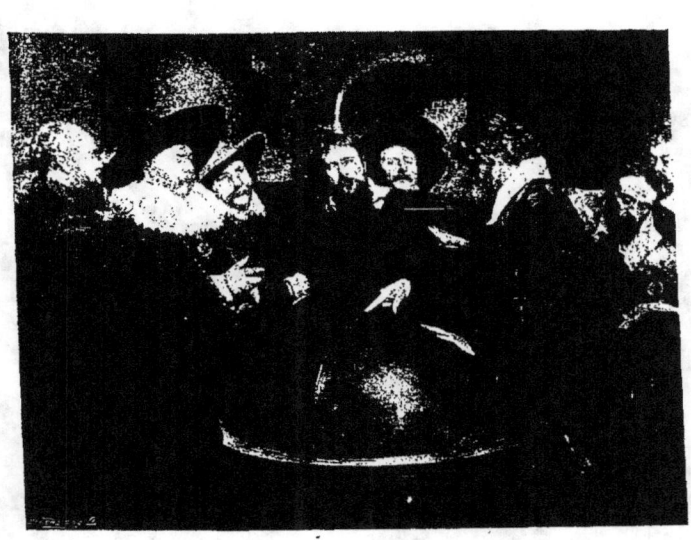
F. ROYBET. — L'Astronome.

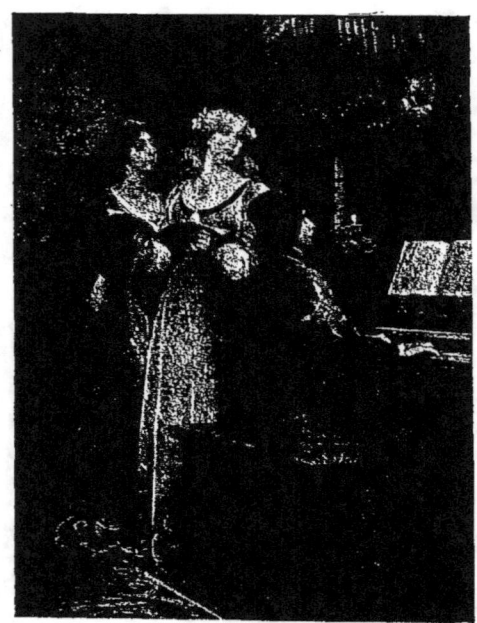

J. WAGREZ. — Un Maître de chapelle de St-Marc, Venise, XVᵉ siècle.

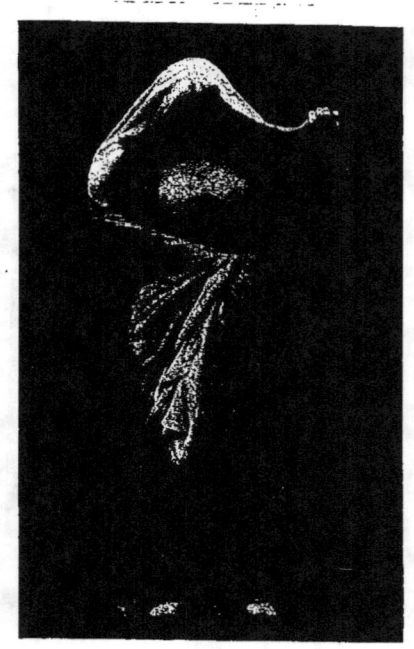

E.-L. BARRIAS. — La Nature se dévoilant.

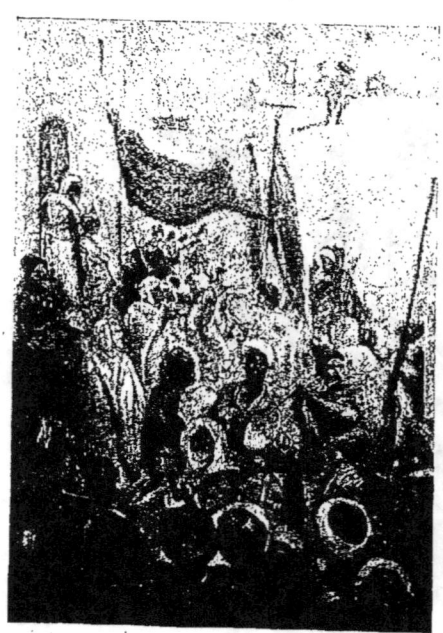

F. BARRIAS. — Retour de la Circoncision.

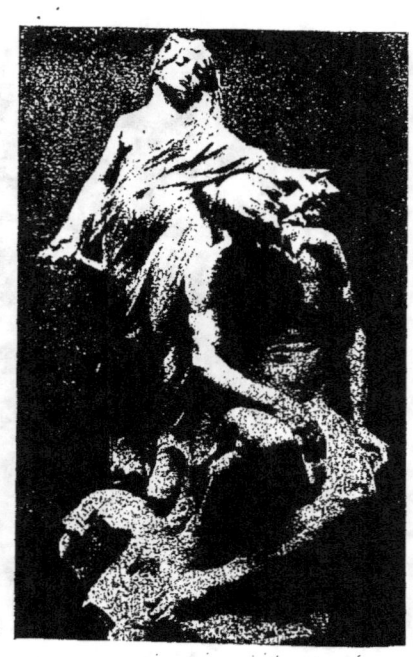

L. CONVERS. — La Légende et le Passé.

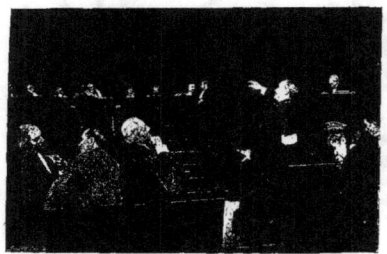
P. Salzedo. — Procès en Cour d'appel.

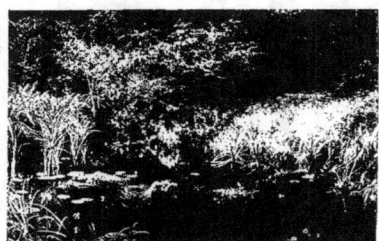
R. His. — Ophélie.

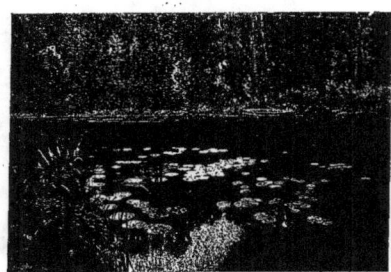
P. Saïn. — Le sommeil des nénuphars.

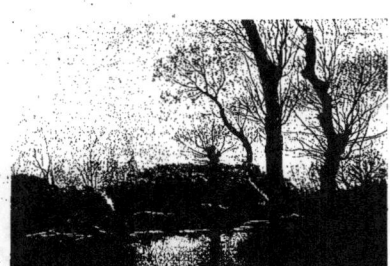
P. Saïn. — La Barthelasse d'Avignon.

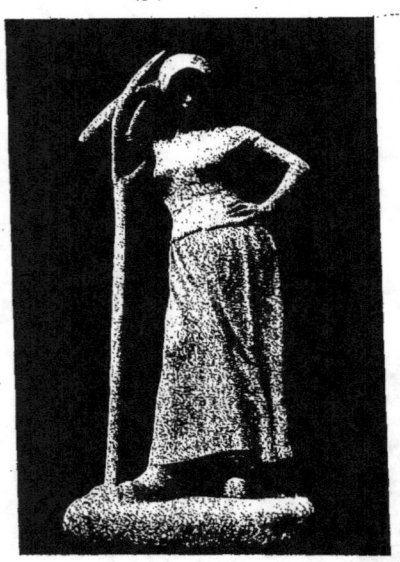

A. Boucher. — Aux champs.

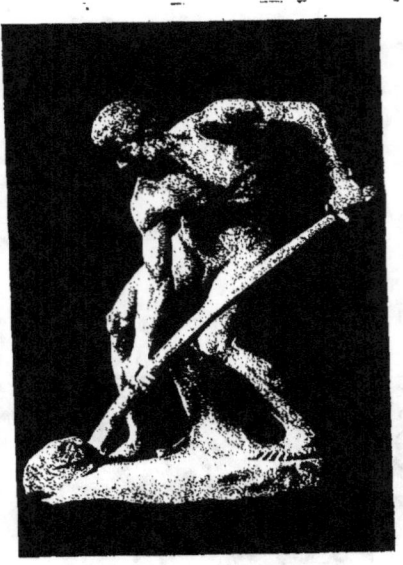

A. Boucher. — A la terre.

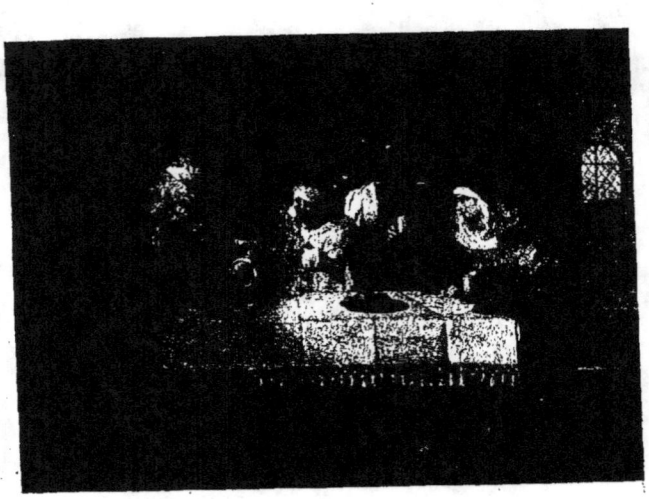

D. Laugée. — Les Commensaux de Saint-Louis.

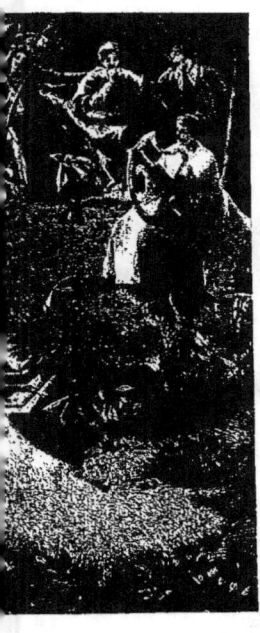
RET. — Harmonie d'automne.

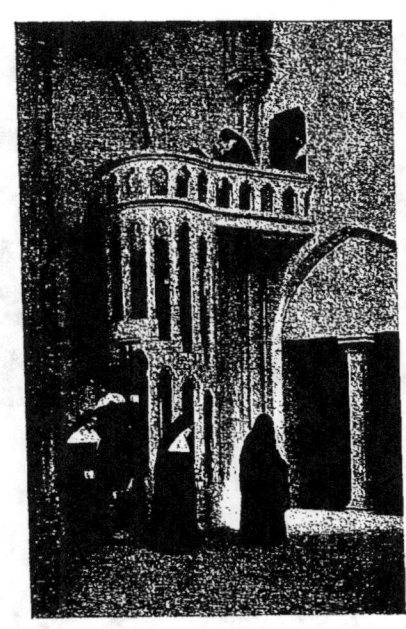
E. RENARD. — Matines.

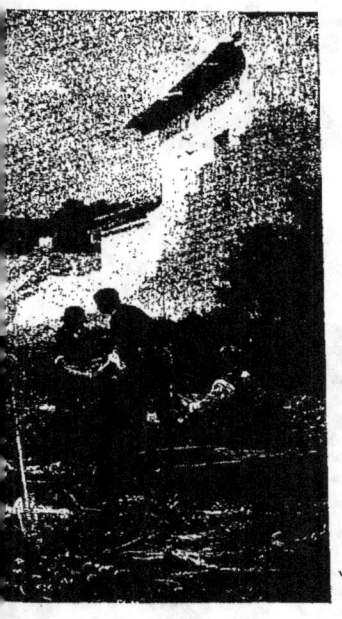
— Les approches de l'automne.

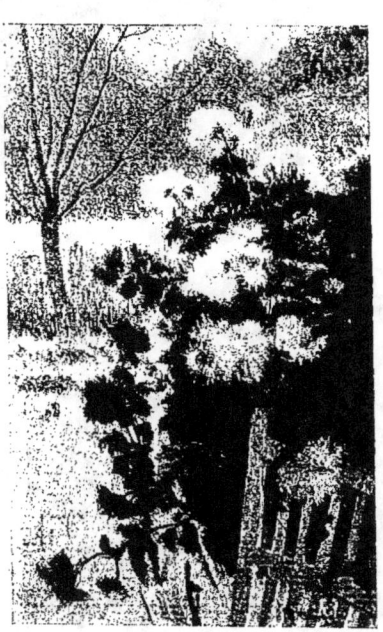
E. H. CAUCHOIS. — Derniers rayons.

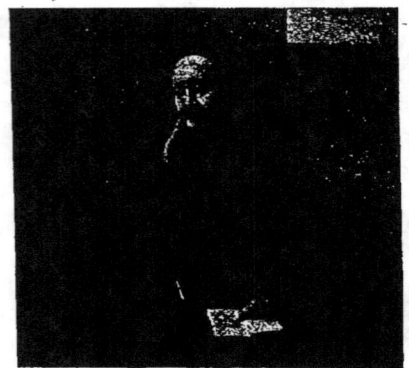

H. Lerolle. — Portrait.

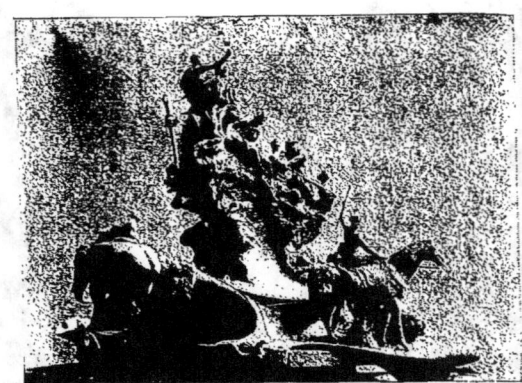

J. P. Aubé. — La France convie la Russie à visiter sa capitale.

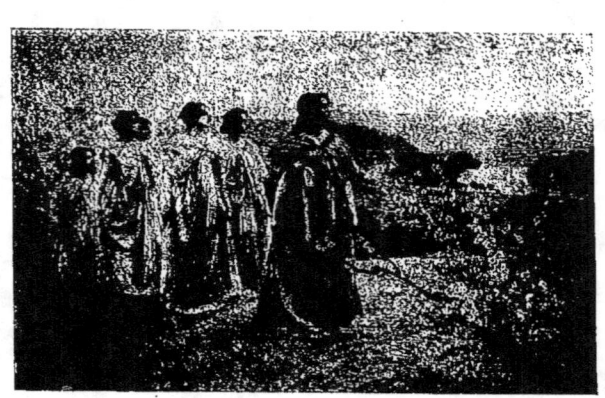

J.-P. Sinibaldi. — Aurore.

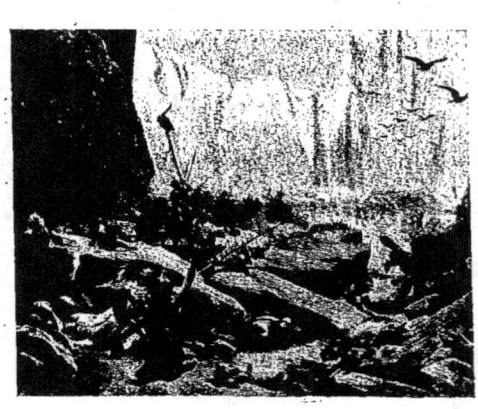

E. L. Thivier. — Les Mercenaires au défilé de la Hache.

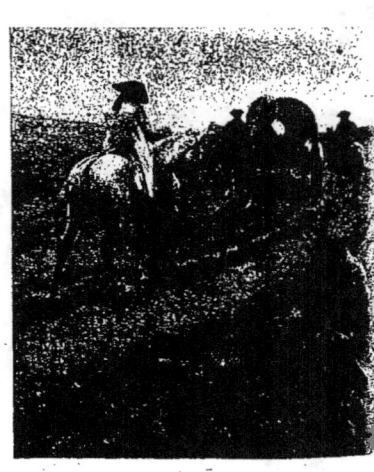

J. P. Sinibaldi. — Manon Lescaut

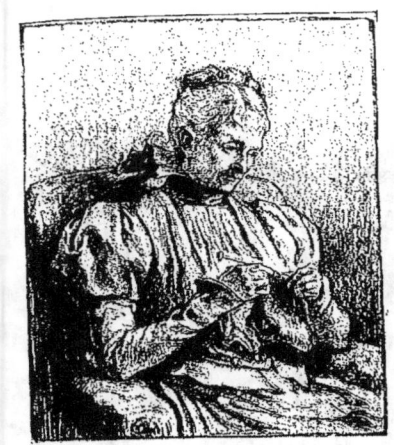
Mlle M. Perrier. — Portrait de ma mère.

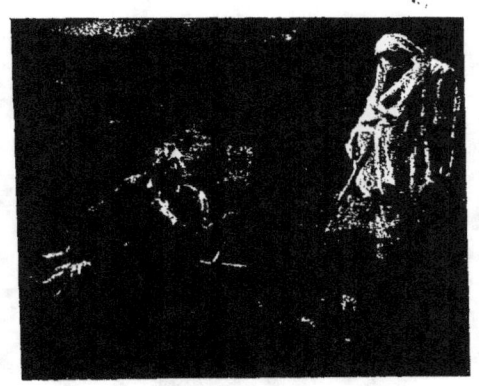
L.-A. Lhermitte. — La Mort et le Bûcheron.

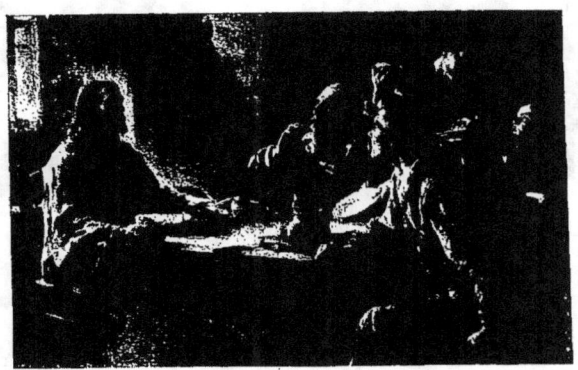
L. Lhermitte. — L'Ami des humbles.

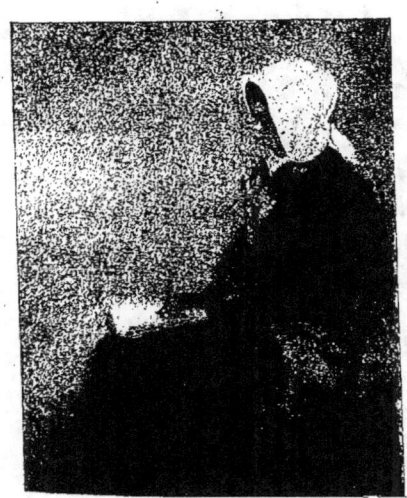
L.-A. Leclercq. — Lecture.

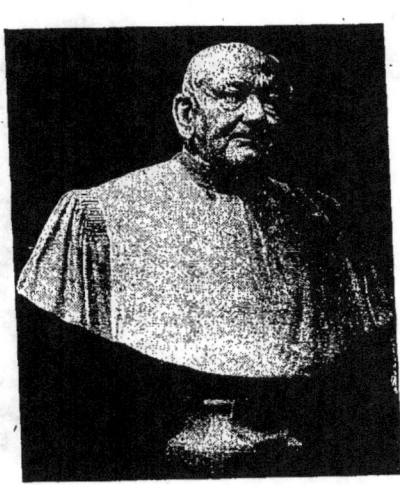
A. Dalou. — Portrait de M. Cresson.

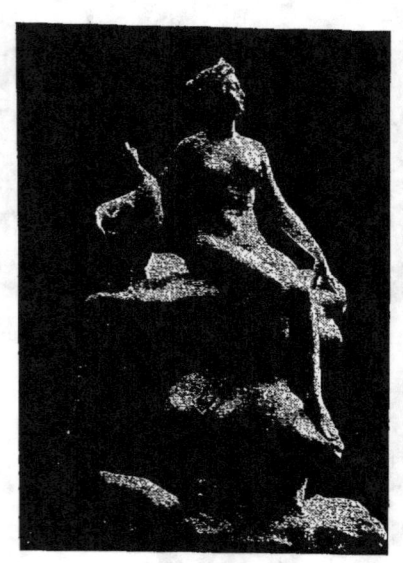

A. Carlès. — Junon.

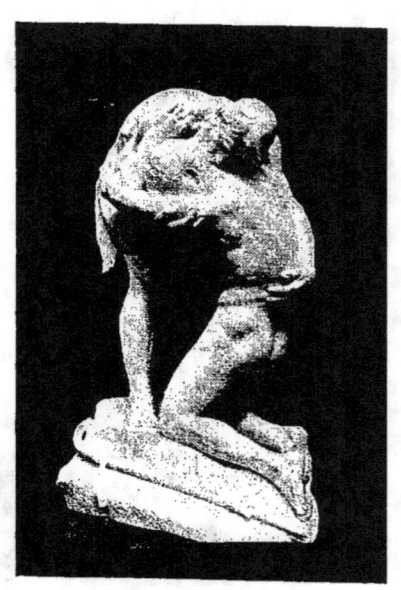

E. Dubois. — Le Pardon.

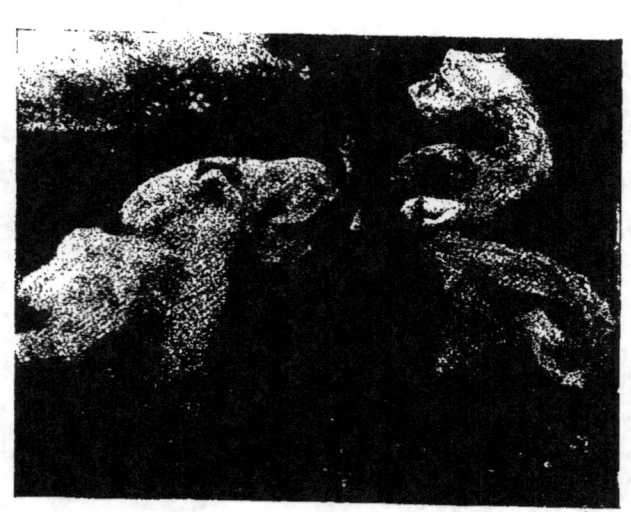

Alb. Laurens. — La Bourrasque.

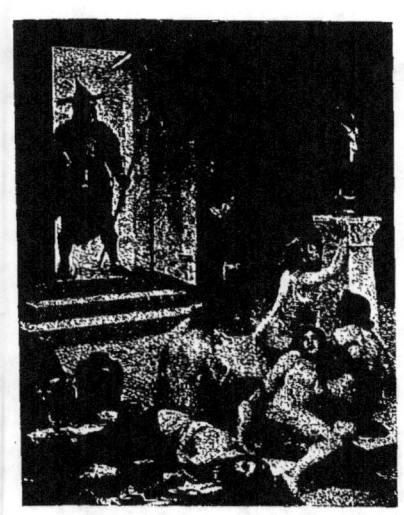
P. Jamin. — Le Brenn et sa part de butin.

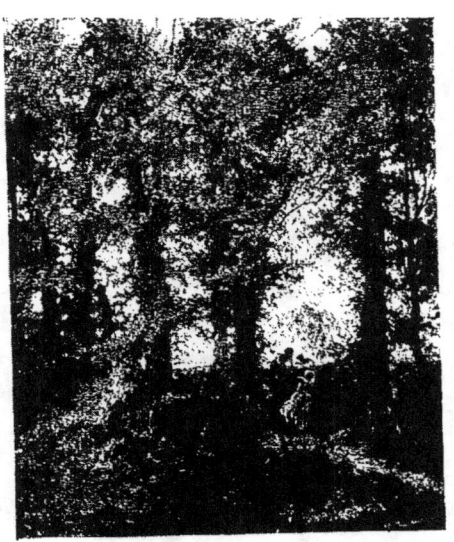
P. Colin. — Ferme de Normandie.

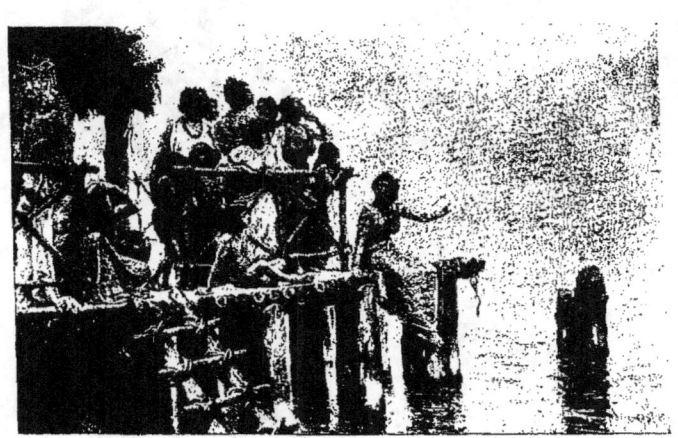
P. Jamin. — Cité lacustre.

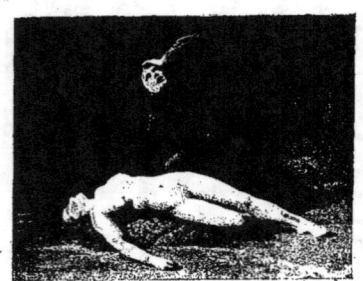

J. Benner. — Phrosine et Mélidore.

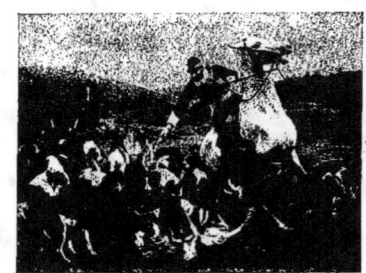

G. Busson. — Hallali de sanglier.

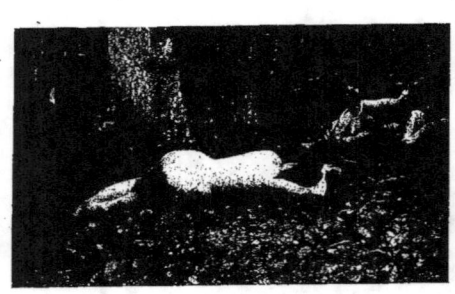

G. Guay. — Poème des bois.

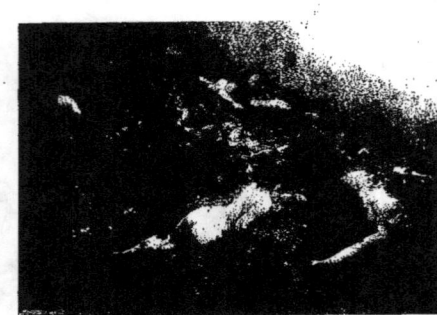

G. Guay. — Les grives.

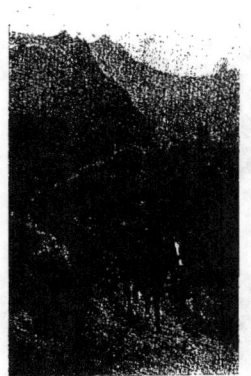

A. LOUSTAUNAU. — Manœuvre des Alpins dans la montagne.

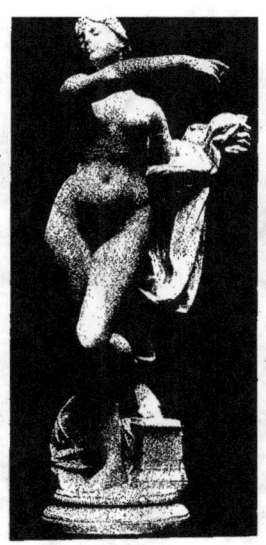

J. BLANCHARD. — Phryné.

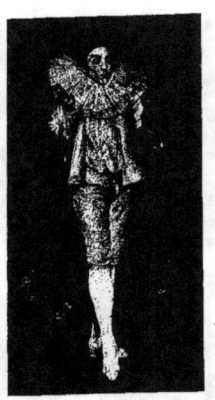

P. CARRIER-BELLEUSE. — Le miroir de Pierrot.

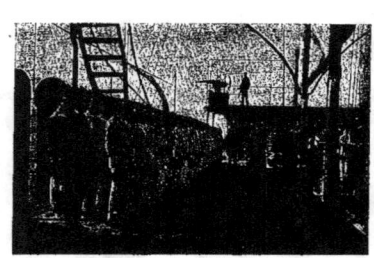

G. Bourgain. — La prière à bord du « Trident ».

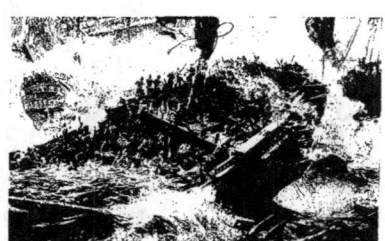

G. Bourgain. — La fin du Vengeur.

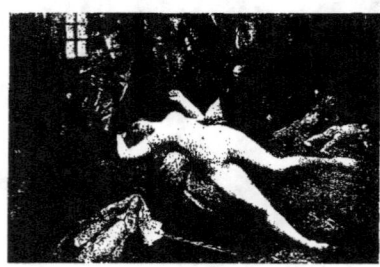

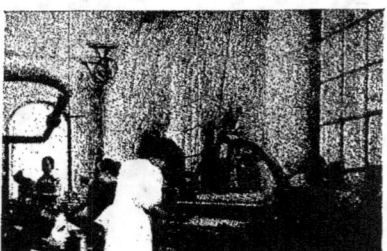

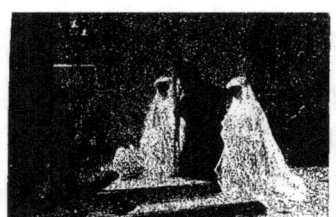
E. LEMÉNOREL. — La prière pour l'absent.

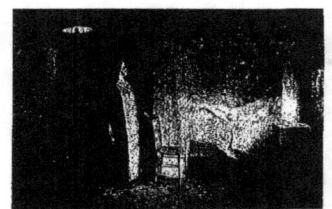
E. LEMÉNOREL. — Evangeline.

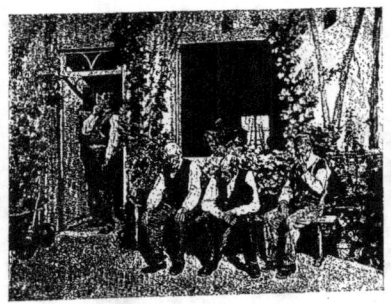
H. BRISPOT. — Le barbier du village.

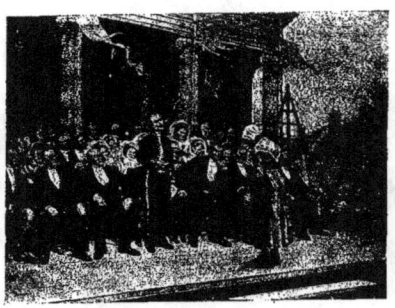
H. BRISPOT. — Cinquante-quatre ans de service.

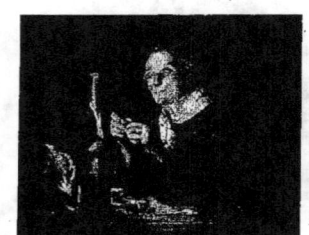
Mme E. Gruyer-Brielman. — Effet de lumière.

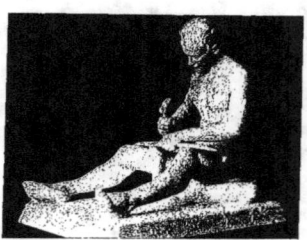
L. Guglielmo. — Faucheur battant sa faux.

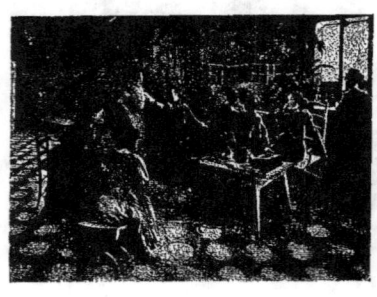
L. Tacchet. — " Elles... "

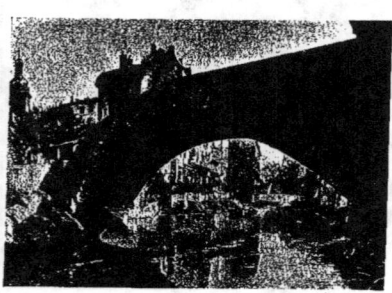
H. Jacquier. — Le Pont St-Martin à Vienne (Isère).

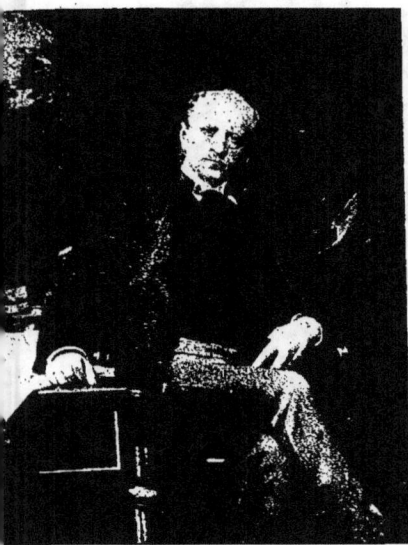
A. Morot. — Portrait du prince d'Arenberg.

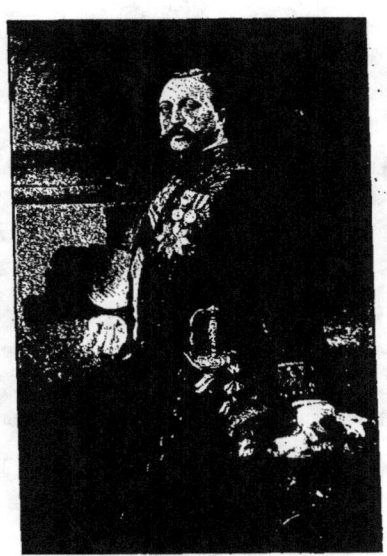
A. Morot. — Portrait d'Édouard Detaille

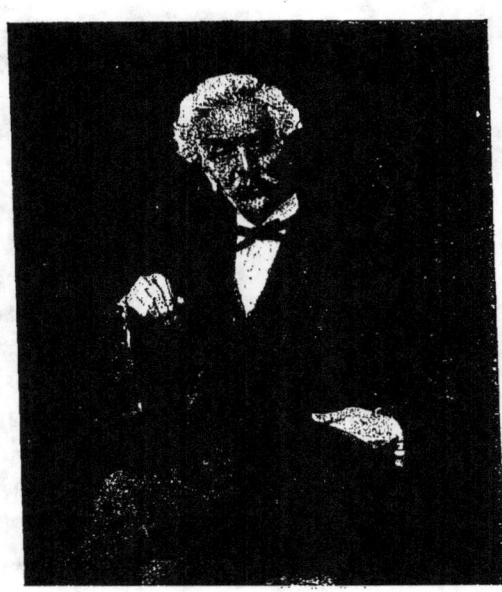
A. Morot. — Portrait de J.-L. Gérôme.

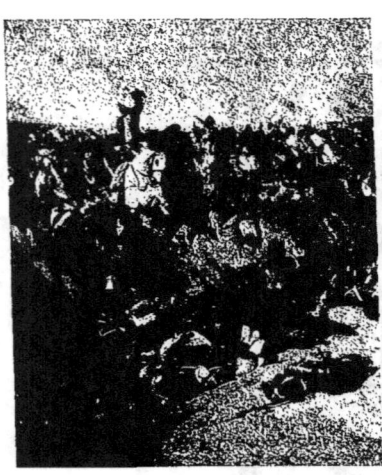

Rouffet. — La fin de l'épopée.

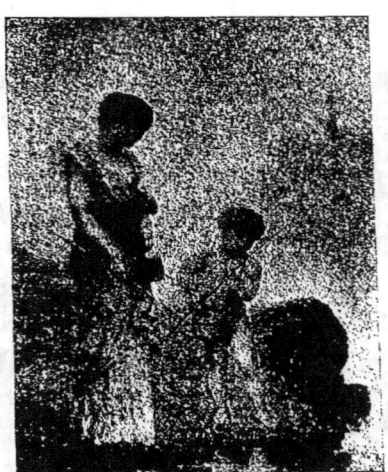

J.-E. Aubert. — L'amour s'en mêle

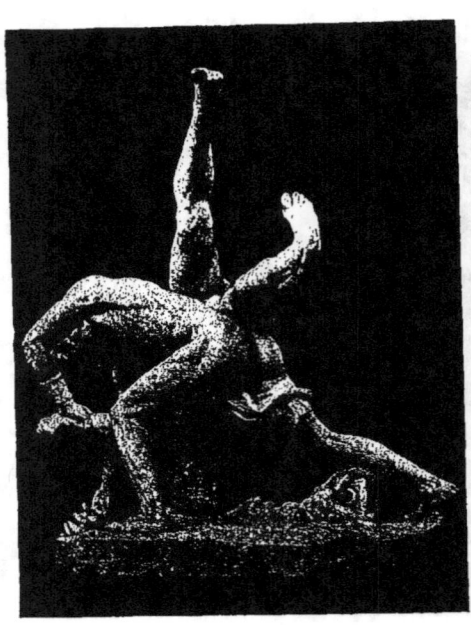

F.-M. Charpentier. — Les lutteurs.

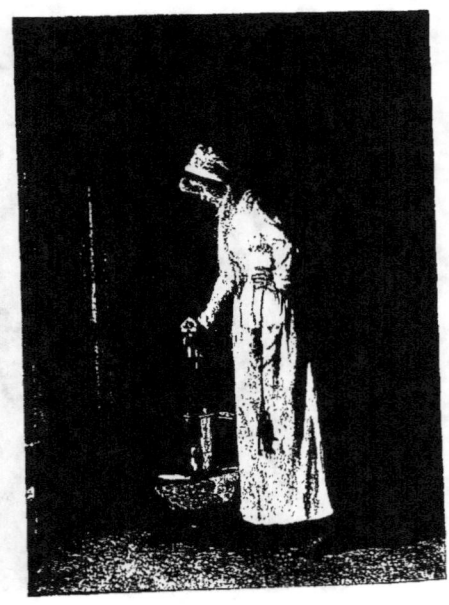

J. Bail. — La servante.

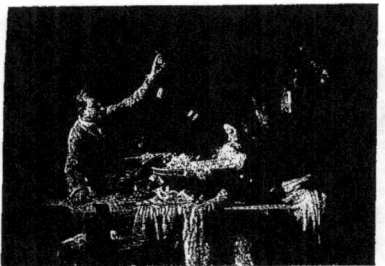

J. Bail. — Les bulles de savon.

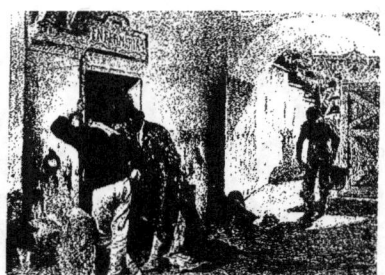

H. Zo. — Un incident.

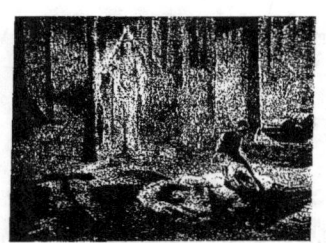

G. Bussiere. — La Walkyrie

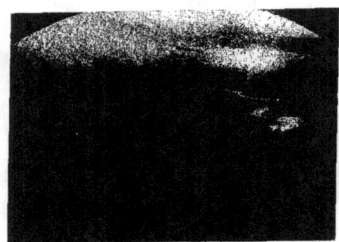

E. Boggio. — Labor.

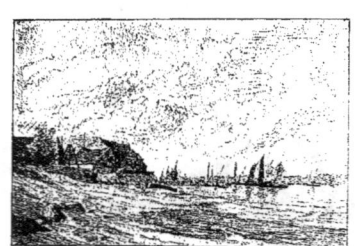
P. LIOT. — La Trinité-sur-Mer (Morbihan).

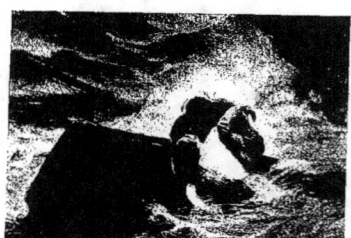
A. GUILLOU. — Adieu !

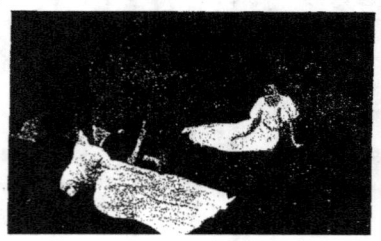

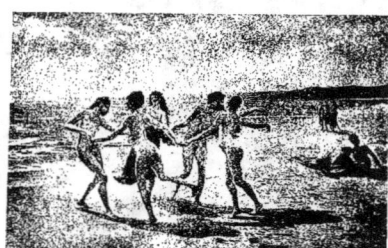

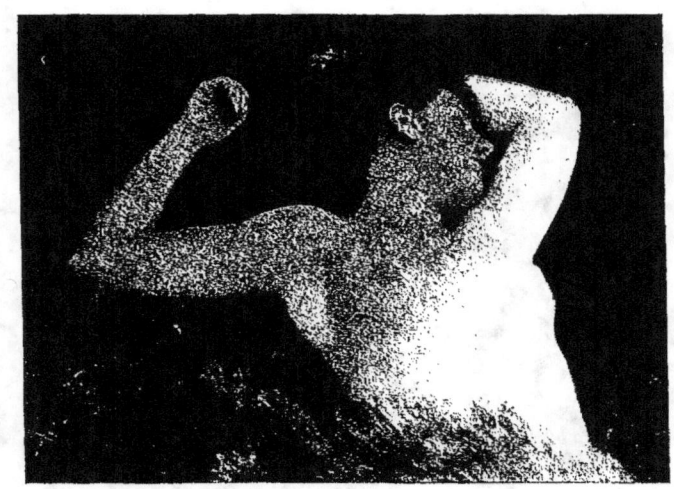

R. COLLIN. — Sommeil.

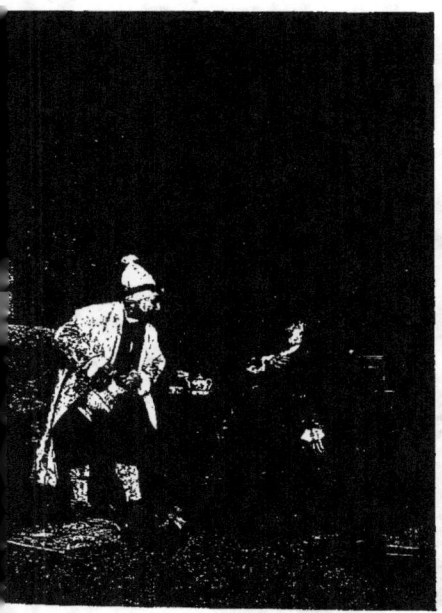

J.-G. VIBERT. — Le médecin malade.

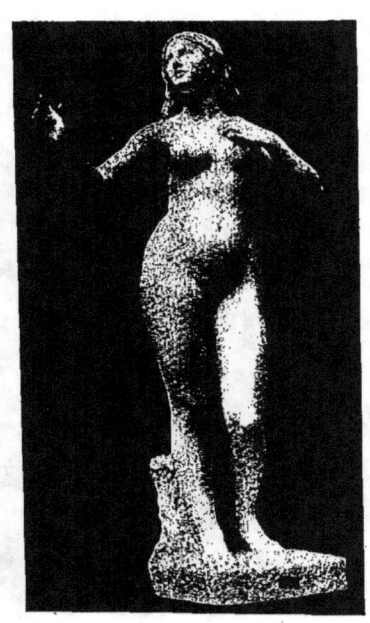

L. MARQUESTE. — Ève.

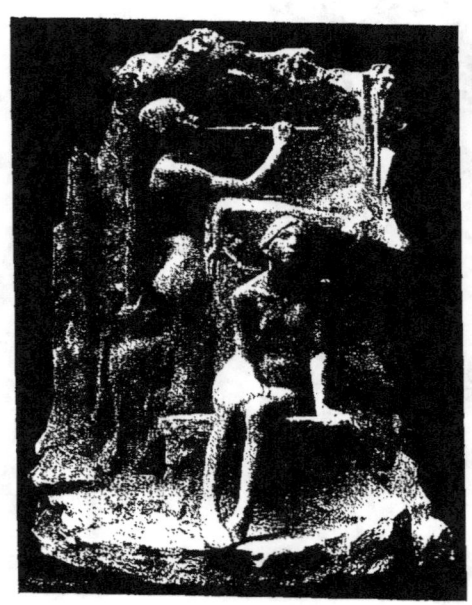
F. DESRUELLES. — Pastorale.

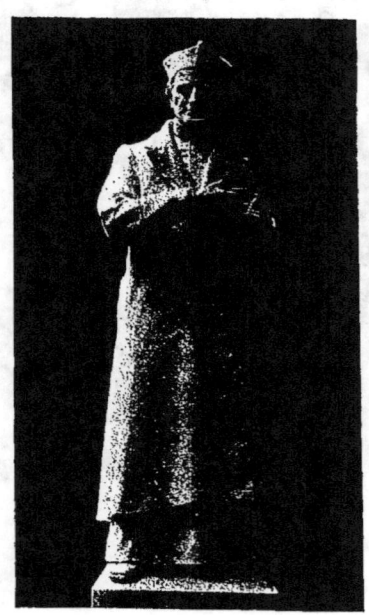
H. LOUIS-NOEL. — Le père Olivaint.

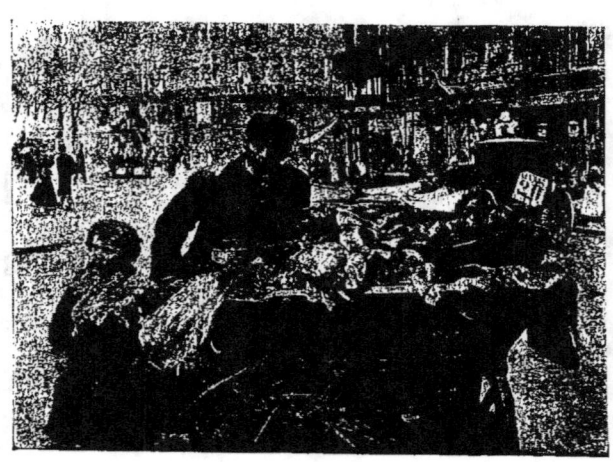
L. DE SCHRYVER. — Le marchand des quatre saisons.

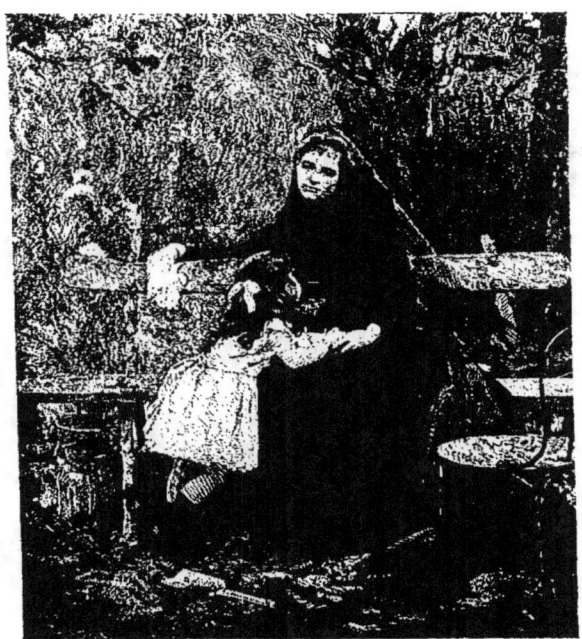

L. DE SCHRYVER. — La fin d'un rêve.

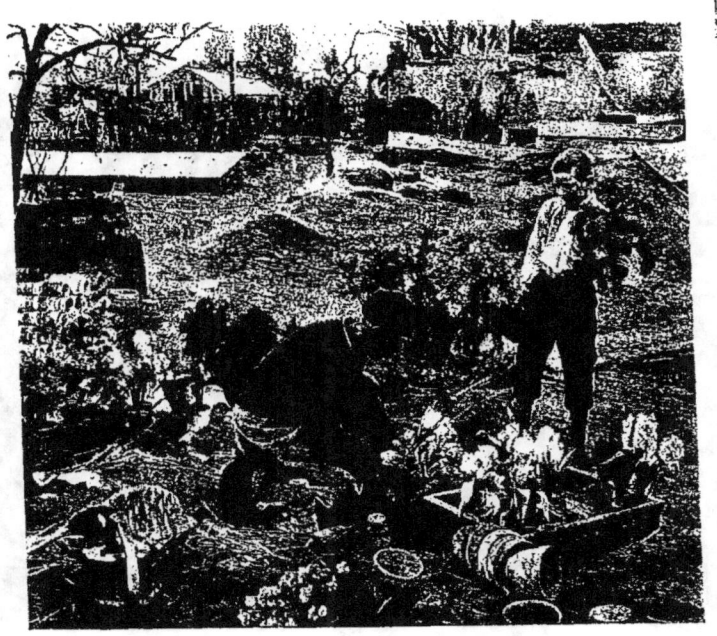

L. DE SCHRYVER. — Jardinier préparant son marché.

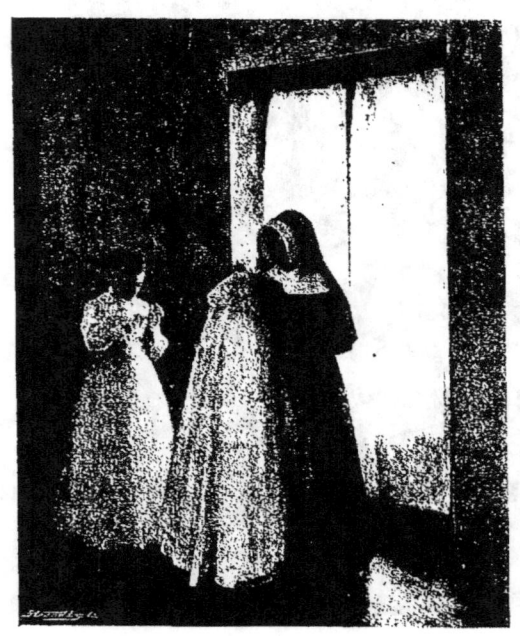

P. Thomas — La toilette des communiantes.

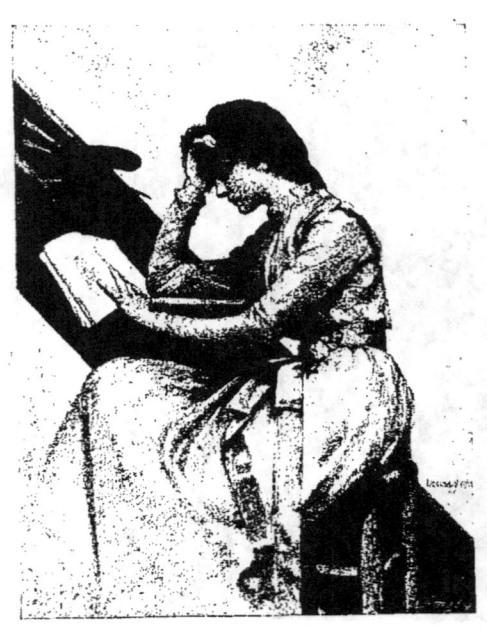

Mme A. Beaury-Saurel. — « Le Travail. »

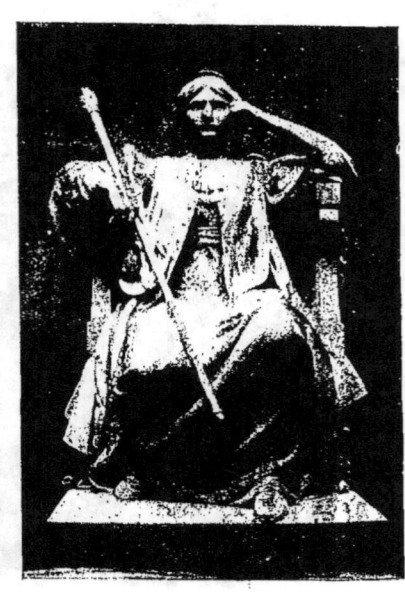

L. Convers. — La justice.

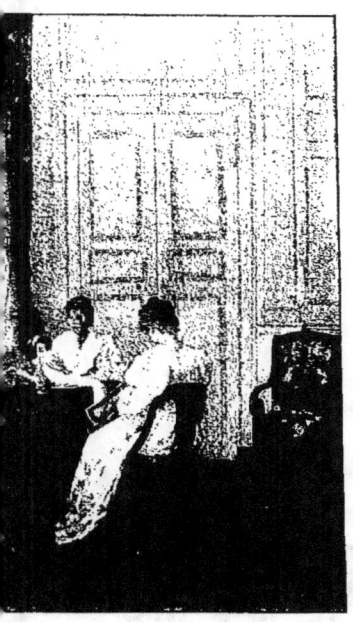 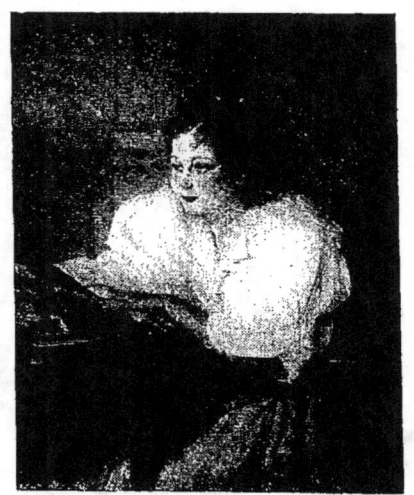

oMAS. — Un coin de Salon.   P. Thomas. — Portrait.

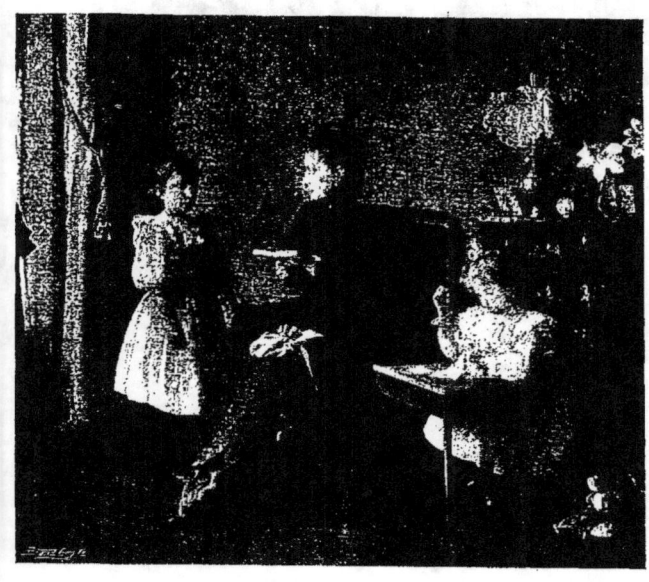

P. Thomas. — La bonne éducation.

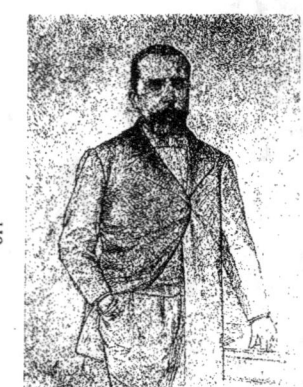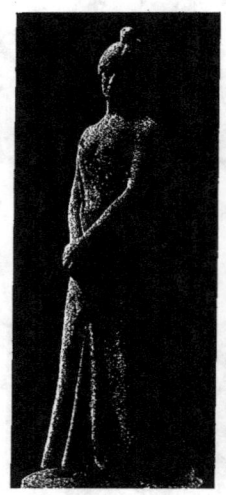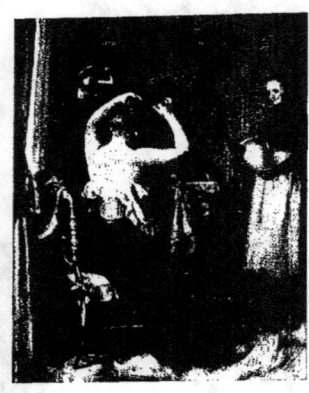

F. Tornyós — Après le bain

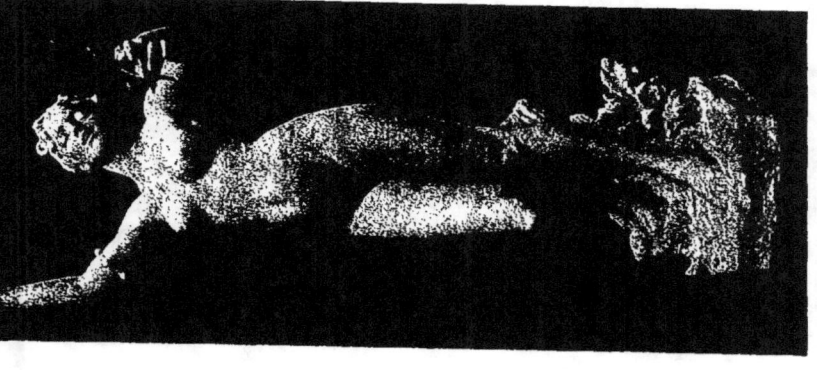

F. Charpentier. — La Chanson.

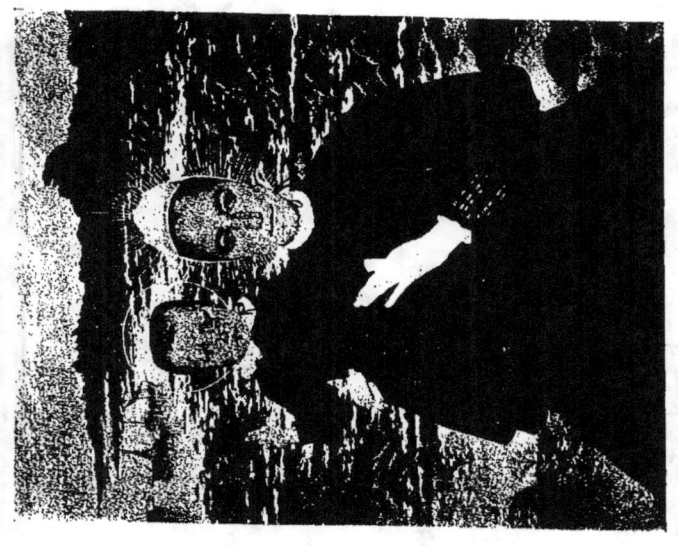

L. Lévy-Dhurmer. — Notre-Dame de Penmarch.

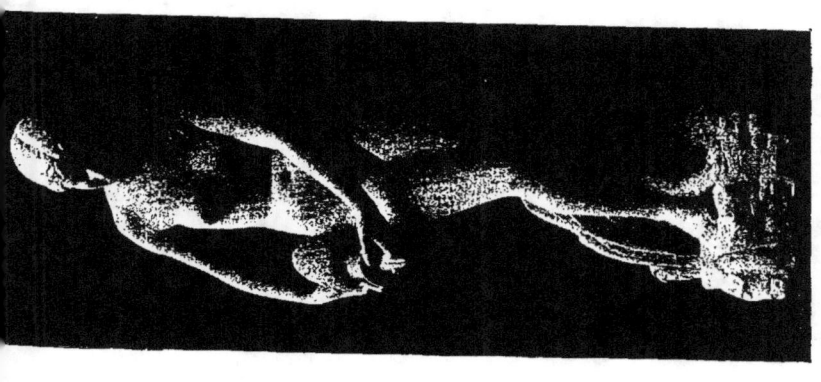

J.-M. Mengue. — Source.

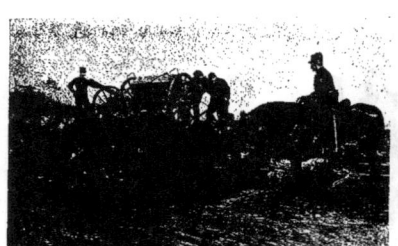
E. BERNE-BELLECOUR. — Manœuvres d'artillerie.

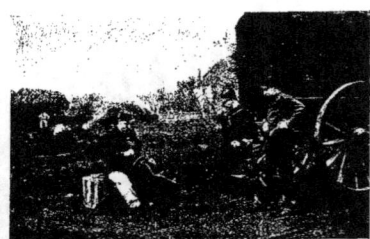
E. BERNE-BELLECOUR. — Le sellier de la batterie.

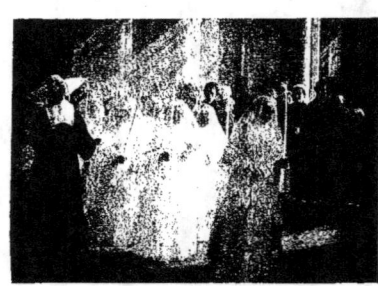
J. TRIQUET. — Printemps.

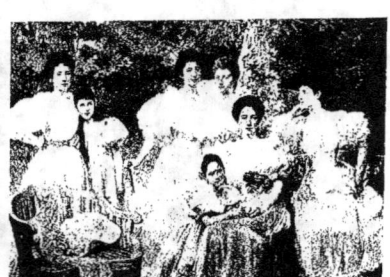
F. SCHOMMER. — Portraits de Mlles H. H.

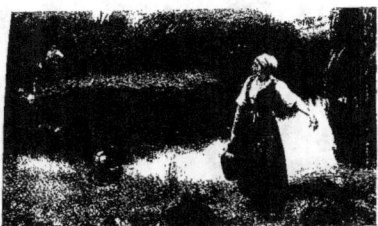
E. ADAN. — Soir d'été.

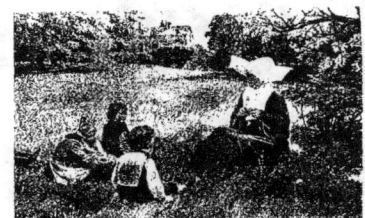
E. ADAN. — Une petite histoire.

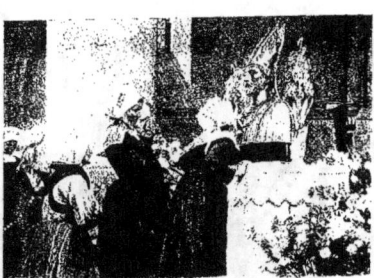
E. ADAN. — Un reliquaire.

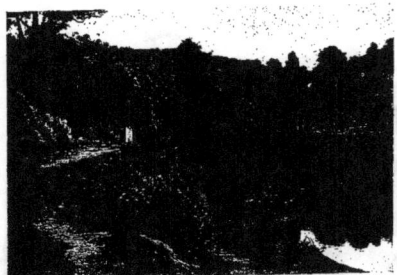
A. GOSSELIN. — Bords d'étang au lever du soleil.

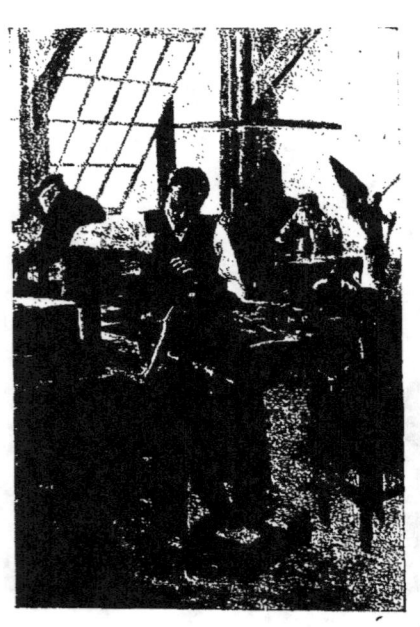
C. Bourgonnier. — Les ciseleurs

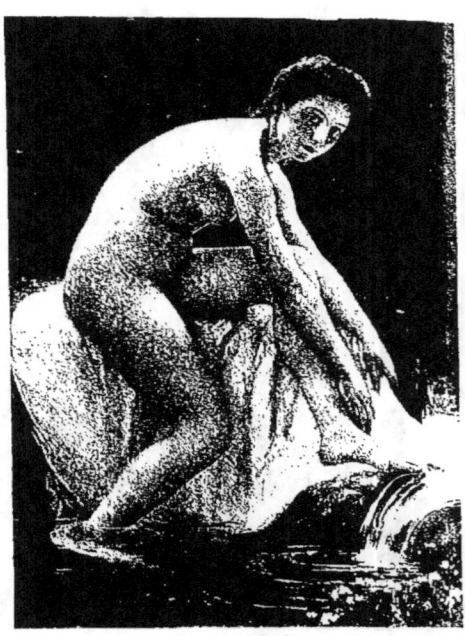
Copyright by Braun, Clément et Cie
G. Courtois. — Jeune fille à la source.

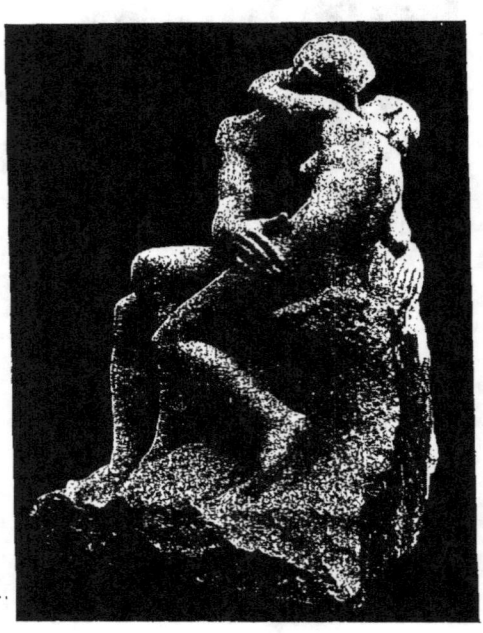
A. Rodin. — Le baiser.

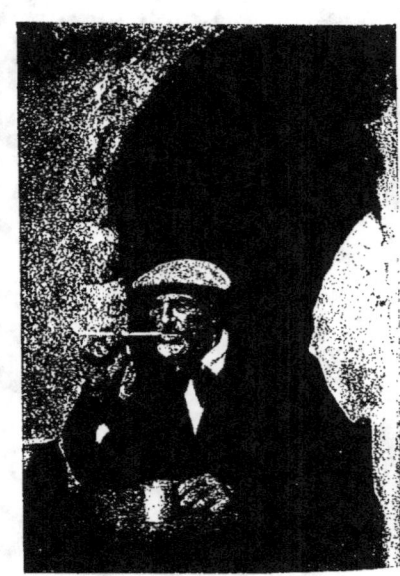
Mme J. Cerbelaud-Pigelet.
Marin du bourg de Batz.

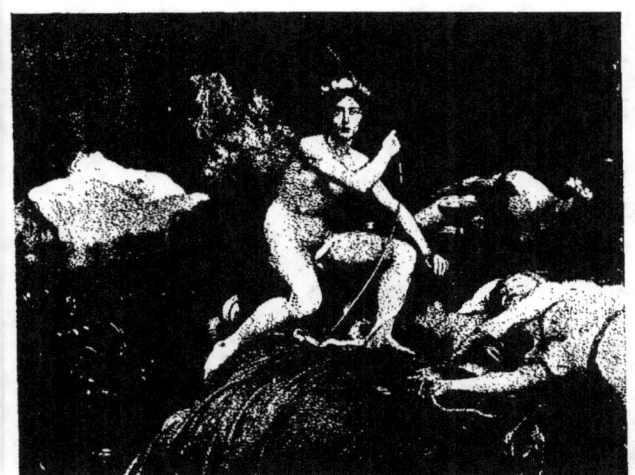

G. Courtois. — L'Amour au banquet

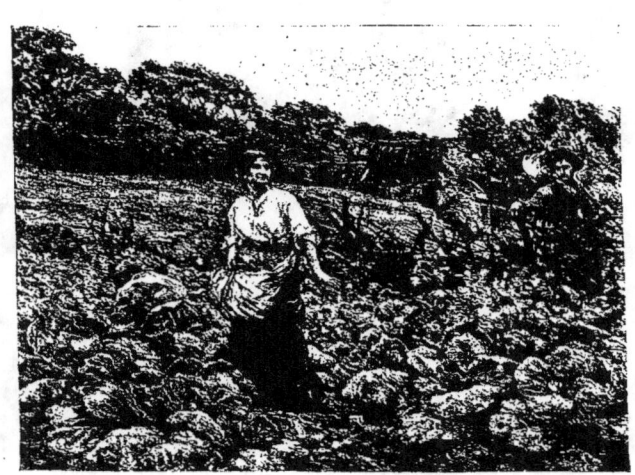

G. Moreau de Tours. - Le départ du conscrit.

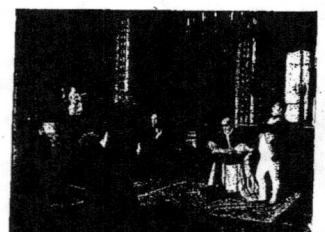

Copyright by J. Frappa
J. FRAPPA. — La signature du second Concordat, 25 janvier 1813.

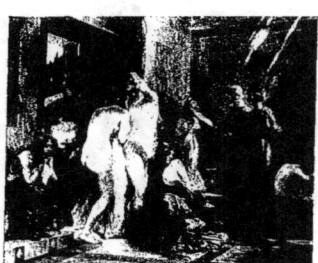

E. BORDES. — Après l'enlèvement.

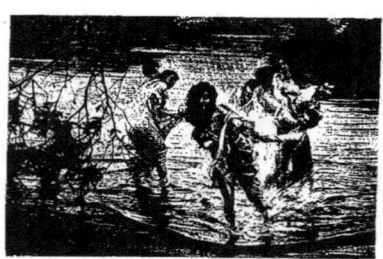

P. CHABAS. — Joyeux ébats.

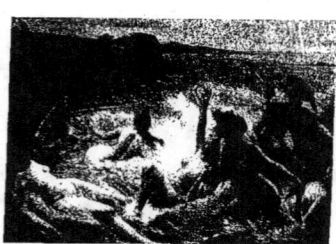

F. LE QUESNE. — La légende du Kerdeck.

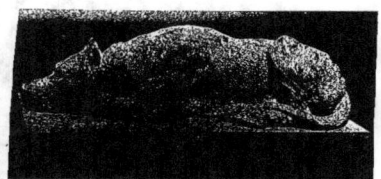
G. Gardet. — Chien danois.

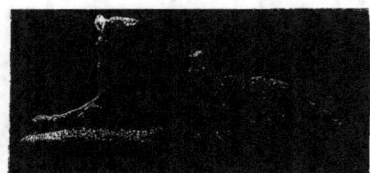
V. Peter. — Maternité.

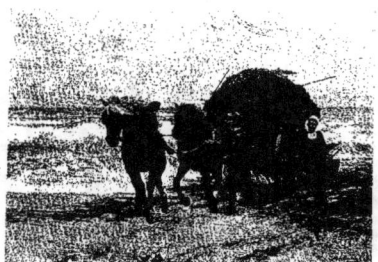
E. Borchard. — Un coup de collier.

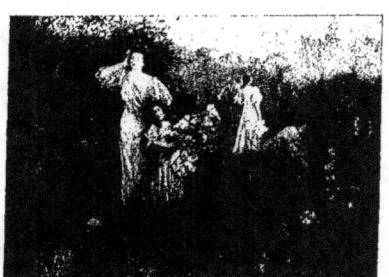
P. Steck. — Tendre automne.

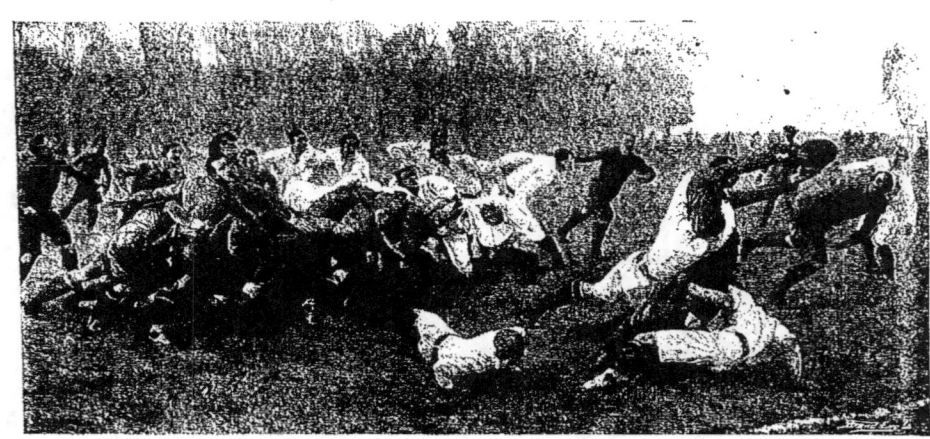

O. Guillonnet. — Une partie de Foot-Ball.

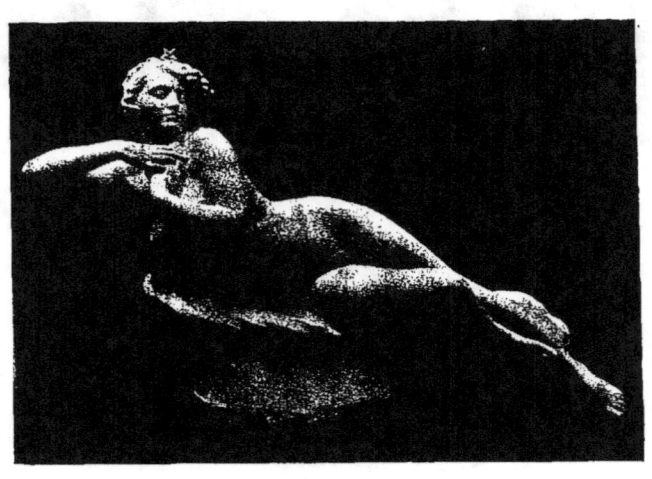

F. M. Charpentier. — L'Étoile filante.

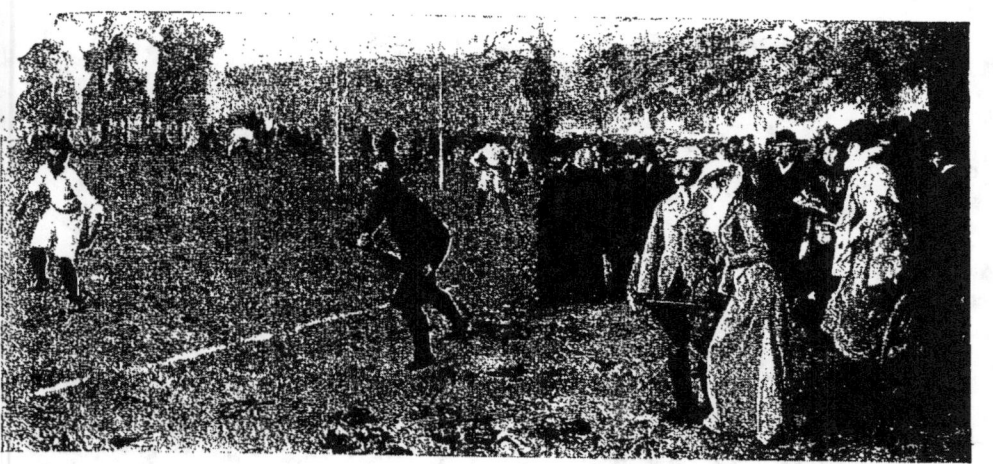

O. Guillonnet. — Une partie de Foot-Ball.

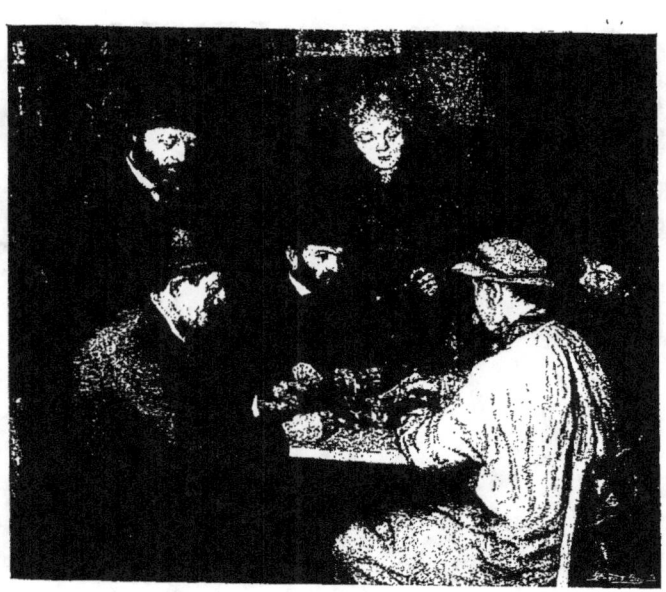

J. Le Pan de Ligny. — Au cabaret, joueurs.

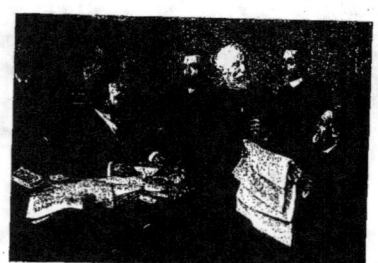

H. Gervex. — Les fondateurs du journal « La République française ».

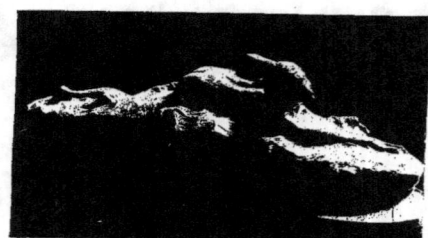

A. Massoulle. — Naïade.

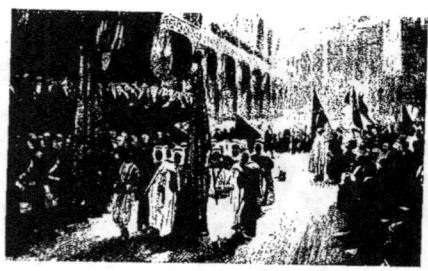

H. Gervex. — La distribution des récompenses au Palais de l'Industrie.

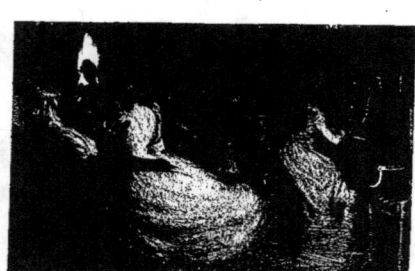

P. X. Prinet. — Entre amies.

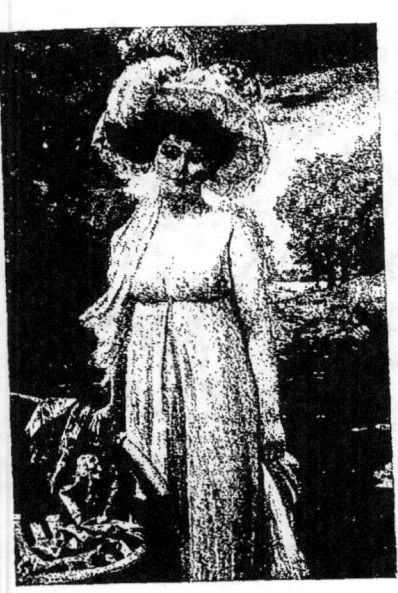 H. Gervex. — Portrait de Mme G.

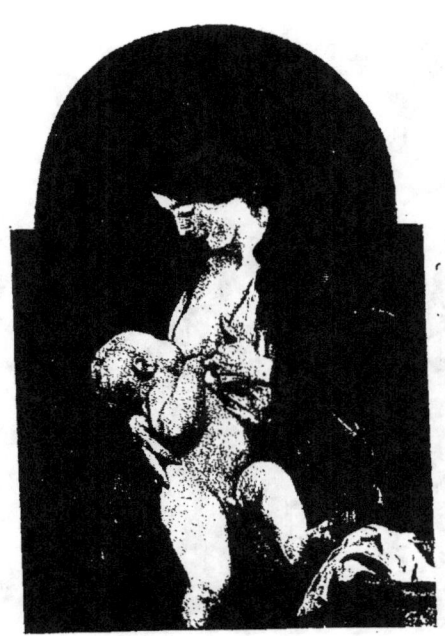 H. Gervex. — La Maternité.

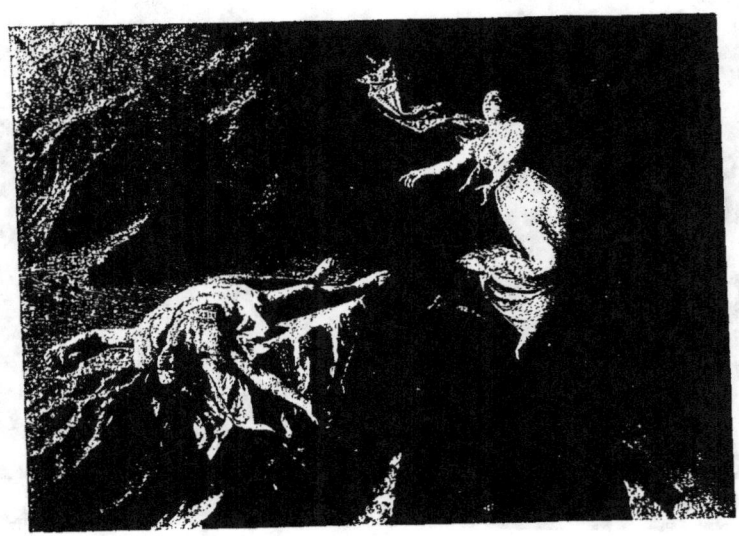 E. Deully. — Orphée.

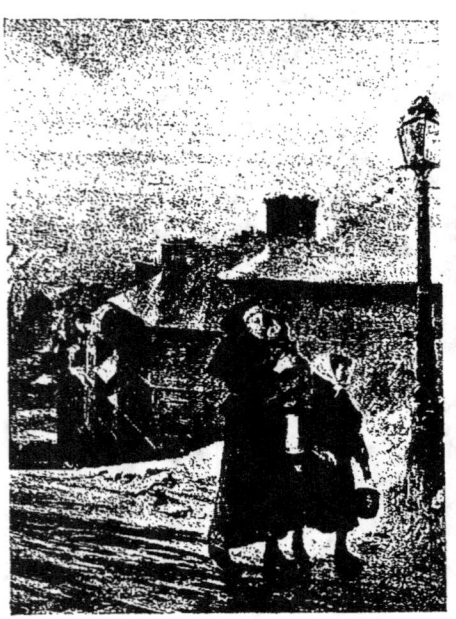
P.-L. Delance. — Les hauteurs de Montmartre.

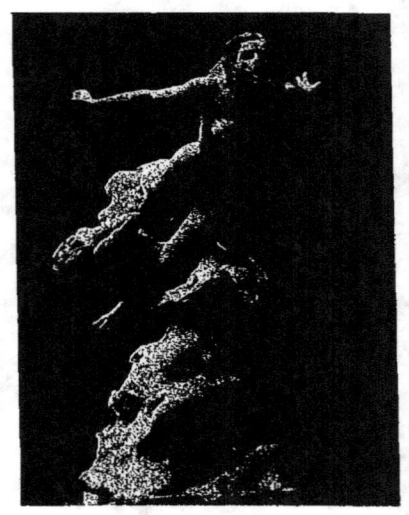
F.-R. Larche. — La Tempête.

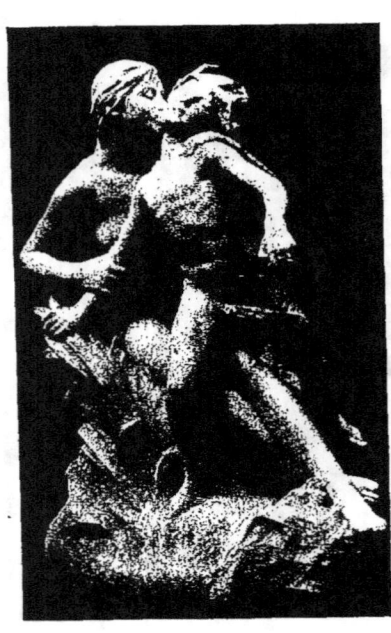
F.-R. Larche. — La Prairie et le Ruisseau.

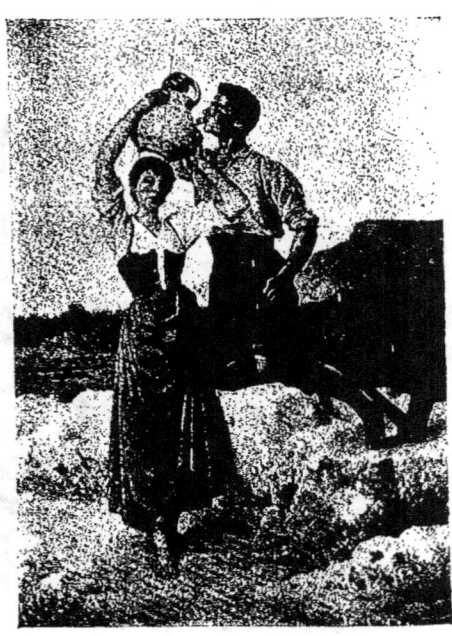
Ed. Sain. — Douce ivresse. (Capri).

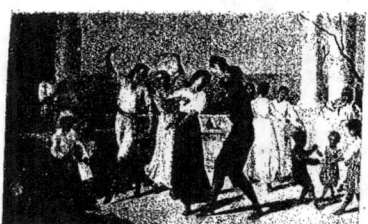
E. Sain. — Tarascone.

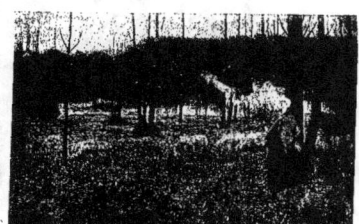
P. Lagarde. — Jeanne d'Arc.

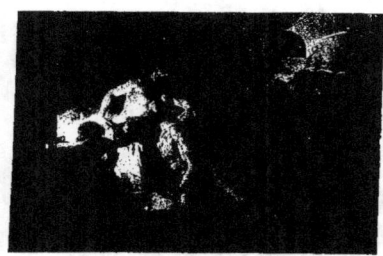
A. Leroux. — Samson et Dalila.

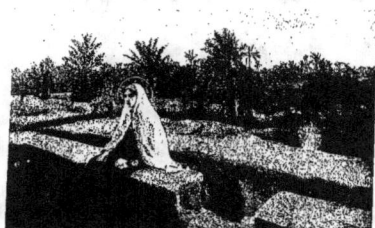
P. Leroy. — Un soir à Nazareth.

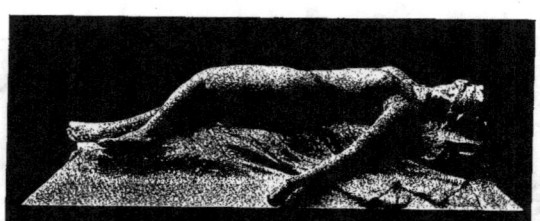

Mme Syamour. — Sapho endormie.

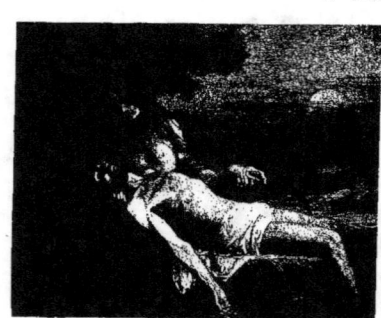

F. Humbert. — Marie-Magdeleine.

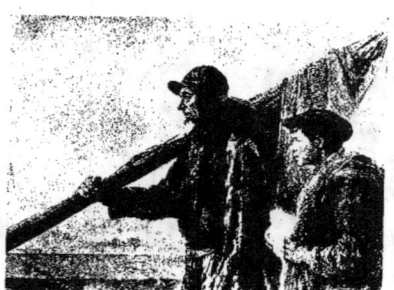

G. Haquette. — Pêcheurs du Pollet.

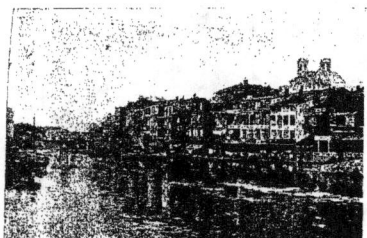
E. PETITJEAN. — Verdun, le soir.

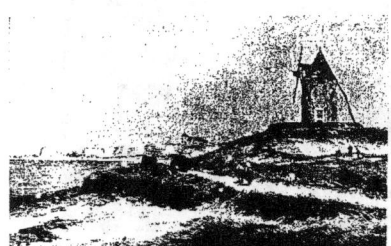
E. PETITJEAN. — Le Vieux Moulin, aux Sables-d'Olonne.

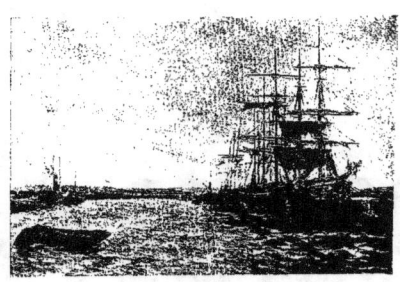
E. PETITJEAN. — Un grain dans un bassin à Dunkerque.

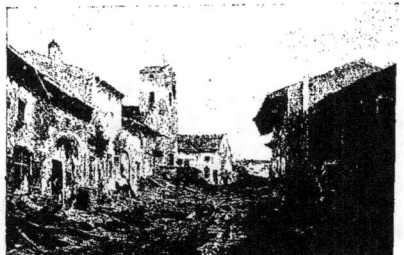
E. PETITJEAN. — Hameau lorrain.

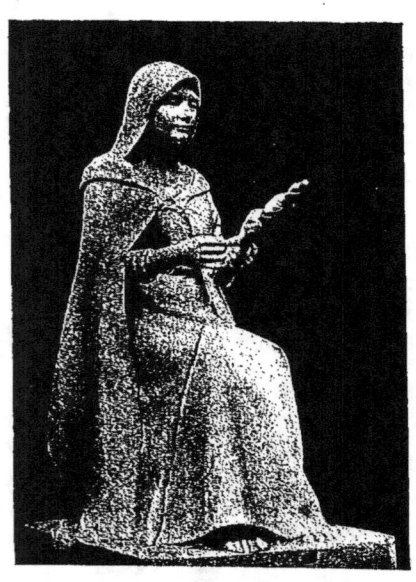

E. Lafont. — La Vierge au fuseau.

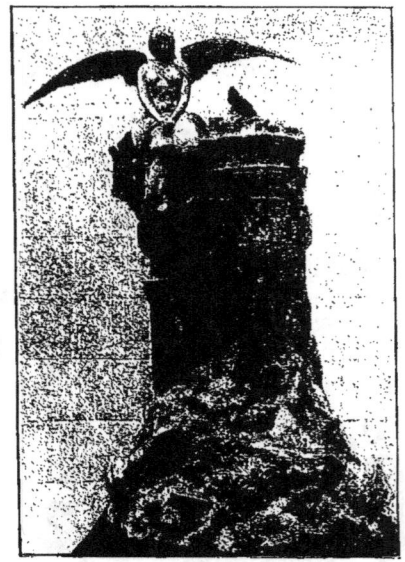

E. Lafont. — L'Ame des ruines.

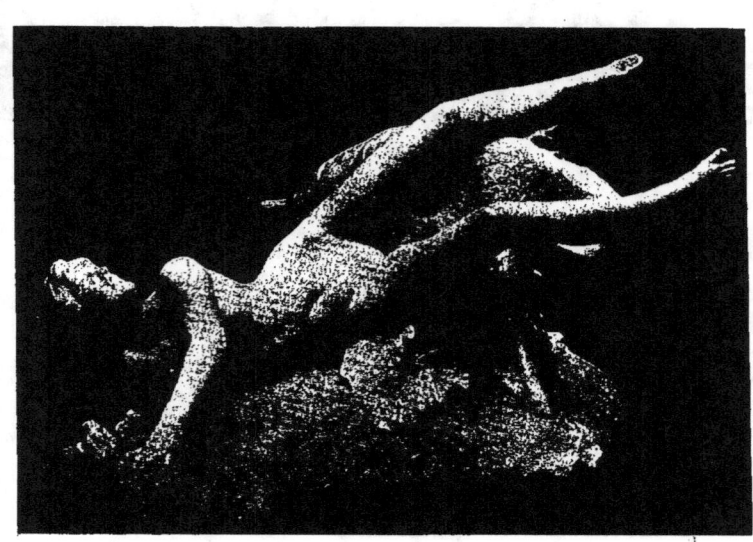

F. Soulès. — Bacchante à la chèvre.

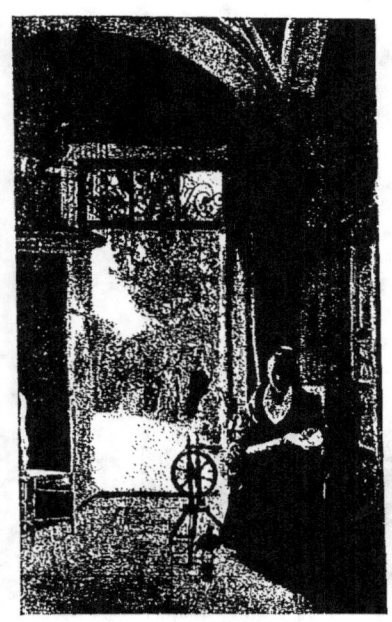

A. M. La Haye. — Au Mas des Alisiers.

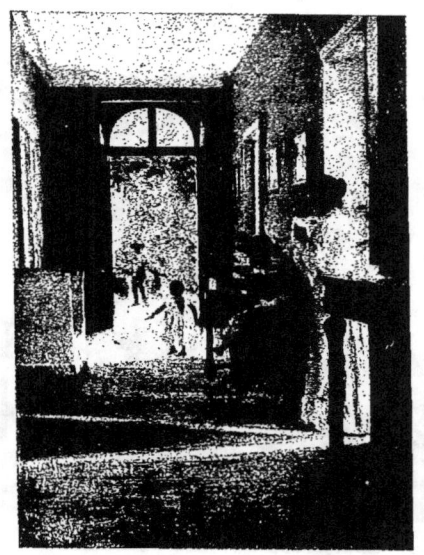

A. M. La Haye. — Joie du matin

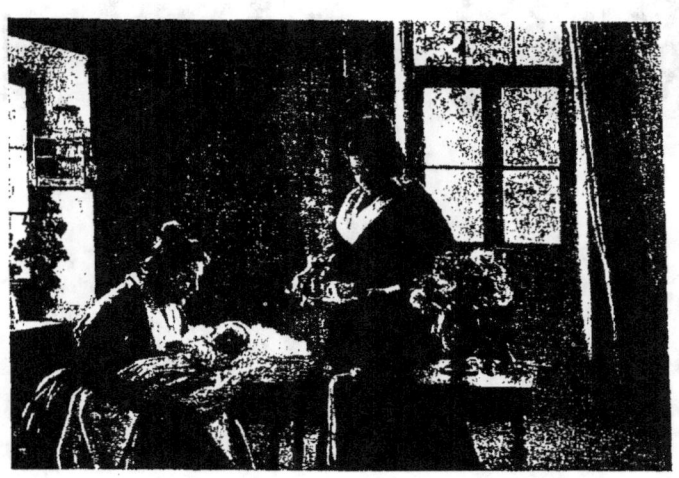

A. M. La Haye. — Le nouveau-né.

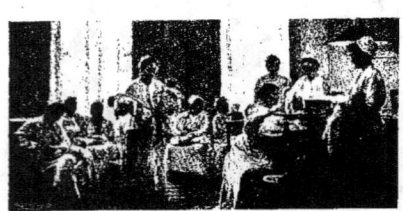

Laurent-Desrousseaux. — La tétée de cinq heures à la Maternité.

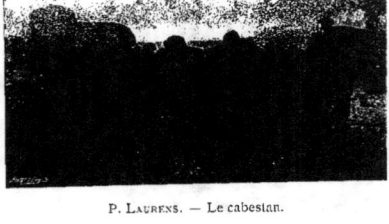

P. Laurens. — Le cabestan.

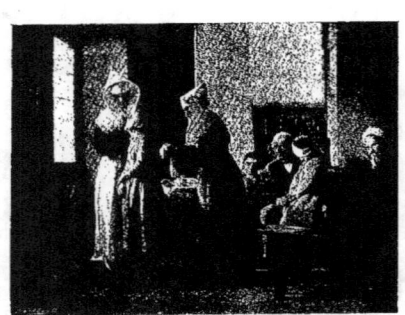

Laurent-Desrousseaux. — Chez les Sœurs.

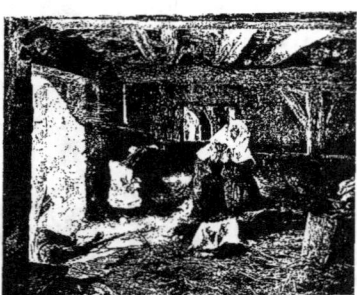

Laurent-Desrousseaux. — Les Suspects.

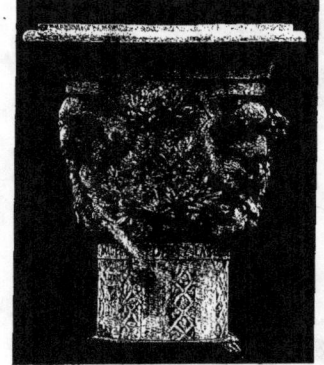 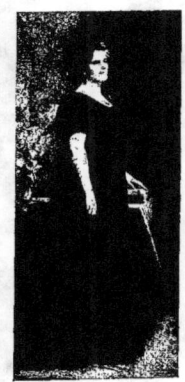 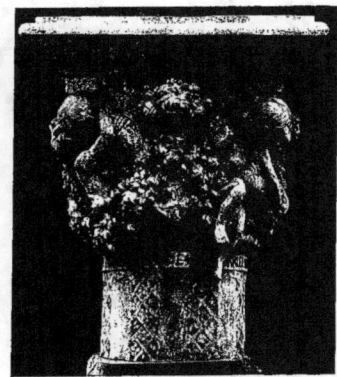

E. Derré — Chapiteau des Baisers.   D. Saubès. — Portrait de Mme C.   E. Derré. — Chapiteau des baisers.

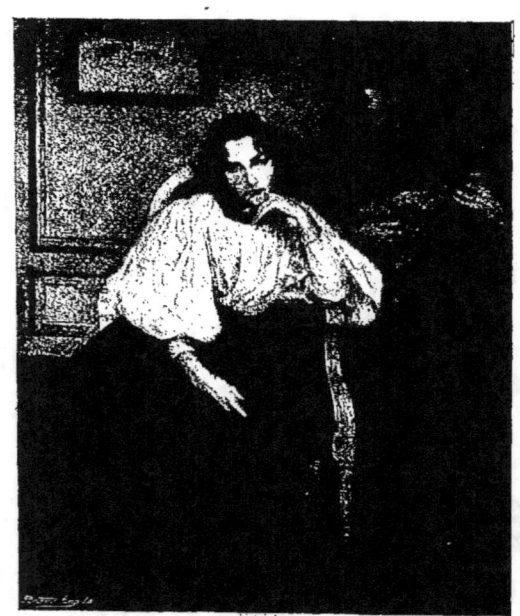
Tardieu. — Souvenirs.

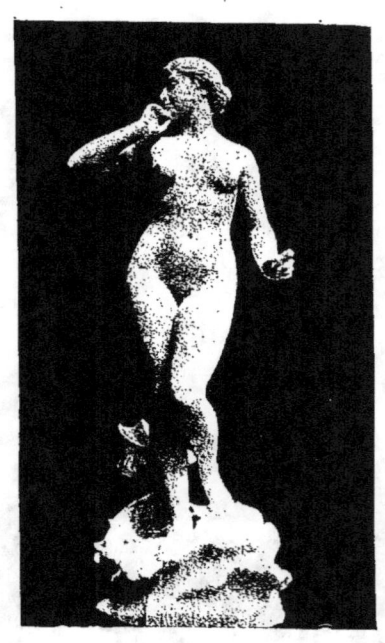
E. Deplechin. — Amphitrite.

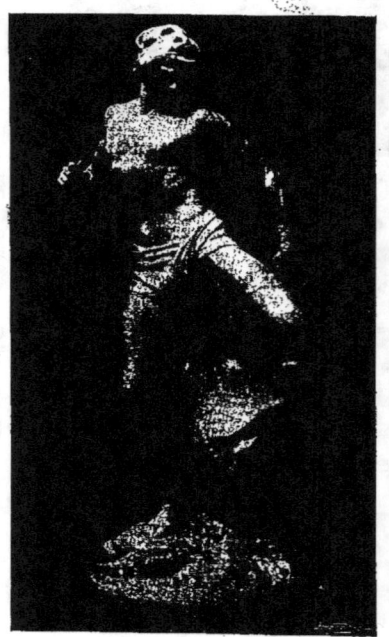
E.-J. Carlier. — Gilliatt.

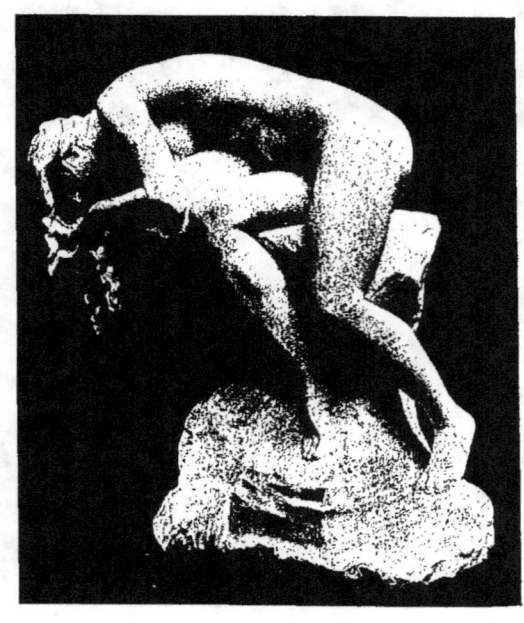
H. Lemaire. — Roche qui pleure

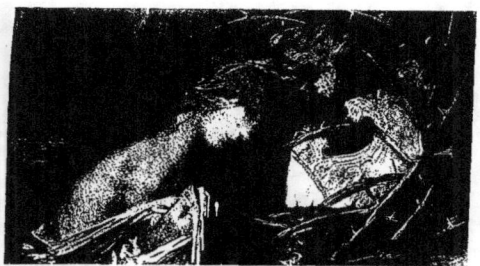

M. Beronneau. — Orphée.

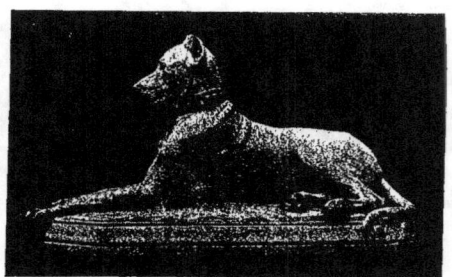

G. Gardet. — Chien danois.

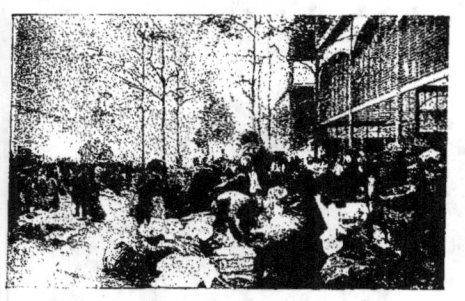

H.-G. Darien. — Les Halles à Paris.

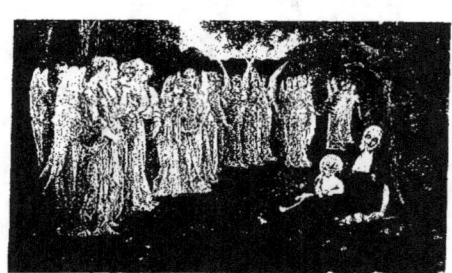

Mme E. Sonrel. — Le sommeil de la Vierge.

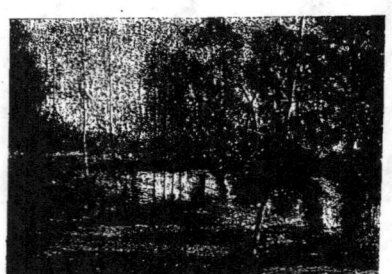

P. Franc-Lamy. — Octobre.

C. Busson. — Le Val de Lavardin.

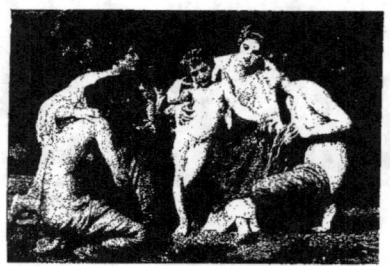

Copyright by Braun, Clément et C⁰.
W. Bouguereau. — L'admiration.

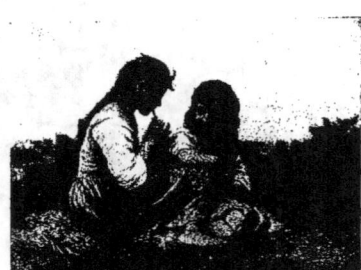

Copyright by Braun, Clément et C⁰.
W. Bouguereau. — Idylle enfantine.

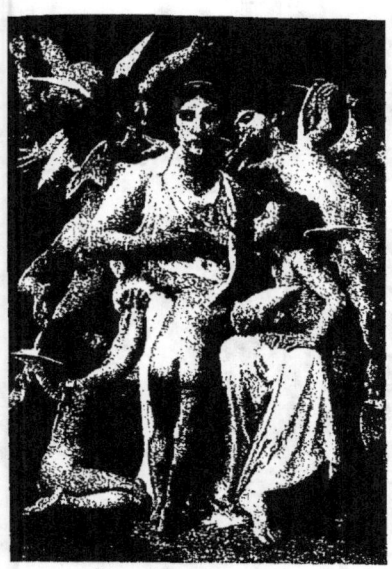

Copyright by Braun, Clément et C°.

W. BOUGUEREAU. — L'assaut.

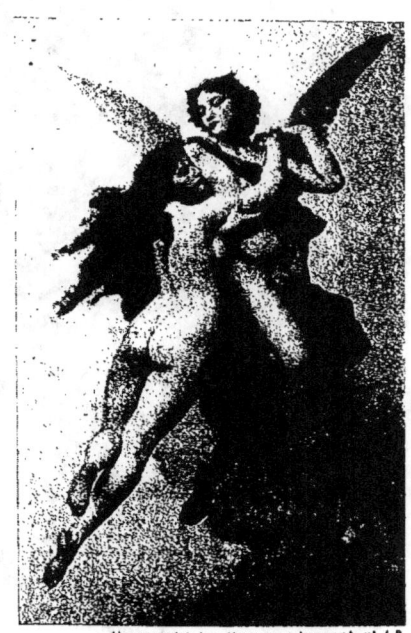

Copyright by Braun, Clément et C°.

W. BOUGUEREAU. — Psyché et l'Amour.

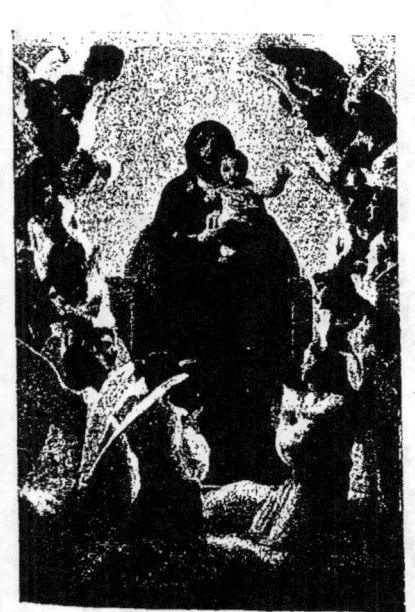

Copyright by Braun, Clément et C°.

W. BOUGUEREAU. — Regina Angelorum.

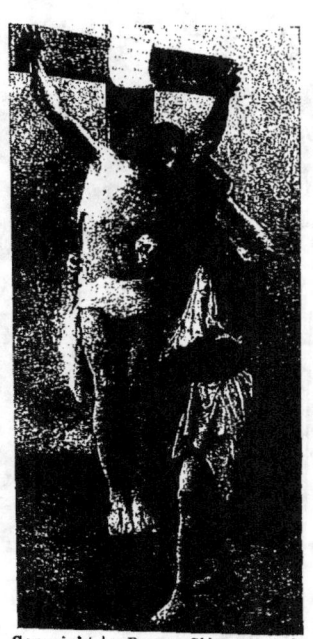

Copyright by Braun, Clément et C°.

W. BOUGUEREAU. — Compassion.

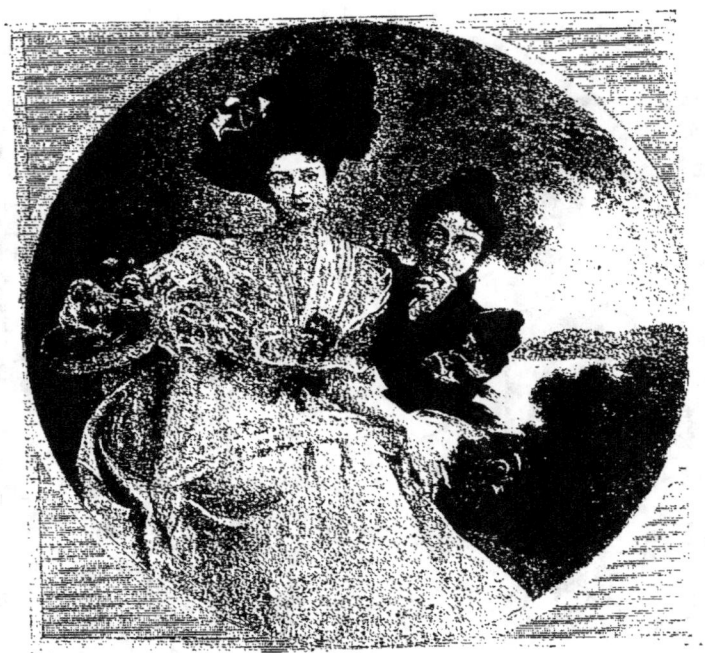

ED. DUBUFE. — Portraits de Mlles D.

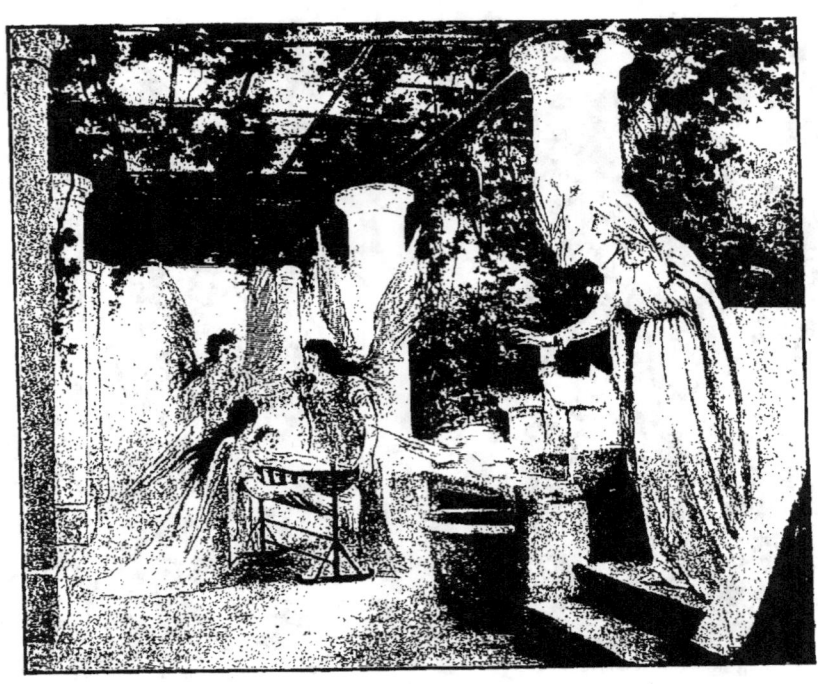

ED. DUBUFE. — Sommeil divin.

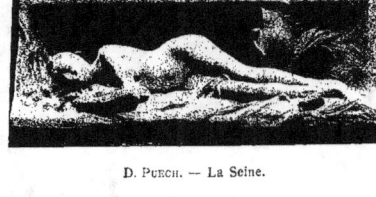

D. Puech. — La Seine.

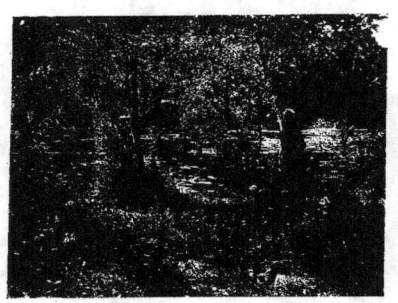

L. Tanzi. — Saint Cucuta.

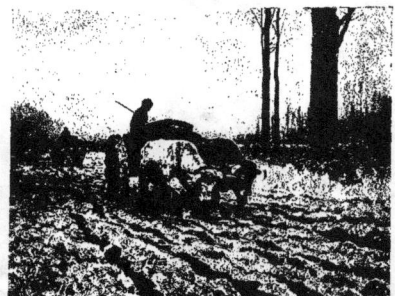

R. Princeteau. — La Semaille.

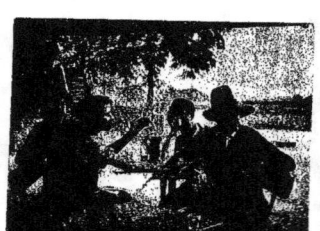
E. FRIANT. — Discussion politique.

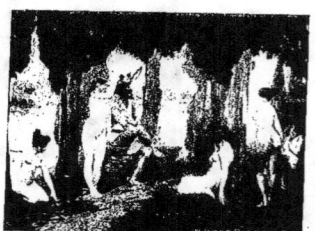
P. GERVAIS. — La jolie de Titania.

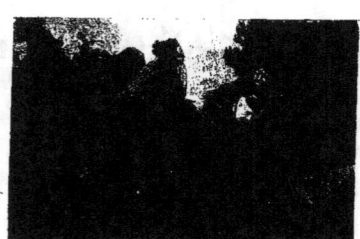
E. FRIANT. — Douleur.

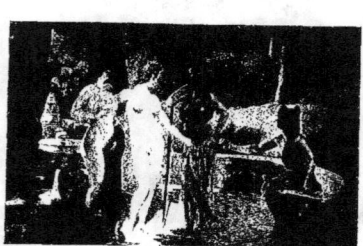
P. GERVAIS. — Le jugement de Pâris.

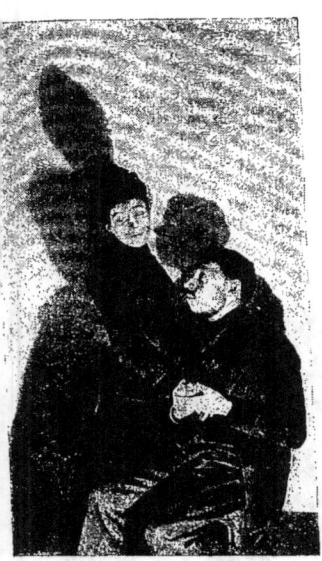
E. Friant. — Ombres portées.

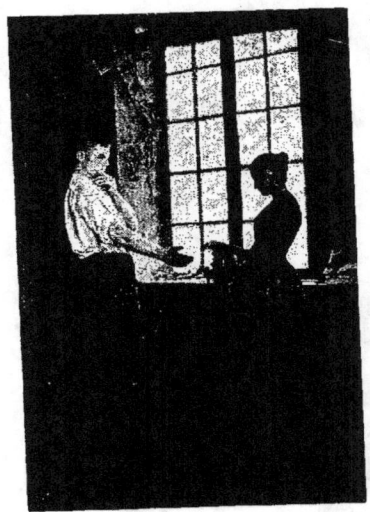
E. Friant. — Fiançailles.

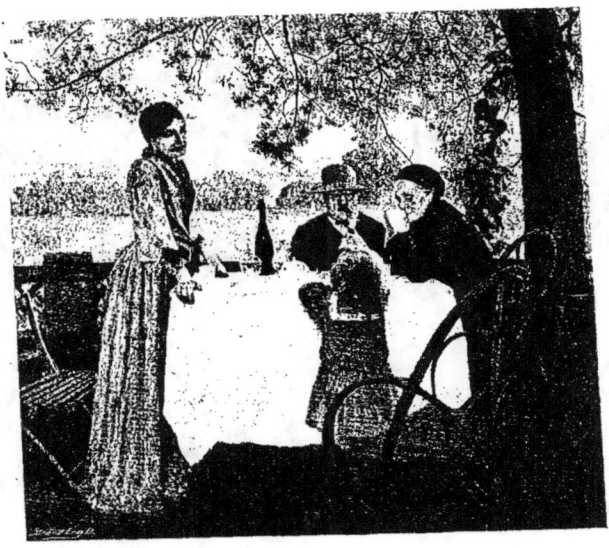
E. Friant. — Jours Heureux.

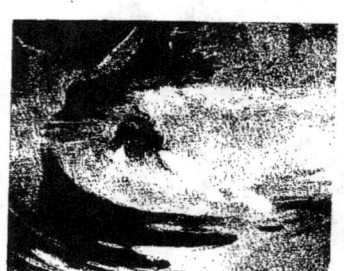
A. Calbet. — Baigneuses.

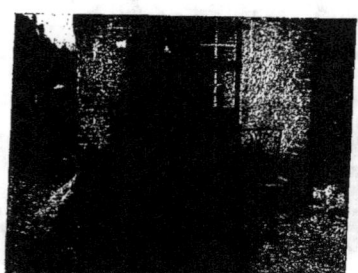
H. Royer. — En Flandre, le soir.

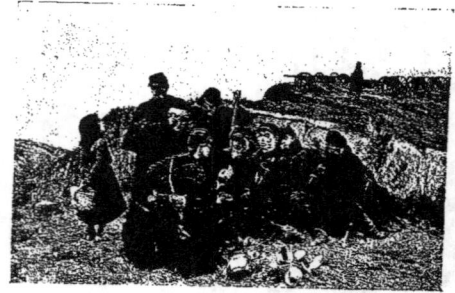
M. Roy. — Journée finie, le récit.

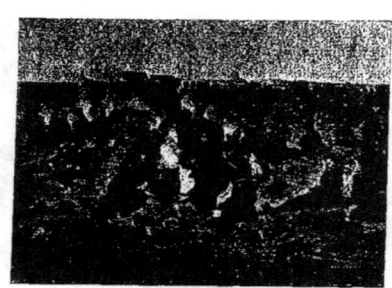
P. Petitgérard. — Après la manœuvre.

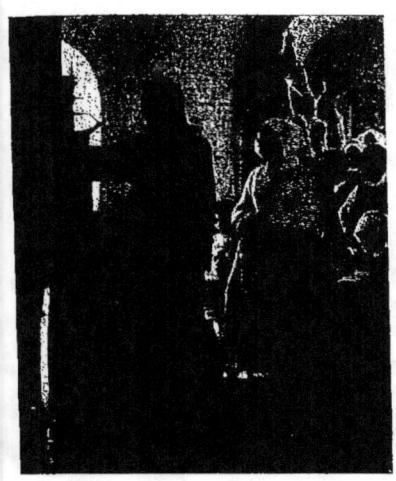

H. Royer. — L'ex-voto.

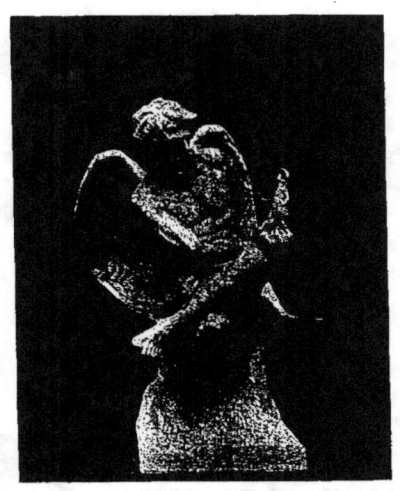

G. Bareau. — Le Temps créant la Sagesse.

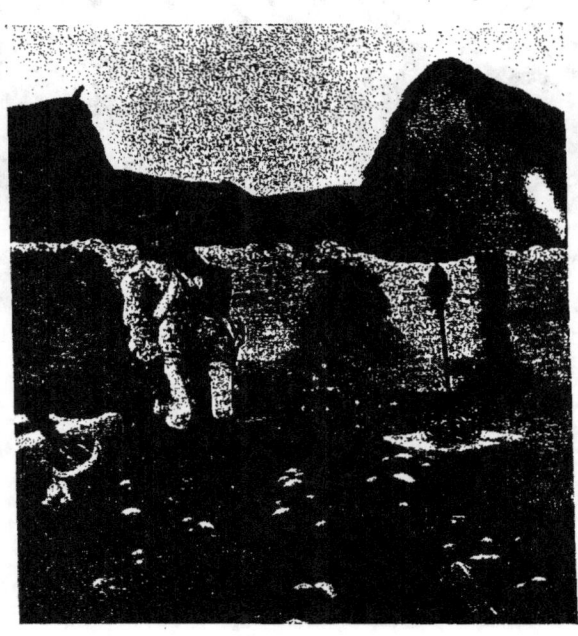

M. Roy. — Entre deux étapes.

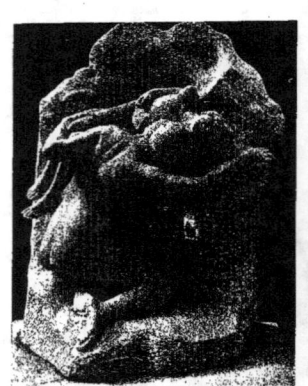

F. SICARD. — Agar.

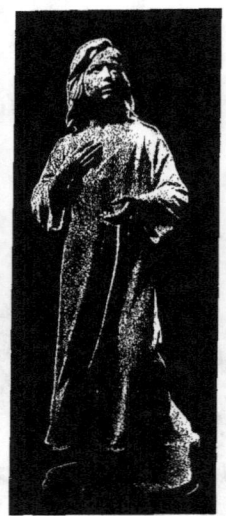

F.-R. LARCHE. — Jésus enfant devant les docteurs

C. LEFÈVRE. — Bonheur.

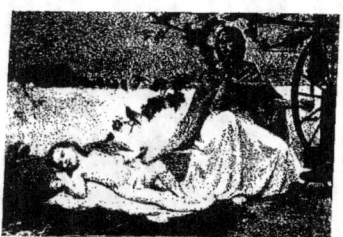

H. Lucas. — Divin sommeil.

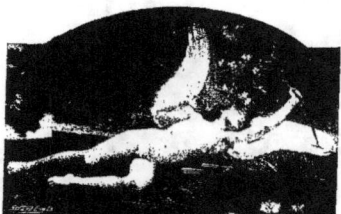

J. Machard. — Le rêve d'Eros.

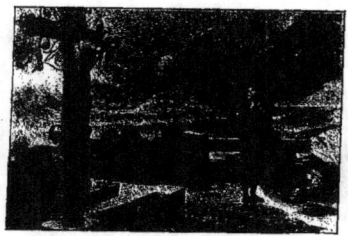

H. Lucas. — L'apercevance.

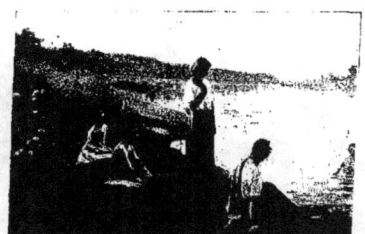

A. Moreau. — La baignade.

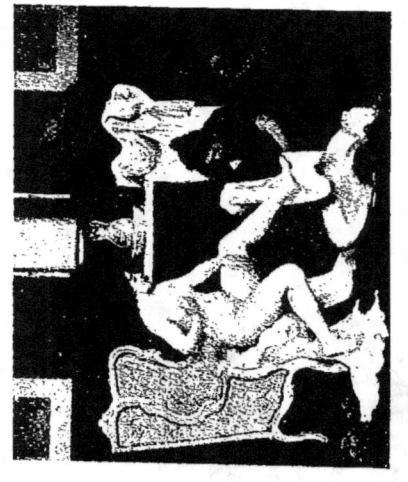

H. LEROLLE. — La toilette.

A. P. ROLL. — Enfant et taureau.

TONY ROBERT FLEURY. — Maternité.

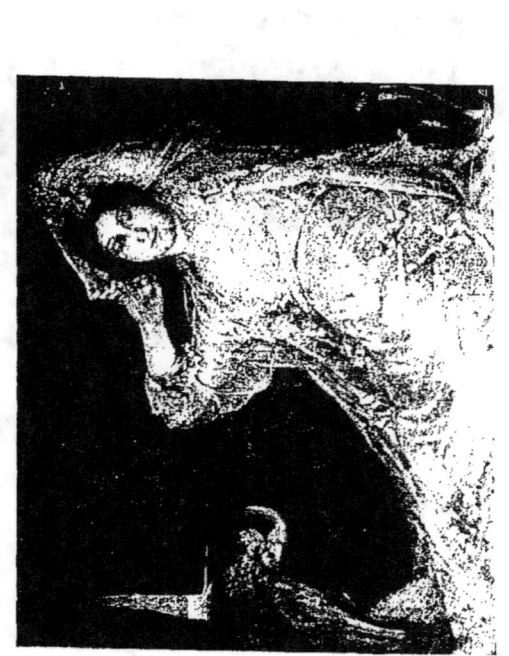

T. ROBERT-FLEURY. — Au coin du feu.

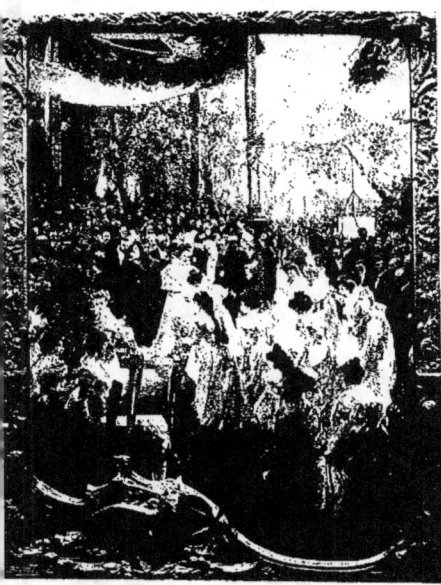

A. ROLL. — Souvenir commémoratif la de pose de la première pierre du pont Alexandre III.

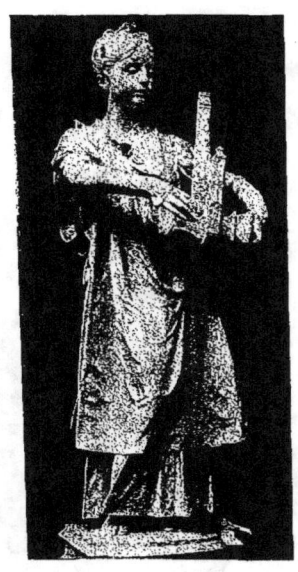

L. MORICE. — Sainte-Cécile

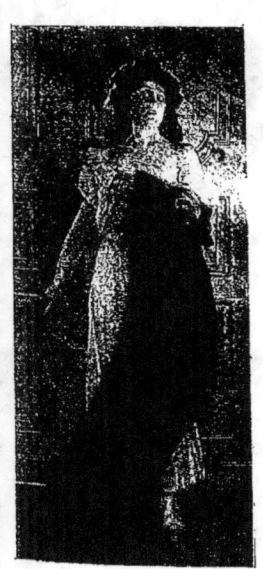

T. ROBERT-FLEURY. — Perquisition sous la Terreur.

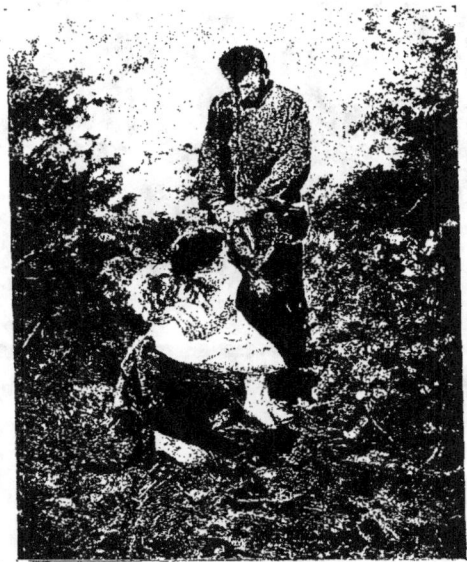

A.-P. ROLL. — Exode.

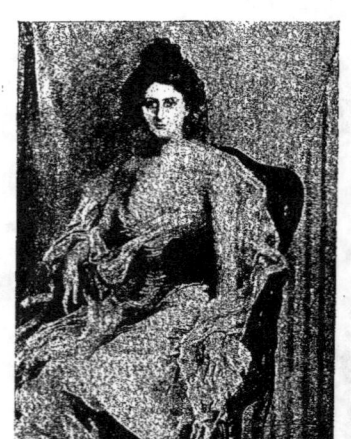

M. Lard. — Retour du bal.

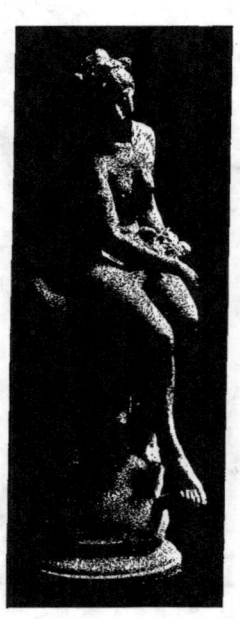

E. Hannaux. — Fleur de sommeil.

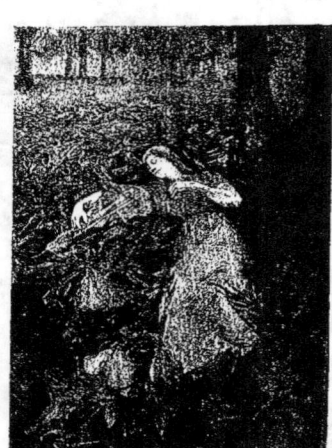

E. C. de Bonnencontre. — Le lit de la cigale.

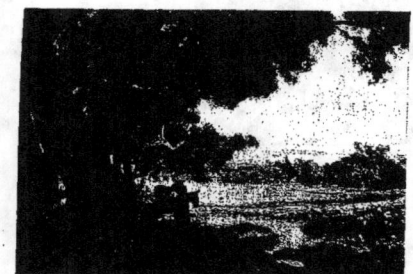

E.-C. Dameron. — Culture des fleurs au cap d'Antibes.

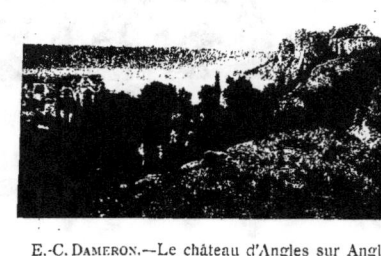

E.-C. Dameron.—Le château d'Angles sur Anglin.

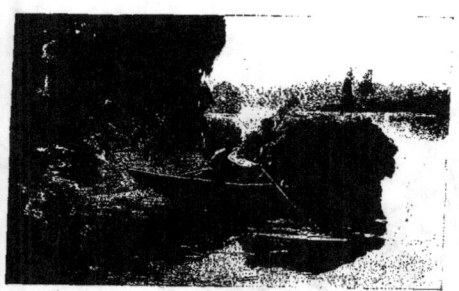

E.-C. Dameron. — Les foins, bords de la Seine.

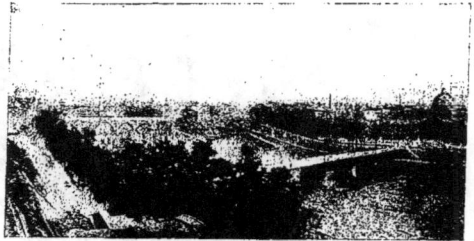

E.-C. Dameron.—Paris vu du haut du palais du Louvre

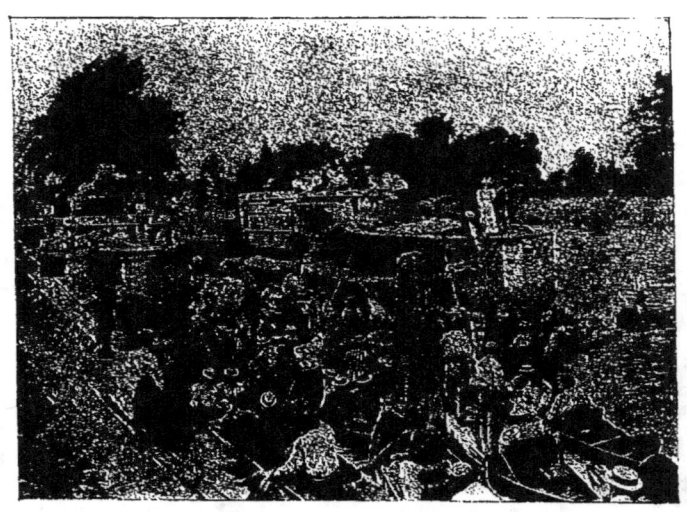

F.-J. GUELDRY. — Sur la Tamise.

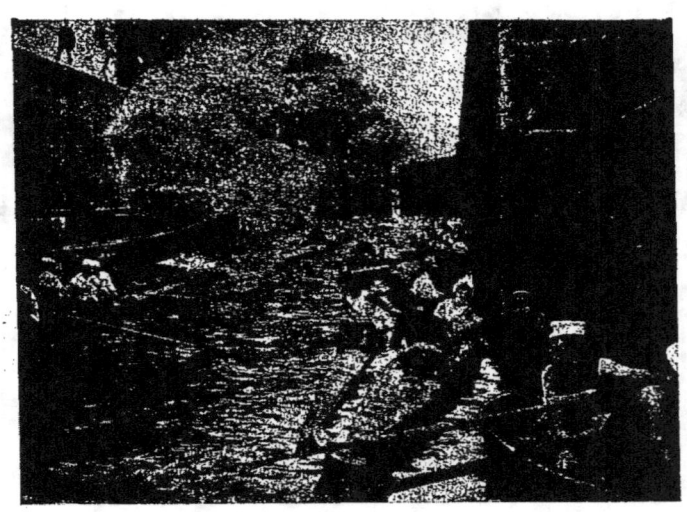

F.-J. GUELDRY. — L'éclusée.

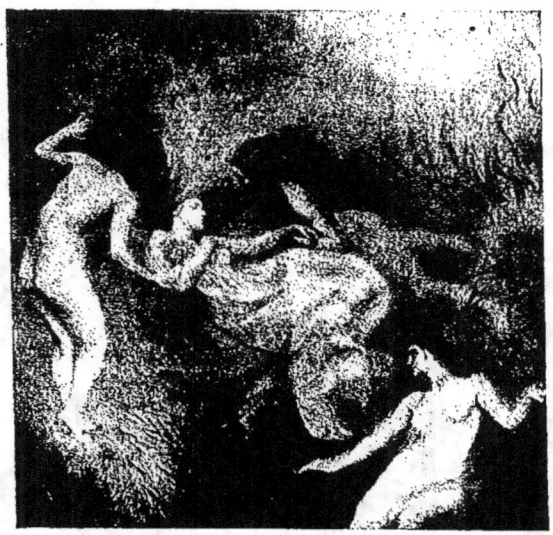
E. DELABARRE. — Les Nymphes reçoivent Ophélie.

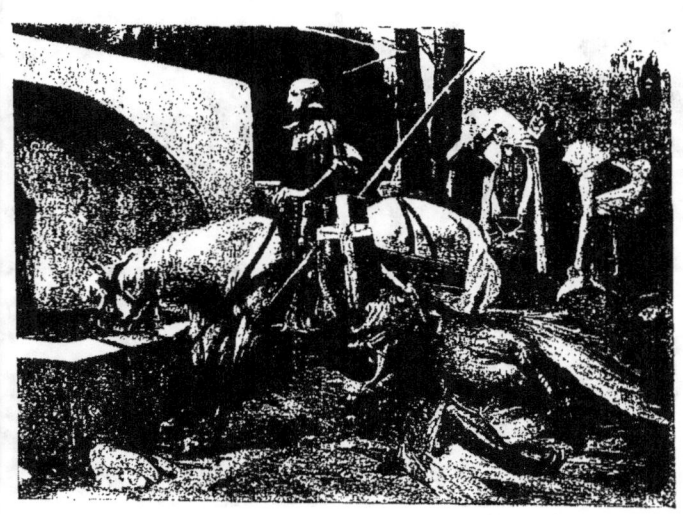
G. BERGÈS. — Saint Georges, vainqueur.

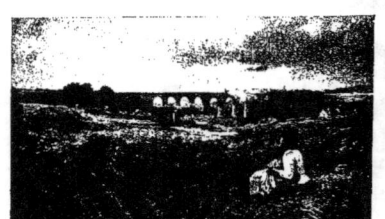
L. Gagneau. — Le viaduc des Moulineaux.

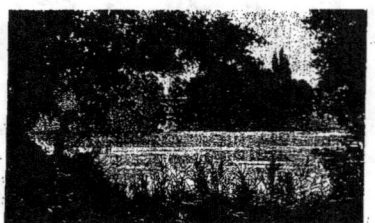
H. Biva. — Villeneuve-l'Étang, le soir.

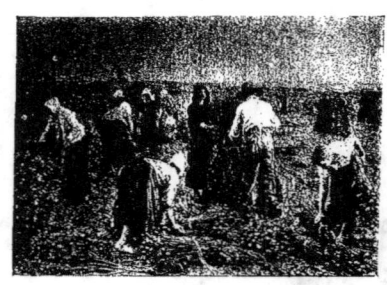
J. Breton. — Les œillettes.

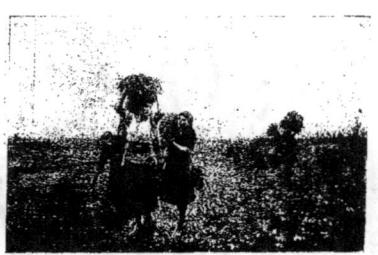
J. Breton. — Les dernières glanes.

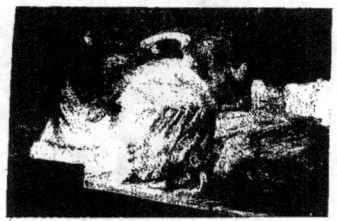

G. Bergès. — Flamencas.

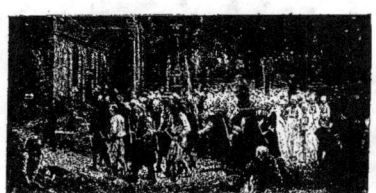

J. Breton. — Le pardon à Kerghoat.

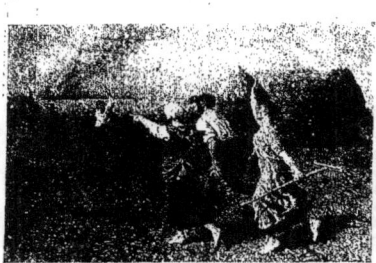

J. Breton. — Le cri d'alarme.

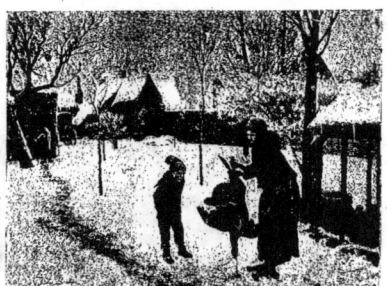

J. Breton. — La dinde de Noël.

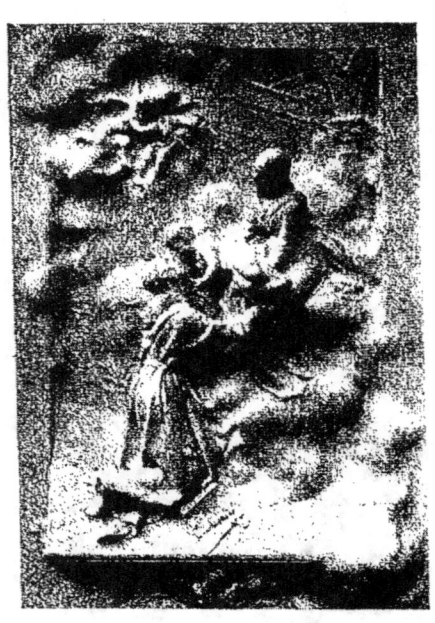
D. Puech. — Saint Antoine de Padoue.

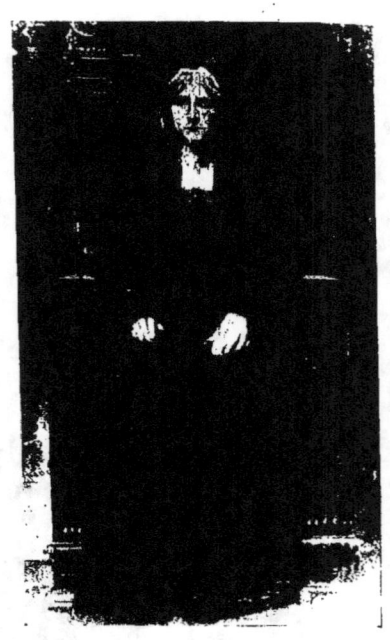
Mme A. Beaury-Saurel. — La reine Jeanne.

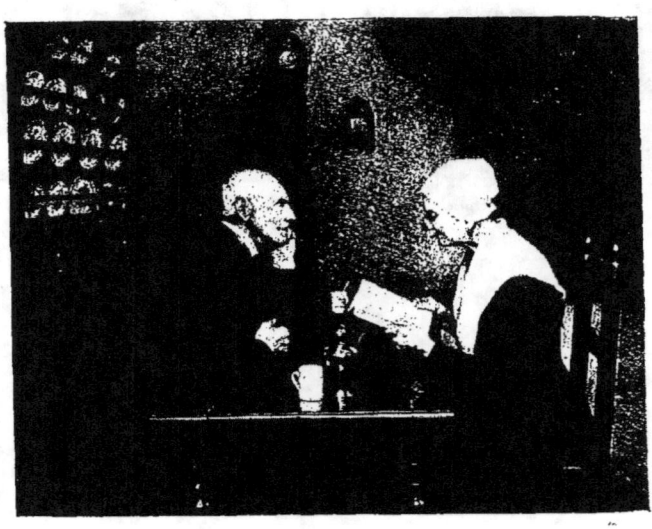
A. Perret. — Noël des Vieux.

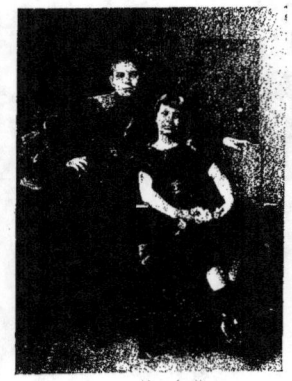

D. SAUBES. — Portraits de M. Maurice et Mlle Suzanne C.

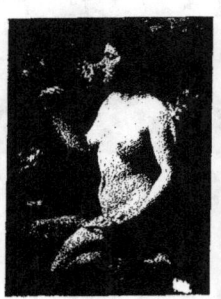

Mme C. MARLEF — Femme, fleurs.

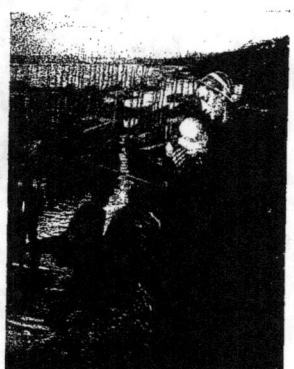

E. WERY. — Fille de Penmarch.

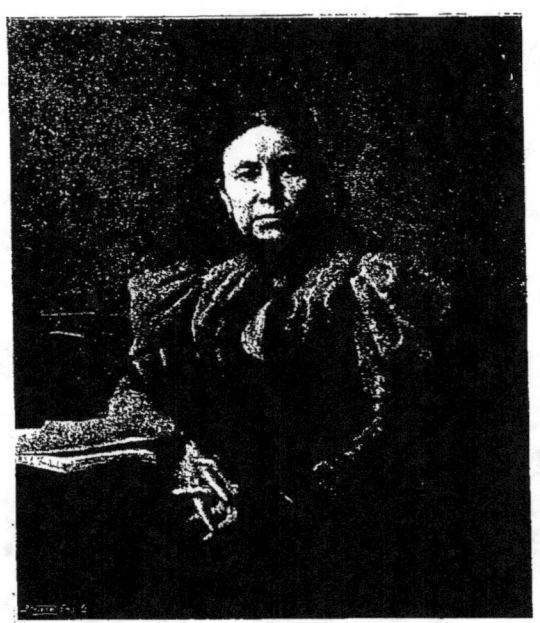

A. LAISSEMENT. — Portrait de Mme C...

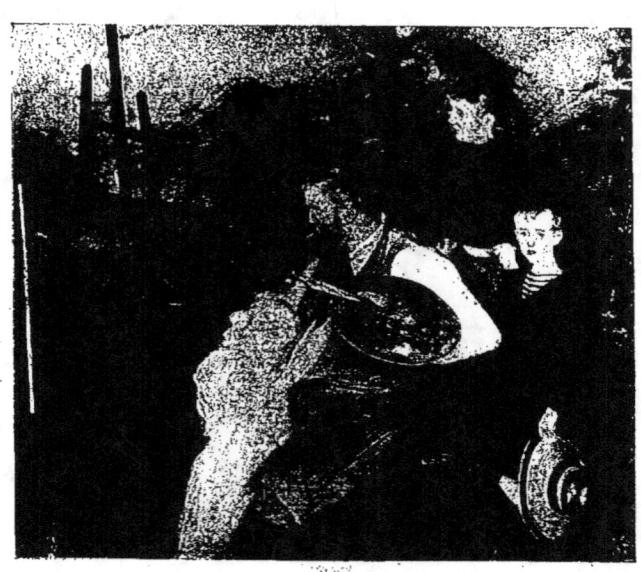

J.-E. BLANCHE. — Le peintre Thaulow et ses enfants.

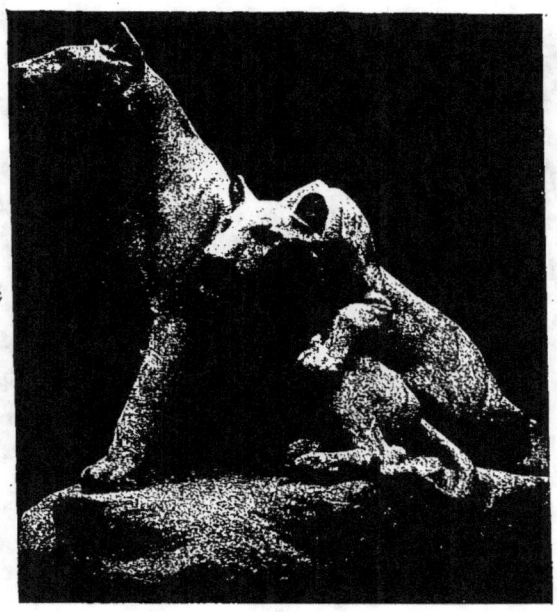

G. Gardet. — Tigres.

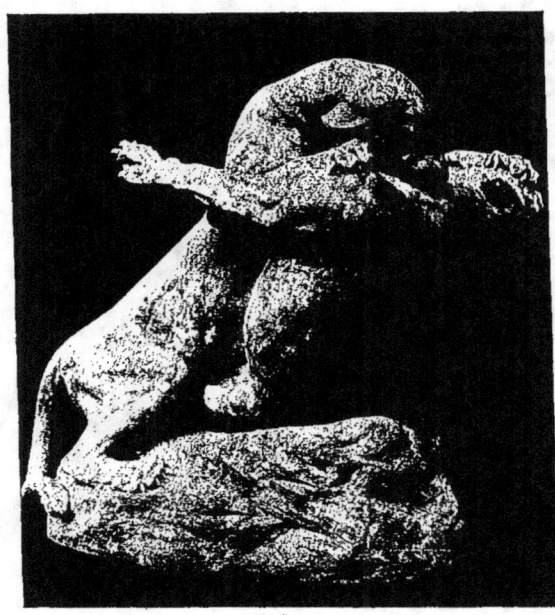

G. Gardet. — Panthères.

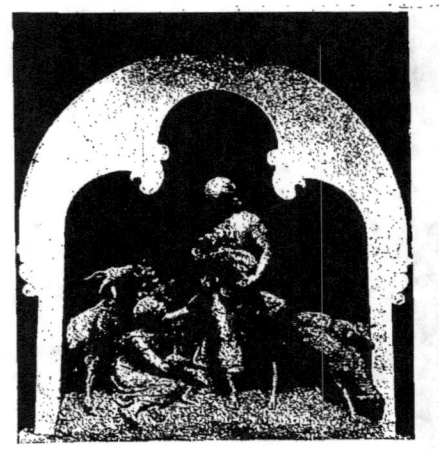

C. Valton. — Groupe (Exposition 1900).

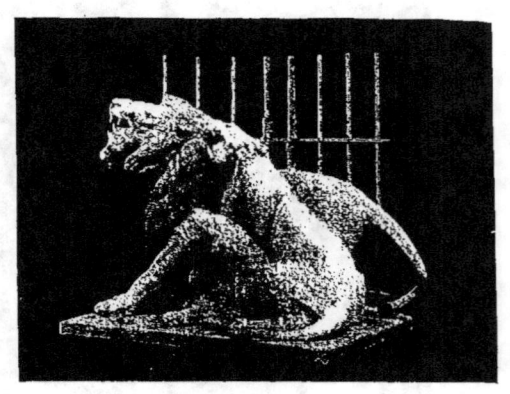

C. Valton. — Sous l'œil du dompteur.

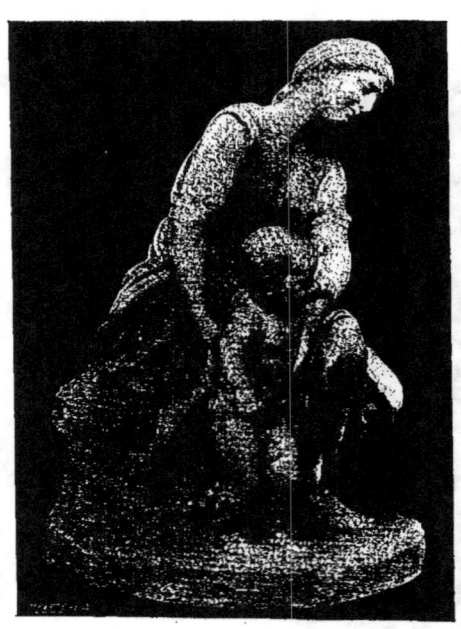

L. Marqueste. — Maternité.

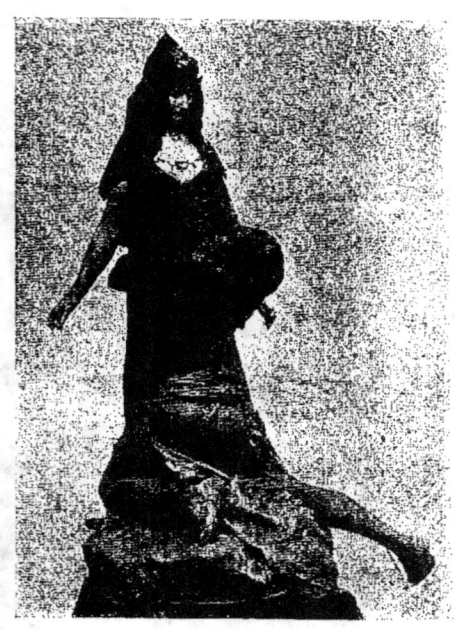

T. Riviere. — Salammbô et Mathô.

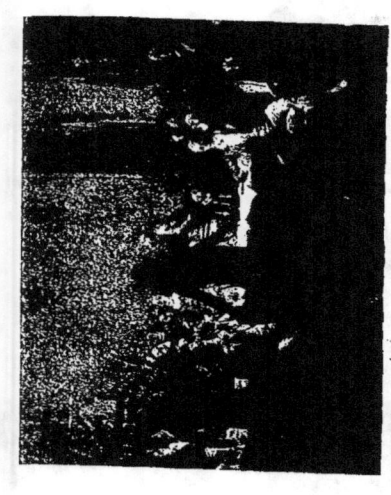

J. Weerts. — Nuit du 9 au 10 Thermidor.

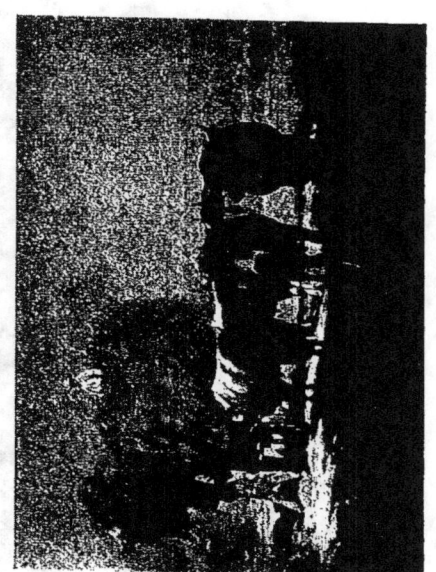

J. Dupré. — Dans la plaine.

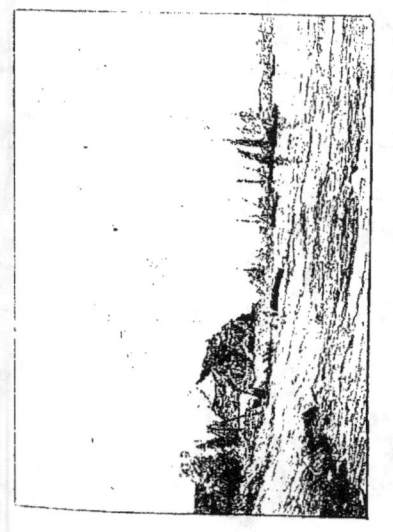

P. Liot. — La Trinité-sur-mer (Morbihan)

C. Hoffbauer. — Les Gueux.

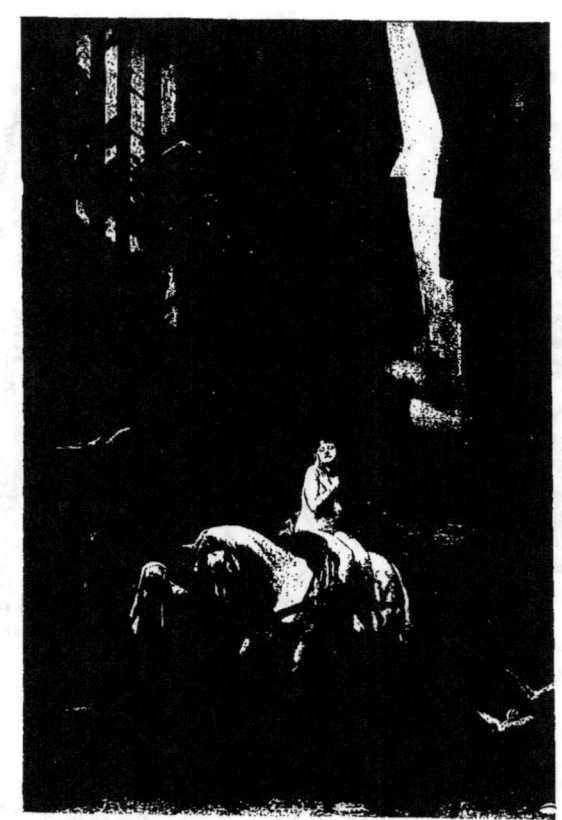

J. Lefebvre. — Lady Godiva.

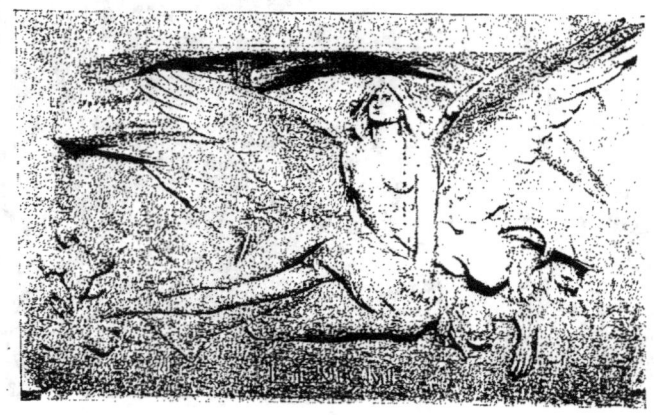

L. Convers. — L'Énigme

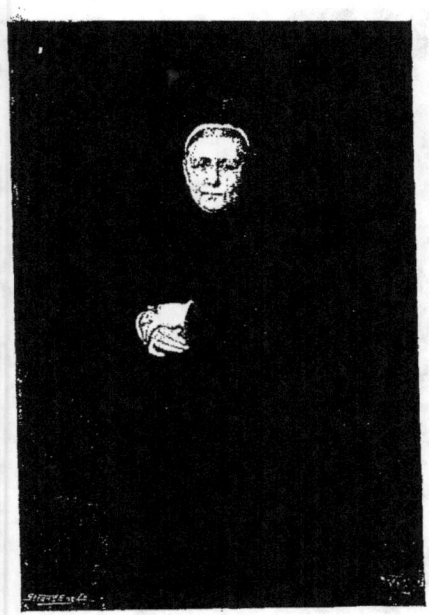
J. LEFEBVRE. — Portrait de Mme Émile Raspail.

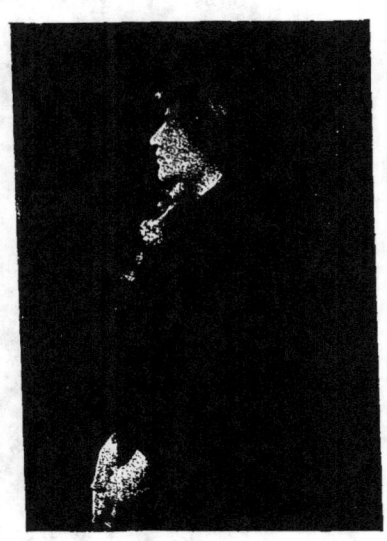
J. LEFEBVRE. — Violetta.

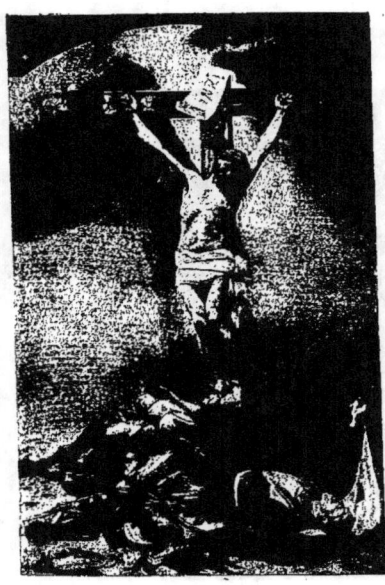
J. WEERTZ. — Pour l'Humanité, pour la Patrie !

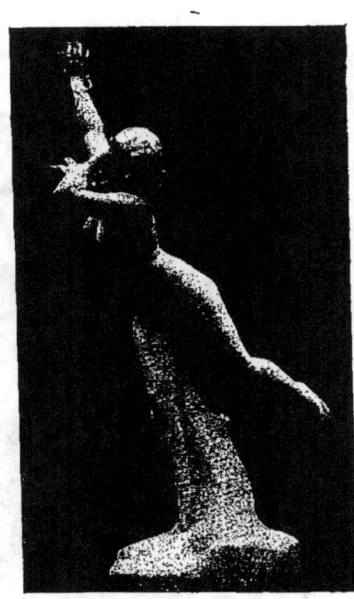
J. DERCHEU. — Daphné changée en laurier.

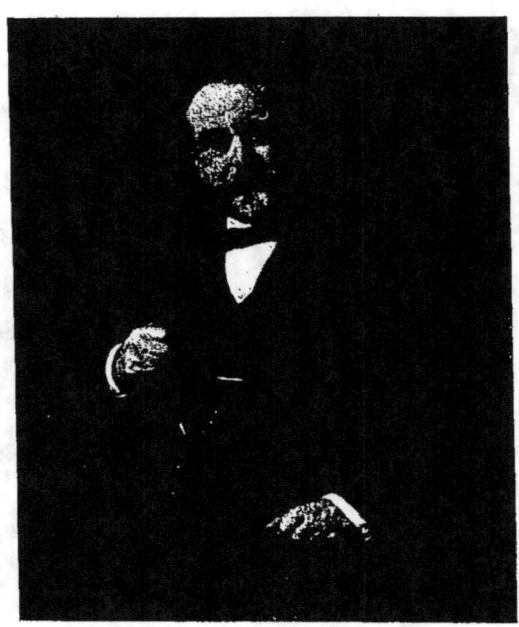

G. ALAUX. — Portrait de M. G. B., sénateur.

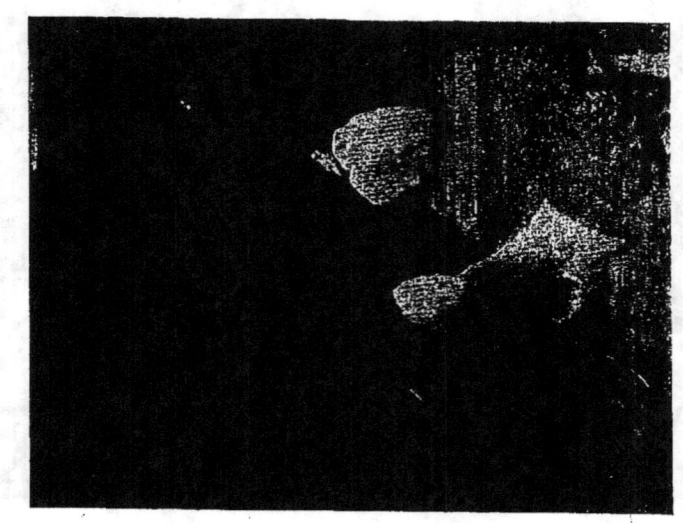

H. D'ESTIENNE. — Portrait de Grand'Mère

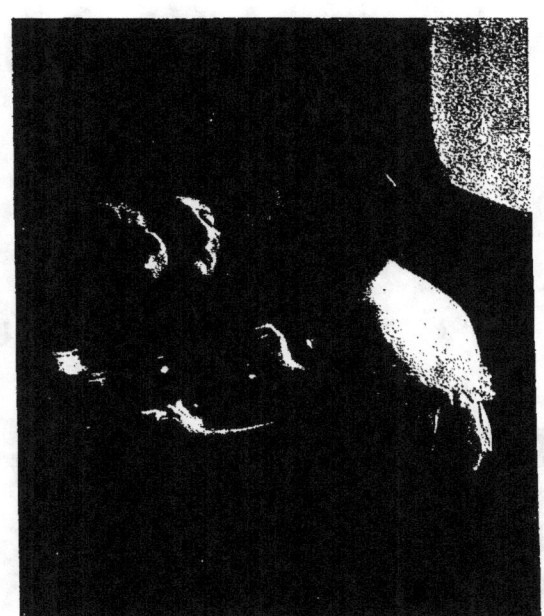

A. Bréauté. — Les Masques.

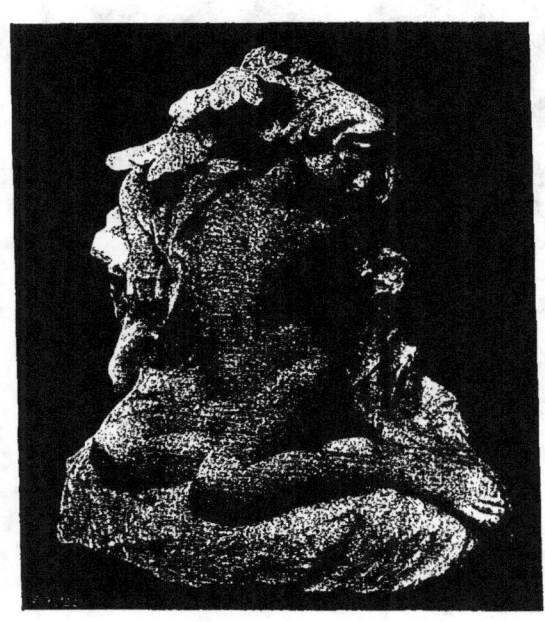

G. Guittet. — Narcisse.

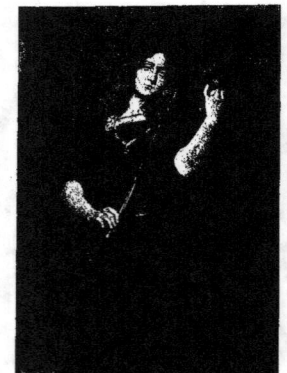

J. Macbard. — Portrait de la violoniste Ch. Vormèse.

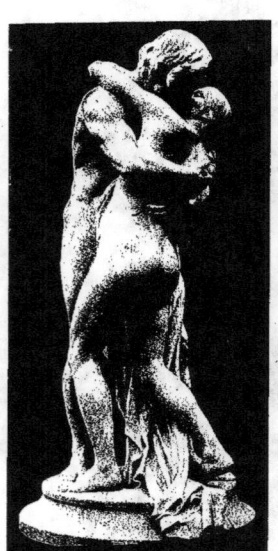

A. Seysses. — Le retour.

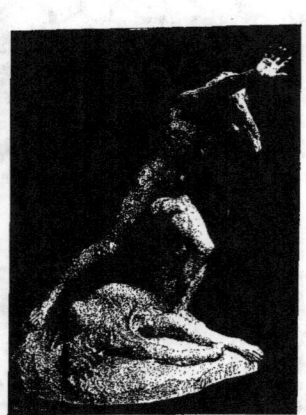

J.-M. Mengue. — Caïn et Abel.

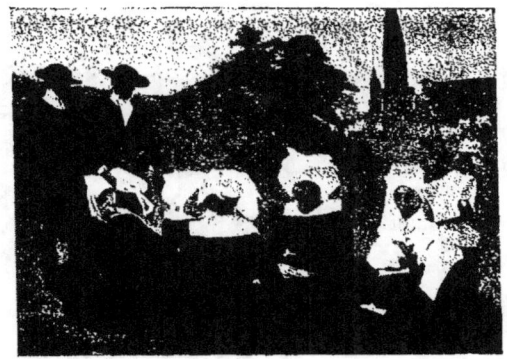

P.-A. DAGNAN-BOUVERET. — Bretonnes au pardon.

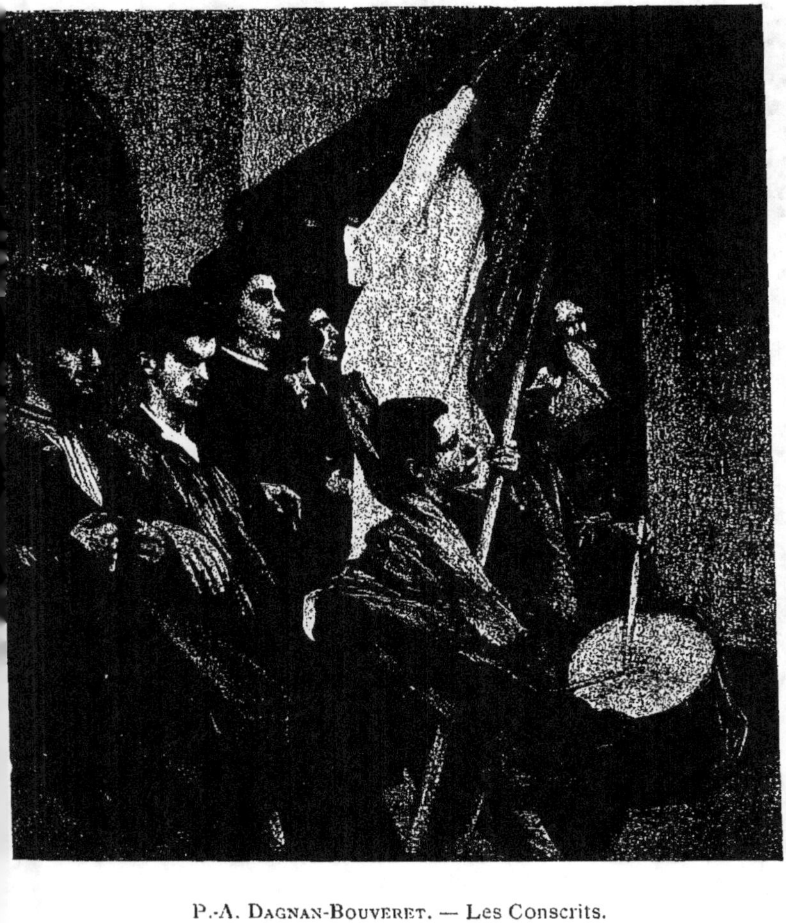

P.-A. DAGNAN-BOUVERET. — Les Conscrits.

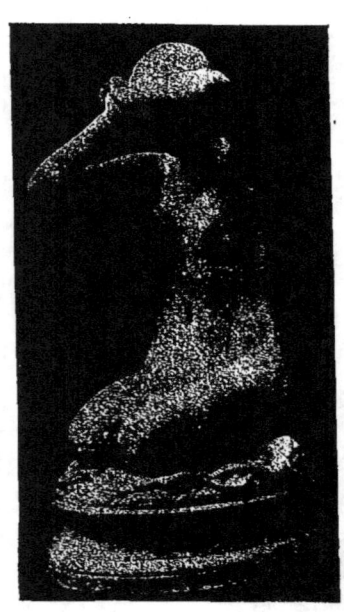
S. Lami — Première faute.

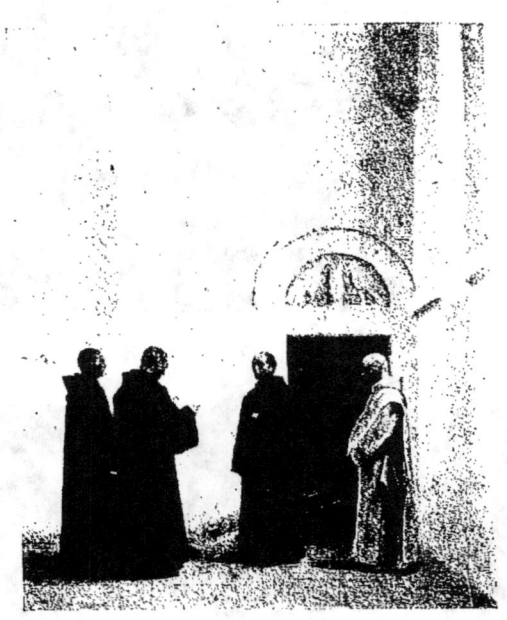
P. Sautai. — Saint Geoffroy à la Grande Chartreuse.

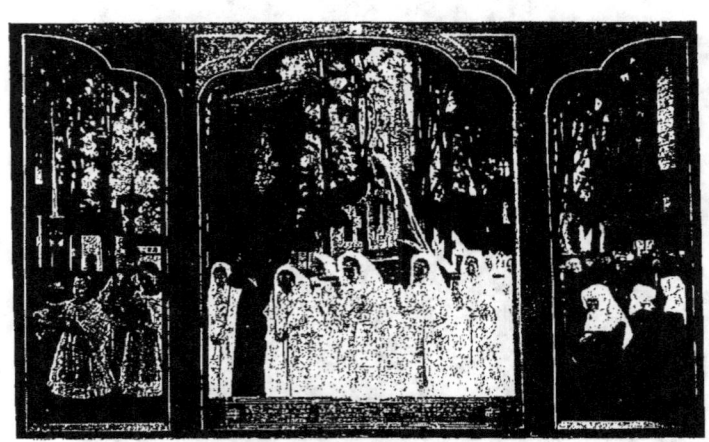
C. Duvent. — La Procession.

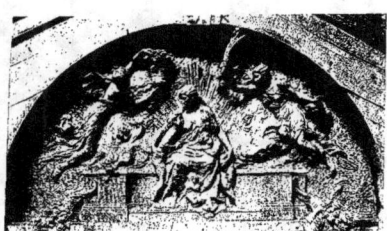

J. P. Aubé. — Glorification de la Charité.

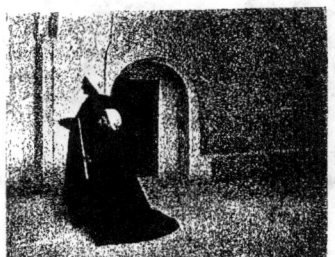

P. Sautai. — Les relevailles.

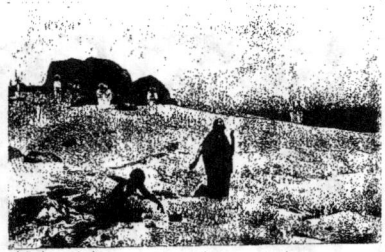

P. Buffet. — Tentation du Christ.

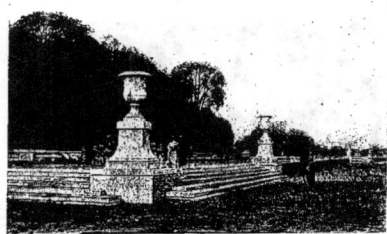

J. H. Zuber. — Les marches de marbre rose, à Versailles.

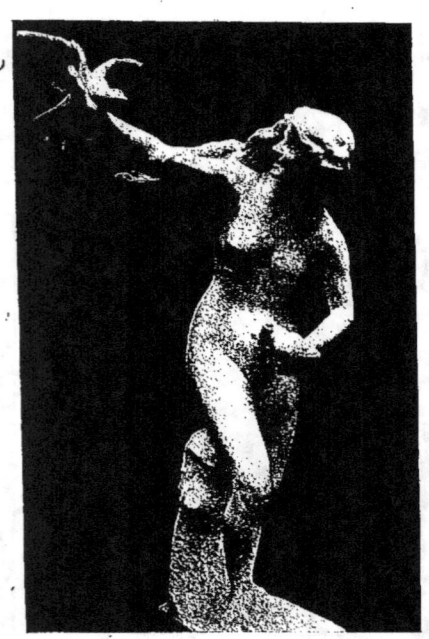

C. T. Perron. — Espièglerie.

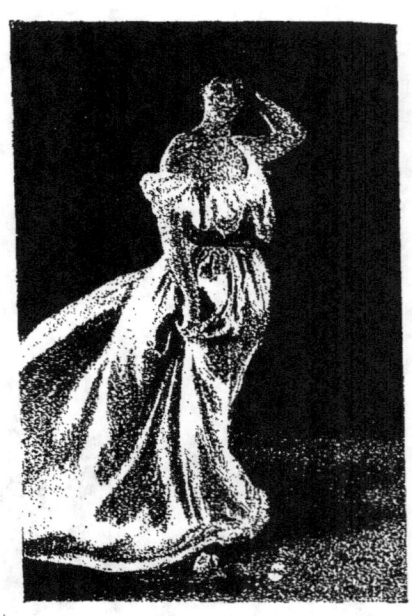

P.-A. Besnard. — Portrait de théâtre.

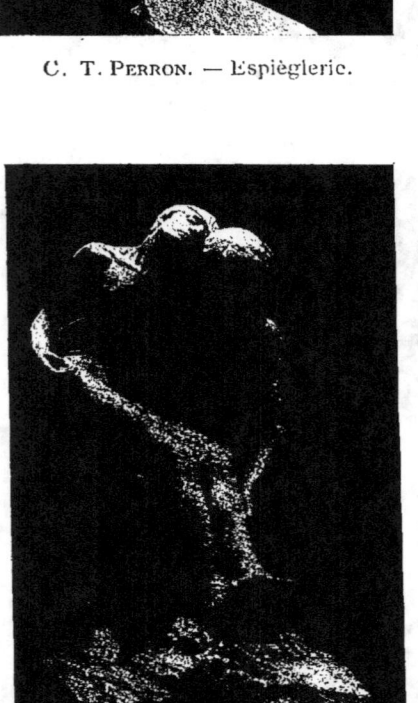

F. Sicard. — Le bon Samaritain.

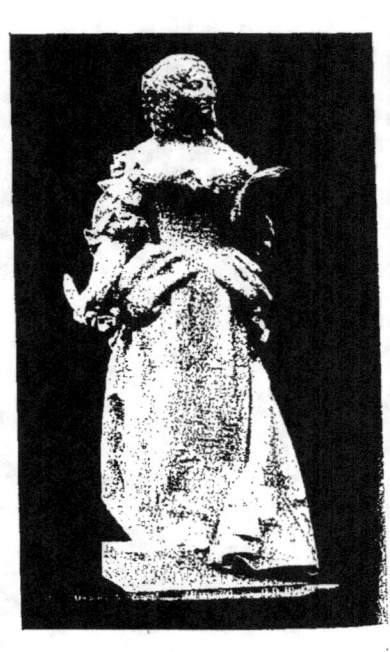

A. Massoulle. — Mme de Sévigné.

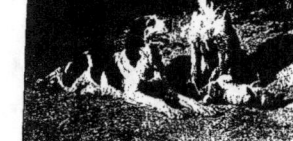
C. Herrmann-Léon. — Haletants.

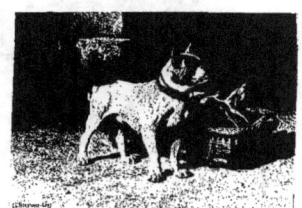
C. Herrmann-Léon. — Aux abattoirs.

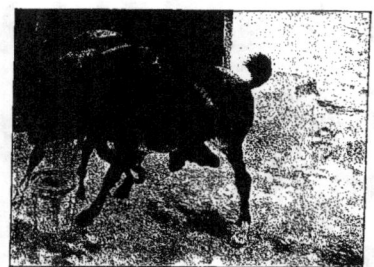
P. A. Besnard. — Poneys au soleil.

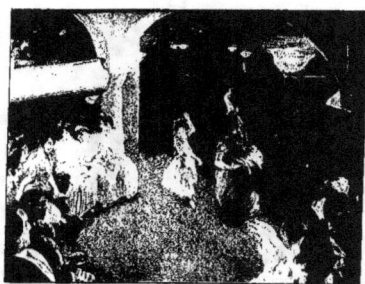
P. A. Besnard. — Danse espagnole.

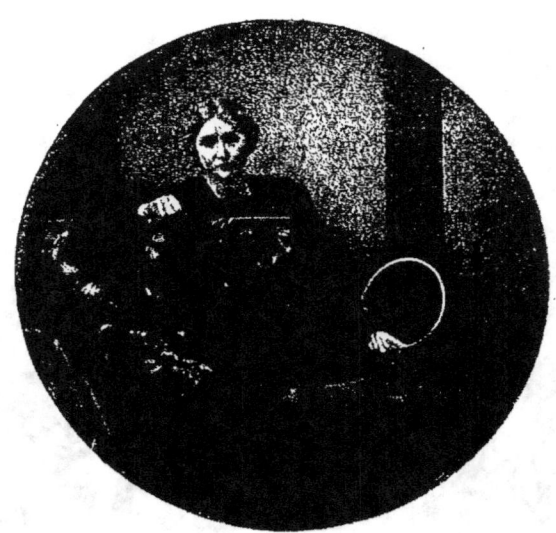

A.-P. Agache. — Étude décorative.

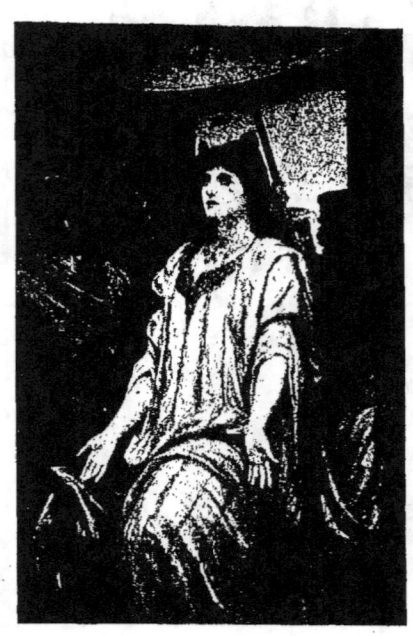

F. Barrias. — Esther se rendant chez Assuérus.

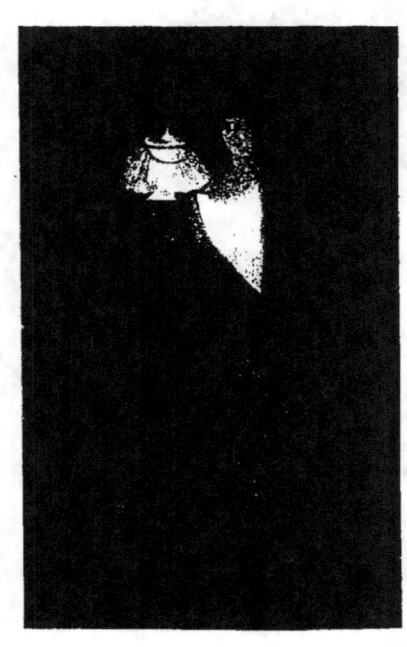

E. Rosset-Granger. — La Somnambule.

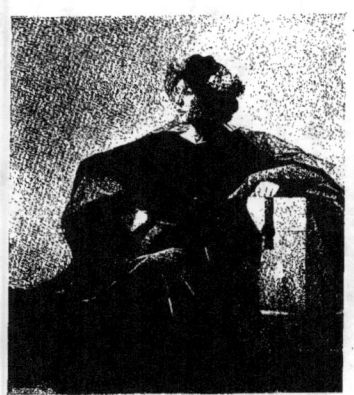
A.-P. AGACHE. — Le secret.

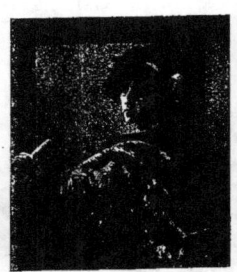
A.-P. AGACHE. — Fantaisie.

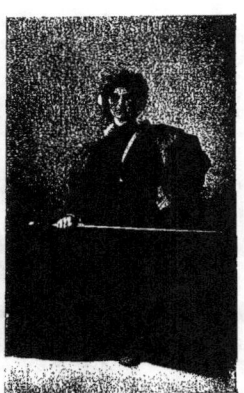
A. P. AGACHE. — L'Epée.

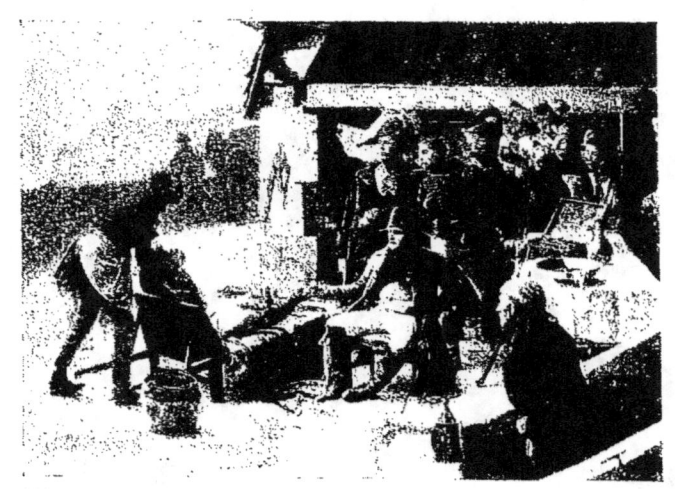

E. BOUTIGNY. — Napoléon visitant les blessés à Ulm.

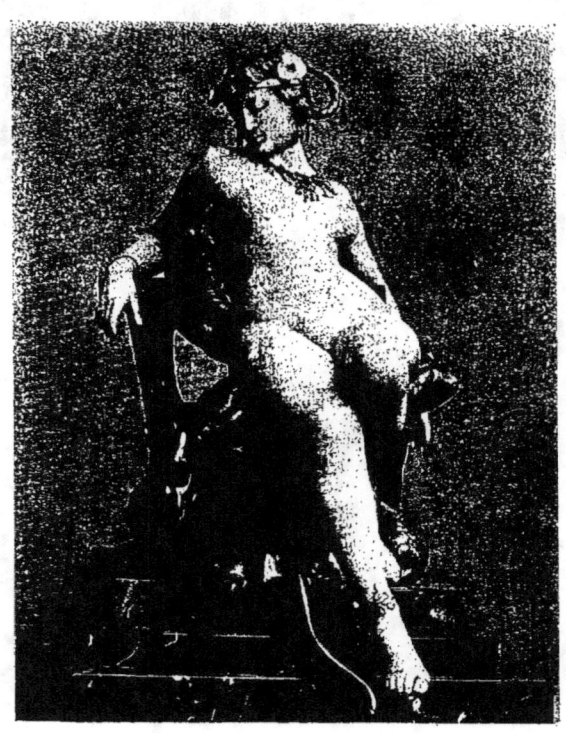

M. FERRARY. — Favorite.

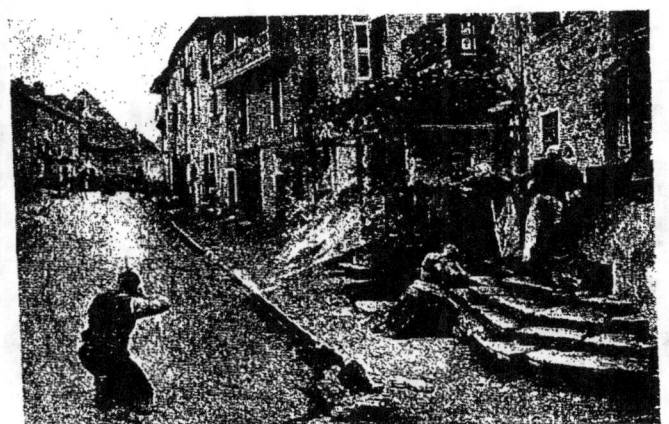

E. BOUTIGNY. — Un brave.

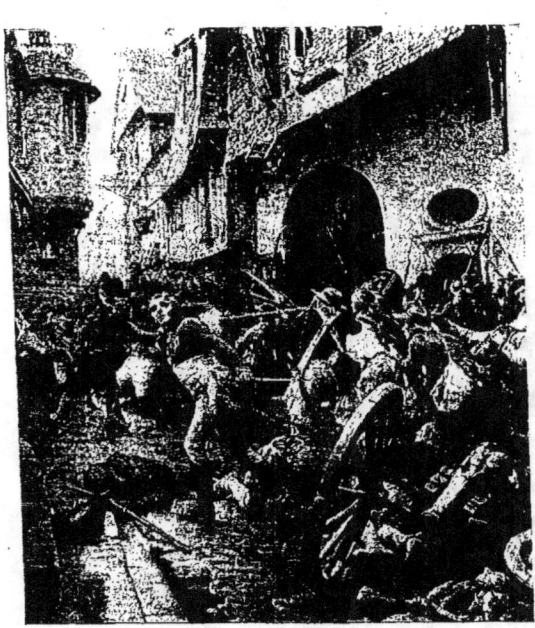

E. BOUTIGNY. — Henry de la Rochejacquelin au combat de Cholet.

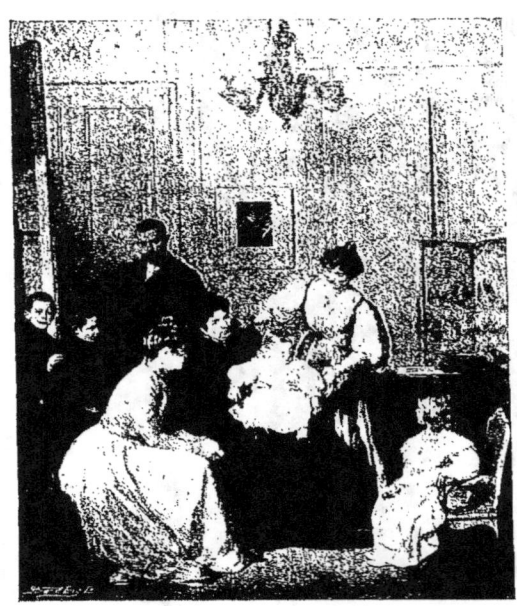

M. BASCHET. — Portrait de famille.

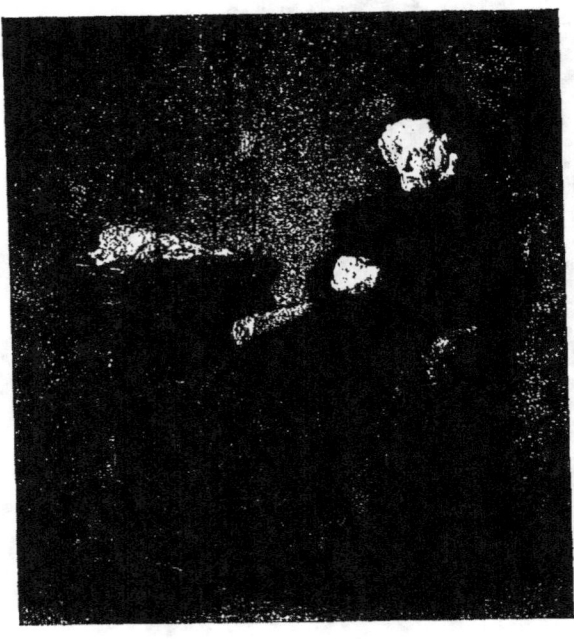

M. BASCHET. — Portrait de ma grand'mère.

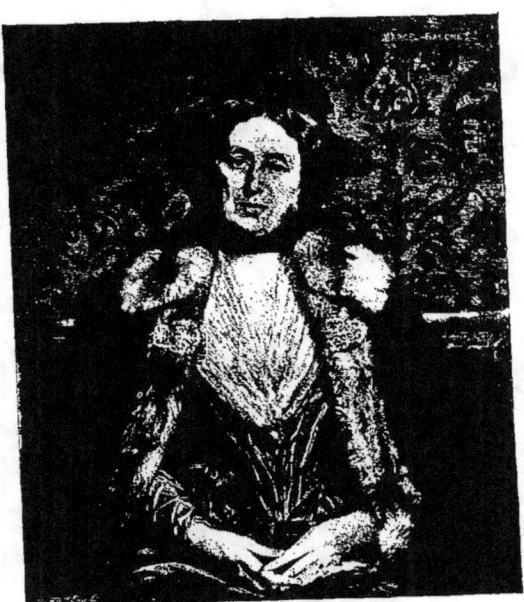

M. BASCHET. — Portrait de Mme B...

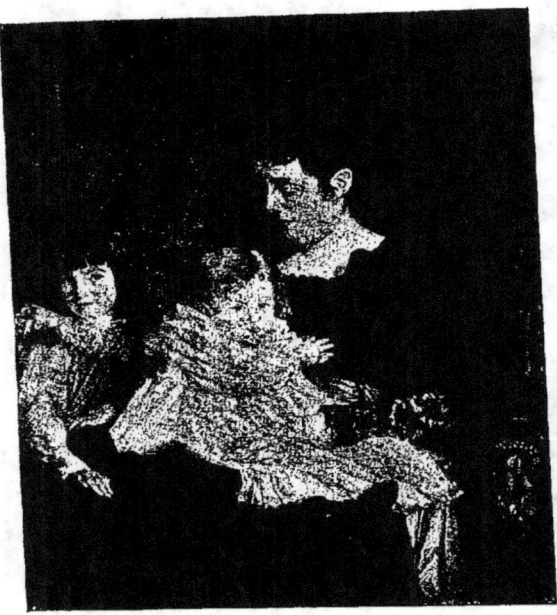

M. BASCHET. — Portrait de Mme G... et de ses enfants.

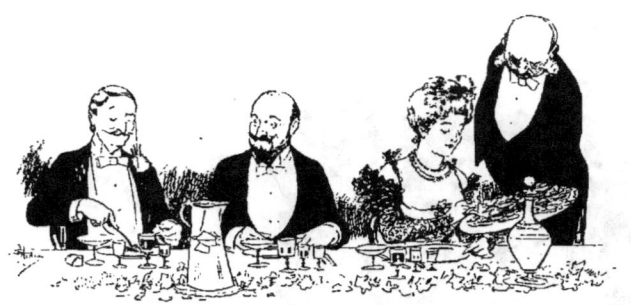

(Simonis Empis, éditeur.)

A. GUILLAUME. — Madame est servie.

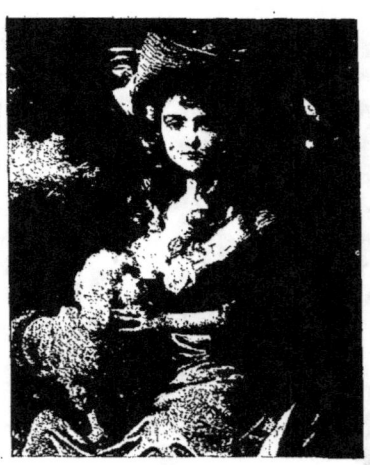

F. FLAMENG. — Portrait de Mlle F...

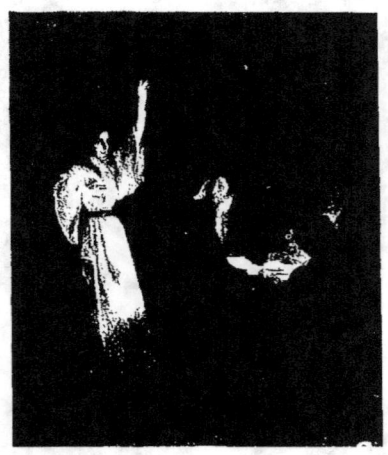

J.-J. SHERRER. — Rachel déclamant devant Alf. de Musset.

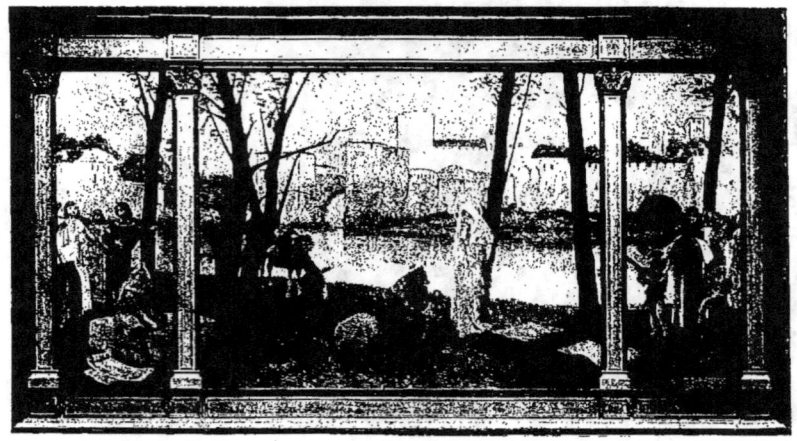

F. FLAMENG. — La fuite en Égypte.

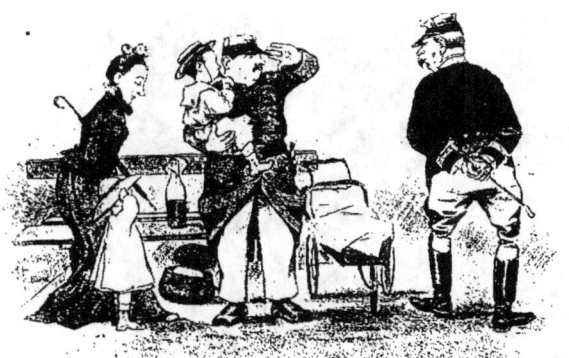

(Simonis Empis, éditeur.

A. GUILLAUME. — Mes 28 jours.

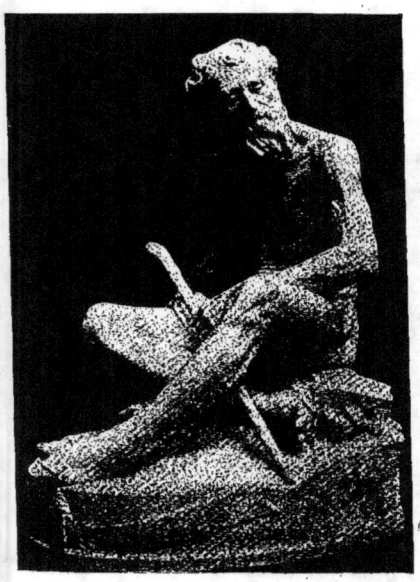

E. BOISSEAU. — Diogène.

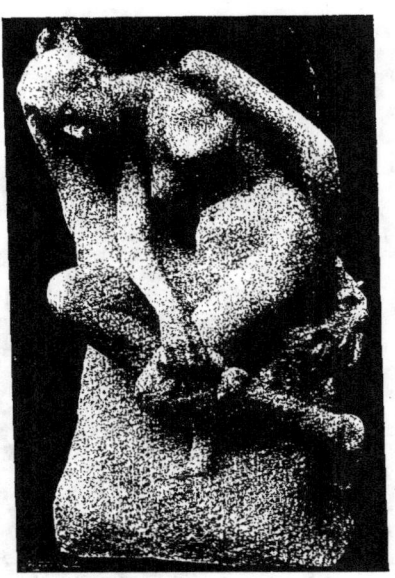

V. CORNU. — Spleen.

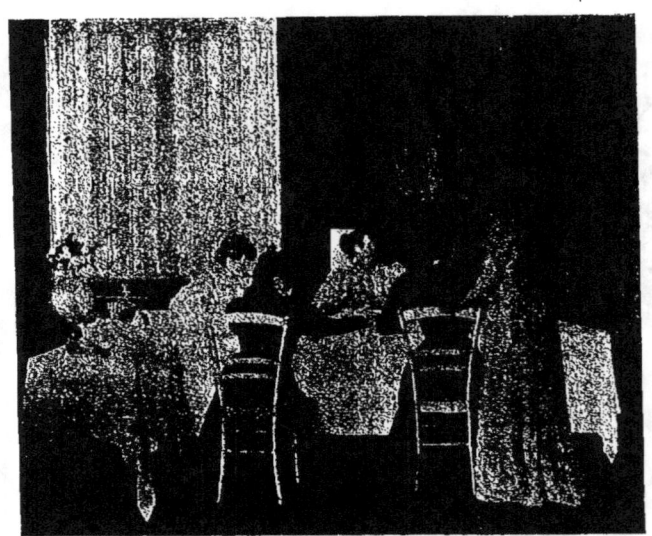

E. SAGLIO. — Goûter.

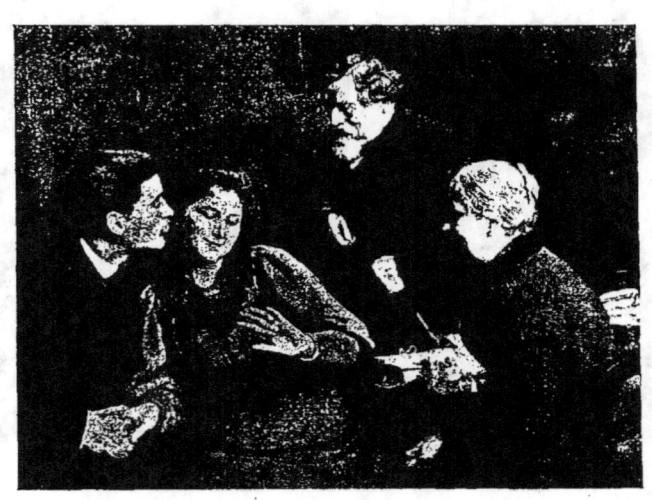

V. GILBERT. — La bague de fiançailles.

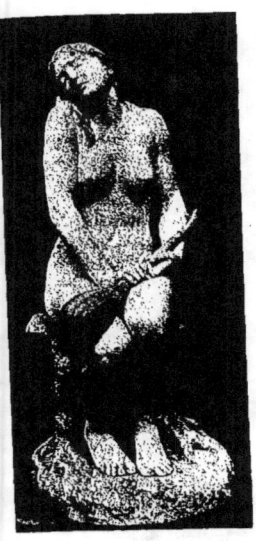

L. MARQUESTE. — La Cigale.

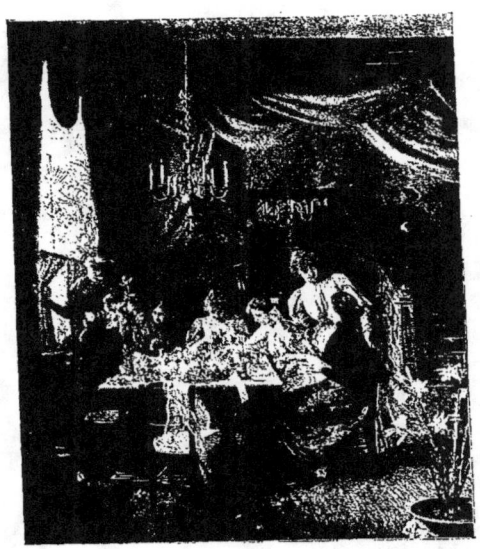

V. GILBERT. — Le magasin de fleurs artificielles.

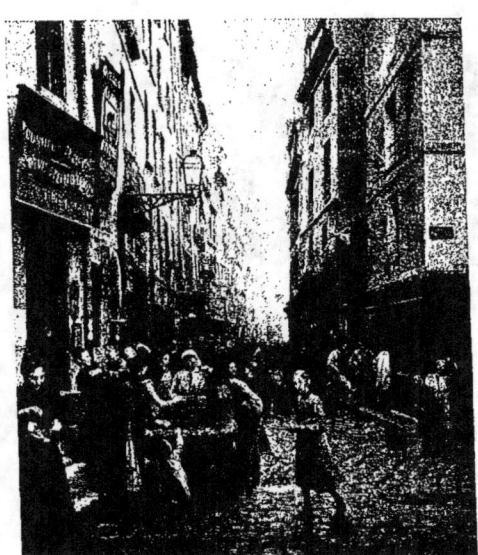

V. GILBERT. — Midi.

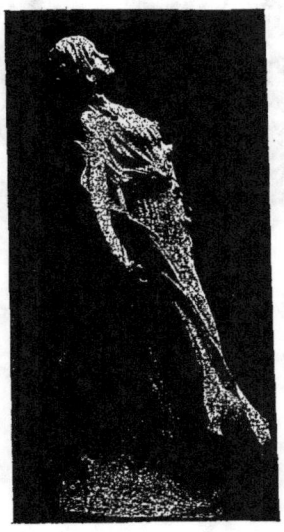

D. PUECH. — Mlle Calvé (Ophélie).

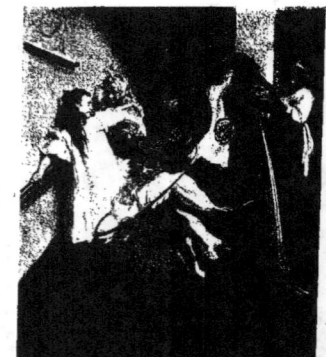 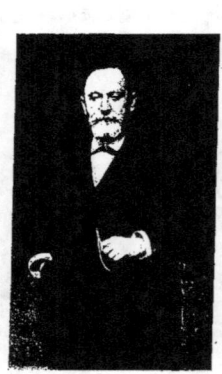 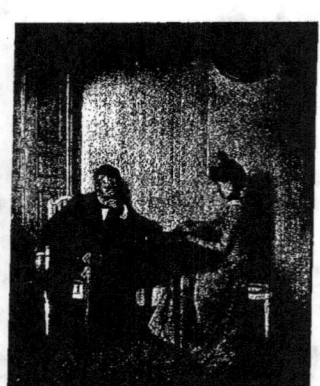

R.-X. Prinet. — L'envolée.   E. Foubert. — J.-F. Millet.   R.-X. Prinet. — La partie de trictrac.

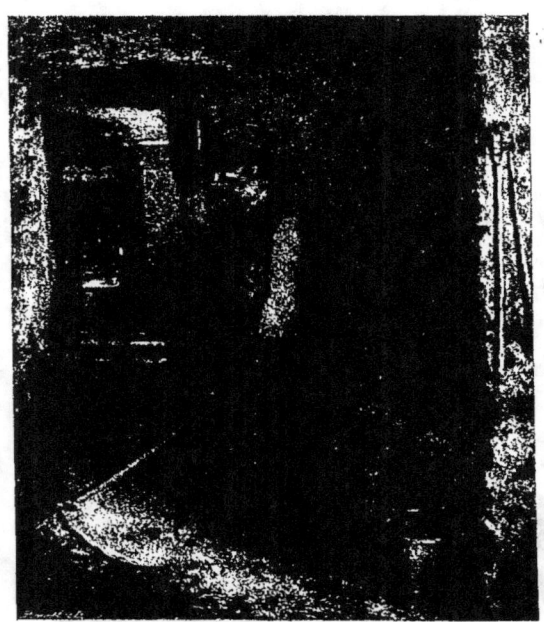

D. L. M. LUCAS. — Une bonne verdée.

D. L. M. LUCAS. — Fileuse au rouet.

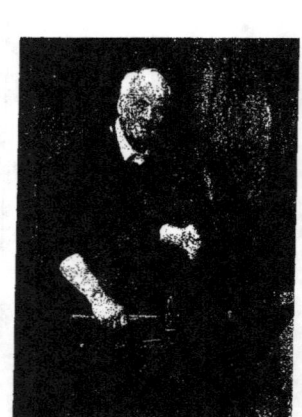

J. WENCKER. — M. Boulanger, maître ferronnier.

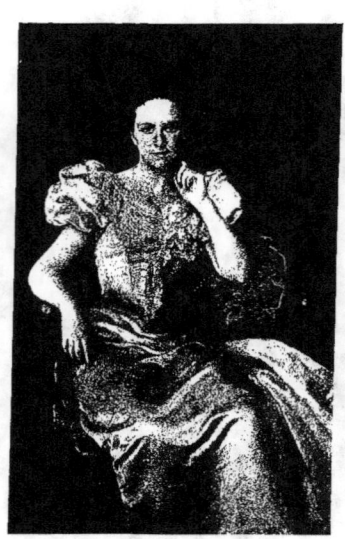

J. WENCKER. — Portrait de Mlle X..

PAYS ÉTRANGERS

ALLEMAGNE

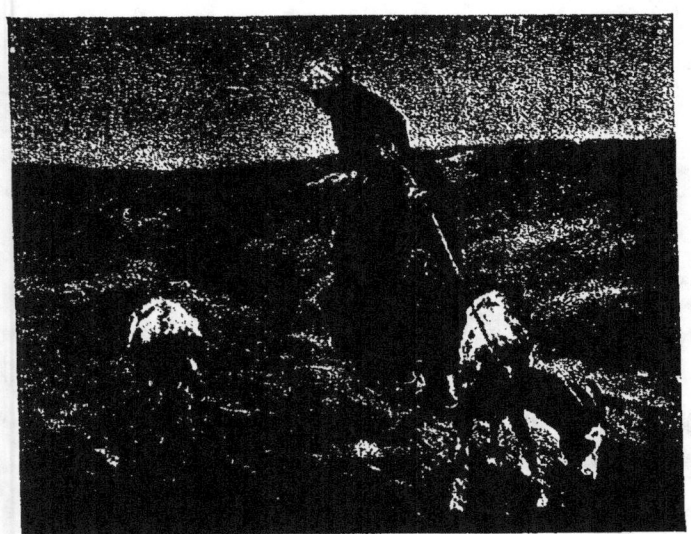

M. LIEBERMANN. — La femme aux chèvres.

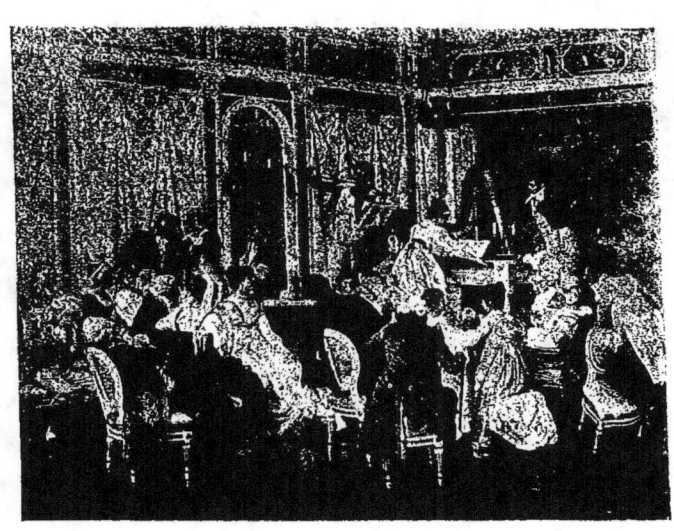

F. SIMM. — Concert d'amateurs.

ALLEMAGNE

Comte W. Reichenbach. — Silène et Faune.

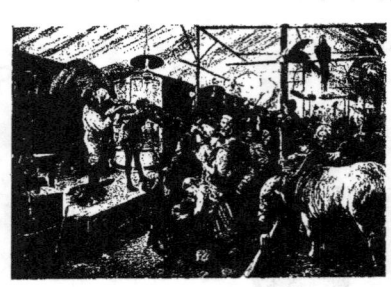

P. Meyerheim. — La Ménagerie.

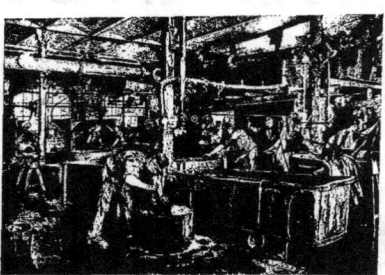

R. Dammeier. — A la teinturerie.

AUTRICHE

BELGIQUE

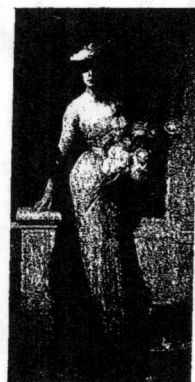
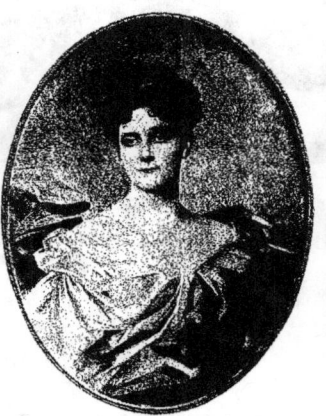
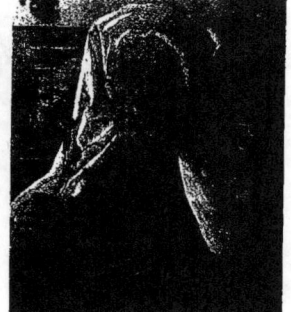

R. Vacha. — Portrait.

R. Vacha. — Portrait.

E. Van Hove. — Le philtre.

BELGIQUE

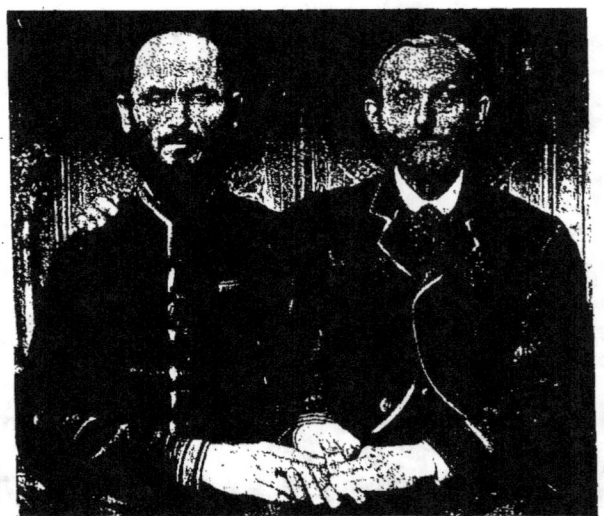

J. LEEMPOELS. — Amitié.

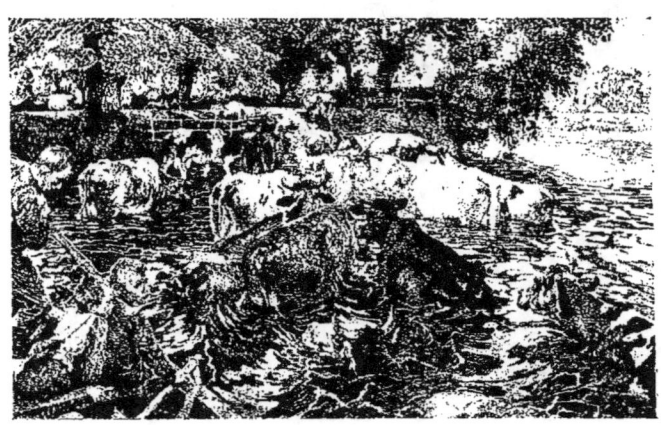

E. CLAUS. — Passage des vaches.

BELGIQUE

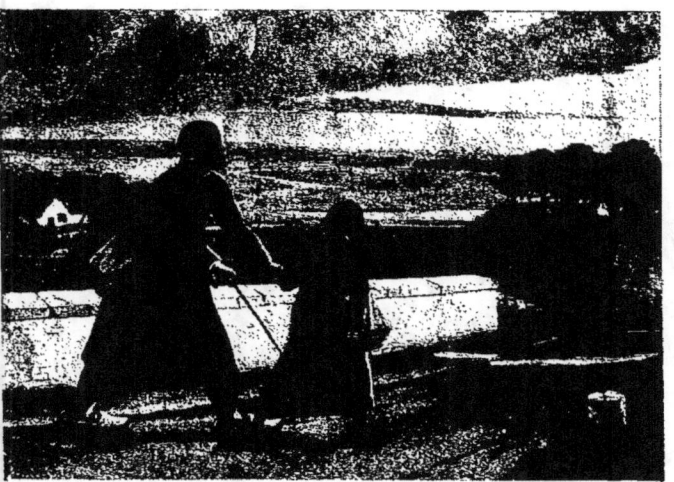

E. LAERMANS. — L'Aveugle.

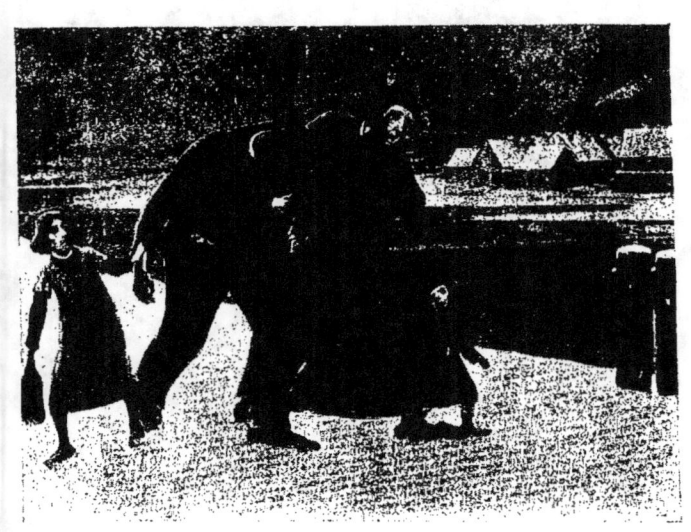

E. LAERMANS. — L'Ivrogne.

BELGIQUE

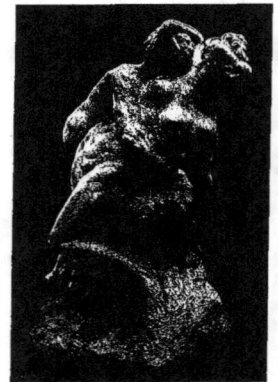
J. LAMBEAUX. — Le triomphe de la femme.

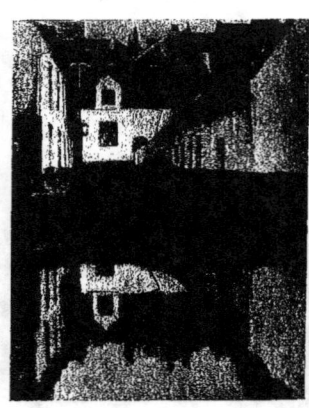
A. BAERTSOEN. — Petite cité, le soir (Flandre).

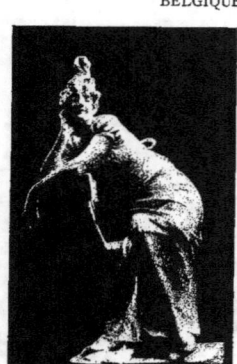
G. VAN DER STRAETEN. — Sous l'Empire.

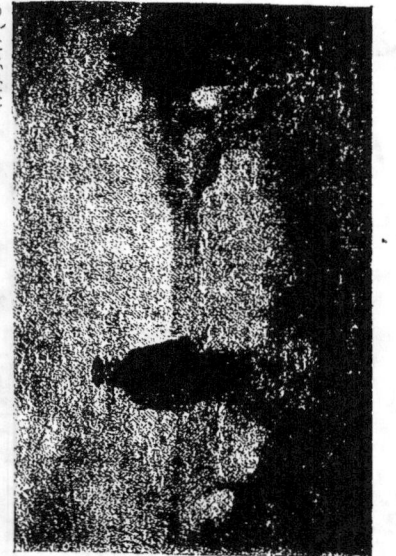

A. J. Heymans. — La rentrée du berger.

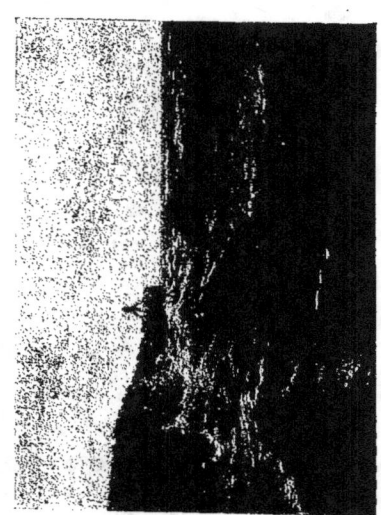

A. Le Mayeur. — L'Estacade.

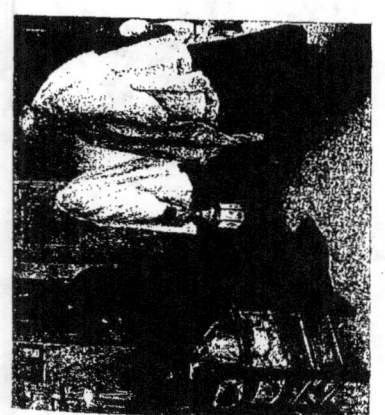

A. Struys. — Désespéré.

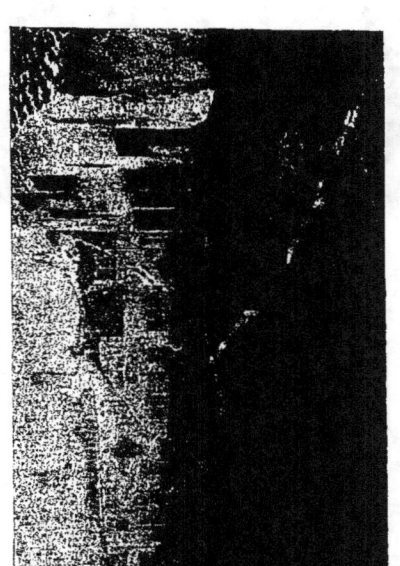

A. Baertsoen. — Petite place, le soir (Flandre).

ESPAGNE

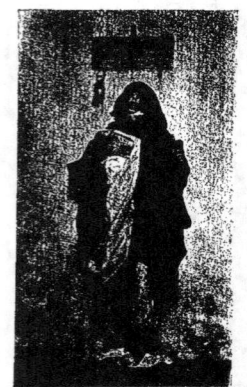
A. Fabrés. — La Voleuse.

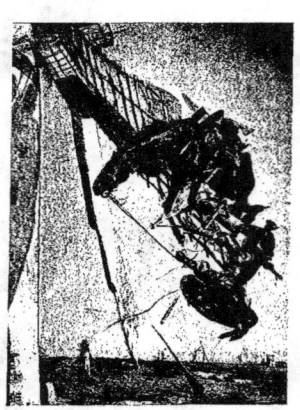
J. Moreno Carbonero. — L'aventure des moulins.

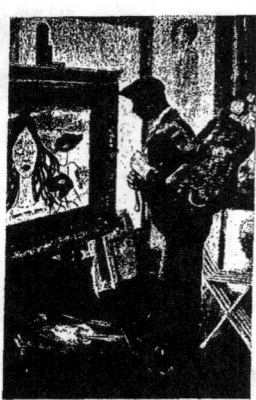
S. Cabello Izarra. — Fin de siècle.

ESPAGNE

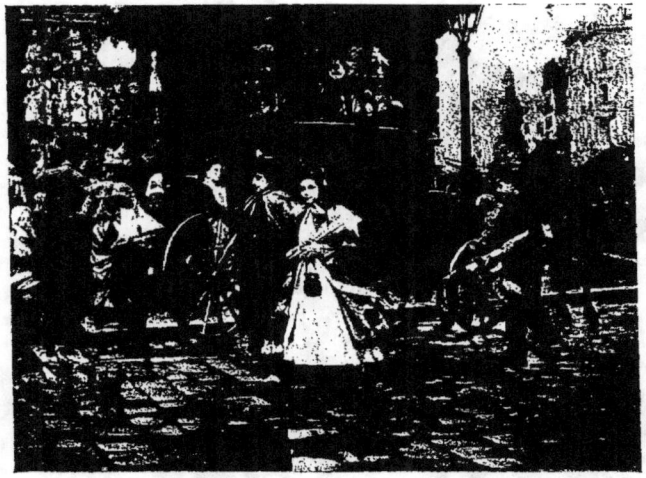

J. Ferrer y Miro. — La veille du jour des Rois.

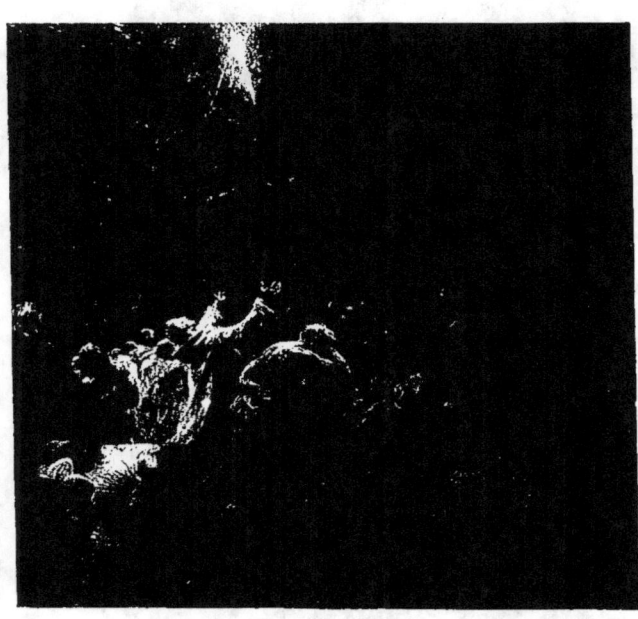

J. Benlliure y Gil. — La vallée de Josaphat le jour du Jugement dernier.

ESPAGNE

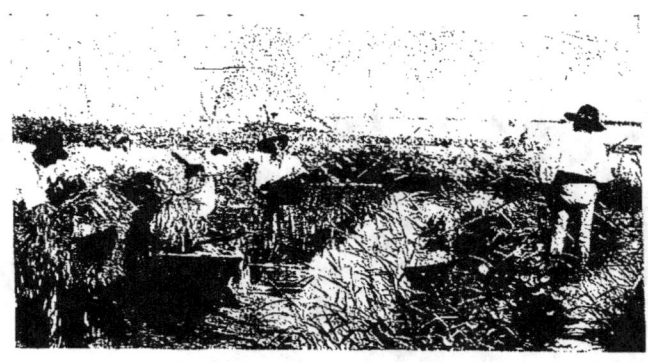

A. Fillol y Granell. — Dans l'Albufera de Valence.

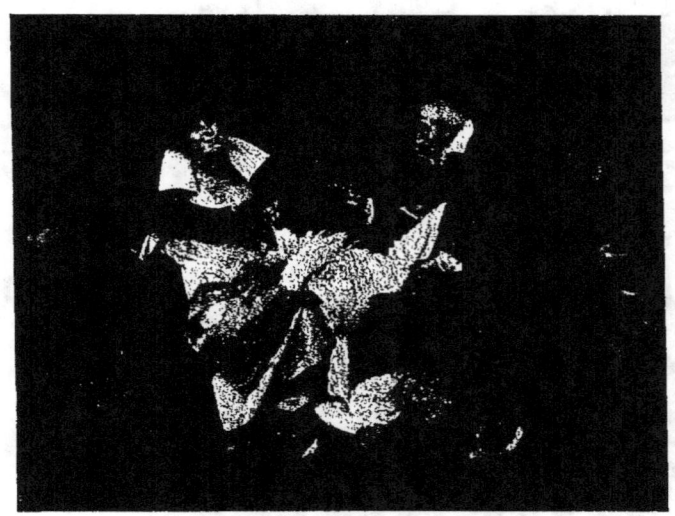

J. Miralles Darmanin — De bonne humeur.

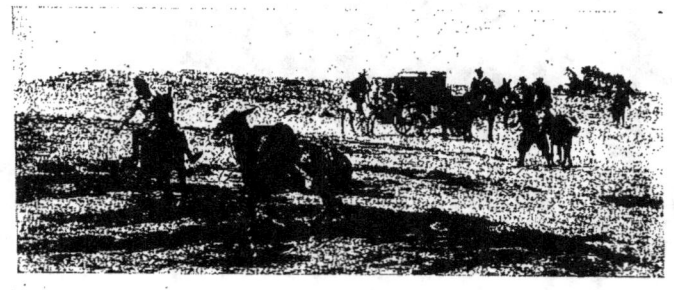

J. Moreno Carbonero. — La bataille de Biscayen.

ESPAGNE

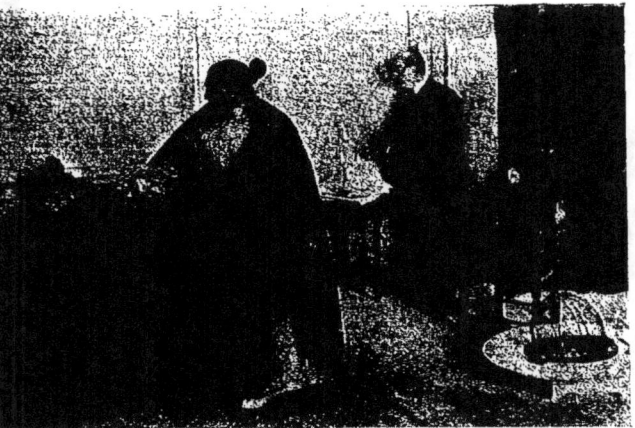

J. Fillol y Granell. — La bête humaine.

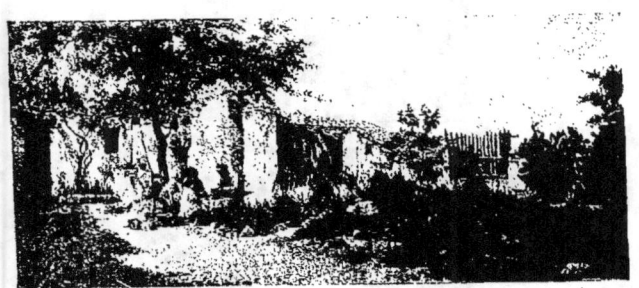

R. Arredondo y Calmache. — Déjeuner dans un jardin.

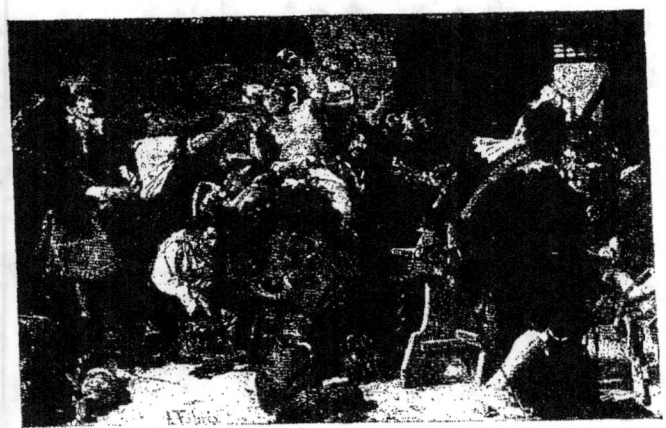

A. Fabrès. — Les ivrognes.

ESPAGNE

M. Teixidor y Torrés. — La petite-fille.

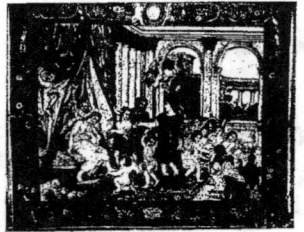
M. Saenz de Tejada. — Les noces d'Alexandre et de Roxane.

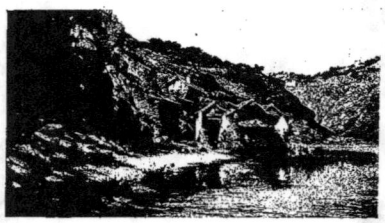
R. Arredondo y Calmache. — Moulins de la Vieille à Tolède.

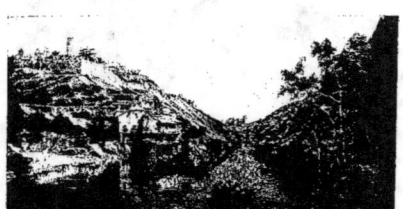
R. Arredondo y Calmache. — Maison du bateau à Tolède.

ESPAGNE

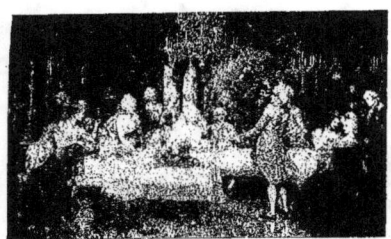

P. Salinas. — A la santé des époux.

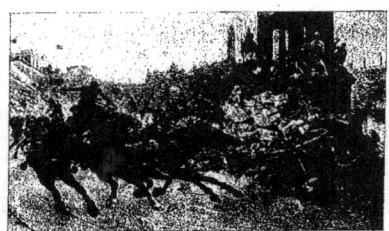

V. Checa. — Course de chars à Rome.

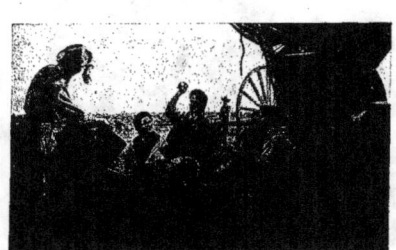

L. Alonso y Torres. — Marchandes d'oignons.

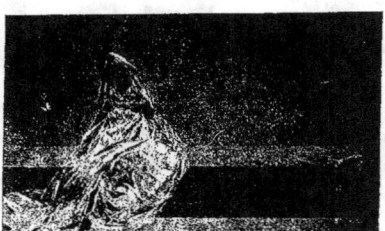

A. Fabrés. — La Fiancée.

ESPAGNE

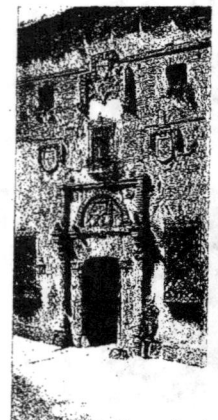 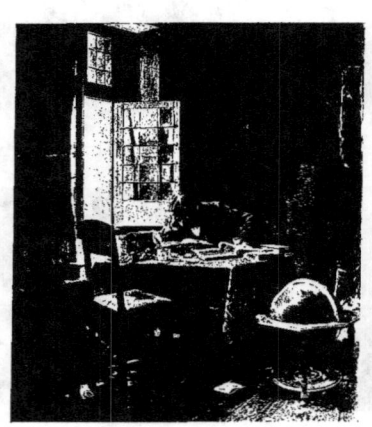 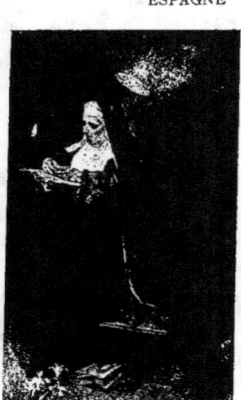

R. ARREDONDO Y CALMACHE. — Palais
F. DOMINGO. — Un savant.
F. DOMINGO. — Sainte Claire.

ESPAGNE

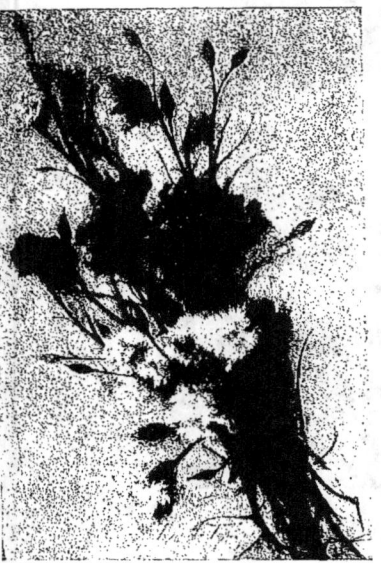

J. Teixidor y Torrès. — Printemps.

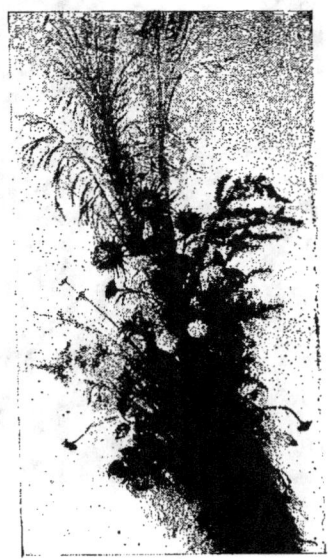

J. Teixidor y Torrès. — Automne.

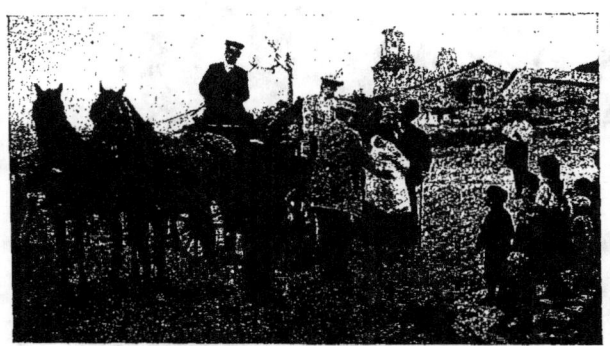

M. Santa Maria y Sedano. — Pour améliorer la race.

ÉTATS-UNIS

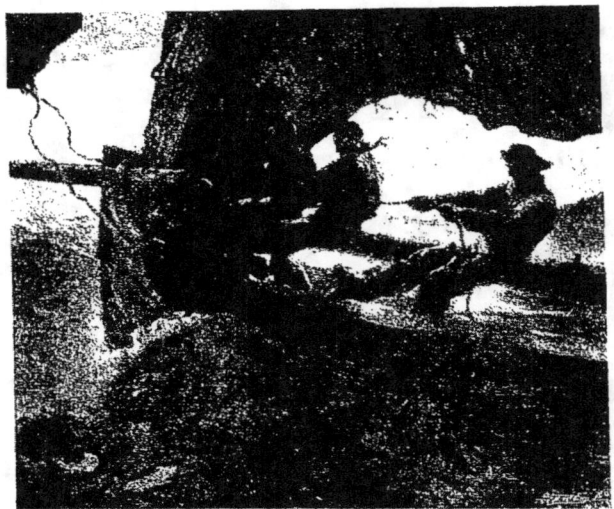

Bohm (Max). — En Mer.

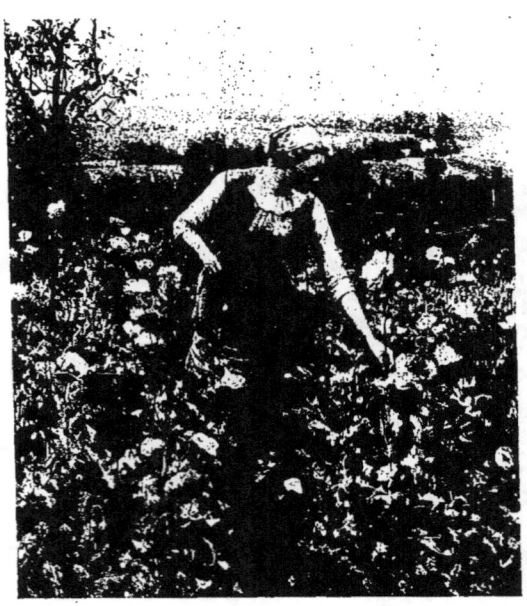

R. Knight. — Un matin de Juillet.

ÉTATS-UNIS

GRANDE-BRETAGNE

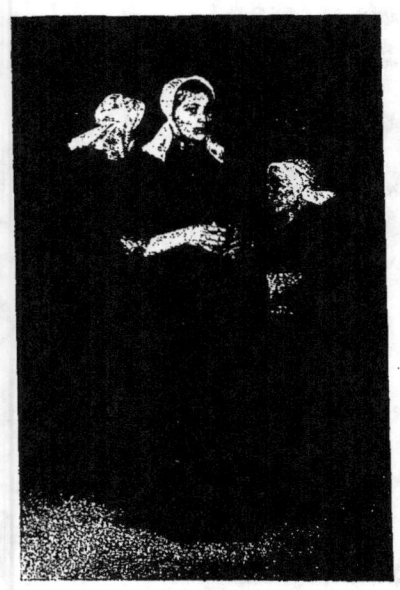

W. Mac-Ewen — Dimanche en Hollande.

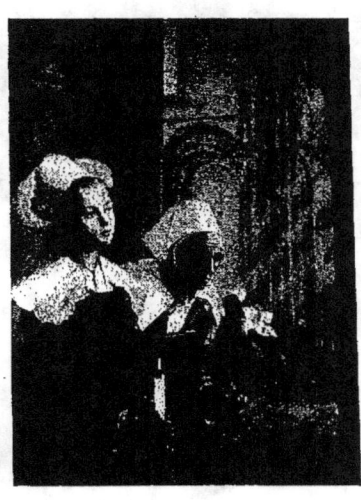

W.-C. Macpherson. — A l'Eglise.

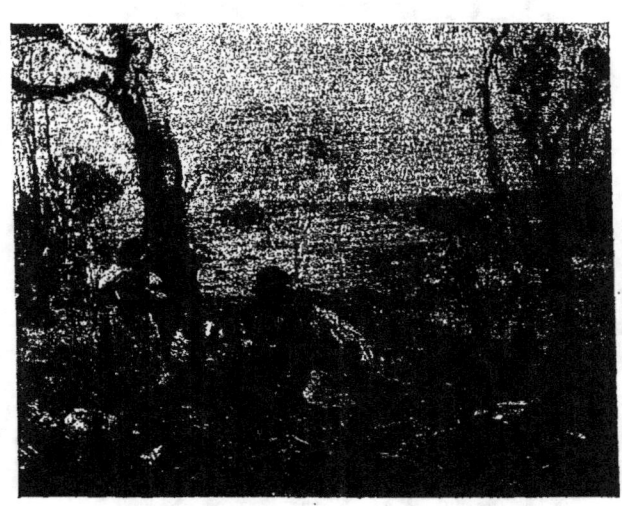

A. Roche. — Le Printemps.

GRANDE-BRETAGNE

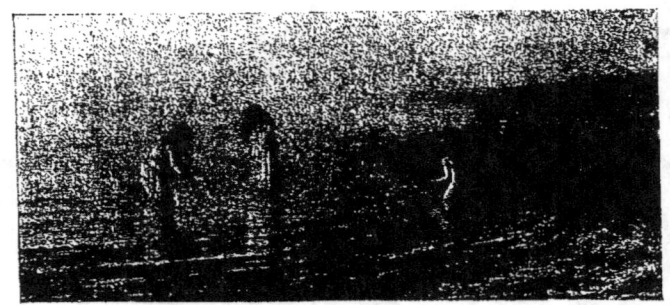

H. Cameron. — Le petit baigneur craintif.

GRÈCE

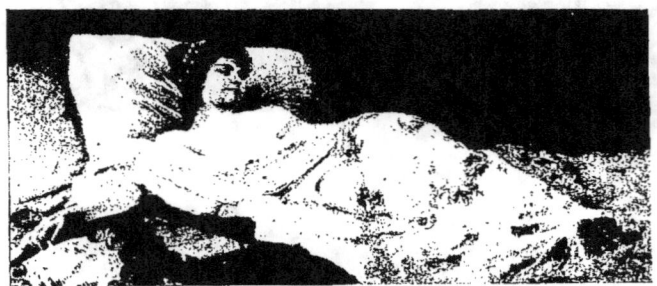

E. Thomopoulos. — Odalisque.

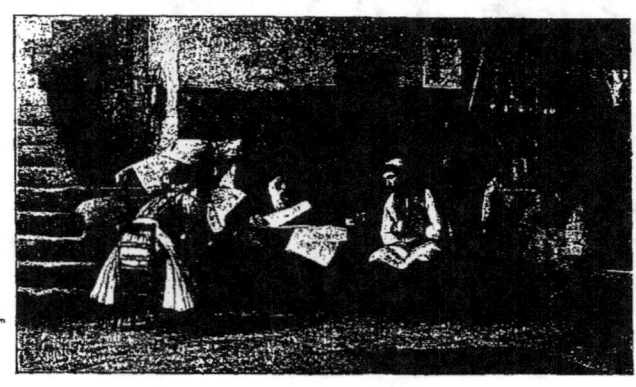

T. Ralli. — Les mauvaises nouvelles (Grèce, 1897)

HONGRIE

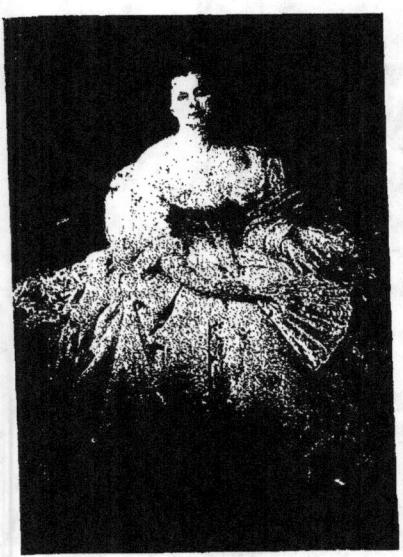
Arpad de Migl. — Mme la C^{sse} C. de L.

A. Fényes. — La Famille.

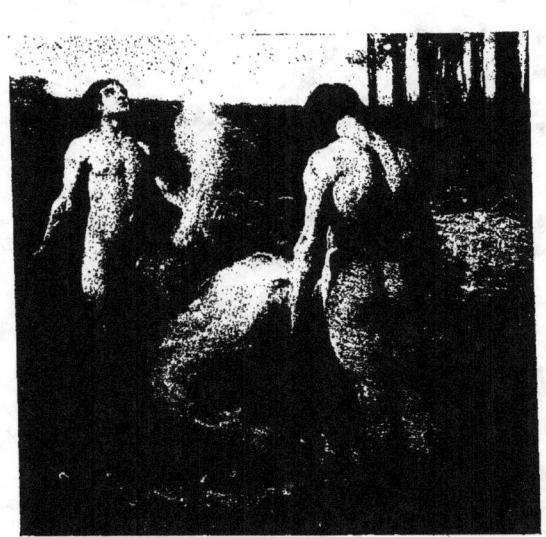
L. Hegedus. — Caïn et Abel.

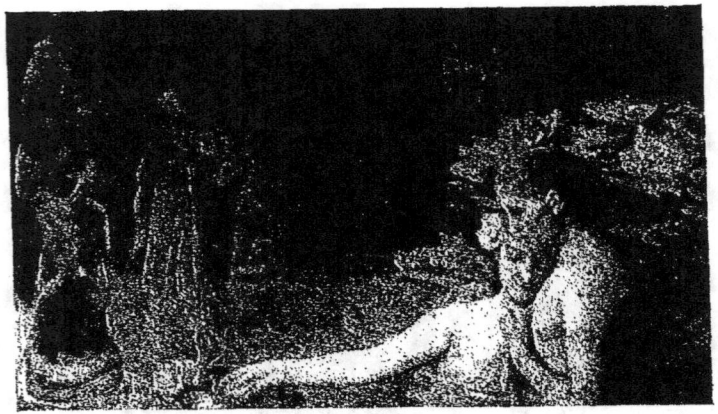

J. Vaszary. — Age d'or.

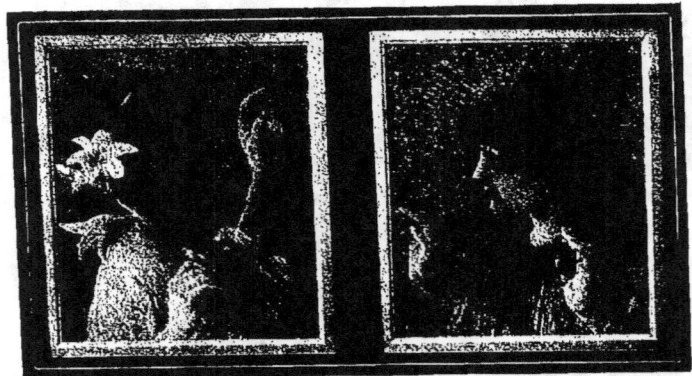

M.-C. Médovic. — Madone.

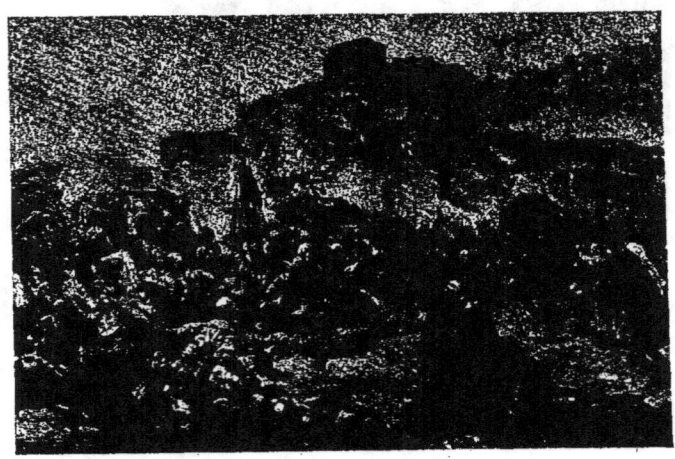

F. Eisenhut. — Une fête nationale au Caucase.

HONGRIE

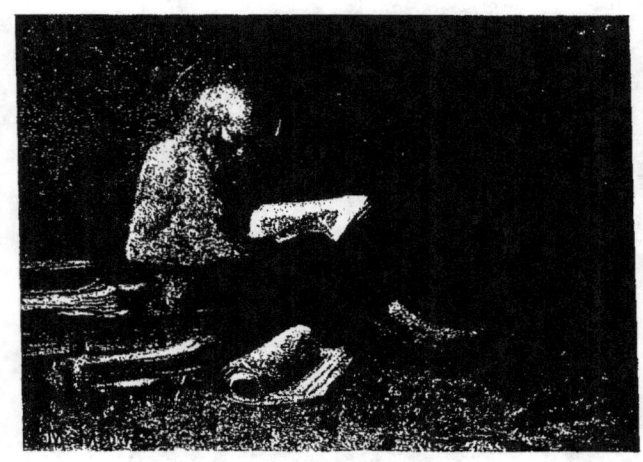

M.-C. Médovic. — Saint Jérôme.

RÉPUBLIQUE ARGENTINE

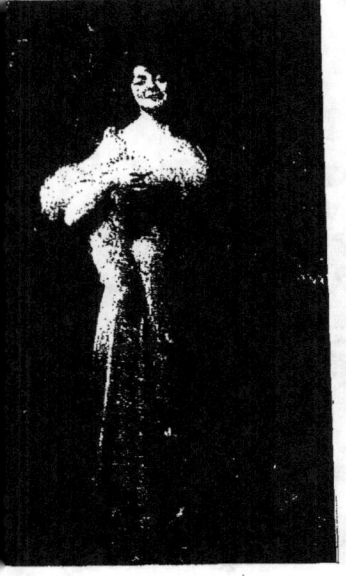

…odriguez-Etchard. — P^t de Mme M. M.

ITALIE

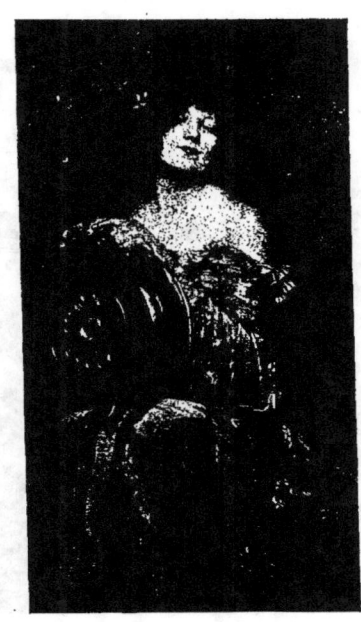

J. Romani-Carlesimo. — Salomé.

ITALIE

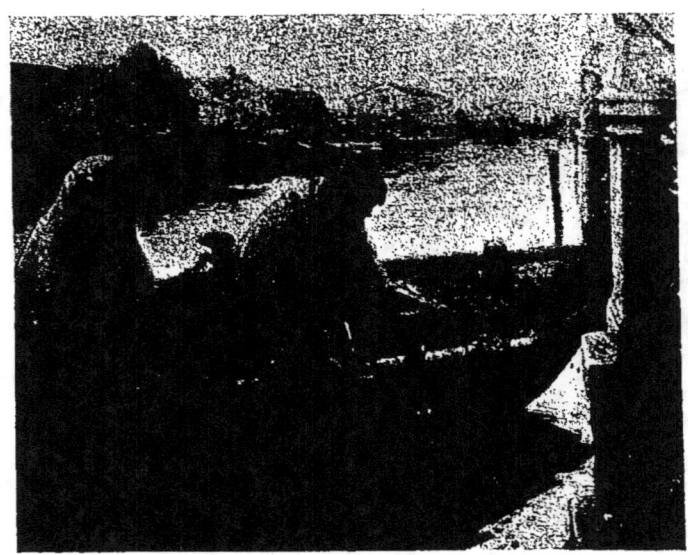

L. Bazzaro. — Paix aux naufragés.

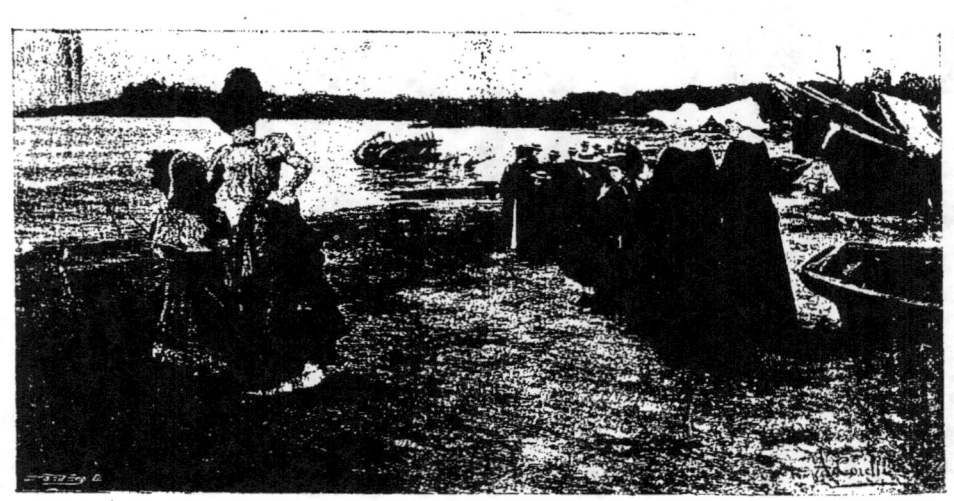

A. Corelli. — Les Mères.

ITALIE

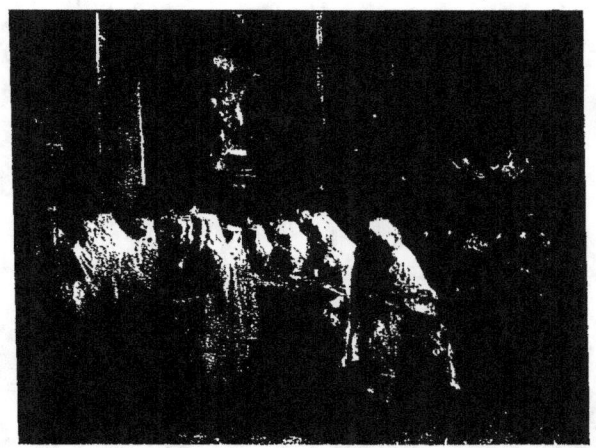

P. Joris. — Octave de la Fête-Dieu à Rome.

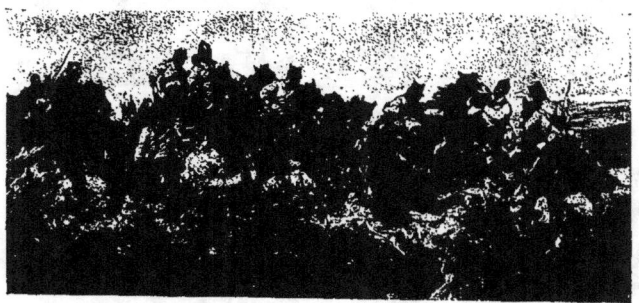

J. Fattori. — Artillerie.

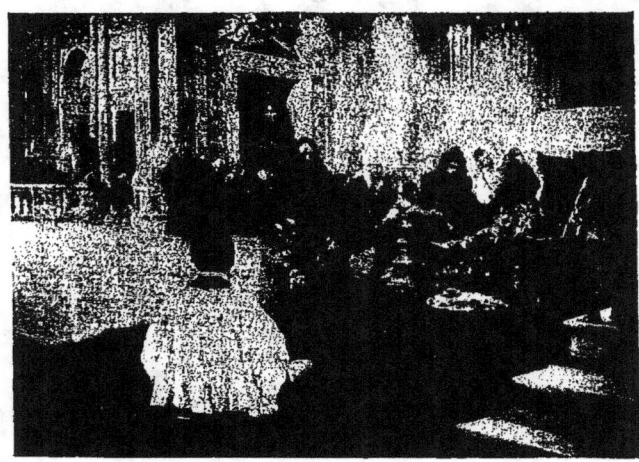

P. Joris. — Le Jeudi Saint à Rome.

ITALIE

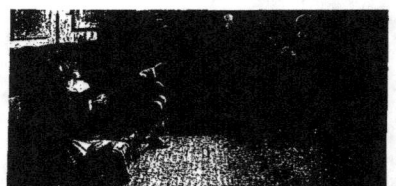
L. Balestrieri. — Beethoven.

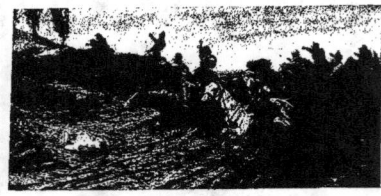
V. Guaccimanni. - Épisode de la bataille de San Martino.

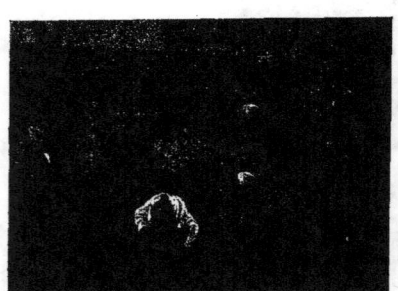
S.-J. Rotta. — Hôpital des fous.

S.-J. Rotta. — Âmes errantes.

PAYS BAS

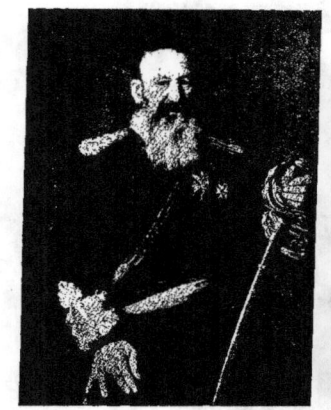 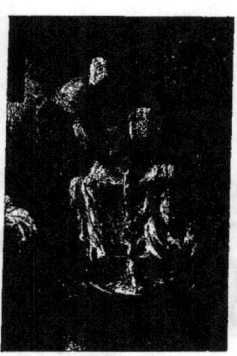 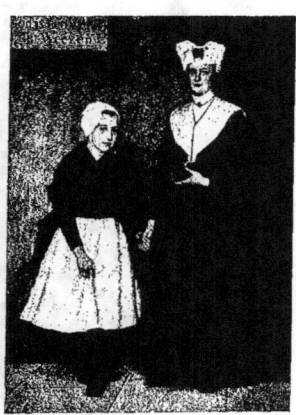

M⁰ T. Schwartze. — Portrait du Commandant Général Piet Joubert.   M. Schildt. — Les lessiveuses.   Mme T. Schwartze. — A l'Orphelinat d'Amsterdam.

PAYS-BAS

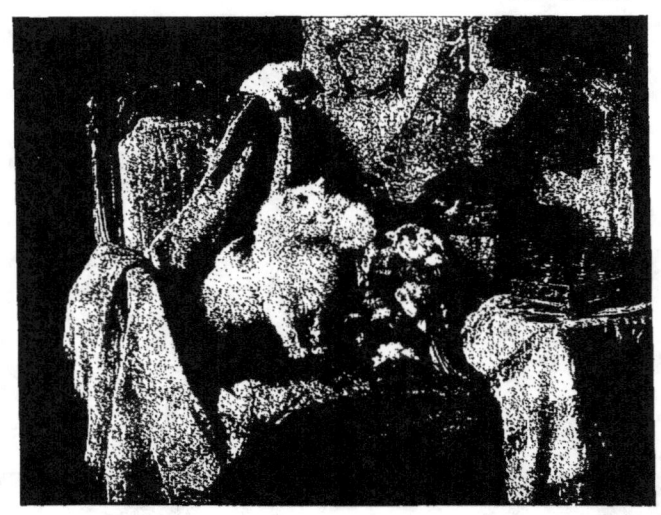

Mme H. Ronner. — Un bout de toilette.

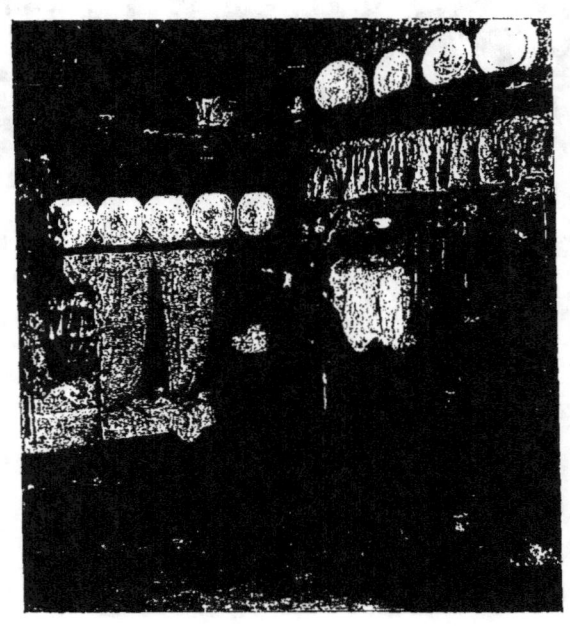

A.-H. Brief. — Jeune ménagère.

PAYS-BAS					PORTUGAL

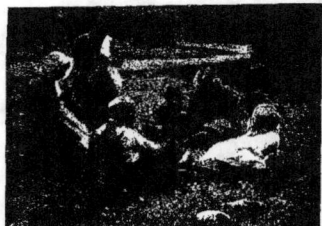
E. Pieters. — En mai.

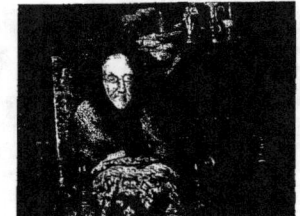
C. Reis. — Portrait de ma mère.

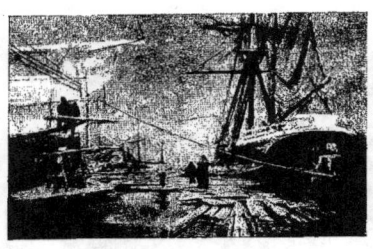
H.-W. Jansen. — Dans les Docks.

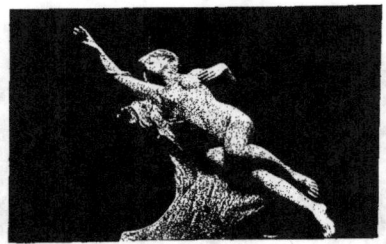
A.-F. de Sa. — La Vague.

PORTUGAL

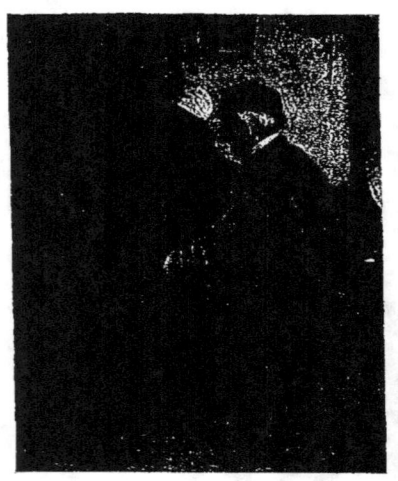

J. de Souza-Pinto. — Au coin du feu.

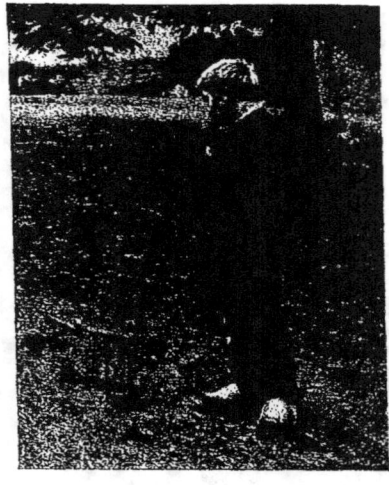

J. de Souza-Pinto. — Les Châtaignes.

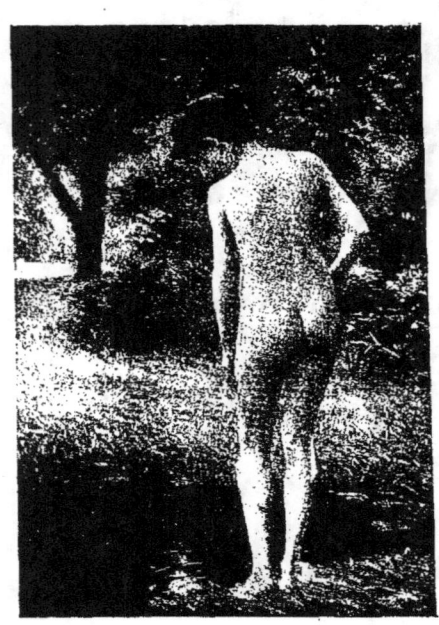

J. de Souza-Pinto. — Chloé enfant.

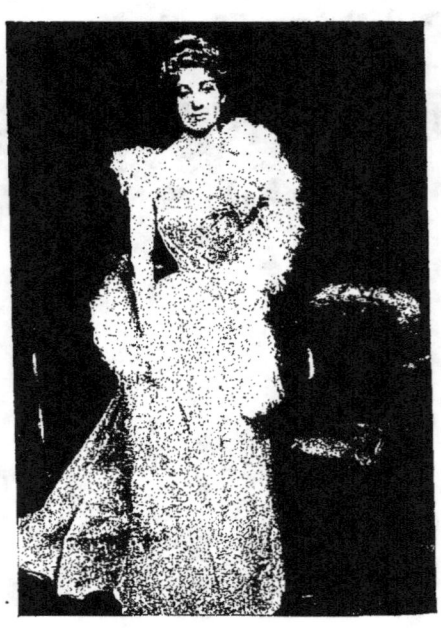

C. Reis. — Portrait de Mme M...

PORTUGAL

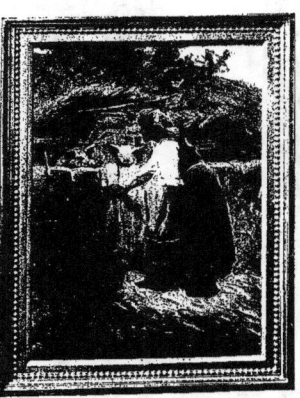

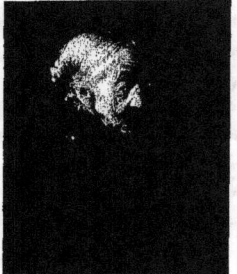

J. Rio. — Irène.

M.-J. Pinto. — Pâturage des Porcs

C. Reis. — Portrait de ma mère.

PORTUGAL

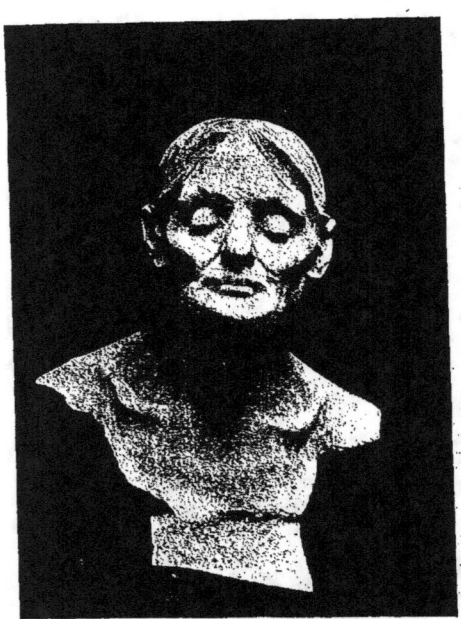
A.-F. de Sá. — Vieille femme.

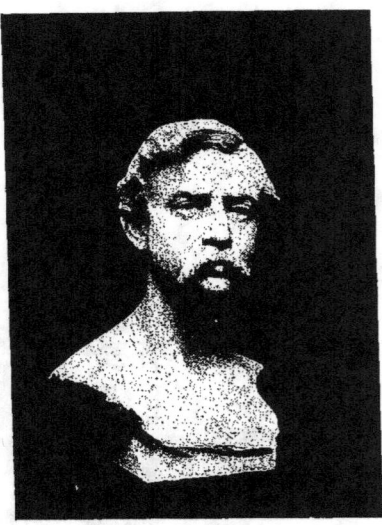
A.-F. de Sá. — Buste du peintre A. Carrito.

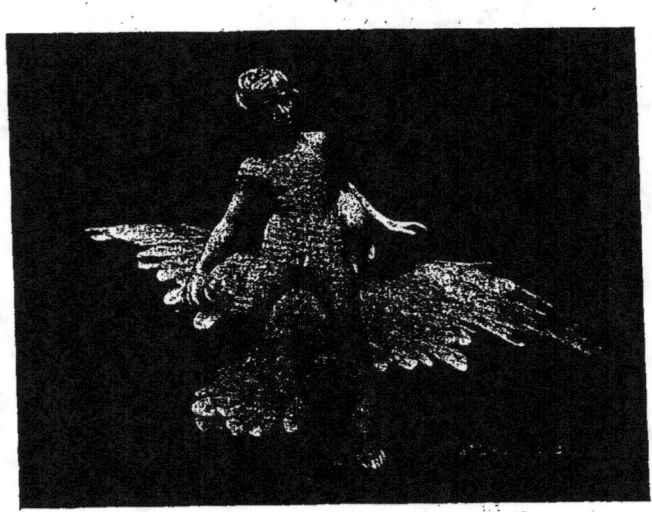
A.-F. de Sá. — Enlèvement de Ganymède.

PORTUGAL

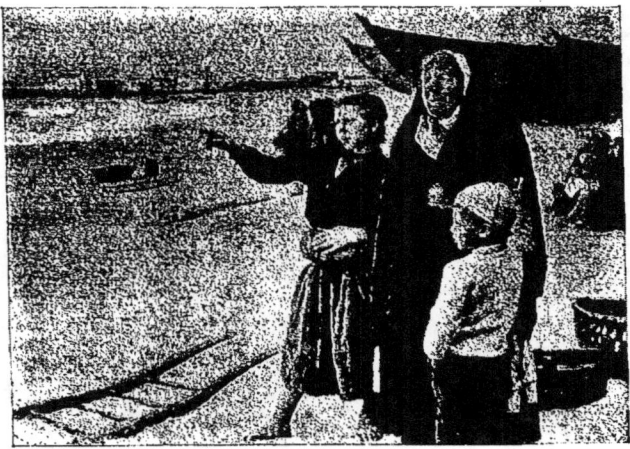

J. DE SOUZA-PINTO. — Le retour des bateaux.

ROUMANIE

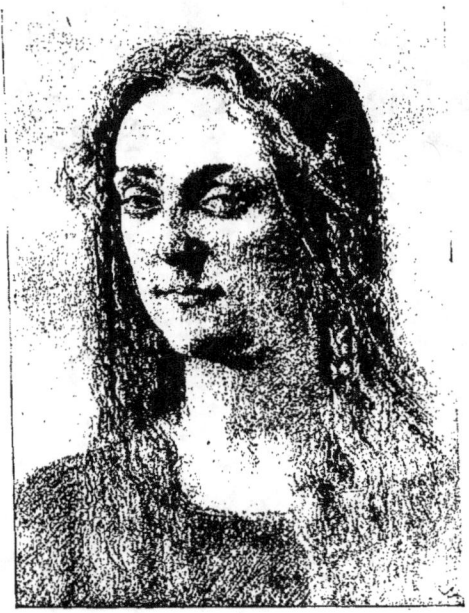

T. PALLADY. — Lucile.

ROUMANIE

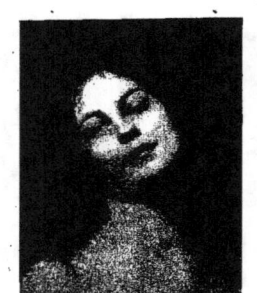 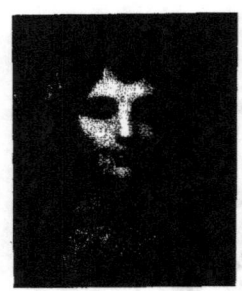 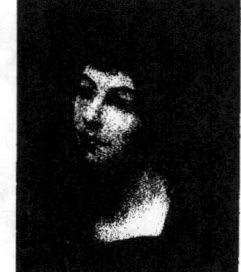

Irène Deschly. — Chanson.

ROUMANIE

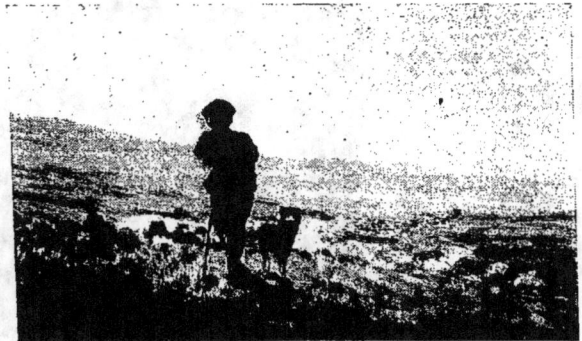

N. GRIGORESCO. — Pâtres et leurs troupeaux.

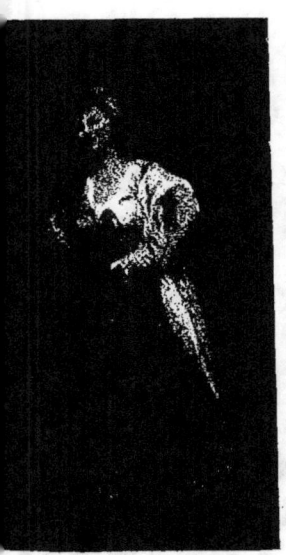

N. GROPEANO. — Portrai de Mme de Nuovina.

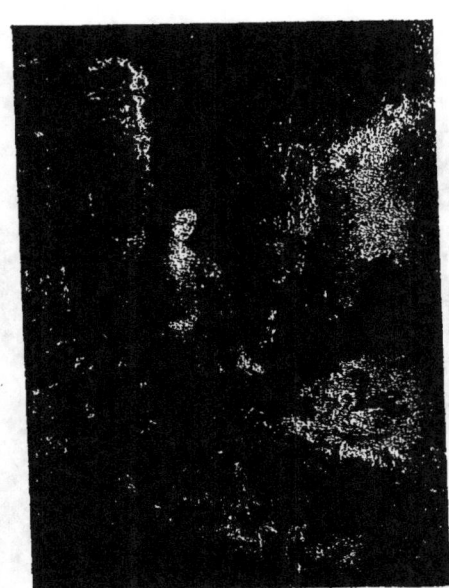

T. PALLADY. — Juana.

ROUMANIE

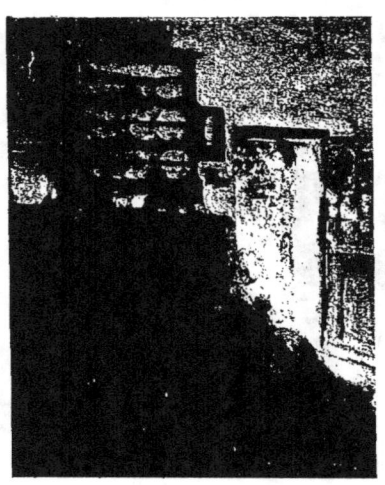

N. Grigoresco. — Tricoteuse (Bretagne).

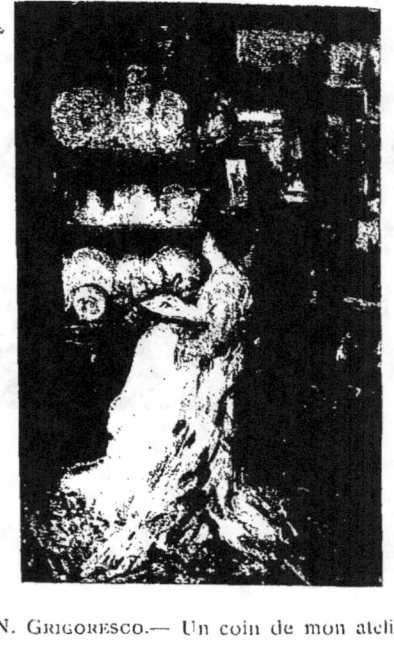

N. Grigoresco. — Un coin de mon atelier.

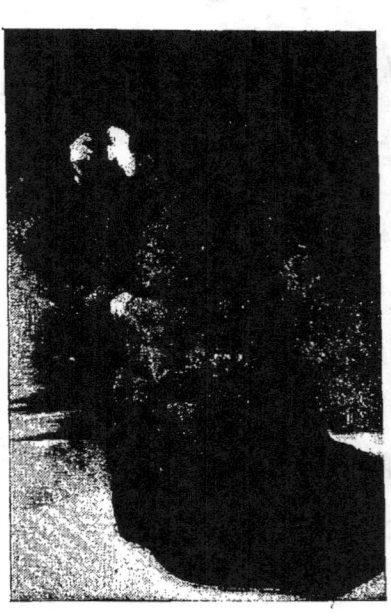

D. Serafim. — Religieuse en prière.

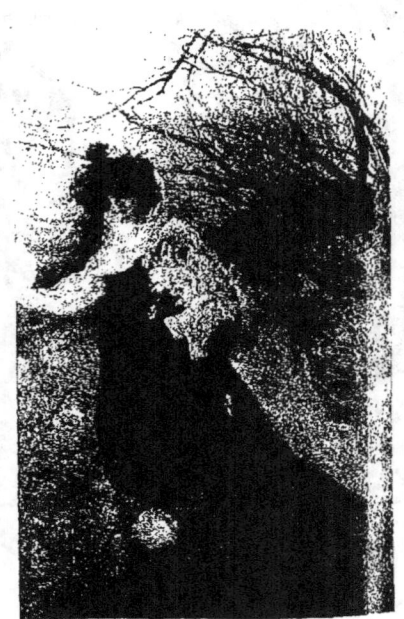

M. Simonidy. — Parfums d'hiver.

ROUMANIE

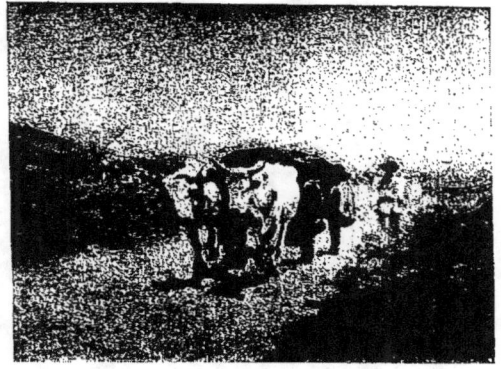

N. Grigoresco. — Attelage de bœufs.

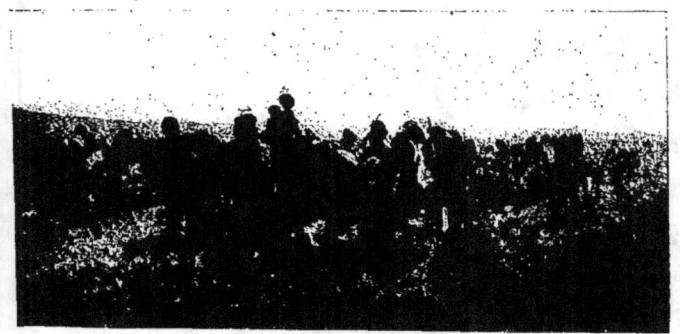

N. Grigoresco. — Bohémiens en route.

RUSSIE

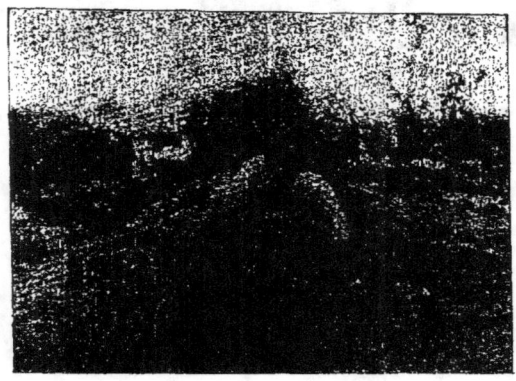

K. Kostandi. — Le Soir.

RUSSIE

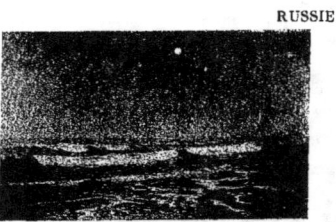

M. TKATCHENKO. — Effet de lune.

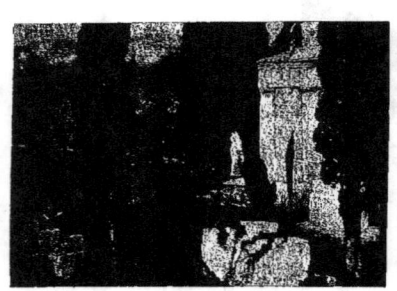

A. WASNEZOW. — Élégie.

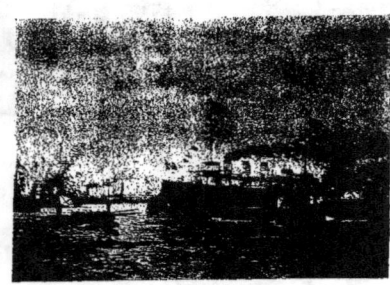

M. TKATCHENKO. — L'arrivée de M. Félix Faure à Cronstadt (1897).

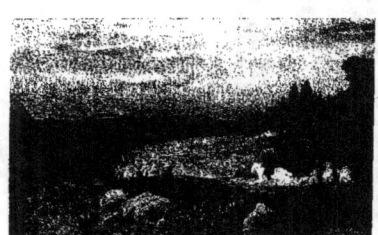

A. WASNEZOW. — En Sibérie.

RERICH. — Les chefs Slaves sous le chêne sacré.

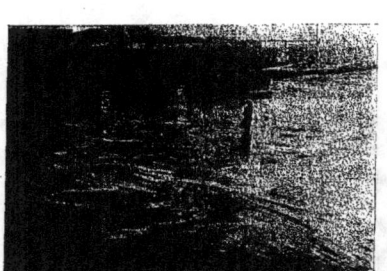

S. WLASOFF. — Présentez armes.

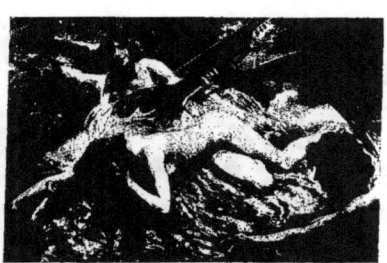

C. WASILKOWSKI. — Passions.

RUSSIE

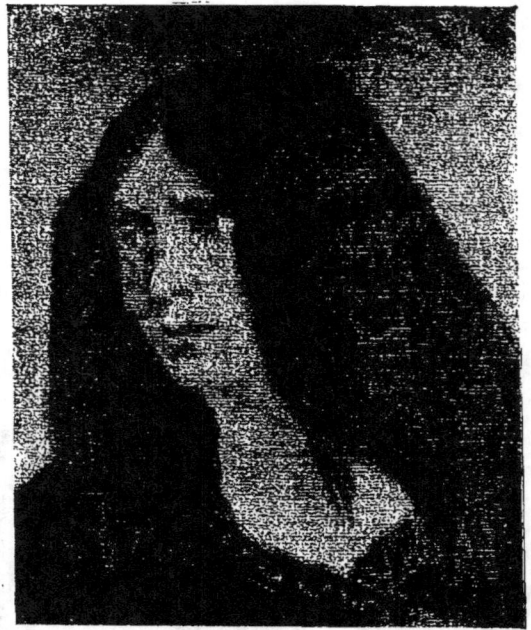

T. BOTKINE. — Tête.

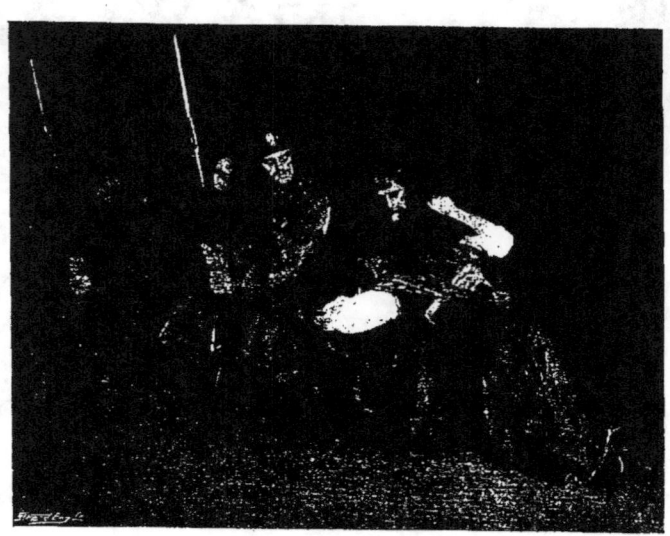

N. KASSATKINE. — Dans le couloir du Palais.

RUSSIE

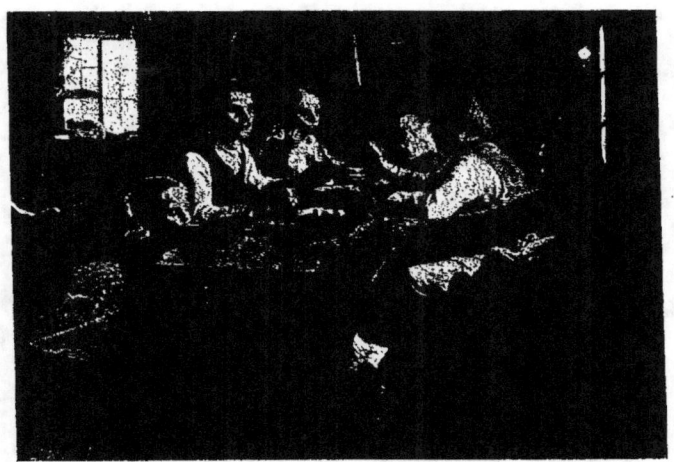

V. Soldan-Brofeldt. — Le repas.

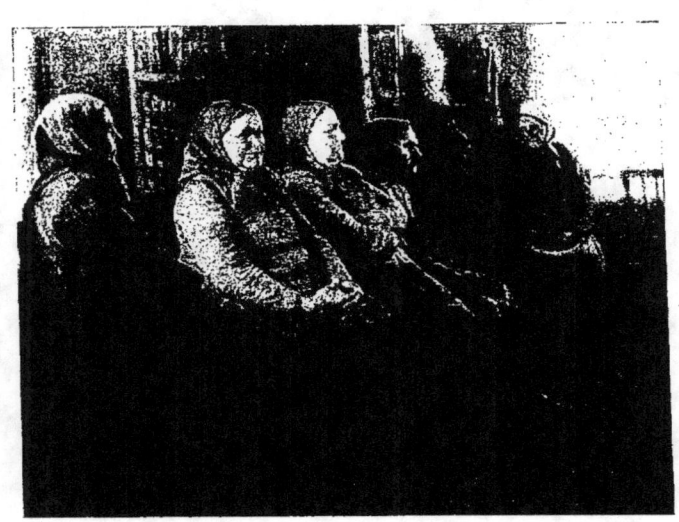

V. Soldan-Brofeldt. — Femmes piétistes.

RUSSIE

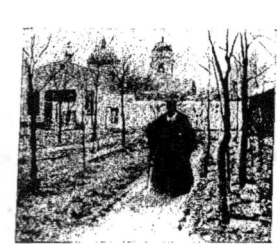

K. KOSTANDI. — Le Printemps.

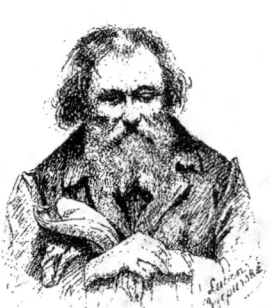

L. PRZEPIORSKI. — Résigné.

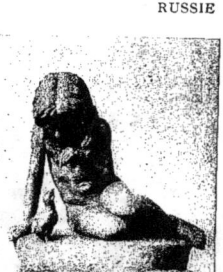

J. GABOVITCH. — Petite fille au poussin.

RUSSIE

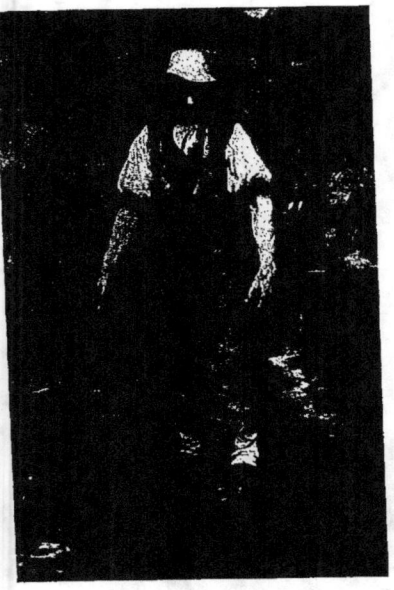

L. Pilichowski. — Le teinturier.

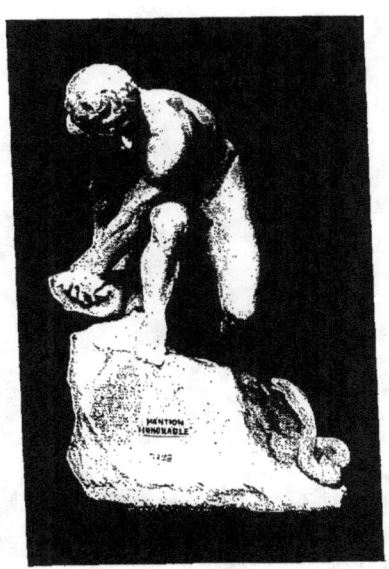

J. Gabovitch. — "La Naja".

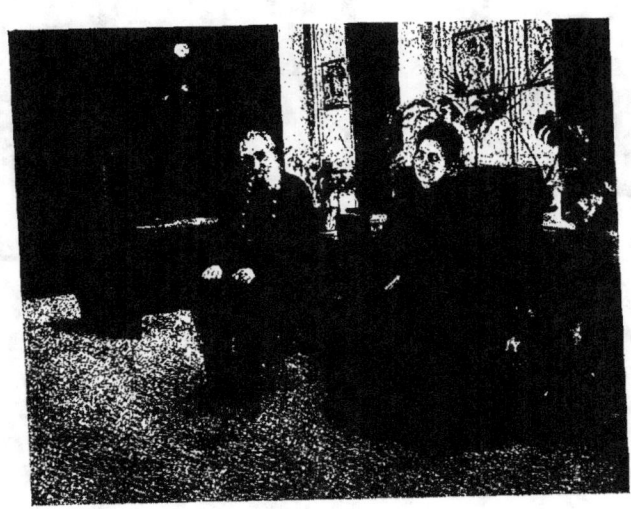

Mme C. Petrokokino — Une antichambre.

RUSSIE

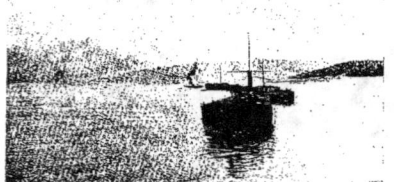

C. Perwonkhine. — Le "Volga".

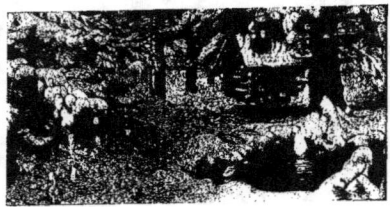

A. Wasnesow. — Un conte de fée.

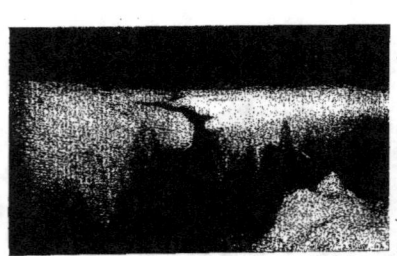

A. Borissow. — La période des glaciers.

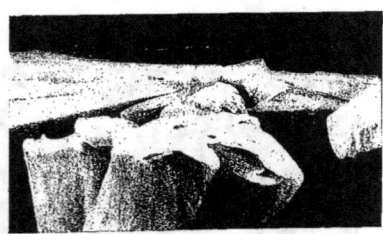

A. Borissow. — La période des glaciers.

RUSSIE

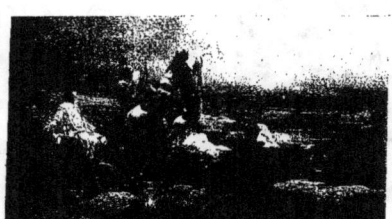

F. Zmurko. — L'Étoile de Bethléem.

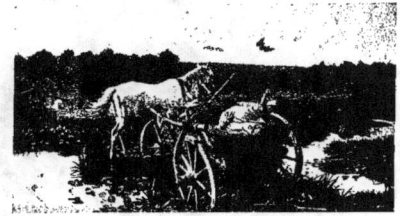

J. Ryszkiewicz. — La mort d'une vivandière.

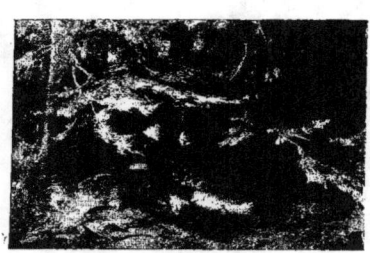

C. Alchimowicz. — Un franc-tireur oublié.

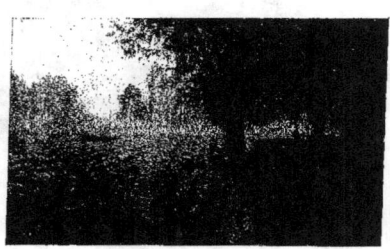

M. Berkoss. — La terre vierge.

RUSSIE

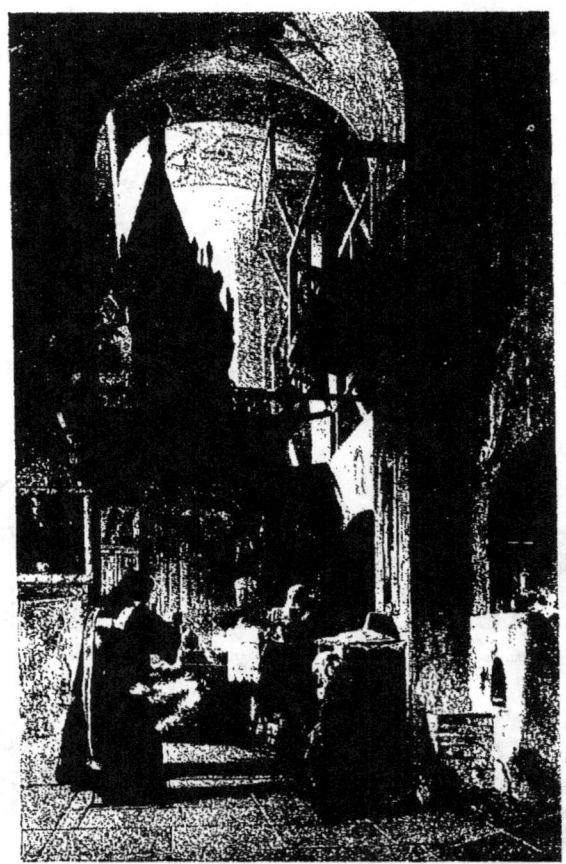

DE WYLIE. — Tabernacle, Église Saint-Éloi, Yaroslaw (Russie).

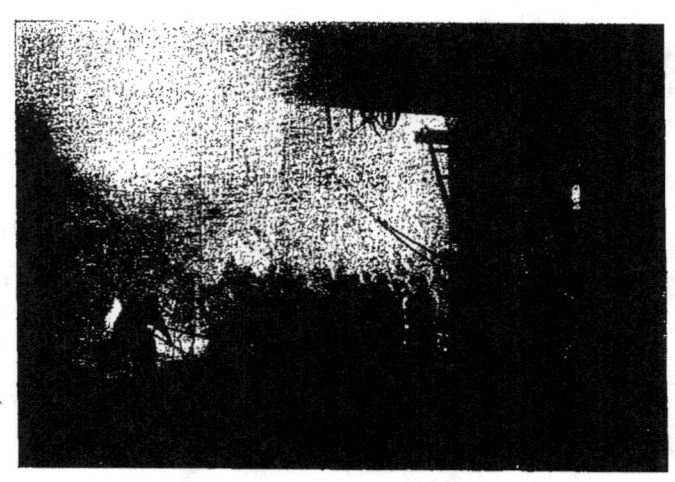

M. DE WYLIE. — Fonte de cloches à Yaroslaw.

RUSSIE

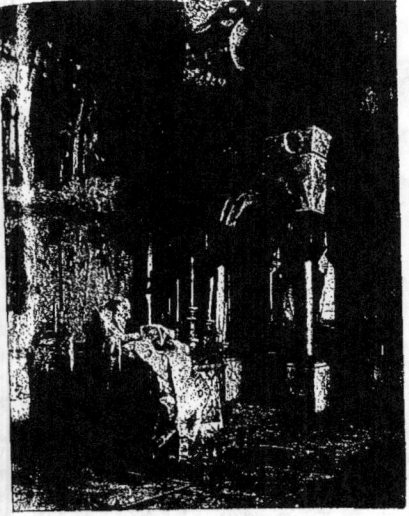

M. DE WYLIE. — Vues de Russie.

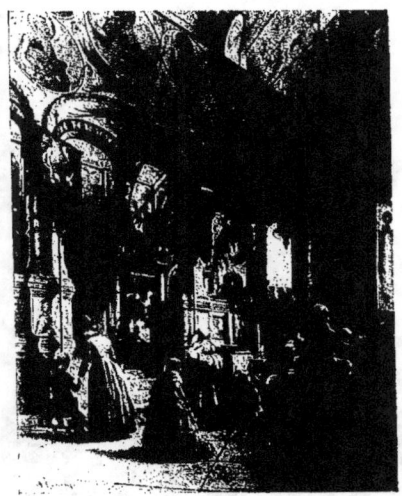

M. DE WYLIE. — Vues de Russie.

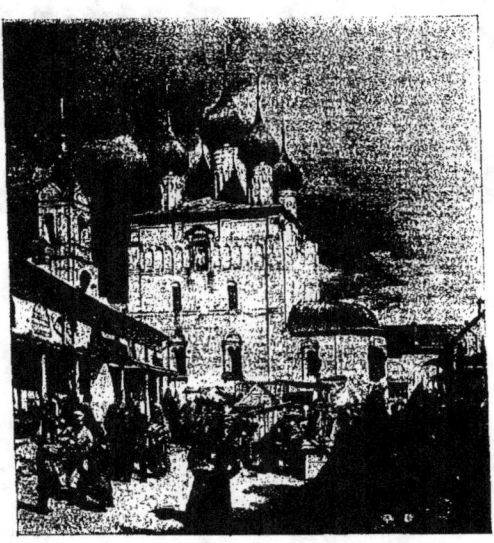

M. DE WYLIE. — Vues de Russie,
appartenant à Sa Majesté l'Empereur des Russies.

RUSSIE

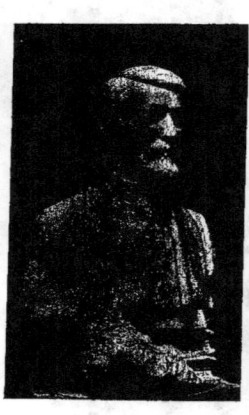
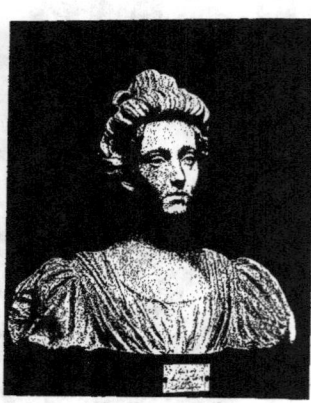

M. KAPLAN. — Buste de Mme C.   M. KAPLAN. — Buste de Bélinski.   M. KAPLAN. — Buste de Mlle M. M.

SERBIE

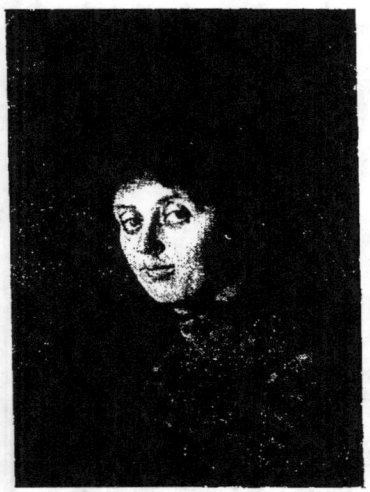

P. VUCETITCH. — Portrait d'une dame.

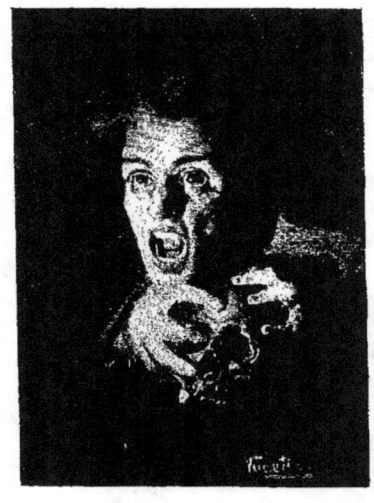

P. VUCETITCH. — La haine et la folie.

SUÈDE

P. VUCETITCH. — Étude.

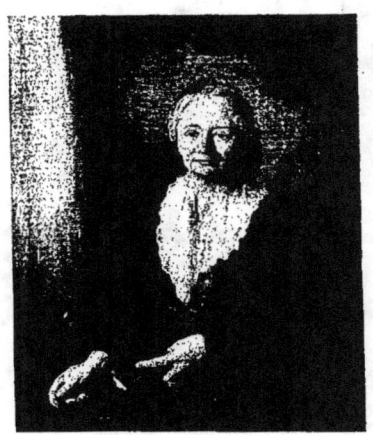

Mme H. PAULI. — Portrait d'Ellen Key.

SERBIE

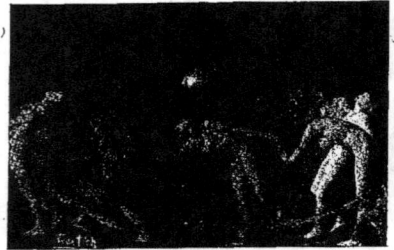

P. Vucetitch. — La danse du Sabbath.

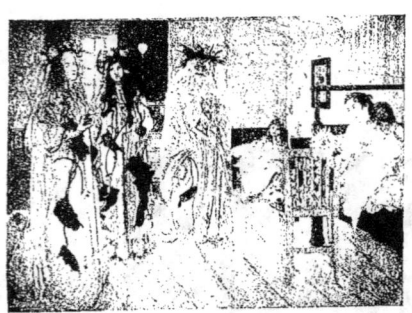

C. Larsson. — Jour de fête.

SUEDE

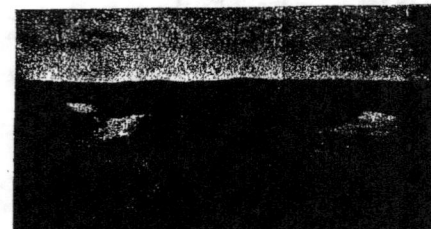

S. A. R. le Prince Eugène. — Nuit d'été.

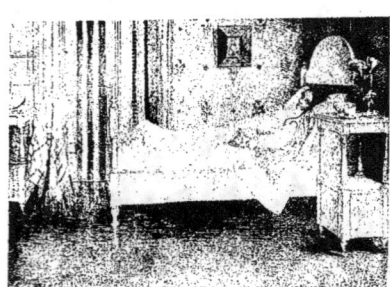

C. Larsson. — Convalescence.

SUÈDE

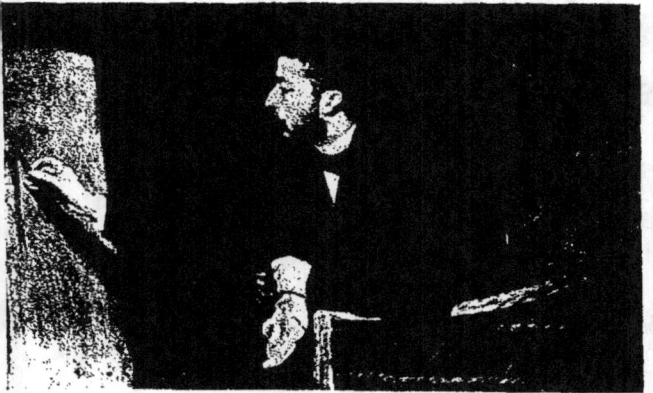

Oscar Bjorck. — Portrait de S. A. R. le Prince Eugène.

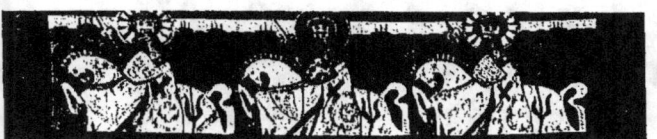

H. Bjorkman. — Les trois rois Saints.

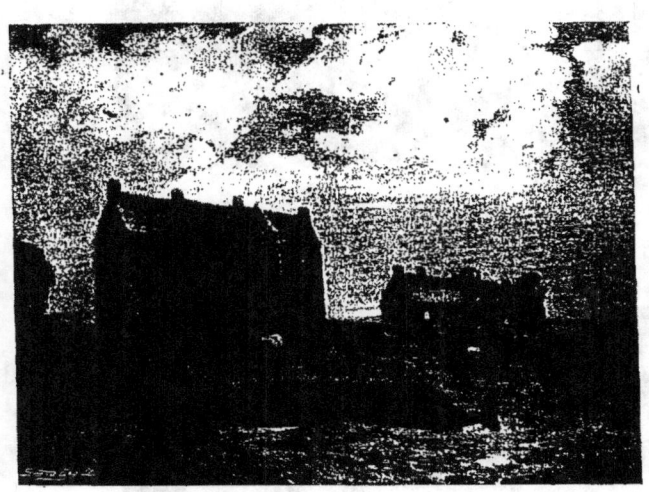

G. Albert. — Nuit sur la côte.

SUÈDE

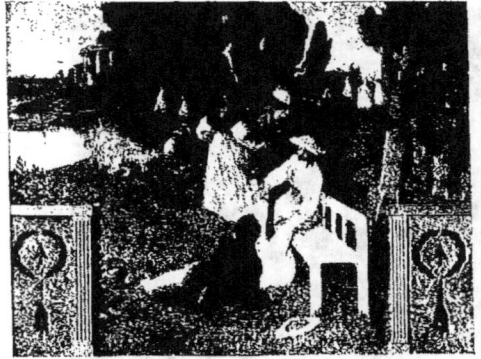

G. Pauli. — Panneau décoratif.

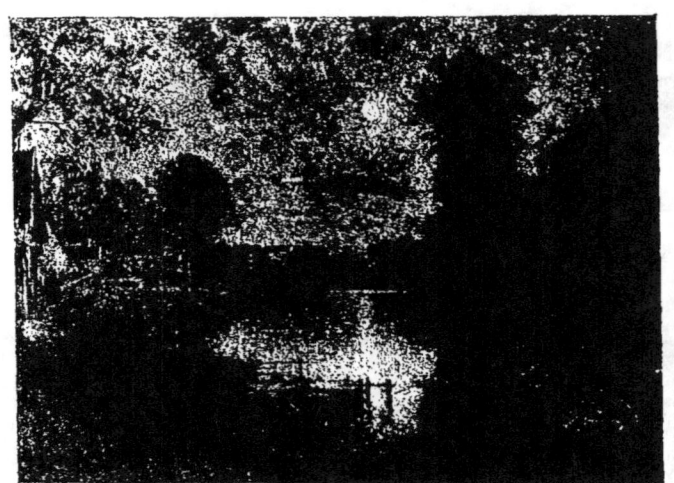

A. Wahlberg. — Au clair de lune.

SUISSE

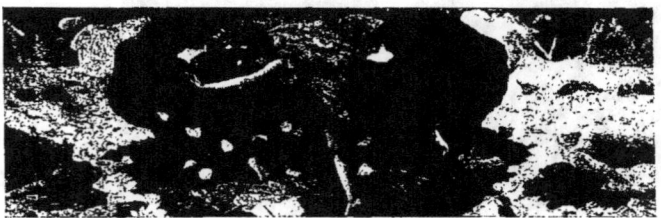

E. Bieler. — Panneau décoratif.

SUISSE

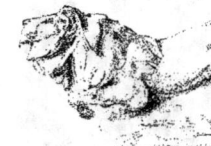

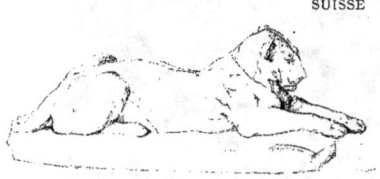

O. WALDMANN. — Lionne (béatitude).

O. WALDMANN. — Lion aux aguets.

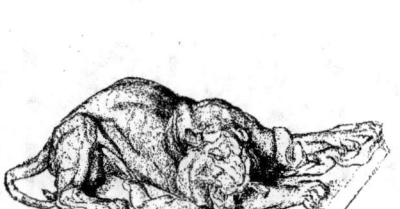

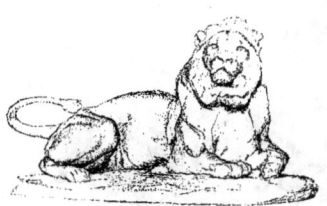

O. WALDMANN. — Tigresse et serpent.

O. WALDMANN. — Étude de lion.

SUISSE

C. Amiet. — Le malade.

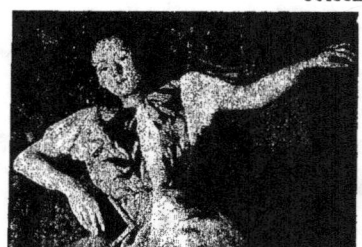
P. Anastasio. — Le premier roman.

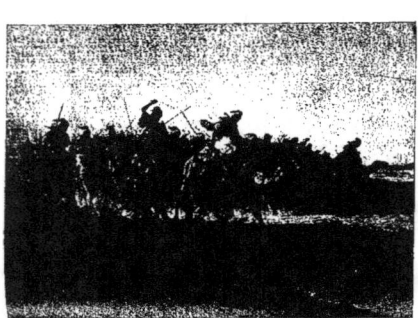
E. Girardet. — Touaregs en razzia.

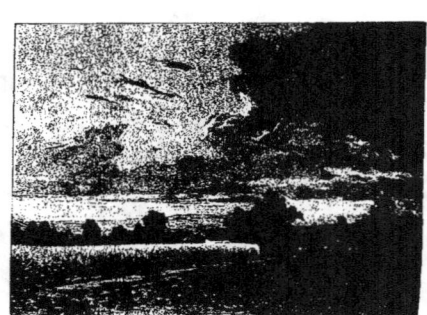
A. de Beaumont. — Soir d'été.

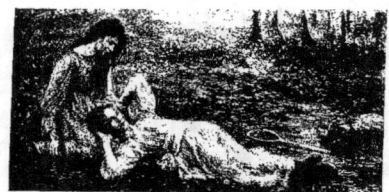

Mme L. Breslau. — Gamines.

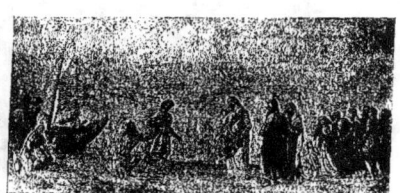

C. Vuillermet. — La vocation des Apôtres.

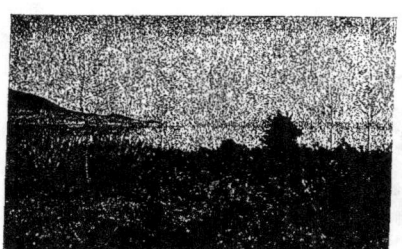

G. de Beaumont. — Premier printemps.

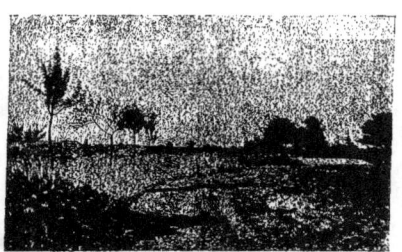

A. de Beaumont. — Matinée de juin.

SUISSE

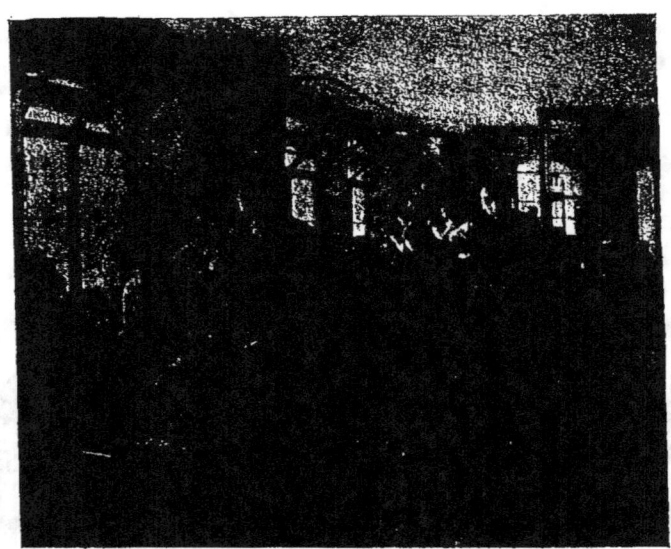

E. KAISER. — Un atelier de monteur de boîtes.

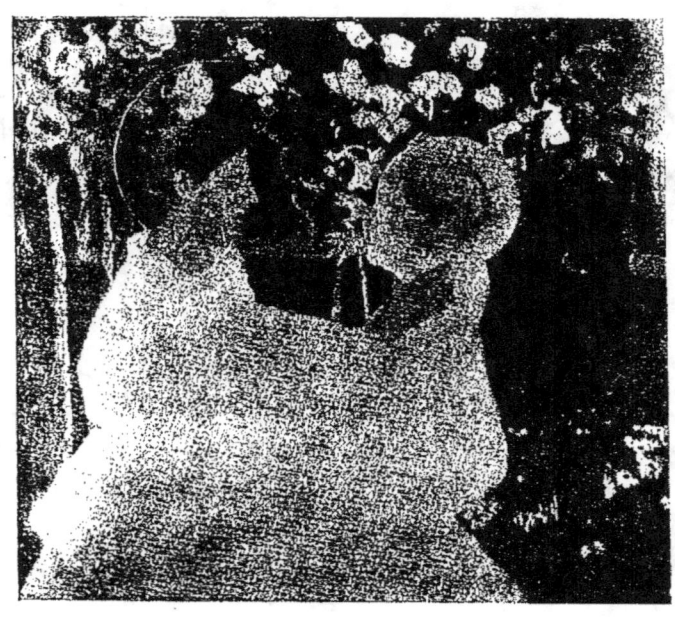

MAX BURI. — Madone.

SUISSE

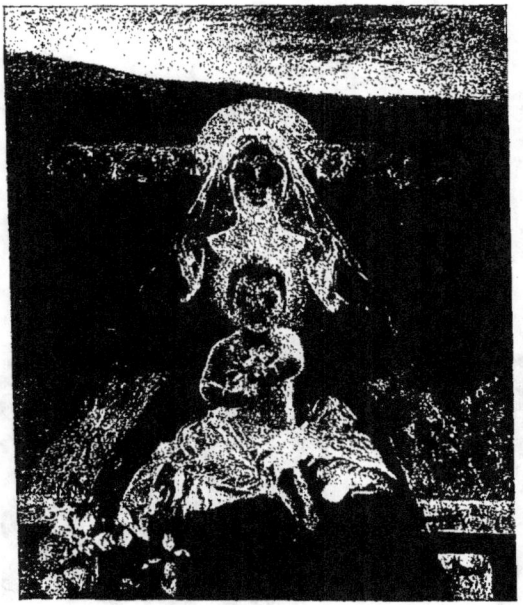

J. Von Moos. — « Rosa mystica. »

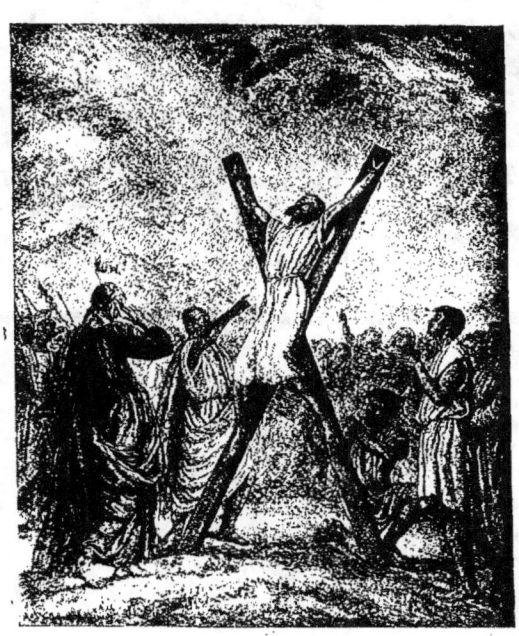

C. Vuillermet. — Le martyre de saint André.

SUISSE

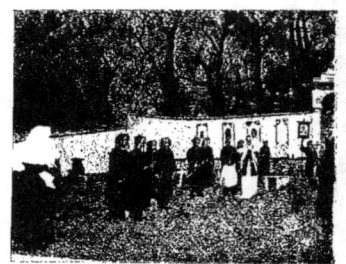

G. Mariotti. — L'Octave des morts à Cevio.

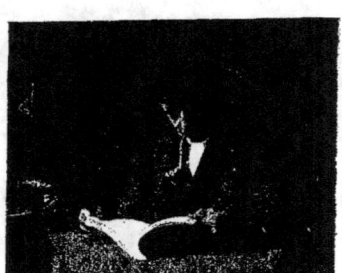

K. Gehri. — Nouveau calendrier.

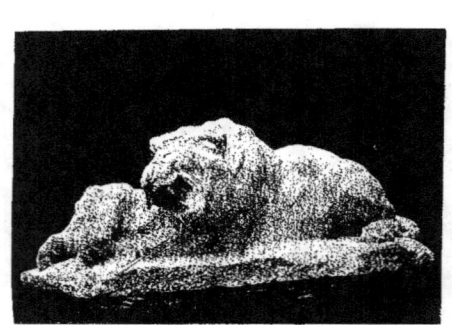

O. Waldmann. — Lion et sanglier.

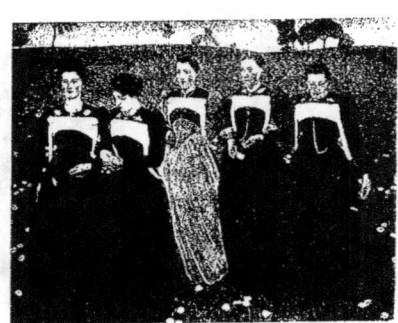

C. Amiet. — Richesse du soir.

SUISSE

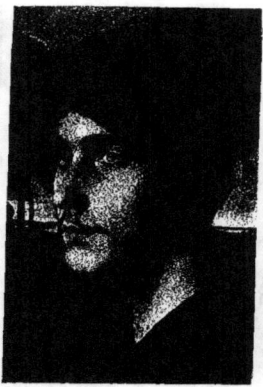 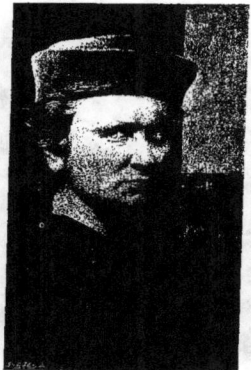 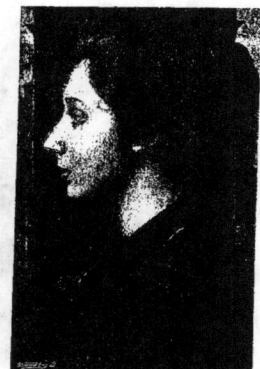

O. ROEDERSTEIN. — Jeune homme en béret.   O. ROEDERSTEIN. — Portrait de l'artiste.   O. ROEDERSTEIN. — Portrait de Mme H.

SUISSE

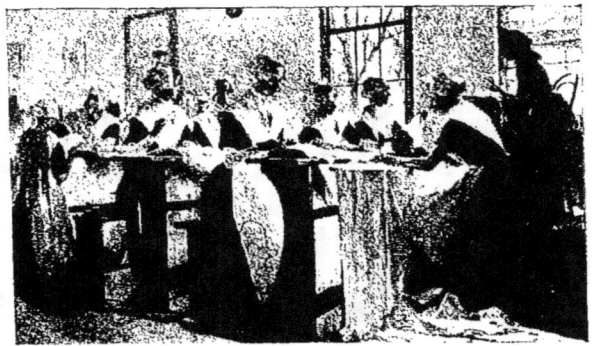
G. Nicolet. — Orphelines d'Amsterdam.

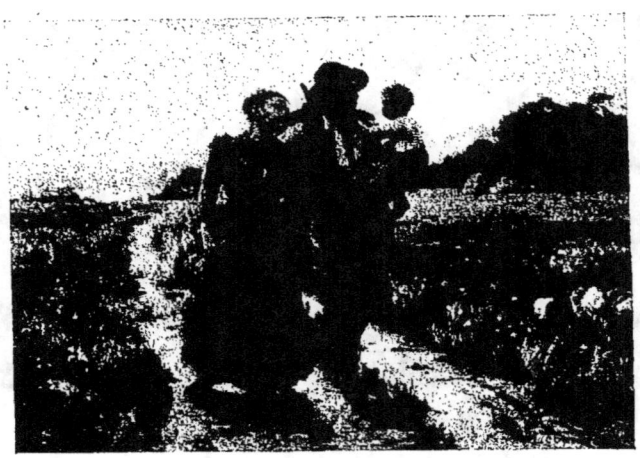
L. Gaud. — La rentrée (le bonheur aux champs).

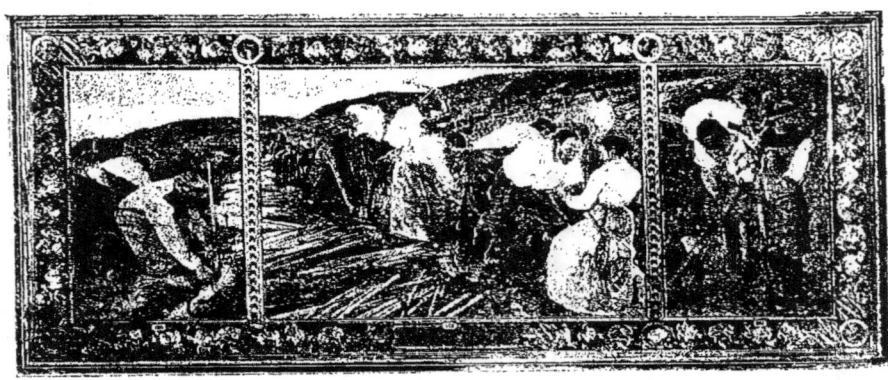
G. Jeanneret. — Les saisons de la vigne.

PÉROU

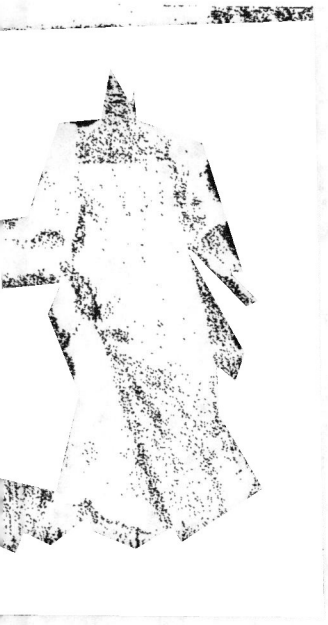

A. Lynch. — Le Soir.

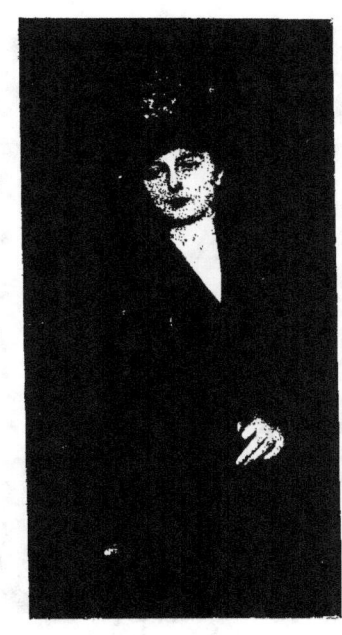

A. Lynch. — Portrait.

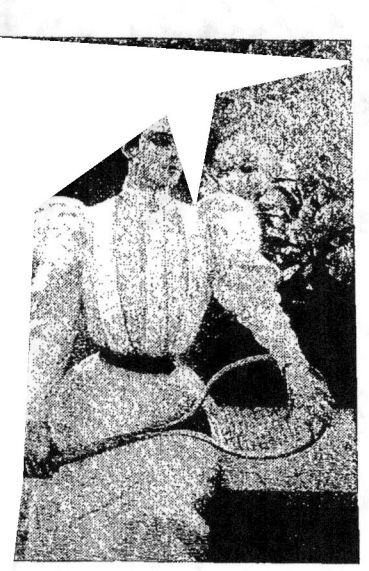

A. Lynch. — Portrait.

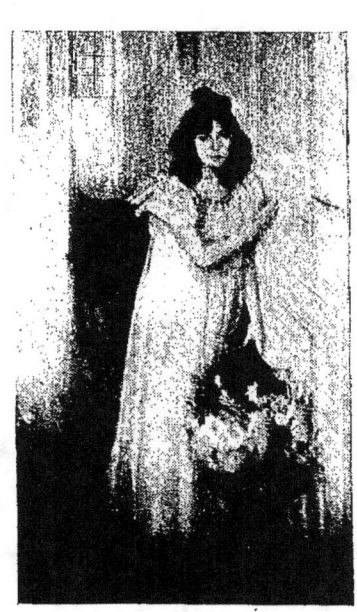

A. Lynch. — Portrait.

PÉROU

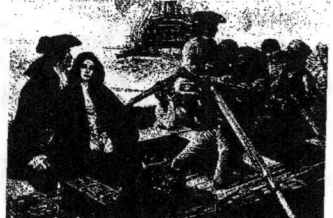
Copyright by Manzy Joyant Cⁱᵉ.
A. LYNCH. — Manon.

CHILI

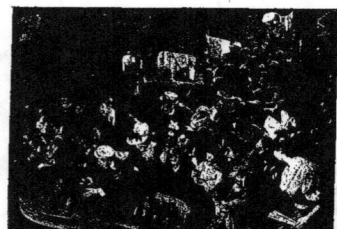

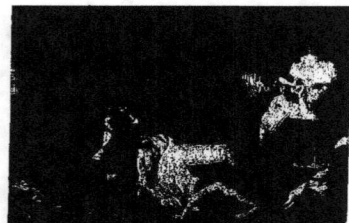

ÉTATS-UNIS

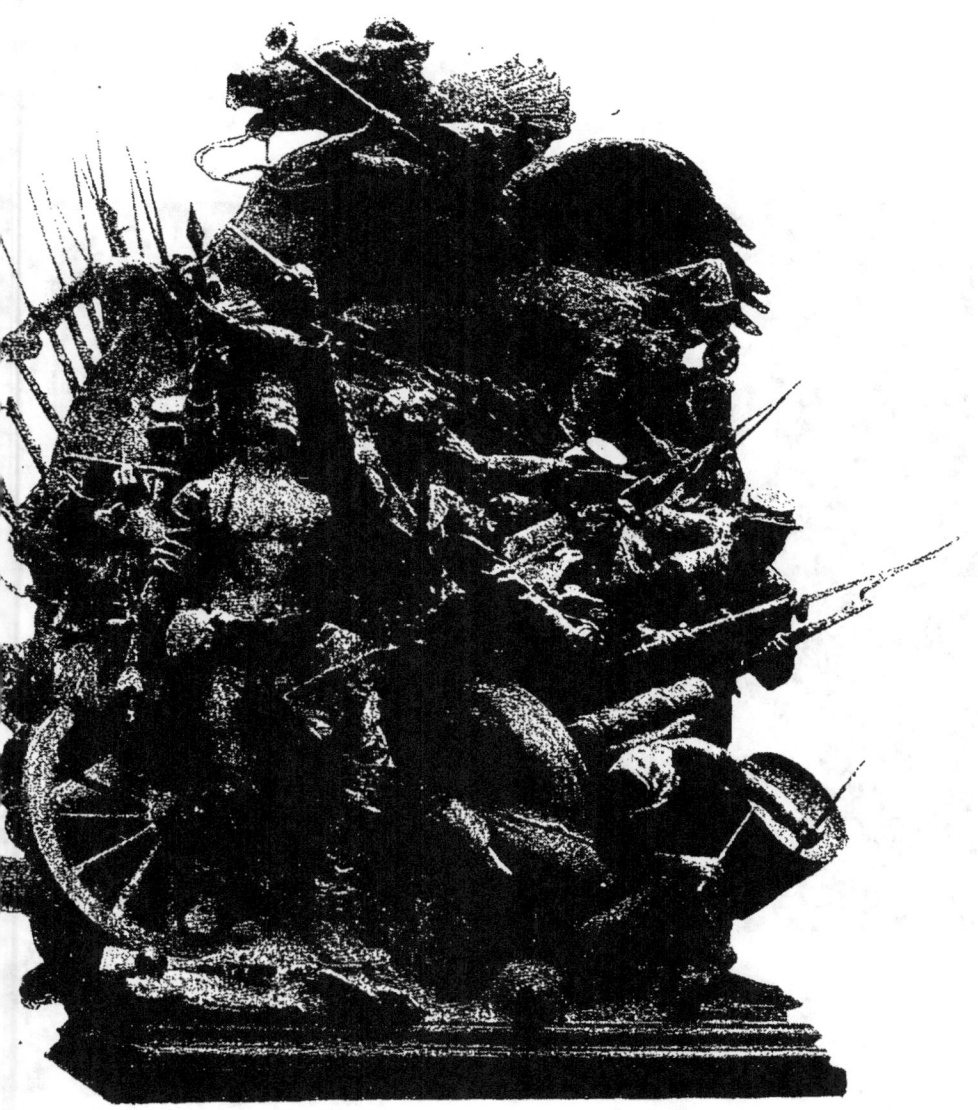

F. Mac-Monnies. — L'armée : les héros de la guerre 1863-1865 ;
trophée de l'arc de triomphe de Brooklyn.

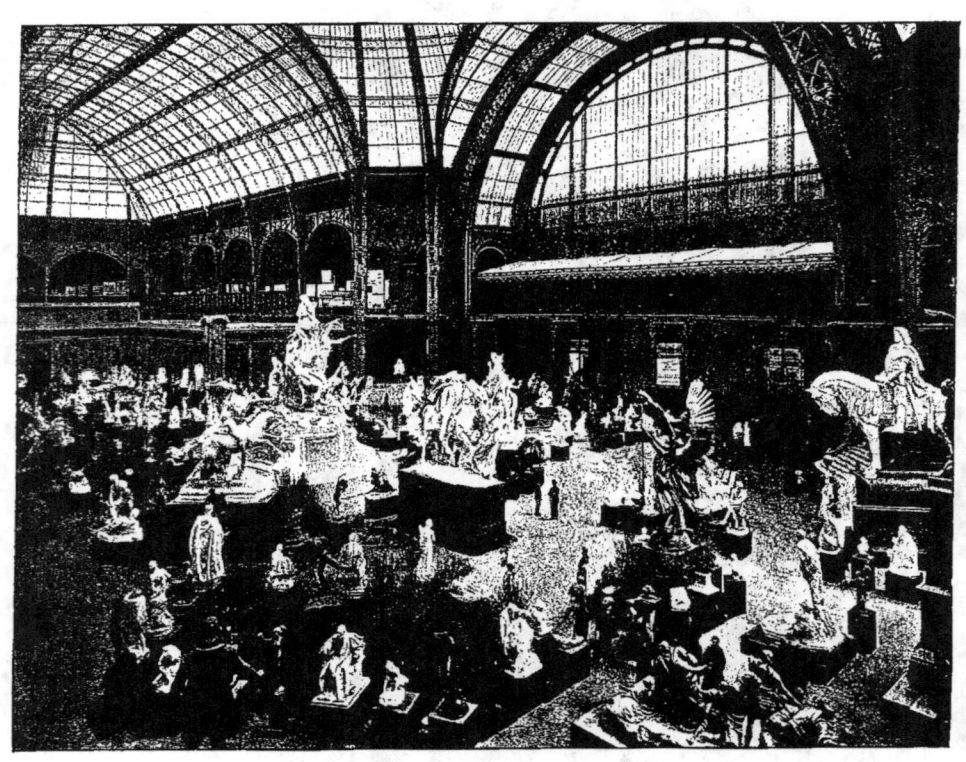

Vue d'ensemble de la Sculpture.

EXPOSITION DÉCENNALE
des
BEAUX-ARTS
De 1889 à 1900

FRANCE

PEINTURES ET DESSINS

Abbema (Mlle Louise).
1. Portrait de Mme ***.
Adan (Louis-Émile).
2. Soir d'été.
3. Une petite histoire.
4. Un reliquaire.
5 à 9. Aquarelles.
Adler (Jules).
10. L'Homme à la blouse.
11. Mère.
12. Les Las.
Achille-Fould (Georges).
13. La Mine d'or.
Agache (Alfred-Pierre).
14. L'Annonciation.
15. Le Secret.
16. L'Épée.
17. Fantaisie.
18. Portrait.
19. Étude décorative.
Alaux (Guillaume).
20. Portrait de M. G. B., sénateur.
Alizard (Joseph-Paul).
20 bis. Peur d'avare.
Allègre (Raymond).
21. Rio Santa Marina, Venise.
22. Marseille, Matinée d'été.
23. Marseille.
Allongé (Auguste).
24 et 25. Aquarelles et fusains.
Aman-Jean (Edmond).
26. La Femme au paon.
27. La Confidence.
28. L'Attente.

29. Portrait de Mme D.
30. Portrait du sculpteur Dampt.
31. Portrait de Mme L.
Andreau (René).
32. A Wissant (Pas-de-Calais).
Antin (Paul).
33. Charbonnages et usines.
Arus (Raoul).
34. Après la lutte.
Astruc (Zacharie).
35. Aquarelle.
Atalaya (Joseph dit Henri).
36. Ombre et réalité; aquarelle.
Aubert (Jean-Ernest).
37. L'Amour s'en mêle.
38. Le Départ pour Paris.
Aubert (Joseph-Jean-Félix).
39. La Mission des Apôtres.
Aublet (Albert).
40. Fête-Dieu.
41. Le Matin.
42. Le Soir.
43. Au Désert.
Auburtin (Francis).
44. Femme au cygne.
Auguin (Louis-Augustin).
45. La Dune.
46. Soirée de novembre.
Aviat (Jules-Charles).
47. Portrait de Mlle Rachel W.
48. Portrait de Mme la C^{sse} de L. T.
Babyé (Mlle Jane).
49. Portrait; miniature.

Bail (Joseph).
50. Les Bulles de savon.
51. Reflets de cuivre,
52. La Servante.
53. Le Goûter.

Baillet (Ernest).
54. Soleil du soir.
55. Automne en Seine.

Baily (Mlle Caroline).
56 à 59. Miniatures.

Balleyginer-Duchatelet (Mme M.).
60. Portrait de religieuse.

Balouzet (Arnaud-Auguste).
61. L'Allier à Coudes (Puy-de-Dôme).

Baralle (Mlle Marie).
62. Miniatures.

Barau (Émile).
63. Au village.
64. Le Salat.
65. Sur le Salat, soleil du matin.
66. Sur le Salat, soleil de midi
67. La Suippe à Boult-sur-Suippe.
68. Les Tournesols.
69. L'Homme qui taille sa haie.
70. Novembre en Automne.

Barillot (Léon).
71. Embarquement de bestiaux dans le marais poitevin.
72. Les Mauvaises Herbes.
73. La Ferme de Thoville.
74. Le Train 47.
75. La Mare des champs.
76. Bœufs à l'ombre.

Barrias (Félix-Joseph).
77. Retour de la Circoncision.
78. Esther se rendant chez Assuérus.
79. Chrétiens et Payens, an 62 de l'ère chrétienne.

Barthalot (Marius).
80. Portrait de M. Maurice Robin.

Baschet (Marcel).
81. Portraits de famille.
82. Portrait de M. Ambroise Thomas.
83. Portrait de ma grand'mère.
84. Portrait de Mme Guasco et de ses enfants.
85. Portrait de Mme Bricon.
86. Portrait de Mme Pardinel.
87. Portrait de Mme Pardinel.
88. Portrait de M. V.
89. Portrait de M. Ambroise Thomas; dessin.
90. Portrait de M. Ad. Brisson; dessin.
91. Portrait de Mme Pardinel; dessin.
92. Portrait de Mme V.; dessin.

Bastet (Tancrède).
93. Le Gardeur de dindons.
94. Tristesse.

Baudouin (Paul-Albert).
95. Sur l'eau.
96. Portrait de Mme B.

Beaury-Saurel (Mme Amélie).
97. Le Travail.
98 à 100. Pastels et fusains.

Beauvais (Armand).
101. Retour des prés, Berry.
102. Le Gué, bords du Cher.

Beauverie (Charles).
103. Soleil perçant le brouillard.
104. Les Saltimbanques.

Bellanger (Camille-Félix).
105. Portait de ma mère; dessin.
106. Le Panier de pommes de terre.

Belle (Mlle Andrée).
107. Après l'orage; pastel.

Bellery-Desfontaines (Henri).
108. Portrait de M. Henri Martin.
109. Portrait de mes amis T.
110. Liseur.

Bénard (Henri).
111. Portrait de femme.

Bengy (Pierre de).
112. Portrait de M. L.

Benjamin-Constant (J.-Joseph).
113. Urbain II. L'an 1095, le pape Urbain II entre dans Toulouse pour y prêcher la première croisade; il y est reçu triomphalement par le comte de Toulouse Raymond de Saint-Gilles, le clergé et le peuple.
114. Portrait de S. M. la reine d'Angleterre.
115. Mes deux fils.
116. Portrait de Mme Émile Fourton.
117. Portrait de Mme Serge von Derwies.
118. Portrait de Mme Eugène Glaenzer.
119. Portrait de Mlle Emma Cavé.
120. Portrait de Mme Ernest Laugier.
121. Mon portrait; dessin.

Benner (Jean).
122. Dans la crypte du couvent des Capucins à Palerme.
123. Phrosine et Mélidore.

Béraud (Jean).
124. La Madeleine chez le Pharisien.
125. La Descente de croix.
126. Le Christ.
127. L'Élévation.
128. Portrait.
129. Portrait.

Bergeret (Pierre-Denis).
130. Fruits.
131. Sur les sables.
132. Goûte, Totor, à la sauce.
133. Crevettes.

Bergès (Georges).
134. Saint Georges vainqueur.
135. Flamencas.

Bermond (Mlle Marie).
136 et 137. Pastels.

Bernast (Anatole).
138. Portrait de Mme P.

Berne-Bellecour (Ét.-Prosper).
139. Le Sellier de la batterie.
140. Contretemps.
141. Manœuvres d'artillerie.
142. « En faction ».

Béronneau (Marcel).
143. Orphée.
144. Dans l'atelier.

Béroud (Louis).
145. Le Salon carré, au Louvre.

Berteaux (Hipp.-Dominique).
146. Portrait de Mme Maurice Sibille.
147. Portrait de M. Raoul Pugno.

Berthault (Lucien).
148. Portrait de ma mère; pastel.

Berthelon (Eugène).
149. Grande marée au Tréport.
150. Coup de vent du Nord.

Berton (Armand).
151. Portraits.
152. Le Bain.
153. Avant la séance.

Berton (Paul-Émile).
154. Eau dormante (app. à l'État).

Bertrand (Paulin).
155. Le Pradon, environs d'Hyères.

Besnard (Paul-Albert).
156. Poneys au soleil.
157. Femmes arabes.
158. Portrait de théâtre.
159. Portrait de Mme B.
160. Portrait de M. C.
161. Portrait de Mme L.
162. Marché aux chevaux arabes.
163. Danse espagnole.

Besson (Jules-Gustave).
164. Christ consolateur.
165. Le Fardeau (app. à l'État).
166. Iconoclastes.

Besson (Mlle Mélanie).
167. Portrait de Mme B.

Bever de la Quintinie (Mme M.-L. Van).
168. Miniatures.

Beyle (Pierre-Marie).
169. Les Travailleurs de la mer.

Biessy (Gabriel).
170. Portrait (noir et gris).
171. Intérieur (le vieux dévidoir).

Bigaux (Louis).
Décorations de la salle des Fêtes de l'Exposition.

Billet (Pierre-Célestin).
172. Ramasseuses de bois.

Billotte (René).
173. Le Soir à Vernon.
174. Lever de lune au canal Saint-Denis.
175. Brumes en Hollande.
176. Crépuscule aux bords du Loing.
177. Environs d'Argenteuil.
178. Matinée de givre.
179 à 184. Pastels.

Binet (Victor-J.-B.-B.).
185. La Barre à Saint-Aubin.
186. Soir d'été.
187. Crépuscule, à Croisset.
188. Les Usines, à Croisset.
189. Nuit claire.

Bisson (Édouard).
190. Portrait de M. Osiris.

Biva (Henri).
191. Villeneuve-l'Étang, le soir.
192. Déclin du jour.

Blanchard (Pascal).
193. Portrait de Mme X.
194. Portrait de Mme P.-B.

Blanche (Jacques-Émile).
195. Le Peintre Thaulow et ses enfants.
196. Portrait de M. J.-E. B.
197. Portrait de Mme Barrès.
198. Portrait du jeune Fauquet-Lemaître.
199. Portrait de Mme J. Bizet.
200. Lucie; étude.

Bloch (Alexandre).
201. Les Francs-tireurs.

Boggio (Émile).
202. Mort de sainte Élisabeth de Hongrie.
203. Labor.

Bompard (Maurice).
204. Les Bouchers de Chetma.
205. Entrée de l'oasis de Chetma.
206. La Basilique de Saint-Marc.

Bondoux (Jules-Georges).
207. Je suis la résurrection et la vie (Jean, XI).

Bonhomme (L.-F.-Georges).
208. Portrait de Mlle C.
209. Portrait de ma mère.

Bonnat (Léon).
210. Portrait de M. Joseph Bertrand, de l'Institut.
211. Portrait de Renan.
212. Portrait de Mme Albert Cahen.
213. Portrait de Mme Bonnat.
214. Portrait de M. Taine.
215. Pays basque; paysage.
216. Aigle liant un lièvre.

Bonnefoy (Henry).
217. Pendant que le loup n'y est pas.
218. Retard.

Bonnencontre (E.-Courtois de).
219. Le Lit de la cigale.

Boquet (Jules).
220. Tendresse.
221. Pour la procession.
222. Deuil.

Bordes (Ernest).
223. Après l'enlèvement.
224. Sous le porche.
225. Portrait de Mme E. B.
226. Portrait de M. Jean Aicard.
227. Portrait de M. Paul Cambon.
228. Portrait du Dr P. Reclus.

Borchard (Edmond).
229. Un coup de collier.

Bouchard (Paul-Louis).
230. Maison des Romanov, à Moscou.

Bouché (Al.-Louis).
231. Le Hameau (crépuscule).
232. Bords de la Marne (le soir).
233. Lever de lune.
234. Courtaron (Seine-et-Marne).

Bouchor (Joseph-Félix).
235. Soleil dans la brume de novembre, Freneuse.
236. Aurore de mai.

Bouchot (Mme Claire).
237. Jeannette; miniature.

Boudot (Léon).
238. Février au cap d'Antibes.

Bouguereau (W.-Adolphe).
239. Regina Angelorum.
240. Compassion.
241. L'Admiration.
242. Psyché et l'Amour.
243. L'Assaut.
244. Idylle enfantine.
245. L'Élégie.
246. Portrait de Mme la comtesse de C.

Boulard (Émile).
247. Intérieur.
248. Au piano.

Bourgain (Gustave).
249. La Prière à bord du « Trident ».
250. La Fin du « Vengeur »; aquarelle.

Bourgeois (Eugène).
251. Lever de lune (Lozère).
252. Aiguesmortes.

Bourgeois (Urbain).
253. Portrait de M. A. Laboulbène, de l'Académie de médecine.

Bourgeois (Victor-Ferdinand).
254. La Ville d'Amiens recevant l'hommage de ses industries.

Bourgogne (Pierre).
255. Étalage de fleurs.
256. Fleurs et fruits d'été.

Bourgogne (Georges).
257. La Prière.

Bourgonnier (Claude).
258. Les Ciseleurs.
259. Le Christ.
260. La Tentation.

Boutet de Monvel (Maurice).
261. Portrait de Mme A. A.
262. Portrait de Mlle G. G.
263. Portrait de Mlle R.
264. Portrait d'enfants.
265. Portrait d'enfant.
266 à 274. Aquarelles.

Boutigny (Émile).
275. Le Maréchal Lannes à Essling.
276. Un Brave.
277. Henry de La Rochejaquelein, au combat de Cholet.
278. Napoléon visitant les blessés à Ulm.

Bouvet (Henry).
279. Soir.

Boyé (Abel).
280. Crépuscule.

Braut (Albert).
281. Portrait de ma mère.

Bréauté (Albert).
282. Les Masques.
283. Le Repos.
284. Le Matin.

Breton (Émile-Adélard).
285. Dur hiver (Artois).
286. Bois sacré (campagne de Rome).
287. La Grêle (Picardie).
288. Avant la tempête.
289. La Toussaint (Artois).
290. Un dimanche soir en hiver.

Brémond (Jean-Louis).
291. Le boulevard Delessert (Passy).

Breton (Jules).
292. Le Cri d'alarme.
293. Le Sarclage du lin.
294. Les Œillettes; esquisse.
295. Les dernières Glanes; esquisse.
296. Le Pardon à Kerghoat.
297. La Dinde de Noël.
298. Portrait de Mlle T.
299. L'Heure secrète.
300 à 307. Pastels et dessins.

Brispot (Henri).
308. Le Barbier de village.
309. Cinquante-quatre ans de service (Mme Bovary).

Brisset (Ernest).
310. Feuilles mortes; aquarelle.

Brouillet (André).
311. Réception de LL. MM. l'Empereur et l'Impératrice de Russie par l'Académie Française.
312. Portrait de Mme H. d'O.

Brunet (Jean).
313. Une Prière à saint Guirec.
314. La Fin d'un monde.
315. Noce poitevine.

Brunet (Mlle Madeleine).
316. Miniatures et camée.

Buffet (Amédée).
317. La Messe à l'abbaye de St-Arnould.

Buffet (Paul).
318. Tentation du Christ.
319. Défilé de la Hache.

Buland (Eugène).
320. Devant les reliques.
321. Breton en prière.
322. Procession.

Burdy (Georges-Henri).
323. Un Graveur sur pierres fines.
324. Portrait de ma mère.

Burdy (Mlle Jeanne-Adèle).
325 et 326. Miniatures.

Burggraff (Gaston-Frédéric).
327. Lever de lune (bords de la Seine).
328. Étude d'arbres; aquarelle.

Bussière (Gaston).
329. La Valkyrie.

Busson (Charles).
330. Fontaines de Daviette (Loir-et-Cher).
331. Le Val de Lavardin (Loir-et-Cher).
332. Le Pouliguen (Loire-Inférieure).
333. Bords de l'Adour.
334. Souvenir du Berry (Cher).
335. Gelée blanche, plaine de Montoire.

Busson (Georges).
336. Au feu!
337. Hallali de sanglier.
338. Un coup de collier.

Cabrit (Jean).
339. Les Chênes de Londex.

Cachoud (François-Charles).
340. Le Lac de Lamartine.

Cagniart (Émile).
341. Le Boulevard Rochechouart.
342. Le Palais de Justice à Paris.
343 à 345. Pastels.

Caille (Léon).
346. Près de l'âtre.

Cailliot (Roger).
347. Marine du soir.

Cain (Georges).
348. Bonaparte en 1802.

Cain (Henri).
349. Saint Georges et le Monstre.
350. Portrait de M. Léon Carvalho.
351. Portrait de mon père; pastel.

Calbet (Antoine).
352. Portrait de Falguière.
353. Baigneuses.

Callias (Horace de).
354. Portraits; miniatures.

Callot (Georges).
355. Sommeil de printemps.
356. Brumaire.

Calvé (Julien).
357. Brumes du soir (Gironde).

Camoreyt (J.-M.-Omer).
358. Marine.

Caraud (Joseph).
359. Indocile.

Carolus-Duran (É.-A.).
360. Portraits de Mme G. F. et de ses enfants.
361. Portrait de Mme la comtesse de C.
362. Portrait de Mme F. B.
363. Portrait de Gaby.
364. Le Poète à la mandoline.
365. Danaé.
366. Soir en forêt.
367. Matinée de mistral (Provence).

Carrier-Belleuse (Pierre).
368. Sur le sable (étude de nu); pastel.
369. Danseuse ramassant son chausson; pastel.
370. Le Miroir de Pierrot; pastel.

Carrière (Ernest).
371 à 374. Émaux cloisonnés; faïences.

Carrière (Eugène).
375. Théâtre populaire.
376. Christ en croix.
377. Portrait de Mme C.
378. Portrait de M. Gabriel Séailles.
379. Le Sommeil.
380. L'Étude.
381. Portrait de Mlle Ménard-Dorian.
382. Portrait de Paul Verlaine.

Carteron (Eugène).
383. Cuisine en plein vent.

Cassard-Bigot (Mme Andrée).
384. Miniatures.

Castaigne (André).
385. Alexandre le Grand, dans le temple de Memphis.
386. Le Pape Léon XIII; dessin.

Cauchois (Eugène-Henri).
387. Derniers rayons.

Caudron (Mlle M.-Renée).
388. Miniatures.

Cavé (Jules-Cyrille).
389. Brassée de fleurs.

Cayron (Jules).
390. Harmonies.

Cayron-Vasselon (Mᵐᵉ M.-Rose).
391. Portrait de Mᵐᵉ R.

Cazin (Jean-Charles).
392. Mesnilval.
393. L'Étude.
394. La Route royale.
395. Temps couvert.
396. Les Voyageurs.
397. Crépuscule.
398. L'Orage.
399. Septembre.
400 à 405. Dessins.

Cazin (Michel).
406. Jeune fille de Bâle; sanguine.
407. Tête d'homme; sanguine.

Cazin (Marie).
408. Le Berger; carton.
409. Les Oubliés; carton.
410. La Petite Bonne; pastel.

Cerbelaud-Pigelet (Mᵐᵉ J.-L.-B.).
411. Miniatures.

Cesbron (Achille).
412. Coquelicots doubles.
413. Dahlias et petit Soleil.
414. L'Art domine tout.
415. Le Bouquet de roses.

Chabal-Dussurgey (A.-P.).
416. Chrysanthèmes.

Chabas (Maurice).
417. Portrait de M. C.
418. Panneau décoratif destiné à l'Hôtel de Ville de Vincennes.
419. L'Art de la pierre; panneau décorant le palais des Manufactures nationales.

Chabas (Paul).
420. Joyeux ébats.
421. Portrait de ma femme.

Champeaux (Octave de).
422. Plage de Vasouy (Normandie).

Chaperon (Eugène).
423. Le Maréchal Masséna à la bataille de Wagram.

Charnay (Armand).
424. Retour de chasse, château de Sansac.

Chartran (Théobald).
425. Saint François d'Assise au labour.
426. Le Pape Léon XIII en prière.
427. Signature du protocole de paix entre l'Espagne et les États-Unis.
428. Portrait de M. Jules Cambon, ambassadeur de France à Washington.
429. Portrait de Mᵐᵉ G. G.
430. Portrait de Mᵐᵉ P. B.

Charpentier-Bosio (Gaston).
431. Retour de pèlerinage, Croatie.

Charpin (Albert).
432. Retour des champs.

Chatel (Mˡˡᵉ Alice).
433. Portrait; miniature.

Chauchefoin (Mˡˡᵉ Marie-Louise).
434. Miniatures.

Chaussé (Mˡˡᵉ Cécile de).
435. Judith; miniature.

Chayllery (Eugène-Louis).
436. Les deux Sœurs.
437. La Jeune Mère.

Chéret (Jules).
438. Les Plaisirs : 2 dessus de portes (attributs de musique); 2 panneaux (plaisirs de l'Enfance); 1 panneau (la Pantomime).

Chéron (Mˡˡᵉ Lucy).
439. Miniatures.

Chevalier (Ernest-Jean).
440. Les Bâteaux sardiniers, Concarneau.
441. Un Coin de port, la nuit.
442. L'Épave; marine.

Chevilliard (Vincent).
443. Il dîne au château.

Chicotot (G.-Alexandre).
444. Ave Maris Stella.

Chigot (E.-H.-Alexandre).
445. Perdus au large (musée de Nantes).

Choquet (Jules-Charles).
446. Nature morte (fromages).

Chrétien (René-Louis).
447. Étain et oignons.
448. Nature morte (A l'office).
449. Nature morte.

Chudant (Jean-Adolphe).
450. Le Port d'Alger.
451. Le Jet d'eau.

Clairin (Georges).
452. La Grande Vague.
453. La Vallée de Thèbes (Égypte).
454. Le Désert, le retour des Conscrits (Égypte).

Clary (Eugène).
455. Le Matin (bords de la Seine).

Claude (Eugène).
456. Le Pot au feu.

Claude (Georges).
457. Un mariage civil en 1792, modèle d'une tapisserie pour la Manufacture des Gobelins.

458. L'Absoute, funérailles de Pierre le Vénérable.
459. Portrait de mon père; aquarelle.

Claude (Jean-Maxime).
460. Matinée d'ouverture de la chasse.
461. Tous récompensés.
462. Le Raccommodage des filets.
463. La Pêche aux équilles.
464. Au pied du Cervin.
465. Marée montante.
466. Sur la route de Saint-Germain.

Claude (Mlle Lucienne).
467. Miniatures.

Clavel (Émile).
468. Soleil levant; pastel.

Coblentz (Lévy).
469. Naïveté; émail sur argent.

Coëssin de la Fosse (Ch.-A.).
470. Le Long du vieux chemin.

Colin (Gustave).
471. Un atelier de salaisons à Siboure.
472. Au pays basque.
473. La Procession de N.-D. de Guadalupe sortant de la cathédrale de Fontarabie pour se rendre à l'Ermitage.

Colin (Paul).
474. Ferme de Normandie.

Colin-Libour (Mme Uranie).
475. Le Lendemain de la paye.

Collin (Raphael).
476. Au bord de la mer.
477. Coin de jardin.
478. Portrait de Mme B.
479. Portrait de Miss F. E. J.
480. Sommeil.
481. Intimité.
482. Solitude.
483. Femme au bain.
484. Illustrations pour Daphnis et Chloé.
485 et 486. Études pour un plafond au foyer de l'Odéon.
487. La Vérité; étude pour un plafond au nouvel Opéra-Comique.

Colonna de Cesari (C^{sse} C.).
488. Othilde; portrait.

Comerre (Léon).
489. Portrait de Mme Gayrard-Pacini.

Condé-Gonzalez (Mme É.-C.).
490. L'Octogénaire.

Coninck (P.-L.-Joseph de).
491. Portrait de M. l'abbé Lemire, député.

Contal (Jeanne).
492. Aquarelles sur ivoire.

Cordier (Mlle M.-G.).
493 et 494. Portraits; miniatures.

Cormon (Fernand).
495. Funérailles d'un chef.
496. Mille et une nuits.
497. Portrait de Mme L. L.
498. Portrait de Mlle B.
499. 8 Cartons pour la décoration d'une salle au Muséum : 1° l'Homme primitif; 2° le Silex; 3° les Chasseurs; 4° les Pêcheurs; 5° les Agriculteurs; 6° les Gaulois; 7° les Forgerons; 8° les Potiers. Plafonds de la salle des fêtes et du pavillon des colonies.

Costeau (Georges).
500. Soleil couché.
501. La Chute du jour.

Cottet (Charles).
502. Repas d'adieu. Ceux qui sont partis. Celles qui restent.
503. Deuil marin.
504. Vieux cheval sur la lande.
505. Nuit de la Saint-Jean.
506. Jour de la Saint-Jean.
507. Soir dans le port.
508. Deuil (île d'Ouessant); pastel.

Coulaud (Mme Amélie).
509. Miniatures.

Courant (Maurice).
510. Mer houleuse.
511. Port d'Isigny.
512. Calme du soir.
513 et 514. Aquarelles.

Courtois (Gustave).
515. L'Amour au banquet.
516. Jeune fille à la source.
517. Portrait de Mme Spitzer.
518. Portrait de MM. H. C. Knapp.
519. Portrait de Mme Gautreau.
520. Portrait de Mme X.
521. Portrait du peintre von Stetten.
522. Portrait de M. F. Baker.

Couturier (Léon-Lucien).
523. Au cabestan à courir.

Crauk (Ch.-Alexandre).
524. Pêcheurs de l'Adriatique.

Crochepierre (A.-A.).
525. Vieille femme.
526. Un Dimanche.

Curzon (Feu Alfred de).
527. Bords du Doubs.
528. Au pied du Vésuve.

Cuvillon (Louis-Robert).
529 à 532. Aquarelles.

Dagnan-Bouveret (P.-A.).
533. Bretonnes au Pardon.
534. Les Conscrits.
535. La Cène.
536. Consolatrix Afflictorum.

537. Lavoir en Bretagne.
538. Portraits de Mme D. et son fils.
539. Portrait de Mme L. C.

Dagnaux (Albert).
540. Les Invalides.

Dambeza (Léon).
541. Un Bois de châtaigniers.

Dameron (Émile-Charles).
542. Culture des fleurs au cap d'Antibes.
543. La Vallée d'Angles (Vienne).
544. Paris vu du haut du palais du Louvre.
545. Déversoir du moulin de Poupenot.
546. Les Foins, bords de la Seine.

Damoye (Pierre-Emmanuel).
547. Le Chemin de Saint-Jean-le-Thomas.
548. A Sainte-Marguerite.
549. Mer sauvage après la tempête.
550. Rivière à Salbris (automne).
551. Nanterre (hiver).
552. Le Printemps dans l'île fleurie.
553. Un Étang en Sologne.
554. Le Givre.

Dampt (Marie-Céline).
555. Prunes; aquarelle.

Danger (Henri-Camille).
556. La Transgression du commandement : Et voici son commandement : Que nous nous aimions les uns les autres, comme Il nous l'a commandé (Saint Jean).

Dantan (Feu Édouard).
557. Intérieur normand.
558. Intérieur d'atelier.
559. Les Pauvres Gens.

Dardoize (Émile).
560. Olivier à Cannes (Alpes-Maritimes).
561. Notes de voyage; dessins.

Darien (Henry-Gaston).
562. Les Halles à Paris.
563. Au crépuscule, quai du Louvre.
564. Monsieur le Suisse.

Darmesteter (Mme Héléna).
565. Esmé; pastel.

Dauchez (André).
566. Les Brûleurs de goémons.
567. Pèlerinage.
568. Route de Pont-Labbé.

Dauphin (Eugène).
569. Le « Jauréguiberry ».
570. Toulon.
571. Le Fort de l'Aiguillette.

David-Nillet (Germain).
572. Berger déplaçant son parc.
573. La Chanson du marié.
574. Vieillard lisant; fusain.
575. Vieille tricotant; cire.

David (Marie).
576. Portrait; porcelaine.

Dawant (Albert-Pierre).
577. Le Sauvetage.
578. La Répétition.
579. Mort de Du Couëdic, commandant de la « Surveillante » (1779).

Debat-Ponsan (Édouard-B.).
580. Dans une serre.
581. Portrait de M. Georges Leygues.
582. Le Christ sur la montagne.
583. Nec mergitur.

Debillemont-Chardon (G.).
584. Miniatures.

Debon (Edmond).
585 à 589. Vues de Paris; aquarelles.

Decamps (Albert).
590. Intérieur de Saint-Gervais, à Paris.

Decisy (Eugène).
591. Une Tisseuse.

Décôte (Georges).
592. Le Joueur de vielle.

Delabarre (Eugène).
593. Les Nymphes reçoivent Ophélie.

Delachaux (Léon).
594. Intérieur de paysan.
595. Pauline et Germaine.
596. Intérieur, femme au travail.
597. Pauline et Isabelle.

Delacroix (Henry-Eugène).
598. Portrait de Mme Delacroix-Garnier.

Delacroix-Garnier (Mme Pauline).
599. Portrait de la baronne de M.

Delahaye (Ernest-Jean).
600. Prise de Montbéliard, par Paul Déroulède.

Delaistre (André).
601. Fin d'Automne.

Delance (Paul-Louis).
602. Les Hauteurs de Montmartre.
603. L'Eau; panneau décoratif.
604. L'Appel des mineurs.

Delanoy (Feu Hippolyte).
605. Portrait de ma mère.

Delaroche (Mlle Marguerite).
606. Miniatures.

Delasalle (Angèle).
607. Le Retour de la Chasse.
608. Le Terrassier.
609. Portrait de M. Benjamin-Constant; sanguine.
610. Le Terrassier; dessin.

Delécluse (Auguste-Joseph).
611. Portrait de mon fils.

Delobbe (François-Alfred).
612. Le Murmure du ruisseau.

Delpy (Camille).
613. Matinée de printemps à Pont-de-l'Arche.

Demont (Adrien-Louis).
614. Les Danaïdes.
615. La Terre promise.
616. Les Épaves.
617. Hymne au soleil.
618. Eurydice ! Eurydice !
619. La Nuée.
620. Lever de Lune en hiver.
621. Les Marguerites.

Demont-Breton (Mme Virginie).
622. Hommes de mer.
623. Ismaël.
624. Dans l'eau bleue.
625. Alma Mater.
626. Giotto.

Dennery (Gustave-Lucien).
627. Glaneur de grève.

Derud (Charles-François).
628. Portraits; miniatures.

Desaint (Alfred).
629. Une Bonne Récolte.

Desboutin (Marcellin).
630. Portrait d'Aristide Bruant.
631. Portrait de Mme C.
632. Portrait de Puvis de Chavannes.

Desbrosses (Jean).
633. Le Glacier de la G^{de}-Casse (Savoie).
634. Tombeau de Marie Joly, à la Roche au Diable (Calvados).

Deschamps (Louis).
635. Charité.
636. La Prière.
637. Érudit.
638. Gitane.
639. Portrait de l'auteur.
640. Portrait; pastel.
641. Au Clou; pastel.

Desgoffe (Blaise).
642. Nature morte.
643. Nature morte.

Desjeux (Mlle Émilie).
644. Portrait de l'auteur; pastel.

Desmarquois (Charles).
645. Mare aux Biches, automne.

Desvallières (Georges-Olivier).
646. Portrait de Mme F. de P.
647. Portrait de M. G. P.
648 à 650. Pastels.

Detaille (Édouard).
651. LL. MM. l'Empereur, l'Impératrice de Russie et Félix Faure, président de la République, se rendant à la gare de Bouy, à l'issue de la revue de Châlons.
652. Les Victimes du devoir.
653. Sortie de la garnison de Huningue.
654. En batterie.
655. La Victoire est à nous.
656. Les Funérailles de Pasteur.
657. Le général Regnauld de Saint-Jean-d'Angély à l'armée des Alpes, 1849.
658. S. A. I. Nicolas Alexandrowitch, grand-duc héritier, à la tête du régiment des hussards de la garde.

Deully (Eugène-Auguste).
659. Orphée.

Deveaud-Fabre (Mme Henriette).
660. Miniatures.

Devina (Jeanne).
661. Portrait; miniature.

Deyrolle (Théophile-Louis).
662. Le Pardon de N.-D. de Kerven.

Didier (Jules).
663. Côte de Grâce à Honfleur.
664. Le Vieux Cerisier.

Didier-Pouget (William).
665. Derniers rayons (Hautes-Pyrénées).
666. Le Cirque de Gavarnie (figurant au pavillon du Club Alpin français).

Dien (Achille).
667. Cours d'eau; fusain.

Dieterle (Georges-Pierre).
668. La Vallée de Valmont (Seine-Inf.).

Dieterle (Mme Marie).
669. Le Matin, embouchure de la Seine.

Dinet (Alphonse-Étienne).
670. Chansons de jeunes filles.
671. Combat autour d'un sou.
672. Dans l'Oued, petites laveuses.

Dramard (Feu Georges de).
673. Intérieur d'église, à Benerville.

Dubois (Paul).
674. Portrait de Mme H. S.
675. Marchesina d'A. S.
676. Portrait de Mme R. G.
677. Mme la vicomtesse de M.
678. Portrait de Mme P. L. A.
679. Professeur Lannelongue, de l'Institut.
680. M. le baron de Carayon-Latour.

Dubufe (Ed.-M.-Guillaume).
681. La Maison de la Vierge.
682. Portrait de Mlles D.
683. Portrait de Mlles Bouvard.
684. La Cigale.
685. La Fourmi.
686. Sommeil divin.

687. Promenade au bois (carton de tapisserie).
688. A Puvis de Chavannes.
689. Sommeil; pastel.
690. Les heures de la Sainte-Vierge; aquarelles.
691. Théâtre d'Émile Augier; aquarelles.
692. Communion; aquarelle.

Dubufe (Mlle Juliette).
693. Portrait de Mlle M. D.; pastel.

Dufau (Clémentine-Hélène).
694. Ricochets.
695. Fils de mariniers.

Duffaud (Jean-Baptiste).
696. Portrait de ma mère.
697. Don Juan.

Dufour (Camille).
698. Le Palais des papes en Avignon.
699. Bord de la Seine à Lavacourt.

Duhem (Henri-Aimé).
700. Sainte Geneviève de Paris.
701. Paix de la nuit.

Duhem (Mme Marie).
702. La Promenade des sœurs.

Dumont (Henri).
703. Des Flox (crépuscule).
704. Orchidées.
705. Des Œillets.

Dumoulin (Louis).
706. Saint-Pierre de Rome.

Dupain (Edmond-Louis).
707. L'Embuscade.

Dupré (Julien).
708. Vaches à l'ombre.
709. La Vallée de la Durdent (Normandie).
710. Dans la plaine.
711. Un Chemin au Mesnil.

Durst (Auguste).
712. Paysanne au Soleil.

Duvent (Charles).
713. Le Seigneur soit avec vous.
714. La Procession.
715. Portrait de jeune fille.
716. Portrait de Coquelin; pastel.
717. Portrait du Dr Dauriac; pastel.

Duvocelle (Julien-Adolphe).
718. Portrait de ma mère.

Edouard (Albert-Jules).
719. Thétis.

Eliot (Maurice).
720. Les Heures du crépuscule.
721. La Chanson de l'eau.
722. La Maison dans la baie.
723 à 725. Pastels.

Enders (Jean-Joseph).
726. Rayon dans le deuil.
727. Un Nid à cancans.
728. Le Vieux Chemin du Comice.

Engel (José).
729. La Morte; dessin.

Escalier (Nicolas).
730. Deux Fins de siècle.

Estienne (Henry d').
731. Portrait de grand-mère.

Etcheverry (Hubert-Denis).
732. Ils ne lisaient plus.
733. Les Nounous.

Etienne (René-Ernest).
734. La Dentellière honfleuraise.

Faivre (Jules-Abel).
735. Rêveuse.

Faivre (Maxime).
736. Portrait de Mlle C. F.

Fath (René-Maurice).
737. Le Vieux Chemin des Prés.

Fauconnier (Émile-Eugène).
738. Les Chouans.

Faux-Froidure (Mme Eugénie).
739 et 740. Fleurs; aquarelles.

Félix (Léon-Pierre).
741. Matri meœ.

Ferey (Louise-Renée).
742. Japonaise; miniature.

Ferrier (Gabriel).
743. Portrait de Mme B. et de son fils.
744. Portrait de M. A. F.
745. Portrait de M. Cambon, ambassadeur de France à Washington.
746. Portrait de Mme G. F.
747. Fleur de sérail.
748. Ange Gardien.
749. Spes invicta manet.
750. Tendresse.

Ferry (Jules-Jean).
751. Soir d'automne.
752. Étang.

Feyen (Eugène).
753. Marchande de poissons.

Fiérard (Clémentine).
754. L'Étude chez grand'mère.

Firmin-Girard (M.-F.).
755. Quai aux Fleurs.
756. Berger d'Onival.

Flameng (François).
757. Portrait de Mlle F.
758. Portrait de Mlle O. Pastre.
759. Portrait de Mme H. Japy.
760. Portrait de Mme de F. et de M. C.
761. Portrait de M. Bourdet.
762. La Fuite en Égypte.

763. Portrait de Mme Laveissière.
764. Kléber à l'armée de Sambre-et-Meuse (1795).
765 à 770. Dessins.
Flameng (Feu Auguste).
771. Gros Temps.
772. Pêcheurs de sardines.
Flandrin (Paul).
773 à 775. Études; dessins.
Flandrin (Paul-H.).
776. La Répétition.
Flandrin (Jules).
777. La Vallée de l'Isère, le soir.
Fontaine (Mlle Jenny).
778. Portrait de ma mère.
Foreau (Louis-Henri).
779. Douleur d'Orphée.
Fouace (Feu G.-R.).
780. Coup double.
Foubert (Émile-Louis).
781. Portrait de M. S.
782. Corot.
783. J.-F. Millet.
Fougerat (Emmanuel).
784. Vieil Homme.
Fouqueray (Charles).
785. La Guerre, épisode des guerres de religion.
786. Trafalgar, 21 octobre 1805.
Fourié (Albert).
787. La Sève.
788. Fille d'Ève (à l'Exposition du ministère de l'Agriculture).
789. La Moisson.
Fournier (Hippolyte).
790. La Foi.
791. Anxiété.
Fournier (Louis-Édouard).
792. Portrait de M. Deschanel, président de la Chambre des députés.
Fraipont (Gustave).
793. Coquelicots; aquarelle.
Franzini d'Issoncourt (Ch.-H.).
794. Portrait de Mme Virginie Demont-Breton.
795 à 797. Portraits.
Frappa (José).
798. La Signature du second Concordat (Fontainebleau, 25 janvier 1813).
Friant (Émile).
799. Le Petit Miroir.
800. Fiançailles.
801. Portrait de Mme L.
802. Portrait de M. G. B.
803. Jours heureux.
804. Douleur.

805. Ombres portées.
806. Discussion politique.
Fuchs (Mlle Noémi).
807. Chardons; aquarelle.
Gabriel (J.-J.).
808. L'Abbaye de Montmajour, près d'Arles.
Gagliardini (Julien-Gustave).
809. Sur la Couze (Auvergne).
810. Coup de midi (Provence).
811. Le Vieil Antibes.
812. La Fontaine du Cours.
813. Au Pays des Ocres (Roussillon).
814. Route d'Italie (Provence).
815. Une Aire de Provence.
816. Midi sur l'étang de Berre.
Gagneau (Léon).
817. Les Lavandières.
818. Le Viaduc des Moulineaux.
Gallet-Levadé (Mme Louisa).
819 et 820. Portraits; miniatures.
Galliac (Louis).
821. L'Épreuve d'eau-forte.
Gandara (Antonio de la).
822. Portrait de la comtesse de Noailles.
823. Portrait de Mme Salvator « la Femme à la rose ».
824. Portrait de la princesse de Caraman-Chimay.
Garaud (Gustave-C.).
825. L'Étang.
Gardier (Raoul du).
826. Sermon aux bords du lac.
Gautier (Mlle Marie).
827 à 831. Aquarelles.
Gay (Gabriel) (voir Guay).
832. Les Grives.
Gelhay (Édouard).
833. Projets d'avenir.
834. Chez le Juge d'instruction.
Gélibert (Jules).
835. Après la chasse, bassets vendéens.
Geoffroy (Jean).
836 à 838. Aquarelles.
839. Asile de nuit.
840. La Prière des humbles.
841. La Leçon de lecture.
Georges-Bertrand.
842. La Terre; pastel.
Georges-Sauvage (A.-A.).
843. Portraits du comte J. de Brettes, explorateur, et de son fils Jean.
Gervais (Paul).
844. Le Jugement de Pâris.
845. La Folie de Titania.

Gervex (HENRI).
846. La Distribution des récompenses au Palais de l'Industrie. Défilé des Colonies françaises devant le Président Carnot.
847. Les Fondateurs du journal « la République Française ».
848. Portrait de M. Waldeck-Rousseau.
849. Portrait de Mme G.
850. La Maternité.
851. Portrait de M. Prevost, maître d'armes.
852. Portrait de Mlle S.
853. Portrait de la marquise de Ludre.

Giacomotti (FÉLIX-HENRY).
854. La Nymphe Écho.
855. Portrait de mon père.
856. Solitude; pastel.

Gilbert (RENÉ).
857. Ensemble !
858. Portrait de M. le comte Mniszech; pastel.
859. Portrait de Mme Segond Weber; pastel.

Gilbert (VICTOR).
860. Le Magasin de fleurs artificielles.
861. Midi.
862. Portrait de Mlle Marcelle Lévy.
863. Portrait du général de Boisdeffre.
864. La Bague de fiançailles.

Gillet (NUMA).
865. Le Vieux Cimetière.

Gillot (E.-LOUIS).
866. Le Port de Nice; pastel.
867. Moisson en Seine-et-Oise; pastel.

Girard (ALBERT).
868. Expédition des Portes de fer (1839).
869. Côte normande; aquarelle.

Girardier (Mlle JEANNE).
870. Portrait; miniature.

Girardot (LOUIS-AUGUSTE).
871. Femmes au cimetière (Maroc).
872. Les Nomades.
873. L'Attente du départ des Aïssaouas (Tanger).

Glaize (LÉON).
874. Les Limbes.

Glaize (AUGUSTE-BARTHÉLEMY).
874 bis. Satyre.

Godeby (CHARLES-LÉON).
875. L'Adoration des bergers.

Godin (Mlle MARGUERITE).
876. Jeune Fille au livre.

Gomez (PAUL-PIERRE).
877. Portrait de femme.

Gorguet (AUGUSTE).
878. Le Jardin des Hespérides.
879. Pomone et Versumne.
880. Portrait de M. René Doumic.

Gosselin (ALBERT).
881. Psyché; dessins.
882. Grez-sur-Loing.
883. Bords d'étang au lever du soleil.
884. Vers le soir, bords du Loing.
885. Lever de lune.

Goubie (JEAN-RICHARD).
886. Étude.

Gouin (MARY-EUGÈNE).
887. Objets d'art; dessins.

Gounin (HENRI).
888. Les Mares de Sorques (S.-et-M.).

Gounod (JEAN).
889. Mon portrait.

Gourse (H.-CASIMIR).
890. Au bord de l'antre.

Granchi (TAYLOR-ACHILLE).
891. Les Casiers; dessin.

Grandjean (EDMOND-GEORGES).
892. Écurie de ferme.

Grandsire (EUGÈNE).
893. Soleil couchant à Dieppe.
894. Soleil couchant à Auvers.
895. Ancienne retenue à Dieppe.

Grasset (EUGÈNE).
896 à 903. Aquarelles.

Grasset (FRÉDÉRIC).
904. Une vitrine de la galerie d'Apollon.

Gratia (CH.-LOUIS).
905. Ecce Homo; pastel.

Griveau (GEORGES).
906. L'Étudiant.
907. Marine.
908. Le Déjeuner.
909. Jeune Femme au petit chapeau.

Griveau (LUCIEN).
910. Le Soir.

Grivolas (ANTOINE).
911. Sur la montagne (églantiers).
912. Le Matin sur le quai aux Fleurs.

Grolleron (PAUL).
913. Frères d'armes.

Gros (LUCIEN).
914. Le Retour du Pardon.
915. L'Arrivée des barques.
916. Autour du Pardon.
917 à 919. Aquarelles.

Grosjean (HENRY).
920. Le Vieux Parc.
921. Le Grand Étang, à Suresnes.

Grossin (U.-V.-P.).
922. La Jungfrau; pastel.

Gruyer-Brielman (Mme EUGÉNIE).
923. Miniatures.

Guay (GABRIEL).
924. Poème des bois.

Gueldry (Ferdinand-Joseph).
925. L'Éclusée.
926. Sur la Tamise.

Guéry (Armand).
927. Clair de lune (Champagne).

Guignard (Gaston).
928. Avant le coup de temps.
929. La Rentrée au parc.
930. La Lune sur la lande.
931. Le Matin.
932. Embarquement de bestiaux.
933. Marchand de veaux.
934 à 938. Aquarelles et pastels.

Guiguet (François).
939. Concert d'amateurs.
940 à 944. Dessins.

Guillaume (Albert).
945 à 950. Dessins et aquarelles.

Guillaume (Mme Noémie).
951. Portrait.

Guillemet (J.-B.-Antoine).
952. Paris vu de Belleville.
953. Quai de Bercy-Charenton.
954. La Seine à Conflans-Charenton.
955. Moret-sur-Loing (Seine-et-Marne).
956. L'Église de Lapernelle (Manche).

Guillon (Feu Adolphe-René).
957. Saint-Père-sous-Vézelay (Yonne)

Guillon (Eugène-Antoine).
958. Portrait d'homme.

Guillonnet (O.-Denis-Victor).
959. La Partie de football.
960. Vitrail pour la cathédrale d'Orléans.

Guillou (Alfred).
961. Adieu.

Guinier (Henri).
962. Un Dimanche, enfant de Marie.
963. Printemps.
964. Après le départ des jeunes, en Hollande.
965. Intérieur de bateau omnibus en Hollande.
966 et 967. Enfants hollandais; dessins.

Guirand de Scevola (V.-L.).
968 à 972. Aquarelles.

Guméry (Adolphe-Ernest).
973. La Glace.

Guy (Hippolyte).
974. Prière.

Guyon (Mme Maximilienne).
975. Portrait de l'auteur.
976. La Toilette; aquarelle.

Haquette (Georges).
977. Pêcheurs du Pollet.

Hareux (Ernest-Victor).
978. Femme au puits (effet de lune).
979. Les Bords du Drac en automne.

Harpignies (Henri).
980. La Loire.
981. La Solitude.
982. Une Matinée dans le Dauphiné.
983. Temps de brume sur la Méditerranée.
984. Souvenir de la Côte d'Azur.
985. Le Couchant.
986. Ile Sainte-Marguerite.
987. Lisière de bois.
988 à 995. Aquarelles.

Hartmann (Mme Lucy-H.).
996. Fillette aux iris; pastel.

Hawkins (Louis-Welden).
997. Les Orphelins.

Hébert (Antoine-A.-E.).
998. Le Sommeil de l'Enfant Jésus.
999. La Vierge au Chardonneret.
1000. La Lavandara.
1001. Portrait de Mme Vve G.
1002. Portrait de Mlle de S. A.

Henner (Jean-Jacques).
1003. Églogue.
1004. Le Lévite d'Éphraïm.
1005. Le Christ au linceul.
1006. Portrait de Mlle L.
1007. Portrait.
1008. Portrait.

Henriot (Mlle Camille).
1009. Miniatures.

Herrmann-Léon (Charles).
1010. Haletants.
1011. Arrêt sur des faisans.
1012. Aux Abattoirs.
1013. Tendresses.

Hirsch (Auguste-Alexandre).
1014. Portrait de M. Lœwy.

His (René-Charles-Edmond).
1015. Ophélia.

Hoffbauer (Charles).
1016. Les Gueux.

Houbron (Frédéric).
1017. Paris, quai de la Tournelle.

Houssay (Joséphine).
1018 et 1019. Pastels.

Humbert (Ferdinand).
1020. Portrait de M. Jules Lemaître.
1021. Portrait de la comtesse de B.
1022. Portrait de Mme Héglon.
1023. Portrait de Mme P. S.
1024. Portrait de Mme H. et son fils.
1025. Portrait de Mlles J. et M. de B.
1026. Portrait de Mme R.
1027. Marie-Madeleine.

Isembart (ÉMILE).
1028. Brouillards du matin (Doubs).
Iwill (MARIE-JOSEPH).
1029. Au Pays des dunes.
1030 à 1033. Pastels.
Jacob (STÉPHEN).
1034. Le Bain.
1035. La Chansonnette.
Jacomin (MARIE-FERDINAND).
1036. En Seine-et-Oise.
Jacque (Feu CHARLES).
1037. Intérieur de bergerie.
1038. Le Retour du laboureur.
1039 et 1040. Dessins.
Jacquesson de La Chevreuse (L.).
1041. La Visitation; dessin.
Jacquier (HENRY).
1042. Le Pont Saint-Martin (Isère).
Jamet (HENRI).
1043. Famille de tisserand.
1044. Le Jardin de la veuve.
Jamin (PAUL-JOSEPH).
1045. Le Brenn et sa part de butin.
1046. Cité lacustre. Le retour des hommes est signalé.
Jan-Monchablon (FERDINAND).
1047. Vue de Fresnes.
1048. La Saône à Lironcourt.
Japy (LOUIS).
1049. L'Aurore au printemps.
1050. Lever de lune.
Jeannin (GEORGES).
1051. Tulipes et camélias.
1052. Dahlias et roses.
1053. Fleurs et fruits.
Jeannin (MAURICE).
1054. Portrait de Mme G. J.
Jeanniot (PIERRE-GEORGES).
1055. Le Soldat.
1056. Portrait de Mme Gaston Guignard.
1057. Vieux ménage.
1058. La Matinée.
1059. Eugénie Depel.
1060 à 1066. Dessins et pastels.
Jobert (PAUL).
1067. Le Calme (Étretat).
1068. Dans la brume (Terre-Neuve).
Jolyet (PHILIPPE).
1069. Chien et chat.
1070. Concours de grimaces.
Joubert (LÉON).
1071. La Seine à Lavacourt.
Jourdain (ROGER).
1072. L'Été; aquarelle.
1073. Un Nuage.

Jourdeuil (ADRIEN).
1074. Les Foins au lac d'Aiguebelette.
Kœnig (JULES-RAYMOND).
1075 et 1076. Dessin et pastel.
Kreyder (ALEXIS).
1077. Roses trémières.
1078. Pivoines.
Krug (ÉDOUARD).
1079. Portrait de M. Delcassé, ministre des Affaires étrangères.
Kugge (GASTON-LUCIEN).
1080. Miniatures.
Labarthe (AUGUSTINE-CHARLOTTE).
1081. Portraits; miniatures.
Labarthe (HÉLÈNE-JEANNE).
1082. Portrait de Mme E.; pastel.
Laffitte (GÉRALD-EUGÈNE-FERNAND).
1083 et 1084. Roses; aquarelles.
Lagarde (PIERRE).
1085. Jeanne d'Arc.
1086. Le Blessé.
1087. La Diligence.
1088. Saint Hubert.
1089. L'Inondation.
1090. Les Brumes du soir.
1091 et 1092. Pastels.
La Haye (ALEXIS-MARIE).
1093. Le Nouveau-né.
1094. Au Mas des alisiers.
1095. Joie du matin.
Laissement (ADOLPHE-HENRI).
1096. Portrait de Mme C.
La Lyre (ADOLPHE).
1097. La Sirène blessée.
Lalauze (ALPHONSE).
1098. Reddition de Stettin (1806); aquarelle.
Lambert (ALBERT).
1099 et 1100. Portraits.
Lamy (P.-FRANC).
1101. Octobre.
1102. Souffles d'automne.
1103. Portrait.
Landelle (Charles).
1104. La Récolte des citrons.
Lard (FRANÇOIS-MAURICE).
1105. Retour du bal; pastel.
Laroche (ARMAND).
1106. Portrait de M. C.
Laronze (JEAN).
1107. Le Calme (Charolais).
Larrue (GUILLAUME).
1108. Un groupe du bassin de Neptune, à Versailles.

Latenay (Gaston de).
1109. L'Église de la Joie (Bretagne).
1110. Les Blés mûrs (Bretagne).
La Touche (Gaston).
1111. Les Reliques.
1112. Les Sonneurs.
1113. Les Trophées.
1114. La Fontaine de Jouvence.
1115. Les Outrages.
1116. La Guerre; aquarelle.
1117. Les Disciples d'Emmaüs; aquarelle.
Lavergne (Georges).
1118. Portrait de jeune femme.
Lavrut (Mlle Louise).
1119. Portrait de M. André Proust; pastel.
Laugée (Feu Désiré).
1120. Les Commensaux de saint Louis.
1121. Les Approches de l'automne.
Laugée (Georges).
1122. Au printemps de la vie.
Laurens (Jean-Paul).
1123. Toulouse contre Monfort.
1124. La Petite de Bonchamps.
1125. Jean Chrysostome.
1126. Portrait du colonel Brunet.
1127. Portrait de mon fils Paul.
1128. Portrait de mon fils Pierre.
1129. Étude.
1130. Vie de Jeanne d'Arc, six sujets; aquarelle.
1131. Le Tournoi (carton de tapisserie pour les Gobelins).
1131 bis. Irène.
Laurens (Jean-Pierre).
1132. Le Cabestan.
Laurens (P.-Albert).
1133. Portrait de Mme G.
1134. La Bourrasque.
1135. Portrait de ma mère.
Laurens (Jules-Joseph-A.).
1136. Chênes des bords de la Nesque.
Laurent (Ernest-Joseph).
1137. Portrait de Mme D.
1138. Portrait de Mme F.
1139 à 1141. Portraits.
Laurent-Desrousseaux.
1142. Les Suspects.
1143. La Tétée de cinq heures, à la Maternité.
1144. Chez les sœurs.
Lauth (Frédéric).
1145. Portrait de M. l'abbé Mugnier.
La Villette (Mme Élodie).
1146. Marée basse à Quiberon.
Layraud (Joseph-Fortuné).
1147. Portrait de M. Émile Loubet.

Lazerges (Jean-Hippolyte-Paul).
1148. Scène de la vie arabe.
1149. Place d'El Kantara (Algérie).
Léandre (Charles-Lucien).
1150 et 1151. Portraits.
Lebasque (Henri).
1152. Baigneuses.
1153. Maternité.
Le Camus (Louis).
1154. Le Cap Martin.
Lecomte (Paul).
1155. L'Arrière-saison.
1156. Panneau décoratif.
1157 et 1158. Paysages; aquarelles.
Lecomte du Nouy (Jean).
1159. Austerlitz.
1160. Le Souper de Beaucaire.
Lecomte (Victor).
1161. L'Antiquaire de campagne.
1162. La Table abandonnée.
Leclercq (Louis-Antoine).
1163. Lecture.
Leenhardt (Max).
1164. Lueur d'aube sur les blés.
Lefebvre (Jules-Joseph).
1165. Lady Godiva.
1166. Portrait de A. Fitz-Gerald.
1167. Portrait de Mme O. Roty.
1168. Portrait de Mme Émile Raspail.
1169. Portrait de M. le comte O. de Kerchove de Deuterghem.
1170. Portrait du général Brugère.
1171. Portrait de Mme Léon Gagneau.
1172. Violetta.
Le Gout-Gérard (F.-M.-E.).
1173. Bateaux pêcheurs à Concarneau.
1174. Lever de lune.
1175 et 1176. Pastels.
Legrand (Louis).
1177 à 1179. Dessins.
Le Liepvre (Feu Maurice).
1180. Le Pont du canal.
1181. Les Prés de Langeais.
1182. Pont de la Cisse.
1183. Prairie aux arbres.
1184 à 1187. Aquarelles.
Leloir (Maurice).
1188. Le Pont au Change sous Louis XV; aquarelle.
1189. Jeunesse; aquarelle.
Lemaire (Mme Madeleine).
1190. Soir d'hiver.
1191. Le Miracle des roses.
1192. Derniers beaux jours.
1193 à 1195. Aquarelles.
Lemaire (Louis).
1196. Papavera.

Lemaître (Mme CLAIRE).
1197. Chrysanthèmes ; pastel.

Le Mains (GASTON).
1198. La Cage ; aquarelle.

Leménorel (ERNEST-ÉMILE).
1199. La Prière pour l'absent.
1200. Évangéline.

Lemeunier (BASILE).
1201. Portrait de femme.

Lenique (Mlle CLÉMENCE-ANDRÉE).
1202 et 1203. Miniatures et pastel.

Lenique (Mlle SUZANNE-BERTHE).
1204. Miniatures.

Lenoir (CHARLES-AMABLE).
1205. Calme.

Le Pan de Ligny (JOSEPH).
1206. Au Cabaret, joueurs.

Lepeltier (LÉON).
1207. Intérieur de Saint-Sulpice.

Lepère (AUGUSTE).
1208. Le Lavoir (bords de l'Oise).
1209. Gros temps.

Le Poittevin (LOUIS).
1210. L'Ile de Flotte.

Le Quesne (FERNAND).
1211. La Légende du Kerdeck.

Lerolle (HENRY).
1212. La Toilette.
1213 à 1215. Portraits.

Leroux (AUGUSTE-JULES-MARIE).
1216. Samson et Dalila.

Le Roux (CONSTANTIN).
1217. Après la fenaison.

Le Roux (EUGÈNE).
1218. Religieuses en promenade.

Le Roux (HECTOR).
1219. Périclès et Aspasie visitant l'atelier de Phidias.

Leroy (PAUL).
1220. Portrait de Mme D.
1221. Un Soir à Nazareth.

Le Roy d'Étiolles (Mme HELEN).
1222. Diane.
1223. Portrait de Mme A.

Le Sénéchal de Kerdréoret (G.-É.).
1224. Rue à Mers (Somme).
1225. La Tempête (Tréport-Mers).

Le Sidaner (HENRI).
1226. Le Dimanche.

Lesur (VICTOR-HENRY).
1227. Communiantes.

Leteurtre (ÉMILE-JEAN-JACQUES).
1228. Le Chantier du Grand Palais ; aquarelle.

Letourneau (LOUIS-ALEXIS).
1229. En visite.
1230. A Saint-Vincent-de-Paul ; pastel.

Le Villain (AUGUSTE-ERNEST).
1231. Les Lavandières à Ablon.
1232 à 1234. Aquarelles.

Lévy (HENRI-LÉOPOLD).
1235. Ève cueillant la pomme.
1236. Deucalion et Pyrrha.
1237. Samson et Dalila.
1238. La Jeune Fille et la Mort.

Lévy-Dhurmer (LUCIEN).
1239. Notre-Dame de Penmarch.
1240. Maternité.
1241 et 1242. Pastels.

Lhermitte (LÉON-AUGUSTIN).
1243. L'Ami des humbles.
1244. La Mort et le Bûcheron.
1245. Repos des moissonneurs.
1246. Ouvroir de béguinage à Gand.
1247. Les Faucheurs.
1248. La Moisson des blés.
1249. Le Bénédicité.
1250 à 1256. Dessins et pastels.

Lignier (JAMES).
1257. Vieille Normande.

Liot (PAUL).
1258. La Trinité-sur-Mer (Morbihan).

Lobre (MAURICE).
1259. Salon de Marie-Antoinette (Petit Trianon).
1260. Salon de Mme Adélaïde (château de Versailles).
1261. Frédéric le Grand (petit Salon à Versailles).
1262. Jeune Fille près d'un guéridon.
1263. Le Château de Versailles.

Lobrichon (TIMOLÉON).
1264. Avalanche du printemps.

Luigi Loir.
1265. Le Chemin de fer de ceinture.
1266. Les Préparatifs de la fête foraine.

Lomont (EUGÈNE).
1267. Dentellière.
1268. Portrait de ma mère.
1269. Femme se mirant.
1270. Femme à sa toilette.
1271. Jeu d'échecs.

Loup (EUGÈNE).
1272 et 1273. Pastels.

Loustaunau (Feu L.-A.-G.).
1274. Manœuvre des Alpins dans la montagne.

Lucas (DÉSIRÉ-LOUIS-MARIE).
1275. Fileuse au rouet.
1276. Une Bonne Verdée.
1277. Intérieur de forge en Bretagne.
1278. Le Maréchal Ferrant.

Lucas (Marie-Félix-Hippolyte).
1279. L'Apercevance (croyance populaire en Bretagne).
1280. Divin sommeil.
1281. Portrait de jeune femme.
  Lunois (Alexandre).
1282 et 1283. Pastels.
1284. Le Jeudi-Saint à Notre-Dame.
1285. El Paseo, l'entrée de la quadrilla.
  Machard (Jules).
1286. Portrait de la violoniste Charlotte Vormèse.
1287. Le Rêve d'Eros.
1288. Portrait de Mme la Comtesse R.
1289. Portrait de Mme Lippmann.
1290. Portrait de Mme de L.
  Madeline (Paul).
1291. La Sedelle à Crozant (Creuse).
  Maignan (Albert-Pierre-René).
1292. La Fortune passe.
1293. L'Atelier du prieuré.
1294. La Muse verte.
1295. Apollon et Daphné (modèle de tapisseries des Gobelins).
1296. La Justice consulaire (modèle pour les Gobelins).
1297. La Soie (modèle pour les Gobelins).
1298. La Houille (modèle pour les Gobelins).
1299 à 1303. Aquarelles et pastel.
  Maillart (D.-U.-N.).
1304. « A cause de la grande pitié au royaume de France » (réponse de Jeanne-d'Arc à ses juges).
1305. L'Esclave.
  Maisiat (Joanny).
1306. Raisins et Pêches.
  Mangeant (Paul-Émile).
1307. A la mémoire de Puvis de Chavannes.
  Marais (Adolphe).
1308. Au retour.
1309. Le Marais Verdier (Eure).
  Marché (Ernest-G.).
1310. Premier Quartier.
1311. Automne.
  Marec (Victor).
1312. Portrait de mon père.
1313. L'Aïeule.
1314. La Veillée.
  Marest (Mlle Julia).
1315. Portrait de Mme B. M.
  Marlef (Mme Claude).
1316. Femmes, Fleurs ; pastel.
  Marsac (Paul-Alphonse).
1317. Journée d'automne en Provence.

Martens (Ernest).
1318. Le Printemps trouve les oiseaux morts dans les bois.
  Martin (Alfred-Nicolas).
1319. Jeune Femme.
  Martin (Étienne).
1320. Le Courrier.
  Martin (Henri-Jean-Guillaume).
1321. Chacun sa chimère.
1322. Vers l'abîme.
1323. Apparition de Clémence Isaure aux troubadours.
1324. Sérénité.
1325. Dryade.
1326. Crépuscule.
1327. Tristesse.
  Martin (Léon).
1328. Cardeurs de matelas ; dessin.
  Mary (Fernand-Jules).
1329. Portrait de jeune fille.
1330. Étude de jeune femme.
  Massé (Jean-Eugène-Julien).
1331. La Sente de Vaux-Harlin.
1332. Les Clos, à Vaux-Harlin.
1333. Le Chemin des bois, à Lusancy.
  Masure (Jules).
1334. Après-midi d'octobre, à Wimereux.
  Mathey (Paul).
1335. Portrait du frère Joseph.
1336. Portrait de Mlle Lara, de la Comédie-Française.
1337. La Vente du poisson, à Grandcamp.
  Matrod-Desmurs (Mme Berthe).
1338. Lys-rouge ; miniature.
  Maxence (Edgard-Henri-Marie).
1339. Portrait de M. L.
1340. Les Fleurs du lac.
  Meissonier (Jean-Charles).
1341. Barque de pêche rentrant au port.
1342. Matelots virant au cabestan (Dieppe)
1343. Fête villageoise.
  Meixmoron (Charles de).
1344. Lac de Gérardmer (Vosges).
1345. Derniers soleils ; pastel.
  Mélingue (Gaston).
1346. La Tour d'Auvergne.
  Ménard (Émile-René).
1347. Orage sur la forêt.
1348. Harmonie du soir.
1349. Arc-en-ciel.
1350. Terre antique (Agrigente).
1351. La Clairière.
1352. Le Soir.
1353. Portrait de ma mère.
1354. Portrait de M. Lucien Simon.
1355 à 1358. Pastels.

Mengin (Auguste-Charles).
1359. Portrait de Mme de L.
1360. Portrait de Mme D.
1361. Méditation.
1362. Portrait de Jacques Baudry.
1363. Paysages ; pastels.
Merbitz (Marguerite-Pinès de).
1364 et 1365. Miniatures.
Mercié (Antonin).
1366. La Vierge noire.
1367. Ève.
1368. Portrait de Mlle X.
Mercier (Mme Ruth).
1369. Un phare parmi les vagues.
1370 à 1374. Aquarelles.
Merlot (Émile-Justin).
1375. Troupeau.
Meslé (Joseph-Paul).
1376. Portrait de Mlle P.
1377. Entre chien et loup.
1378. Clair de lune ; paysage.
1379. Paysage.
Meyer (Émile).
1380. La Daumont de M. le Président de la République ; aquarelle.
Michel (Charles-Henri).
1381. L'Imitation de J.-C. ; dessins.
Michel (Ernest).
1382. Aziyadé.
Michel (François-Émile).
1383. Lisière de forêt.
1384. Mare en forêt.
1385. Côte de la Méditerranée.
1386. Forêt de Fontainebleau.
1387 à 1390. Dessins.
Michel (Marius).
1391. Le Pastelliste.
Michel-Lévy (Henri).
1392. Étang de Berre.
Milcendeau (C.-E.-T.).
1393. La Fileuse au rouet (Vendée); pastel.
1394. Vieux Paysan (Vendée) ; dessin.
Minet (Émile-Louis).
1395. Cabbé-Roquebrune ; pastel.
Mirmont (Mlle Renée de).
1396 et 1397. Portraits ; miniatures.
Monchablon (Alphonse).
1398. Portrait de M. Méline.
1399. Portrait de M. Buffet.
Moncourt (Albert de).
1400. Province.
1401. Abreuvoir.
Monginot (Charles).
1402. Un Mage.
1403. Palette et Bibelots du peintre.
1404. Massacre des Innocents.
1405. Au chaud.
Montenard (Frédéric).
1406. Les Vendanges.
1407. Un Remorqueur en Méditerranée.
1408. Les Montagnes bleues.
1409. L'Heure chaude en Provence.
1410. La Route de l'Estaque.
1411. Les Puits de Candumy.
1412. La Grande Route dans le Var.
1413. Sur les Aires.
1414 à 1418. Pastels.
Montholon (François de).
1419. Le Soir, forêt de Vouvent.
Montzaigle (Edgard de).
1420. Parisienne, Fleur de luxe.
1421. Entre eux ; aquarelle.
Moreau (Adrien).
1422. La Baignade.
1423 et 1424. Pastels.
Moreau de Tours (Georges).
1425. Le Départ du conscrit.
Moreau-Nélaton (A.-E.-A.).
1426. La Montagne Sainte-Geneviève.
1427. L'Église de Longpont.
1428. Église de Fère-en-Tardenois.
Moreau-Néret (Adrien).
1429. Harmonie d'automne.
Morisset (François-Henri).
1430. Portrait de mon père.
1431. Des amis.
Morlon (Antoine-Paul-Émile).
1432. Sauvetage en mer.
Morlot (Alexis-Alphonse).
1433. Coup de vent sur les moissons.
1434. Un Soir ; aquarelle.
Morot (Aimé).
1435. Portrait de J.-L. Gérôme.
1436. Portrait du prince d'Arenberg.
1437. Portrait de M. Bamberger.
1438. Portrait de M. Bianchi.
1439. Portrait d'Édouard Detaille.
Moteley (Georges-Jules).
1440. Lavoir abandonné (Normandie).
Motte (Henri-Paul).
1441. 21 janvier 1793.
1442. Ménelas surprend Prothée.
1443 et 1444. Aquarelles.
Mottez (Henry-Paul).
1445. Portrait de mon père.
Moullé (Albert).
1446. La Place de Samois, à Moret.
Mouren (Henry).
1447. Le Pont-Neuf, Paris 1894 ; aquarelle.
1448. Paysage ; aquarelle.

Moutte (ALPHONSE).
1449. « Lou Gousta ».
1450. Le Retour du père.
Moyse (ÉDOUARD).
1451. Les Chants religieux.
Muenier (JULES-ALEXIS).
1452. Un Dimanche à Fribourg.
1453. Soir d'été.
1454. Pêcheur d'oursins.
1455. Aux beaux jours.
1456. La Saulaie.
Muraton (Mme EUPHÉMIE).
1457. Un Coin du laboratoire.
1458. Prêt à partir.
Nanteuil-Gaugiran (CHARLES).
1459. Braconnage.
Némoz (J.-B.-A.).
1460. Salmacis.
Noël-Bouton.
1461. Été ; aquarelle.
Noirot (ÉMILE).
1462. Lever de lune à Saint-Maurice (Loire).
Nozal (ALEXANDRE).
1463. Lever de lune (Pont de l'Arche).
1464. Côtes de Beuzeval, Houlgate.
1465. Déversoir du lac de Gaube.
1466. Remparts d'Aigues-Mortes.
1467 et 1468. Pastels.
Odérieu (Mlle ANTONINE).
1469. Miniatures.
Olive (JEAN-BAPTISTE).
1470. La Corniche (Marseille).
1471. Rade de Villefranche.
1472. Rochers de la batterie (Marseille).
1473. Jardin de Venise.
Orange (MAURICE-HENRI).
1474. Les Défenseurs de Saragosse.
Paillet (FERNAND).
1475. Portraits ; miniatures.
Pannemaker (STÉPHANE).
1476. Un typo, portrait de M. Victor Breton.
Parabère (ÉMILE-FRANÇOIS).
1477. Jeune fille assise.
Pâris (CAMILLE).
1478. Taureau attaqué par des loups.
Paris (JEAN-MARIE-ALFRED).
1479. Un intrus.
Payn (Mme Vve OMER).
1480. Portraits ; miniatures.
Pascau (EUGÈNE).
1481. Portrait de M. Gabriel R.

Pelez (FERNAND).
1482. L'Humanité !
1483. Une Vierge pauvre.
1484. Tout à la joie.
Perrandeau (CHARLES).
1485. Saintes Filles.
1486. L'ami A. N.
Perrault (HENRY-PAUL).
1487. Défense héroïque du col de Banyuls (1794).
Perrault (LÉON).
1488. Tendresse maternelle.
1489. Nymphe des eaux.
1490. Sainte Madeleine.
1491. Premier meurtre.
Perret (AIMÉ).
1492. Noël des vieux.
Perret (MARIUS).
1493. Douar d'Ouled Nayls (Algérie).
Perrier (Mlle MARIE).
1494. Portrait de ma mère.
1495. Portraits et Études ; dessins.
Petitjean (EDMOND).
1496. Verdun le soir.
1497. Un grain dans un bassin, à Dunkerque.
1498. Hameau lorrain.
1499. La Tour du Leughenaar à Dunkerque.
1500. Le Vieux Moulin, aux Sables-d'Olonne.
1501. Le Loing, à Nemours (Seine-et-Marne).
Petit-Gérard (PIERRE).
1502. Après la manœuvre ; le café.
Pezant (AYMAR).
1503. Halle aux bœufs (marché de la Villette).
1504. Les Prés de la Saulaie, à Parnes (Oise).
Pibrac (RAOUL-GUY-MARIE DE).
1505. La Quête.
Picard (Feu EDMOND).
1506. Les Bergers.
Picard (LOUIS).
1507. Portrait de M. Dagnan-Bouveret.
1508. Portrait de Mlle ★★★.
1509. Portrait de l'auteur.
1510. La Légende de la Belle au Bois Dormant.
1511. Au Bord de la mer.
1512. Rêve.
1513. Femme qui passe...
Pierrey (LOUIS-MAURICE).
1514. Communion au couvent (Espagne).
Piet (FERNAND).
1515. Pardon de Pont-Labbé.

Pinta (Henry-L.-M.).
1516. L'Adoration des Mages.
Place-Canton (Paul).
1517. Le Port de Nice.
Planquette (Félix).
1518. L'Automne dans la Creuse.
Pointelin (Auguste-Emmanuel).
1519. Le Haut-Jura.
1520. Prés communaux.
1521. Solitude.
1522. Lever de lune.
1523. Sommet rocheux.
1524 et 1525. Paysages ; pastels.
Pomey (Louis).
1526. Miniatures.
Pomey-Ballue (Mme Thérèse).
1527. Portrait de Mme L. P.
1528 à 1530. Miniatures.
Poncet (Jean-Baptiste).
1531. Orphée sur le mont Rhodope.
Popelin (Gustave).
1532. Portrait de Mme Gustave Popelin.
1533. Femme couchée ; pastel.
Prévot-Valeri (Auguste).
1534. La Neige à Montbardon.
1535. Le Clos Monsieur.
Princeteau (R.-P.-Charles).
1536. La Semaille.
Prinet (René-Xavier).
1537. Entre amies.
1538. L'Envolée.
1539. La Partie de tric-trac.
1540. La Femme à la rose.
1541. L'Alcôve.
Prins (Pierre).
1542 et 1543. Paysages ; pastels.
Priou (Louis).
1544. Un Satyre aux abois.
Prouvé (Victor).
1545. Portrait.
1546. Les Voluptueux, Enfer du Dante.
1547. Le Maître verrier Émile Gallé.
Puysoye (Mlle M.-L.-Pierrine).
1548. Portraits ; miniatures.
Quignon (Fernand-Just).
1549. Le Blé noir.
1550. Pommiers en fleurs.
Quinsac (Paul).
1551. Portrait de Mme A. B.
Quost (Ernest).
1552. Mes Ruches.
1553. En Avril.
1554. Des Nids et des roses.
1555. Clochetons et rosaces.
1556. Cultures à St-Michel-s-Orge.
1557. Bords de l'Orge, à St-Michel.

Rachou (Henri).
1558. Portrait de Mme Ed. Yarz.
1559. Portrait de Mlle A. Yarz.
1560. Portrait de Mme H. de C.
1561. Méditation.
Raffaëlli (Jean-François).
1562. Portrait de ma fille.
1563. Les Invalides.
1564. L'Institut.
1565. Notre-Dame de Paris.
1566. La Jeune Fille aux bleuets.
1567. Saint-Germain des Prés ; pastel.
1568. Portrait de Mlle Edmée-Alphonse Daudet ; pastel.
1569. Portrait de Mlle de Nion ; pastel.
Rambaud (Antonin-Marie).
1570. Étang de la voisine.
Ravanne (Gustave).
1571. L'Appareillage.
1572. Barques au carénage.
1573. Port de Saint-Valéry-en-Caux.
Ravaut (René-Henri).
1574. Retour de pêche.
Ray (Mlle Georgette-Claire).
1575. Portrait ; miniature.
Réal Del Sarte (Mme M.-M.).
1576. Rêverie.
Réalier-Dumas (Maurice).
1577. Pompéi.
1578. Enfants nus dans un bateau.
1579. Rivière, le soir.
Rélin (Mme, née Calot).
1580 et 1581. Miniatures.
Renan (Feu Ary).
1582. L'Épave.
1583. Scylla.
1584. Phalène.
Renard (Émile).
1585. Portrait de Mme R.
1586. La Communion chez les Bénédictines.
1587. Matines.
1588. Portrait de Mme Saint.
1589. Portrait d'enfant.
Renouard (Paul).
1590 à 1597. Dessins.
Rey (Mlle Claude-Marie).
1598. Portraits ; miniatures.
Reynaud (François).
1599. Musicien ambulant.
1600. Idylle.
Richard (Mlle Marie-Louise).
1601. Portraits ; miniatures.
Richard (Mme Hortense).
1602 et 1603. Miniatures.

Richemont (Alfred de).
1604. Les Moines servis par les anges.
1605. Sacrifice.
1606. Légende de sainte Notburge.
1607. Autour du berceau (légende bretonne).

Richet (Léon).
1608. Près Compiègne.

Richon-Brunet (R.-L.-Georges).
1609. Arrivée des toreros à la Plaza de Séville.

Rieder (Marcel).
1610. Nocturne.
1611. Trio.

Rigolot (Albert-Gabriel).
1612. La Carrière de Saint-Maximin.
1613. La Mare aux fées (Fontainebleau).
1614. Sur la route de Kardada à Bou-Saïda.
1615. Fin d'un beau jour d'octobre (Jura).
1616. Gelée blanche (Jura); pastel.

Rivey (Arsène).
1617. Portrait de Mme R.

Rivière (Charles-Georges).
1618. Pommes cuites et œufs sur le plat.

Rivoire (François).
1619 à 1623. Fleurs; pastels et aquarelles.

Rixens (J.-André).
1624. Un Jour de vernissage au palais des Champs-Élysées.
1625. Le Vieux Pâtre aveugle.
1626. Portrait du baron James B.
1627. Portrait de M. E. C.
1628. Portrait de S. E. le cardinal Sourrieu.
1629. Portrait du capitaine de vaisseau C.
1630. Tête de femme.
1631. Tête de fillette.

Robert-Fleury (Tony).
1632. Rêverie.
1633. Portrait de Mme G.
1634. Sous Louis XVI.
1635. Au Coin du feu.
1636. Maternité.
1637. Perquisition sous la Terreur.
1638. Léda.
1639. Washington.

Robinet (Paul).
1640. La Vallée de la Birse (Berne).

Roche (Pierre).
1641 à 1644. Aquarelles estampées.

Rochegrosse (Georges).
1645. La Course au bonheur.
1646. Assassinat de l'empereur Geta.

Roger (Georges-Guillaume).
1647. « Le Baiser », fantaisie décorative.

Roll (Alfred-Philippe).
1648. Souvenir commémoratif de la pose de la première pierre du pont Alexandre III.
1649. Au trot.
1650. Ouvriers de la terre.
1651. Enfant et Taureau.
1652. Jeune Taureau.
1653. La Malade.
1654. La Femme Ragard, pauvresse.
1655. Exode.
1656 à 1663. Dessins et pastels.

Rondel (Henri).
1664. Le Passé.

Rongier (Mlle Jeanne).
1665. Portrait de Jacques N.; pastel.

Rosier (Amédée-Étienne).
1666. Soleil brumeux à Venise.

Rossert (Mme Marguerite).
1667. Portraits; miniatures.

Rossert (Paul).
1668 à 1671. Jardin du Luxembourg; aquarelles.

Rosset-Granger (Édouard).
1672. Portrait de Mlle M. D.
1673. La Somnambule.
1674 à 1676. Portraits.

Rouault (Georges).
1677. Enfant Jésus parmi les docteurs.
1678. Christ et les disciples d'Emmaüs.

Rouffet (Jules).
1679. La Fin de l'épopée.

Roullet (Gaston).
1680. Paysage; aquarelle.

Rousseau (Jean-Jacques).
1681. Taureau (race normande).
1182 à 1684. A Londres; pastels.

Roussel (Georges-Frédéric).
1685. L'Empereur ! Entrée des cendres de Napoléon Ier dans la chapelle des Invalides, 15 décembre 1840.

Roy (Marius).
1686. L'Artiste de la batterie.
1687. Le Lt Gallaud au siège de Puebla.
1688. Journée finie; le récit.
1689. Entre deux étapes.

Roybet (Ferdinand).
1690. Charles le Téméraire à Nesles.
1691. La Main chaude.
1692. L'Astronome.
1693. La Sarabande.
1694. La Taverne.
1695. Le Géographe.
1696. Portrait de Mlle Romani.
1697. Portrait de M. Prétet.

Royer (Henri).
1698. L'Ex-Voto.
1699. En Flandre, le soir.
1700. Le Conte de grand'maman.
1701. La Becquée.
1702. A la fontaine Taormina.
Royer (Lionel).
1703. Adoration du Christ.
1704. Deux cartons de vitraux.
1705. Marbot.
1706. Louis XI entrant au Mans.
Rozier (Dominique).
1707. Retour du marché.
1708. Le Cellier.
Rudaux (Edmond-Adolphe).
1709. Un Vœu, scène bretonne.
Sabatté (Fernand).
1710. A la mémoire des humbles.
1711. Le Pauvre.
1712. Le Porche.
Saglio (Édouard).
1713. Goûter.
Sailly (Mlle Laure-Lucie-Jehanne).
1714. Miniatures.
Sain (Édouard-Alexandre).
1715. Portrait de Mme E. S.
1716. Tarascone, danse de l'île Capri.
1717. Douce ivresse (Capri).
1718. Carmen.
Saïn (Paul-Jean-Marie).
1719. La Barthelasse d'Avignon.
1720. Le Sommeil des nénuphars.
Saint-Germier (Joseph).
1721. Rio di San Lorenzo (Venise).
1722. Coin de canal (Venise).
1723. Un Enterrement à Venise.
1724. Intérieur d'atelier.
1725. Un Petit Canal (Venise).
1726. Intérieur.
Saintpierre (Gaston-Casimir).
1727 et 1728. Portraits.
1729. Vénus.
1730. Mon Portrait.
1731. Portrait de Mlle J. R.
1732. Judith.
Salzedo (Paul).
1733. Procès en Cour d'appel.
Saubès (Daniel).
1734. Portrait de Mme C.
1735. Portraits.
1736. L'Enfant endormi.
Sautai (Paul-Émile).
1737. Méditation.
1738. Saint Geoffroy, à la Grande-Chartreuse.
1739. Entrée du couvent des Franciscains à Paris.

1740. Les Relevailles.
1741. Un Baptême à Guérande.
1742. Femme de Saint-Jean-de-Luz allant à l'église.
Sauzay (Jacques-Adrien).
1743. Seine à l'Hormais (Eure).
1744. Le Village de Geufosse.
Scherrer (Jean-Jacques).
1745. Duval d'Espremenil, conseiller au Parlement, ayant été maltraité par le peuple aux Tuileries, est transporté tout sanglant au corps de garde du Palais Royal, où sa femme vient le rejoindre. Pétion, maire de Paris, averti, accourt. Duval lui dit : « Et moi aussi, Pétion, j'ai été l'idole du peuple ! » Août 1793.
1746. Rachel déclamant devant A. de Musset la tragédie de « Phèdre ».
Schmitt (Paul-Léon-Félix).
1747. Le Pont de Sèvres.
1748. Aquarelles.
Schmitt (Mlle Noémi).
1749. Études et portraits ; miniatures.
Schommer (François).
1750. Portrait de Mlles H. H.
1751. Portrait de M. Jules Simon.
1752 à 1755. Portraits.
Schryver (Louis de).
1756. Le Marchand des quatre saisons.
1757. La Fin d'un rêve.
1758. Jardinier préparant son marché.
Schutzenberger (L.-Frédéric).
1759. Scène de déluge.
Schutzenberger (René-Paul).
1760. Portrait.
Sébille (Albert).
1761. Combat naval en rade de Marseille (1793).
Sébilleau (Paul).
1762. Lever de lune au Golfe Juan.
Sergent (Lucien-Pierre).
1763. « Gaiement ». La musique à Iéna, 14 octobre 1806.
Sieffer (Louis-Eugène).
1764. Miniatures.
Sillières (Fernand-Gérard).
1765. Étude de jeune femme.
Simon (Lucien).
1766. Portrait de Mme S.
1767. Luttes.
1768. Cirque forain.
1769. Portrait de Mme A. L.
1770. Les Miens.
1771. Portrait de Mme S.
1772 à 1774. Aquarelles.

Simon (Mme JEANNE).
1775 et 1776. Portraits ; dessins.
Simonnet (LUCIEN).
1777. Soleil couchant.
1778. La Fin du jour.
Sinibaldi (JEAN-PAUL).
1779. Aurore.
1780. Manon Lescaut.
Smith (ALFRED).
1781. Le Printemps.
1782. Le Port de Bordeaux.
Smith (Mlle MADELEINE).
1783. Portrait de Mlle J. S.
1784. Été.
Sonnier (LÉON-JULIEN-ERNEST).
1785 et 1786. Paysages ; pastels.
Sonrel (ÉLISABETH).
1787. Le Sommeil de la Vierge ; aquarelle.
1788. Gismonda ; aquarelle.
Steck (PAUL).
1789. Tendre Automne.
Steinheil (ÉDOUARD-CH.-A.).
1790. Effet de lumière.
Stevens (LÉOPOLD).
1791. Portrait de Courteline.
Stievenart (FERNAND).
1792. Le Vieux Pauvre.
1793. Le Prophète Élie.
Suair (Mlle GABRIELLE).
1794. Portrait ; miniature.
Surand (GUSTAVE).
1795. Saint Georges et le Monstre.
1796. Les Éléphants d'Amilcar.
1797. Voiles jaunes, Venise.
Sylvestre (JOSEPH-NOEL).
1798. Les Révoltes communales du XIIe siècle.
Tauoux (ADRIEN-HENRI).
1799. Portrait de M. Léon Kerst.
Tanzi (LÉON).
1800. Saint-Cucufa.
1801. La Voise, château de Maintenon.
1802. Saint-Cloud, le bois.
1803. Le Chemin de fer.
1804. Le Cap Brun, Toulon.
Tardieu (VICTOR).
1805. Souvenirs.
1806. Portrait de M. J. P.
Tattegrain (FRANCIS).
1807. Incendie, Artois.
1808. Les Bouches inutiles, siège du Château-Gaillard, 1203.
1809. Sauvetage en mer.
1810. L'Épave.
1811. Saint-Quentin pris d'assaut, l'Exode, 29 août 1557.

Taupin (JULES-CH.-C.).
1812. La Maison de Yamina.
Tavernier (PAUL).
1813. Chasse à courre.
Teilliet (JEAN-CYPRIEN).
1814. Solitude en Limousin.
Tenré (HENRY).
1815. La Présentation.
1816. Un Coin de Rouen ; aquarelle.
Térouanne (Mlle MAGDELEINE).
1817. Portrait.
Thiérat (Mlle MÉLITINE).
1818. Miniatures.
Thiérot (HENRI-MARIE-J.).
1819. En été.
Thirion (EUGÈNE-ROMAIN).
1820. République.
1821. Les Barques ne rentrent pas.
1822. Œdipe et Antigone.
1823. Mgr Place, cardinal-archevêque de Rennes.
1824. Portrait de M. V. R.
1825. Portrait de Mme P.
Thivier (ÉMILE-LOUIS).
1826. Les Mercenaires au défilé de la Hache (« Salammbô »).
Thomas (PAUL).
1827. La Bonne Éducation.
1828. Un Coin de salon.
1829. La Toilette des communiantes.
1830. Portrait.
Thurner (GABRIEL).
1831. Le Greffeur.
1832. Noël en Alsace.
Tirard (ANNA).
1833 à 1836. Émaux et pastels.
Tirman (Mme JANE-H.).
1837. Anita ; miniature.
Toudouze (ÉDOUARD).
1838. Fleur d'automne.
1839. Octobre.
1840. Le Départ de la Vierge.
Tournès (ÉTIENNE).
1841. Après le bain.
1842. Toilette matinale.
1843. La Lettre.
1844. Femme mettant son chapeau.
Trigoulet (EUGÈNE).
1845 et 1846. Portraits.
Triquet (JULES).
1847. Printemps (Communiante).
Troncy (ÉMILE).
1848. Le Salon carré du musée du Louvre.
1849. Pauvres Gens.
Truchet (ABEL).
1850. « Elles ».

Ulmann (Raoul-André).
1851. L'Estacade à Paris; aquarelle.
Umbricht (Honoré).
1852. Attelage de bœufs.
1853. Portrait de Miss N.
Valentino (Mlle Amélie).
1854. Portrait de Mme L. d'Haïti; pastel.
Vallayer-Moutet (Mlle P.).
1855. Le Rieur; pastel.
Vauthier (Pierre-Louis).
1856. Bords de la Sambre.
1857. Paris : le Marché aux pommes.
Vaux-Bidon (Mlle M.-A. de).
1858. Portrait; miniature.
Vayson (Paul).
1859. L'Enfant prodigue.
1860. Le Chemin du marché.
1861. La Fenaison.
1862. Le Rappel des vaches en Sologne.
1863. Le Départ pour les arènes.
1864. L'Engasado.
Vaysse (Léonce).
1865. Nuit de juin.
Veber (Jean).
1866. Conte de fées.
1867. L'Or.
1868. L'Homme aux poupées.
Vibert (Jehan-Georges).
1869. Le Roi de Rome (signature du second Concordat en 1813, dans la salle du Trône, au palais de Fontainebleau).
1870. Les Cadets de Gascogne.
1871. L'Ordinaire du couvent.
1872. Le Médecin malade.
1873. Les Allées du monastère.
1874. L'Épuration d'une bibliothèque.
1875. Le Grand Bassin.
1876. Le Fumeur.
1877 à 1880. Aquarelles.
Vidal (Eugène-Vincent).
1881 et 1882. Études; pastels.
Vignal (Pierre).
1883 à 1885. Aquarelles.
Villedieu (Mlle Marie).
1886. Portrait de Mme Segond-Weber.
1887. Portrait de Mme de S.
Vogel (Hermann).
1888 à 1890. Dessins.
Voisin (Mlle Marguerite).
1891. Miniatures.
Vollet (Henry-Émile).
1892. Le Départ des rois mages.
1893. Au Crépuscule.
1894. Nocturne à deux voix.

Vollon (Antoine).
1895. Un Buveur.
1896. Coin de cuisine.
1897. Le Potiron.
1898. L'Automne.
1899. Bord de mer à Trouville.
1900. Mappemonde.
1901. Nature morte.
1902. L'Été.
Vollon (Alexis).
1903. Portrait de Mme A. V. et de ses enfants.
1904. Portrait de M. Antoine Lumière.
Vuillefroy (Félix de).
1905. Matinée d'été : l'aube.
1906. Venta dans la sierra d'Avila.
1907. Rentrée des vaches à Saint-Jean-de-Luz.
1908. Deux bonnes Bêtes.
1909. Une Posada à Ségovie.
1910. Effet de lune, le dormoir.
1911. Vaches normandes.
1912. Jeune Cheval percheron.
Wagrez (Jacques).
1913. Un Maître de chapelle de St-Marc, Venise, XVe siècle.
Waidmann (Pierre).
1914. Coucher de soleil (lac Léman).
1915. Le Trou de Noir-Gueux.
Wallet (Albert).
1916. Le Soir.
1917. La Source.
1918. Calme.
Watelin (Louis-Victor).
1919. Vue de Benac (Dordogne).
Weber (Théodore).
1920. Gros temps au Tréport.
Weertz (Jean-Joseph).
1921. Portrait de Mme X. D.
1922. Portrait de Mme G. du R.
1923. Portrait du général baron de Freedericks.
1924. Portrait de M. Brisson.
1925. Portrait de Mlle W.
1926. Portrait de M. Dubail.
1927. Pour l'Humanité, pour la Patrie !
1928. Nuit du 9 au 10 thermidor.
Weisz (Adolphe).
1929. Portrait.
Wencker (Joseph).
1930. M. Boulanger, maître ferronnier.
1931 à 1934. Portraits.
1935. Nymphe chasseresse.
1936. Soir d'été.
1937. Portrait de Mme D.
Wéry (Émile).
1938. Dernières lueurs.
1939. Soir d'orage.

1940. Fille de Penmarch.
1941. Retour d'école, Plougastel.
1942. Canal, à Edam.
   Winter (Pharaon de).
1943. Un Bobineur, Flandre.
1944. Portrait de Mme D.
1945. La Famille P. D. W.
   Worms (Jules).
1946. Un Maréchal ferrant à Avila.
1947. Une Harpiste.
   Yarr (Edmond).
1948. Pins et Tamaris.
1949. Printemps en Provence.
   Zo (Achille).
1950. Après la procession, Burgos.
1951. La Maison des enfants trouvés, à Cordoue.
1952. La Plazuela del Angel, à Séville.
   Zo (Henri).
1953. Un Incident (courses de taureaux).

Zwiller (Marie-Augustin).
1954. L'Industrie en Alsace, le pliage.
1955. L'Industrie en Alsace, le tissage.
   Ziem (Félix).
1956. Un tableau.
1957. Venise.
1958. Stamboul.
1959. Venise; aquarelle.
1960. Hollande; dessin.
   Zuber (Jean-Henri).
1961. Une Coupe en forêt (Haute-Alsace).
1962. Les Marches de marbre rose à Versailles.
1963. Le Passé, Versailles.
1964. Un Lever de lune au cap d'Antibes.
1965. Journée orageuse, environs de Fontainebleau.
1966. Brume du soir, bords du Loing.
1967. Les Champs-Élysées détrempés.
1968 à 1972. Aquarelles.

SCULPTURE ET GRAVURE EN MÉDAILLES ET SUR PIERRES FINES

Aizelin (Eugène).
1. Judith.
   Allar (André).
2. M. Paul Sédille.
   Allouard (Henri-Émile).
3. Jeanne d'Arc.
4. Une source.
5. Pater Noster.
   Amy (Jean-Barnabé).
6. Huit masques.
   Anglade (Alexandre).
7. Pro fide.
   Ardignac (Guillaume).
8. Le Mexique.
   Ascoli (Joseph).
9. Clytie métamorphosée en tournesol.
   Astanières (Clément Comte d').
10. Bon petit diable.
    Astruc (Zacharie).
11. Le Moine, extase dans le sommeil.
    Aubé (Jean-Paul).
12. Glorification de la Charité, couronnement de l'Hôtel de la charité érigé par Mme la comtesse de Castellane.
13. La France convie la Russie à visiter sa capitale.
14. La Reconnaissance; statuette bois, avec la collaboration de M. Lalique.
15. Normande.
    Badin (Jean-Victor).
16. Le Génie de la forêt.

Bailly (Charles-François).
17. La Serbie.
    Bareau (Georges-M.-V.).
18. Pour le Drapeau.
19. Le Temps créant la Sagesse.
20. Diane.
21. M. le général de Biré.
22. M. le baron de Lareinty, sénateur.
    Barrau (Théophile).
23. Matho et Salammbô.
24. Suzanne.
    Barrias (Ernest-Louis).
25. Monument de Victor Hugo.
26. La Nature se dévoilant.
27. Bacchante.
28. Flore.
29. Fille d'Ève.
    Bartet (Victorien-Antoine).
30. Madeleine.
    Bartholdi (Frédéric-Auguste).
31. Vercingétorix.
32. Lazarus Schwendi.
33. Adieu au pays.
34. M. le député Guichard.
    Bartholomé (Albert).
35. Fragment du monument aux Morts.
    Becquet (Just).
36. La Seine à sa source.
37. Christ au tombeau.
38. M. Himly.
39. La Voix du violoncelle.
40. Penseur.

Béguine (Michel-Léonard).
41. Charmeuse.
Bénet (Eugène).
42. Obsession.
Bernard (Joseph-Antoine).
43. Espoir vaincu.
Bertaux (Mme Léon).
44. Psyché sous l'empire du mystère.
Berthoud (Paul-François).
45. Mlle A...; buste marbre.
Besnard (Mme Ch.-Gabrielle).
46. Saint François d'Assise.
Béville (Paul-Jules-Albert).
47. Six médailles en argent.
Beylard (Charles).
48. Peau d'âne.
Blanchard (Jules).
49. Mgr l'évêque Wicart.
50. Andromède.
51. Phryné.
Bloch (Armand-Lucien).
52. Communiante.
53. Saint Joseph.
54. Martyr.
Blondat (Max).
55. La Femme.
56. Jeanne d'Arc; céramique.
57. Le Baiser; étain.
58. Cloche de Pâques; lampe, bronze.
Boisseau (Émile-André).
59. Isabelle d'Este.
60. Diogène brisant son écuelle à la vue d'un enfant qui boit dans sa main.
61. Les Fruits de la guerre.
62. Les Fils de Clodomir.
63. Oysel, le troubadour du pays bleu.
64. Mousmé japonaise.
Borrel (Alfred).
65. Médailles et plaquettes en argent.
Bottée (Louis-A.).
66. Gravures en médailles.
67. Le Reliquaire.
68. Sainte Marthe.
Boucher (Alfred).
69. A la Terre.
70. Tendresse.
71. La Naissance de la Terre.
72. Philosophie de l'histoire.
73. Aux champs.
74. Buste de M. Casimir-Perier.
Bouillon (Théophile-Henri).
75. L'Amour fuyant la Misère.
Bourdelle (Émile).
76. Aphrodite.

Bourgeois (Maximilien).
77. Médailles et plaquettes.
78. Portraits.
Bouval (Maurice).
79. Vamireh en chasse.
80. Les Raisins.
Boverie (Eugène-Jean).
81. Caïn.
82. Amiral de Verninac.
83. Portrait d'homme.
Brou (Frédéric).
84. Ève. « Elle s'aperçut qu'elle était nue ».
Buat (Joseph).
85. M. Bonnaud.
Cadoux (Edme-Marie).
86. La Coquille.
Capellaro (Paul-Gabriel).
87. Le Déluge.
Captier (François-Étienne).
88. Premières joies maternelles d'Ève.
89. Esclave et Furie vengeresse.
Carabin (François-Rupert).
90. Six statuettes, danse serpentine.
91. Médaille, le Journal.
Cariat (Lucien-J.-H.).
92. Sept médailles.
Carlès (Antonin-Jean).
93. Junon.
94. Soldat expirant.
95. Portrait de Mme C.
96. Portrait de M. P. Romet.
97. Portrait du peintre Chartran.
98. Portrait de M. J. C.
Carlier (Émile-Joseph).
99. Le Destructeur.
100. Gilliatt.
101. Mme Roland.
102. Le Miroir.
Carlus (Jean).
103. Monument des trois instituteurs de l'Aisne.
104. Portrait.
Caron (Alexandre-Auguste).
105. Ève.
Carriès (Feu Jean).
106. Portrait de Carriès.
107. La Religieuse.
108. La Hollandaise.
109. L'Enfant endormi.
110. La petite Béguine.
111. Jeune fille.
112. Le Mineur.
113. L'Infante.
Casini (Ernest).
114. Médaillons et plaquettes.

Castex (Louis).
115. Vision de la Vierge.
Caussé (Julien).
116. Le Lierre.
117. Musique.
Cazin (Mme Marie).
118. Saint Marc.
119. Saint Jean.
120. Jeunes filles.
Cazin (J.-M.-Michel).
121. Médailles et plaquettes.
Champeil (J.-B.-Antoine).
122. Muse exilée.
Chaplain (Jules-Clément).
123. Médailles.
Charpentier (Alexandre).
124. Les Boulangers.
125. Mère allaitant son enfant.
126. La Fuite de l'heure.
127. Médailles et plaquettes.
128. Portraits et plaquettes.
129. Portraits.
Charpentier (Félix-Maurice).
130. La Chanson.
131. Les Lutteurs.
132. L'Étoile filante.
133. L'Illusion.
134. La Pomme et la Vigne.
135. Portrait de M. Deschanel, président de la Chambre des députés.
Chatrousse (Feu Émile).
136. Jeanne d'Arc.
Chéreau (Eugène-Jean).
137. Minerve.
Chevré (Paul).
138. Le Réveil de Flore.
Claudel (Mlle Camille).
139. La profonde Pensée.
140. Le Rêve au coin du feu.
141. Ophélie.
Claus (Eugène).
142. Vingt-huit médailles.
Clausade (J.-Louis).
143. Beaumarchais.
Clerget (Alexandre).
144. Consultation.
Colombier (Mme Amélie).
145. Buste du prince de Sagan.
Convers (Louis).
146. L'Énigme.
147. La Légende et le Passé.
148. La Justice.
149. Salomé.
Cordier (Henri).
150. Cheval à la sphère.
151. Bouvier à la charrue.

152. Assad, cheval arabe.
153. Buste d'enfant.
Cordonnier (Alphonse-Amédée).
154. Obsessions.
155. Inoculation.
156. Marchand de dieux antiques.
Cornu (Vital).
157. Crépuscule.
158. Spleen.
Coudray (Alexandre-Lucien).
159. Médailles et plaquettes.
Coulon (Jean).
160. Rêve d'amour.
Coutheillas (Henri-F.).
161. Le Chêne et le Roseau.
Crauk.
162. Mausolée du cardinal Lavigerie.
163. Le Centaure.
Croisy (Feu Aristide).
164. Enfant à la poupée.
Cros (Henry).
165. L'Histoire du Feu.
166. Portrait de Mme C. L.
167. Un vase : le centaure Chiron, Circé.
168. Un vase : sujet pastoral.
169. Sujets divers.
170. Masques et médaillons.
171. Un grand vase.
172. Une coupe.
Curillon (Pierre).
173. Monaco (salle des Fêtes).
Dagonet (C.-Ernest).
174. Chasseur d'ours, âge de pierre.
Daillion (Horace).
175. Vauvenargues.
176. Coucher de l'enfant.
Dalou (Aimé-Jules).
177. Albert Wolff.
178. Armand Renaud.
179. Étude de paysan.
180. Albert Liouville.
181. Charles Floquet.
182. Jean Gigoux.
183. Dr Paul Richer.
184. Me Cresson.
Damé (Ernest).
185. Un bas-relief pour le Palais de la céramique.
Daniel-Dupuis (Feu Jean-B.).
186. Médailles et plaquettes.
Darbefeuille (Paul).
187. Danseuse ; plâtre.
Daussin (Émile).
188. Médailles.
Debrie (Gustave).
189. « Un coup de collier ».

Dejean (Louis).
190. Danseuse.
191. Femme à la canne.
Delacour (Clovis).
192. Andromède.
Delorme (Jean-André).
193. Désespoir.
Deloye (Feu).
194. Médailles.
Delpech (Jean-Marie).
195. Médailles et plaquettes.
Demagnez (Mlle Marie-A.).
196. Poésie.
Demaille (Louis).
197. M. Sextius Michel.
198. Mme D...; buste.
Deplechin (Eugène).
199. Amphitrite.
Derchou (J.-A.-A.).
200. Daphnis changée en laurier.
Derré (Émile).
201. L'Ame des vieilles pierres.
202. Chapiteau des Baisers.
203. Statue de Ch. Fourier.
Desca (Edmond).
204. Les Torrents.
Deschamps (Frédéric).
205. Coq et poussins.
Deschamps (Léon-Julien).
206. En Moisson.
207. 13 médailles.
208. Portraits.
209. Tête de jeune dauphin.
Desruelles (Félix-Alfred).
210. Pastorale.
211. Job.
212. Enfant prodigue.
Devenet (C.-M.).
213. Màconnaise.
214. Bressane.
Dolivet (Emmanuel).
215. La Nuit.
216. Leperdit, ancien maire de Rennes.
Domas (Louis-Théodore).
217. Catherine de Russie; camée.
218. Mercure dérobant à Apollon son carquois ; camée.
219. Minerve ; camée.
Dropsy (Émile).
220. Médailles et plaquettes.
Drouot (Édouard).
21. L'Amateur.

Dubois (Alphée).
222. Médailles et plaquettes.
Dubois (Ernest).
223. Le Pardon.
224. Monument de Bossuet.
Dubois (Paul).
225. Jeanne d'Arc.
226. Louis Pasteur.
227. Professeur Lannelongue.
228. Comte de Franqueville.
229. E. Legouvé, de l'Académie française.
230. Portrait d'enfant.
231. Statue tombale de Mgr le duc d'Aumale.
Dubois (Henri).
232. Médailles et médaillons.
Ducoudray (Mlle Marie).
233. Une Humble.
Ducrot Icard (Mme Francine).
234. Les Vierges folles.
Dumontet (Mme Gabrielle).
235. Le Père Élie.
236. Buste de M. D.
Duverger (Maurice-A.-Véron).
237. Simple jeunesse.
Enderlin (Louis-Joseph).
238. Meissonier.
239. Didier, graveur.
Escoula (Jean).
240. Mort de Procris.
241. Portrait de Mme U.
242. Pastorale.
Escoula-Marot (Jean-Marie).
243. Le Défi.
Eustache (Sylla).
244. Plaquettes.
245. Mme Sarah Bernhardt.
Fagel (Léon).
246. Chevreul.
247. J. Cavelier.
248. Le Greffeur.
249. La Foi.
250. La Vaillance.
Faivre (Ferdinand).
251. L'Enfance de Bacchus.
Falguière (Feu Alexandre).
252. La Rochejaquelein.
253. Cardinal Lavigerie.
Ferrand (Ernest-Justin).
254. M. Mérillon.
Ferrary (Maurice).
255. Diane.
256. Salammbô.
257. La Sulamite.
258. Favorite.
259. Léda.

Fix-Masseau.
260. Emprise.
261. Le Secret.
262. Buste de femme.
Fontaine (EMMANUEL).
263. Inspiration.
Fouques (HENRI-AMÉDÉE).
264. Five o'clock, chien.
Fourquet (LÉON-CHARLES).
265. Portrait de Mme Labbé.
Frémiet (EMMANUEL).
266. Orang-outang et Sauvage.
267. Homme de l'âge de la pierre et ours.
268. Saint Michel.
269. Saint Georges.
270. Buste colossal de de Lesseps.
271. Statue tombale de Me Dru.
272. Louis XIII.
273. Char de Minerve, faisant partie d'un surtout.
Frère (JEAN).
274. L'Amour piqué.
Fresnaye (Mlle MARIE).
275. Le Ruisseau.
Froment-Meurice.
276. Une médaille.
Galbrunner (PAUL-CHARLES).
277. Portrait de Mlle M. H.
278. Portrait de feu M. S. S.
Gardet (Feu ANTOINE-JOSEPH).
279. Penseur.
Gardet (GEORGES).
280. Panthères.
281. Lions.
282. Tigres.
283. Chien danois.
284. Perruches inséparables.
Gasq (PAUL).
285. Réveil de la source.
286. M. Mazeau, président de la Cour de cassation.
287. M. Magnin, vice-président du Sénat.
288. M. S. Liégard.
289. M. A. Joliet.
290. M. Pontrémoli, architecte.
Gaudez (ADRIEN).
291. Joie et Labeur.
Gaulard (ÉMILE-F.).
292. Statuettes et camées.
293. M. Hubert Weiss.
Germain (JEAN-BAPTISTE).
294. David devant Saül.
Guilbault (FERDINAND).
295. Médailles et plaquettes.
Grandmaison (NICOLAS DE).
296. Les Arts.

Granet (PIERRE).
297. La Source.
298. République.
299. Patineuse.
Granger (Mlle GENEVIÈVE).
300. Médailles.
Gréber (HENRI-L.).
301. Coup de grisou.
302. Prière du soir.
303. Buste de M. Frémiet.
304. Phryné.
Gruyer-Cailleaux (Mme MARIE).
305. Adieu.
Guglielmo (LANGE).
306. Faucheur battant sa faux.
Guilbert (ERNEST-CH.-D.).
307. Sapho.
Guillaume (ÉMILE).
308. Mater Dolorosa.
309. Buste de Mme C.
Guillaume (EUGÈNE).
310. Andromaque.
311. Orphée.
312. Chevreul à cent ans.
Guillot (ANATOLE).
313. Chasseur d'aigles.
Guittet (GEORGES).
314. Porteur d'eau africain.
315. Narcisse.
Hamar (FERNAND-JOB-JOSEPH).
316. Le Fauconnier.
Hannaux (EMMANUEL).
317. Fleur de sommeil.
318. Orphée.
319. Mercure et Bacchus.
320. Sainte Cécile.
Heller (FLORENT-ANTOINE).
321. Médailles.
Hercule (B.-L.).
322. Naïade se mirant dans une source.
Hexamer (FRÉDÉRIC).
323. Mélodie.
Hildebrand (BERNARD).
324. Camées.
325. Esmeralda; camée.
Hiolles (MAXIMILIEN).
326. La Bulgarie (Salle des Fêtes).
Hirou (ERNEST).
327. Chattes.
328. Buste de Thiron.
Holweck (LOUIS).
329. Sylvains.
Houdain (ANDRÉ D').
330. Chien danois.
331. La Guerre.

Houssin (ÉDOUARD).
332. Mme Demont-Breton.
333. M. Jules Breton.
Hugues (JEAN).
334. La Muse de la Source.
335. Potier.
336. Venise.
Icard (HONORÉ).
337. Nautonier.
338. L'Araignée.
339. Les Vierges folles.
Injalbert (J.-ANTONIN).
340. Vase.
341. Bacchante et satyre.
342. Nymphe surprise par un satyre.
343. Buste de femme.
Itasse (Mlle JEANNE).
344. Harpiste égyptienne.
345. M. Itasse.
346. Bacchante.
Jaques (MARCEL).
347. Vieille femme.
348. Jeune femme.
349. Vieille femme.
Jacquot (CHARLES).
350. Jeanne d'Arc.
Janvier (VICTOR).
351. Médailles.
Kinsburger (SYLVAIN).
352. Extase.
Lafont (ÉMILE-R.).
353. L'Ame des ruines.
354. Vierge au fuseau.
Lagrange (JEAN).
355. Monnaies abyssines.
Laheudrie (EDMOND DE).
356. « Martyr ».
Lambert (A.-GUSTAVE).
357. Pierres fines.
Lami (STANISLAS).
358. Chienne fox terrier.
359. Première faute.
Laoust (ANDRÉ).
360. Menuet.
Laporte (ÉMILE).
361. Hiver.
362. Médailles.
Laporte-Blairsy (LÉO).
363. Le Menuet.
364. Caresses de Faune.
Larche (F.-R.).
365. La Prairie et le Ruisseau.
366. La Tempête.
367. Les Violettes.
368. Jésus enfant devant les docteurs.

369. La Sève.
370. Au Miroir.
Larroux (ANTONIN).
371. Retour de chasse au sanglier.
372. « Garde ton paradis, nous emportons l'amour ».
La Vergne (SIMON DE).
373. Vasque décorative.
Lechevrel (ALPHONSE-E.).
374. Pierres fines.
375. Médailles.
Lecourtier (PROSPER).
376. Chienne danoise.
377. Chien de guerre mort au champ d'honneur.
Le Double (F.-A.-M.-A.).
378. Plaquettes.
Ledru (AUGUSTE).
379. Coquille.
Le Duc (ARTHUR.-J.).
380. Vieille laitière normande.
381. Le Connétable de Richmond.
382. Jument syrienne et son poulain.
Lefebvre (HIPPOLYTE).
383. Le Pardon.
384. Niobé.
385. Mignon.
386. Plaquettes et médailles.
Lefevre (CAMILLE).
387. Dans la rue.
388. Bonheur.
Legastelois (JULES-PROSPER).
389. Plaquettes.
Lemaire (GEORGES-HENRI).
390. Pierres fines.
391. La Mort de Narcisse ; camée.
392. Messagers des dieux ; onyx.
Lemaire (HECTOR).
393. Princesse Marie d'Orléans.
394. Roche qui pleure.
395. Madeleine.
396. Il primo amore.
Lenoir (ALFRED).
397. Maréchal Canrobert.
398. Edmond de Goncourt.
399. Albert Lenoir.
400. M. Vauthier.
401. M. Michel Chausson.
Léonard (AGATHON).
402. Infante hollandaise.
403. La Prière.
404. Désespoir.
Léo-Roussel.
405. La Turquie (Salle de Fêtes).
Leroux (ÉTIENNE).
406. Mgr Tregaro, évêque de Séez.

Leroux (Gaston-Veunevot).
407. Ausone.
408. L. Fugère.
Letourneau (Édouard).
409. Seule.
Levasseur (Henri-Louis).
410. La Perle.
411. Jeanne d'Arc.
412. La Source.
Lévy-Dhurmer (Lucien).
413. La Sorcière.
Liénard (Émile-Désiré).
414. Le Chien de Rabelais.
Lindauer (Edmond-E.-É.).
415. Médailles.
Loiseau-Bailly (Georges).
416. Le Souvenir.
Loiseau-Rousseau (Paul-L.-E.).
417. Esclave empoisonné.
418. Crucifié.
419. Jeune Hollandaise.
Lombard (Henry).
420. Samson et Dalila.
421. Apollon vainqueur.
Lorieux (Julien).
422. Médailles.
Lormier (Édouard).
423. Le Palais de l'optique.
424. Le Sauveteur.
Louis-Noël (Hubert).
425. Le Cardinal Guibert.
426. Le Père Olivaint.
427. Henry Jouin.
Loyseau (Amédée).
428. Groupe de bassets.
Loysel (Jacques).
429. L'Écueil et la Vague.
430. La Névrose.
Maillard (Auguste).
431. Chute d'Icare.
432. Docteur Guermonprez.
433. Jules Lombard.
Malric (Louis-Charles).
434. Narcisse.
Maniglier (H.-Charles).
435. Bacchante.
Mariotou (Claudius).
436. Byzance.
Marioton (Eugène).
437. Élégie.
Marqueste (Laurent-H.).
438. Ève.
439. Maternité.
440. La Cigale.

Marquet de Vasselot (Anatole).
441. Monument de Schœlcher.
Massoulle (André-A.-P.).
442. Madame de Sévigné.
443. Naïade.
Mathet (Louis-Dominique).
444. Flore.
445. Inondation.
Mengue (J.-M.).
446. Caïn et Abel.
447. Source.
448. Tristesse.
Mercié (Antonin).
449. Jeanne d'Arc.
450. Gounod.
451. L'Opéra-Comique.
452. Les Fruits du Midi.
453. Au Sérail.
454. Vestrepain.
Mérite (Édouard-Paul).
455. Groupe de chats.
Michel (Gustave).
456. Vers la lumière.
Moncel (Alponse).
457. Le Lierre.
Moreau (Hippolyte).
458. Dompté.
Moreau (Mathurin).
459. Buste de M. D.
460. Buste de M. V.
461. Buste Ismaël.
Moreau-Vauthier (Paul).
462. Bretonne.
Moria (Blanche-Adèle).
463. Quelle veine !
Morice (Léopold).
464. Sainte Cécile.
465. Souvenir.
Mouchon (Louis-Eug.).
466. Plaquettes et médailles.
Muhlenbeck (Georges-Émile).
467. Chloé.
Mulot (Albert).
468. Le Roi Lear.
469. Le Sommeil de Léda.
470. Le Renard et les raisins.
Navellier (Édouard).
471. Éléphant aux prises avec un crocodile.
Niclausse (Paul-François).
472. Portraits et médailles.
Nocq (Henry).
473. Médailles et plaquettes.

Octobre (Aimé).
474. Le Renard.
475. Le Drapeau.
476. Surprise.
Ogé (Pierre-François).
477. Virginie.
Pallez (Lucien).
478. Némésis.
479. Paul Déroulède.
Paris (Auguste).
480. Orphée et Eurydice.
Patey (Henri-Auguste-Jules).
481. Médailles.
482. Plaquettes et portraits.
Pech (Gabriel-Édouard).
483. Sophocle dansant.
484. Un grand secret.
485. Pierrot et la lune.
Pécou (William-Henri).
486. Buste de feu E. Boëswillwald.
487. Médaillons.
Peene (Augustin).
488. Madeleine au réveil.
Pendariès (Jules-Jean).
489. La Fin du jour.
490. Cher souvenir.
491. Amertume.
Pépin (Édouard).
492. Le Joug.
Perrin (Jacques).
493. Condorcet.
494. Maternité.
Perron (Charles-Théodore).
495. Espièglerie.
Perrotte (Philippe).
496. Portrait de M. Clérice.
Peter (Victor).
497. Arabe et son cheval.
498. Maternité ; lionne et ses lionceaux.
499. Jeunes Ours jouant.
500. Le Lion et le rat.
501. Médaillons.
Peynot (Émile-Edmond).
502. Éternelle lutte.
503. Jeune mère.
Picaud (Charles-Louis).
504. Jeune Fille au tombeau.
505. Mon père.
Pillet (Charles).
506. Plaquettes et médailles.
Plé (Henri-Honoré).
507. Écho des bois.
Pompon (François).
508. Cosette.

Portalis (Conrad).
509. Comte de Laubespin.
Prud'homme (Georges-Henri).
510. Médaille du Tricentenaire de l'Édit de Nantes.
Puech (Denys).
511. Enfant au poisson.
512. Mlle Calvé.
513. La Seine.
514. Saint Antoine de Padoue.
515. Muse de Chénier.
Récipon (Georges).
516. La Harpe et l'Épée.
Revillon (Ernest-Auguste).
517. Médailles.
Richer (Paul).
518. Retour des champs.
519. La Moisson.
520. Jeune Mère.
521. Foot Ball.
522. Discobole.
Ringel d'Ilzach (Jean).
523. Perversité.
524. Mante religieuse et Courtilière.
525 à 527. Symphonies de Beethoven.
528. Médaillon.
Rivière (Théodore-L.-A.).
529. Ultimum Feriens.
530. Salammbô et Mathô.
531. Le Vœu.
532. Charles VI et Odette.
533. Fra Angelico.
534. La Vierge de Sunnam.
535. Mme la comtesse Recopé.
536. Le Calvaire.
Robert (Eugène).
537. Le Réveil de l'Abandonné.
538. Dans les Bois.
Roche (Pierre).
539. J.-K. Huysmans.
540. L'Effort.
541. La Danse du feu.
542. La Femme de Loth.
543. Plaquettes et médailles.
Rodin (Auguste).
544. Le Baiser.
545. Un buste.
Roger-Bloche (Paul).
546. Dans les nuages.
547. L'Enfant.
Roiné (Jules-Édouard).
548 et 549. Médailles.
550. Statuettes et vase.
Roll (Alfred-Philippe).
551. Buste de M. X.

Roty (Louis-Oscar).
552. Médailles et plaquettes frappées.
553. Médailles et plaquettes bronze coulé.

Roubaud jeune (Louis-Auguste).
554. Buste de M. Brodu.

Roussel (Paul).
555. La Mer.
556. Le Pèlerin de la vie.

Roux (Constant).
557. Achille enfant.
558. M. Recoura.

Roze (Albert-Dominique).
559. Résurrection.

Rozet (René).
560. Premières inspirations.

Saint-Marceaux (René de).
561. Nos Destinées.
562. Alexandre Dumas fils.
563. Première Communiante.
564. L'Aurore; figurine.
565. M. Dagnan-Bouveret.
566. Mme de Saint-Marceaux.

Saulo (Georges-Ernest).
567. Mme Vigée-Lebrun.
568. Le Réveil.
569. Fleur de lotus.
570. Prière.
571. M. Le Poittevin.

Savine (Léopold).
572. Christ expirant.
573. Tête de vieille femme.

Schmid (Henry).
574. Feuilles d'automne.

Schnegg (Lucien).
575. Petite fille à six mois.
576. Buste d'homme.
577. Buste de mon Père.
578. Buste de jeune femme.
579. Étude de vieillard.
580. Portrait de Mme X.
581. Buste de ma mère.

Schnegg (Gaston).
582. Bourgeois et Savant.
583. La Tempête.
584. Inquisiteur.
585. Sainte Cécile.
586. Saint François d'Assise.
587. Sainte Famille.

Ségoffin (Victor-Joseph).
588. Semeur de mondes.
589. Judith.
590. Buste de M. Lefèvre.

Seysses (Auguste).
591. Pro Libertate.
592. Le Retour.

Sicard (François).
593. Agar.
594. Le Bon Samaritain.
595. Buste de Mlle S.
596. Mgr le Cardinal Meignan.
597. Baigneuse.

Soulès (Félix).
598. Enlèvement d'Iphigénie.
599. Bacchante à la chèvre.

Suchetet (E.-Auguste).
600. Buste de M. Léon Tripier.
601. Monument de P. Dupont.

Syamour (Marguerite).
602. Statue marbre.

Tarnowski (Michel de).
603. Surprise.

Tasset (Ernest-Paulin).
604. Médailles.

Thivier (Eugène-Siméon).
605. Le Passant.
606. Charmeuse égyptienne.

Thomas (Gabriel-Jules).
607. Hippocrate et Hygie.
608. Homme combattant un serpent.

Thomas-Soyer (Mme Mathilde).
609. Combat de chiens.

Tonnellier (Georges).
610. Camées et pierres fines.

Tournier (Victorien).
611. Buste de M. J.-B. M.

Tourte (Frédéric-Pierre-Marc).
612. Le Retour de l'Infidèle.

Valton (Charles).
613. Ours blanc et Mammouth.
614. Loups sur une piste.
615. Sous l'œil du dompteur.

Vaudet (Auguste-Alfred).
616. Pierres fines.

Verlet (Raoul-Charles).
617. Fontaine pour Bordeaux.
618. Liseuse, monument Maupassant.
619. Comtesse Récopé.
620. Jacques Nozal.
621. Buste de Paul V.

Vermare (André-César).
622. Le Giotto.

Vernhes (Henri-Édouard).
623. Le Soir.
624. Rieur.
625. Madeleine.
626. Le Matin.
627. Madame M.

Vernier (Émile-Séraphin).
628 et 629. Médailles et plaquettes.

Vernon (Frédéric).
630 et 631. Médailles et plaquettes.
632. Les Trois Ages.
Vidal (Henri).
633. Le Paysan du Danube.
634. Caïn.
Villeneuve (J.-L.-Robert).
635. Marsyas.
636. Caïn.

Virion (Charles-L.-E.).
637. Poule et Couleuvre.
Voisin (Henri-Léon).
638. Plaquettes et médaille.
Weyl (Mme Jenny).
639. Germaine.
Yencesse (Ovide).
640. Médailles et plaquettes.

ALLEMAGNE

PEINTURES ET DESSINS

Achenbach (Andreas).
1. Marine.
Achenbach (Oswald).
2. Paysage.
Albrecht (Carl).
3. Rue de village.
Bantzer (C.).
4. La Danse.
Bartels (Hans Von).
5. Le Départ du marin.
Baum (P.).
6. Crépuscule.
Becker (Benno).
7. Paysage.
Becker (Carl).
8. Les Héritiers contents.
Becker (Carl).
9. Marine.
Bergmann.
10. Les Faucheurs de roseau.
Blos (Karl).
11. Portrait de l'artiste.
Bochmann (G. von).
12. Sur la plage (Hollande).
Borchardt (Hans).
13. La Couturière.
Bracht (Eugen).
14. Nuages d'été.
Bredt (F.-M.).
15. Suzanne.
Brendel (Albert).
16. Le Bercail.
Brendel (Carl-Alexandre).
17. Portrait de l'artiste; dessin.

Brütt (F.).
18. Les Jurés.
Bunke (Franz).
19. Paysage.
Dammeier (Rudolf).
20. A la Teinturerie; aquarelle.
Defregger (Franz von).
21. Le Conseil de guerre.
Dettmann (Ludwig).
22. Les Pâques.
Diez (Julius).
23. Dessin.
Diez (Wilhelm von).
24. Une Attaque imprévue.
Dücker (Eugen).
25. Nord-Ouest.
Eichler (R.-M.).
26. Dessin.
Erdtelt (Alois).
27. Tête de jeune fille.
Exter (Julius).
28. Le Lac aux nymphes.
Fechner (Hanns).
29. Dessins.
Firle (Walter).
30. Les Femmes et le Crucifié.
Flad (Georg).
31. Paysage.
Flickel (Paul).
32. L'Enceinte.
Frenzel (Oscar).
33. Vaches à l'abreuvoir.
Freudemann (Victor).
34. La Serre.

Friese (Richard).
35. A mort, combat d'élans.
Fritz (Max).
36. Rue d'une petite ville; aquarelle.
Gebhardt (Von).
37. La Résurrection de Lazare.
Georgi (Walter).
38. Dessin colorié.
Gleichen-Russwurm (L. von).
39. Hymne au printemps.
40. Paysage; aquarelle.
Greiner (Otto).
41. Dessin; pastel.
Grethe (Carlos).
42. Retour du chantier.
Gysis (Nicolaus).
43. Le Printemps.
44. Nature morte.
45. La Fin du siècle; dessin.
Habermann (F.-H. von).
46. Portrait de femme.
Hagen (Theodor).
47. Bords de l'Ilm.
Haider (Carl).
48. Paysage.
Harrach (Comte F.).
49. Portraits de jeunes filles.
Haug (Robert).
50. L'Aurore.
Heichert (O.).
51. Obsèques d'enfant.
Henseler (Ernst).
52. Hoffmann von Fallersleben
Herrmann (Hans).
53. Vieille ville de Hollande
Herrmans (H.).
54. Intérieur; aquarelle.
Hertel (Albert).
55. Nature morte.
Herterich (Ludwig).
56. Ulric de Hutten.
Heyden (Hubert von).
57. Dindons.
Hierl-Deronco (Otto).
58. Portrait.
Hoch (Franz).
59. Paysage.
Hoelzel (Adolf).
60. Paysage.
Hofner (Johann-B.).
61. Volailles.
Holmberg (August).
62. Un Savant.

Hummel (Theodor).
63. Paysage.
Jacob (Julius).
64. Vieux Berlin; aquarelle.
Jank (Angelo).
65. Tableau de genre.
66. Dessin.
Janssen (Gerhard).
67. Poeta Rheni.
Kaiser (Richard).
68. Paysage.
Kalckreuth (Comte L. de).
69. La Vieillesse.
Kallmorgen (Friedrich).
70. La Nuit, scène de rue.
Kampf (Arthur).
71. Le Départ.
Kampf (E.).
72. Village de l'Eifel.
Kampmann (Gustav).
73. Lever de lune.
Kaulbach (F.-A. von).
74. Un Branle.
75. Portrait.
76. Portrait.
Keller (Albert von).
77. Portrait.
78. Esquisses.
Keller (Ferdinand).
79. La Walkyrie.
Kiesel (Conrad).
80. Mme H.; portrait.
Kiessling (Paul).
81. M. G.; portrait.
Knaus (Ludwig).
82. Au Quartier juif.
Koch (Georg).
83. La Visite au haras.
Koner (Max).
84. S. M. l'Empereur Guillaume II.
Krœner (Christian).
85. Soir sur les hauteurs du Harz.
Kubierschky (Erich).
86. Paysage.
Kuehl (G.).
87. L'Église Saint-Jean, à Munich.
Kunz (Adam).
88. Nature morte.
Leibl (Wilhelm).
89. Dans une petite ville.
Leistikow (Walter).
90. Forêt de pins.

Lenbach (Franz von).
91. Portrait.
92. Portrait de femme.
93. Mme de Fabrice.
94. Femme et enfant.
95. Portrait.
Lepsius (Reinhold).
96. Ernest Curtius.
Liebermann (Max).
97. La Femme aux Chèvres.
Liesegang (Hellmuth).
98. L'Allée (Automne).
Lins (Adolf).
99. Les Oies au ruisseau.
Loefftz (Ludwig von).
100. Paysage.
101. Paysage.
Looschen (Hans).
102. L'Auberge au bois; aquarelle.
Ludwig (Carl).
103. Cimetière juif.
Maffei (Guido von).
104. Cerfs.
Max (Gabriel).
105. Singes.
Menzel (Adolf von).
106. En chemin de fer; gouache.
107. Pâtisserie à Kissingen; gouache.
108. L'Atelier; dessin.
109. Devant le monument; dessin.
Meyer (Claus).
110. La Visite.
Meyerheim (Paul).
111. La Ménagerie.
Muehlig (Hugo).
112. Journée d'hiver après la battue.
Müller-Breslau (Georg).
113. Les Bouleaux.
Müller (Richard).
114. Sœur de charité.
Nagel (Wilhelm).
115. Soir d'hiver.
Nissl (Rudolf).
116. Tableau de genre.
Oehme (E.).
117. Les Funérailles; aquarelle.
Papperitz (Georg).
118. Tête de femme.
Petersen (Hans).
119. Marine.
Petersen (W.).
120. Portrait.
Pietschmann (M.).
121. Soir d'été.

Pleuer (Hermann).
122. L'Heure du repos.
Plühr (Heinrich).
123. Une Vieille.
Pohle (Léon).
124. M. L.; portrait.
Rasch (Otto).
125. Concert.
Reichenbach (Comte W.).
126. Silène et faune.
Reiniger (Otto).
127. Effet de brouillard.
Ritter (Caspar).
128. Salomé.
Ritter (Wilhelm).
129. Au mois de mai.
Rochling (Carl).
130. Prise du cimetière, à Leuthen.
Ruths (Valentin).
131. Bruyère.
Saltzmann (Carl).
132. Pêche à la baleine.
Samberger (Leo).
133. Portrait du peintre.
Scheurenberg (Josef).
134. La Vierge et le berger.
Schleich (Robert).
135. Tableau de genre.
Schmidt (Max).
136. Côte d'Angleterre.
Schonleber (Gustav).
137. Besigheim.
Schramm-Zittau (Rudolf).
138. Volaille.
Schreuer.
139. Les Cosaques au Rhin.
Seiler (Carl).
140. Frédéric le Grand en voyage.
Simm (Franz).
141. Concert d'amateurs.
Skarbina (Franz).
142. Le Jour des morts.
Slevogt (Max).
143. Schéhérazade.
Stadler (Toni).
144. Paysage.
Stahlschmidt (Max).
145. La Métairie.
Steinhausen (Wilhelm).
146. Saint-Christophe.
Sterl (R.).
147. Le Berger.

Stremel (A.).
148. Intérieur flamand.
Stück (Franz).
149. Bacchanale.
150. La Guerre.
151. Étude.
Thedy (Max).
152. Mme la comtesse Goertz.
Thoma (Hans).
153. Paysage.
Trübner (W.).
154. Portrait de l'artiste en armure.
Tübbecke (Paul).
155. Une Aquarelle.
Uhde (Fritz von).
156. Mes Enfants.
157. Naissance du Christ.
Vogel (Hugo).
158. Portraits.

Volkmann (Hans von).
159. Champ d'avoine.
Volz (Wilhelm).
160. Les Anges du tombeau.
Weichberger (Eduard).
161. Sous bois.
Weishaupt (Victor).
162. Vaches.
Wendling (G.).
163. Intérieur d'une église.
Wenglein (Josef).
164. Paysage.
Willroider (Ludwig).
165. Paysage.
Zimmermann (Ernst).
166. Nature morte.
Zügel (Heinrich).
167. Vaches.
168. Porcs.

SCULPTURE

Begas (Reinhold).
1. L'Étincelle électrique.
2. Mausolée Strousberg.
3. Prométhée.
4. Caïn et Abel.
Begas (Werner).
5. Guillaume Wolff.
Beermann (Capri-Adolf).
6. Centaure.
Breuer (Peter).
7. Adam et Ève.
Brütt (Adolf).
8. Danseuse au glaive.
Cauer (Ludwig).
9. Télémaque.
10. La Soif.
Christ (Fritz).
11. Le Péché.
Diez (Robert).
12. La Tempête.
Dittler (Emil).
13. Mélusine.
Eberlein (Gustav).
14. Adam et Ève.
15. Adam et Ève.
16. Piéta.
Epler (Heinrich).
17. Deux mères.
Everding (Hans).
18. Portrait.

Felderhoff (Reinhold).
19. Diane.
Flossmann (Joseph).
20. Mariette.
Freese (Ernst).
21. La Baigneuse.
Friedrich (Nicolaus).
22. Lieur de sandales.
Gaul (August).
23. Chèvres de la campagne romaine.
24. Autruche en fuite.
Geyger (Ernst-Moritz).
25. Taureau de la campagne romaine.
Goetz (Johann).
26. Puiseuse d'eau.
Hahn (Hermann).
27. Judith.
28. Adam.
29. Ève.
Heising (Bernard).
30. L'Enfant Prodigue.
Herter (Ernst).
31. Le Tyran des mers.
Hildebrand (Adolf).
32. Charles Théodore, duc de Bavière.
33. Son Exc. de Pettenkofer.
34. Le Peintre A. Bœcklin.
Hoesel (Erich).
35. Le Hun.
Hosaens (Hermann).
36. Après le combat.

Janensch (Gerhard).
37. Portrait d'enfant.
Janssen (Carl).
38. Général Ziethen.
39. Statuette.
Kaufmann (Hugo).
40. Vénus Anadyomène.
Klimsch (Fritz).
41. La Danseuse.
Kopf (Joseph von).
42. Portrait de Döllinger.
Kruse (Max).
43. Jeune Amour.
Lessing (Otto).
44. Portrait de Louis Knaus.
Manzel (Ludwig).
45. Chanson de nuit.
Netzer (Hubert).
46. Ève.
Pöppelmann (Peter).
47. Baigneuse.
Rümann (Wilhelm von).
48. S. A. R. la princesse Thérèse de Bavière.
49. Buste du Dr Brunn.
Schichtmeyer (Johannes).
50. Marguerite.
Schilling (Johannes).
51. La Truite.
Schott (Walter).
52. La Fille à la boule.
53. Portrait d'enfant.

Starck (Constantin).
54. Hommage.
Stehle (Aloïs).
55. Lotte.
Streitmüller (August).
56. Cabrioles.
Stuck (Franz).
57. Athlète.
58. Amazone.
59. Danseuse.
60. Centaure blessé.
Taschner (Ignaz).
61. Saint Martin.
62. Brigand.
Tuaillon (Louis).
63. L'Amazone.
Uphues (Josef).
64. L'Archer.
65. Frédéric le Grand.
Vogel (August).
66. Rodolphe de Habsbourg.
Volz (Hermann).
67. Statuette.
Waderé (Heinrich).
68. Rosa Mystica.
69. Jeune Fille.
Widemann (Willy).
70. L'Empereur Maximilien.
Wrba (Georg).
71. Europe.
Wünsche (Emil).
72. Bassets.

AUTRICHE

PEINTURES ET DESSINS

Ales (Nicolaus).
1. Kunes de Belovic.
Alt (Rudolf von).
2 et 3. Fonderies de fer; aquarelles.
Ameseder (Edouard).
4. Le Soir.
Andri (Ferdinand).
5. Paysans de la Basse-Autriche.
6. Octobre.
7. Un vieux domestique.
8. Après la Foire ; dessin.

Angeli (Heinrich).
9. S. M. l'Impératrice Frédéric.
Arlik (Emil).
10. Chanson d'automne.
11. Dessins originaux.
Augustynowicz (A.).
12. Portrait du Peintre.
Axentowicz (Théodor).
13 à 16. Pastels.
Bernatzik (Wilhelm).
17. Lac de Féerie.

Bernt (Rudolf).
18. Etang ; aquarelle.
Blau (Tina).
19. Vue du Prater, à Vienne.
Boznanska (Olga).
20. Portrait.
21. Etude ; pastel.
Brozik (Wenzel von).
22. Portrait.
Burger (Léopold).
23. L'Amour terrestre et céleste.
Charlemont (Edouard).
24. Dentellière.
Charlemont (Hugo)
25. Belvédère à Vienne.
26. Paysage.
Ciecliski (V.).
27. Portrait du poète Mickiewitz.
Darnaut (Hugo).
28. Ruines d'un Château.
Dedina.
29. Tableau à l'huile.
Deluge (Aloïs).
30. Les Nornes.
Deutsch (Ludwig).
31. Le Départ du Cheick.
32. En prière.
Ditscheiner (Adolf).
33. Paysage.
Dworak.
34. Pygmalion.
Egger-Lienz (Albin).
35. Bénédiction des Champs.
Egner (Marie).
36. Maison solitaire ; aquarelle.
Engelhardt (Josef).
37 à 43. Pastels.
Ernst (Rodolphe).
44. Le Dompteur de tigres.
Esterle (Max).
45. Portrait ; pastel.
Falat (Julian).
46. Chasse à l'ours.
47. Les Piqueurs ; aquarelle.
48. Portrait ; aquarelle.
Flotow (M. Von).
49. Etude de portrait.
Froschl (Carl).
50. Portrait d'Enfant.
Geller (Johann-Nag.).
51. Foire des Croates près de Vienne.
Germela (Raimund).
52. Couple de mariés.

Goltz (Alexander-Demetrius).
53. Vendange en Basse Autriche.
Graf (Ludvig-Ferd.).
54. Paysage près de Concarneau.
Hanisch (Aloïs).
55. L'Averse.
Hercik (Ferdinand).
56. Portrait du professeur Reinsberg.
Hessl (G.-A.).
57. La Rose.
Hilda.
58. Paysage.
Hirémy-Hirschl.
59. Les Ames devant l'Achéron.
Hoermam (Théodor von).
60. Frimas.
Hudecek (Anton).
61. Au bain.
Hynais (Adalbert).
62. Portrait de M. J. H.
63. Décorations pour le Musée de Prague.
Jansa (Vaclar).
Jettmar (Rudolf).
64. Dessins.
Jettel (Eugène).
65. Paysage Hollandais.
66. Etang de canards.
Kasparides (Edouard).
67. Le Prater à Vienne.
Kaufmann (Adolf),
68. La Pluie dans les marais bavarois.
Kavan (Franta).
69. Temps de pluie.
Kirschner (Marie).
70. Peinture à l'huile.
Klimt (Gustav).
71. Philosophie.
72. Portrait.
73. Pallas Athéné.
Knüpfer (Benes).
74. Rêverie.
Konopa (Rudolf).
75. Rive de la Thaya ; pastel.
Kossak (Adalbert).
76. Portrait de S. M. l'Empereur Guillaume II.
Kozakiewicz (Anton).
77. « Laisse le gamin en paix. »
Kramer (Johann-Victor).
78. Portrait de S. Exc. M. Stremayer.
79. Études d'Espagne ; aquarelles.
80. Tableau.
Küpka.
81. Les Fous ; dessin.

Kûpka (Franz).
82. Peinture à l'huile.
83. Trois cartons.
Kurzweil (Max).
84. Guéri.
Lebiedzki (Eduard).
85. Idylle.
Lefler (Heinrich) et **Urban** (Josef).
86. Douze aquarelles tirées du Calendrier Autrichien.
Lichtenfels (Chevalier Ed. de).
87. Les Alpes près de Liezen ; aquarelle.
Liska (E.-K.).
88. Le Veuf.
Malczewski (Jacek).
89. Mélancolie.
Marak (Julius).
90. Peinture à l'huile.
Marinitsch (Christian de).
91. Rentrée la nuit.
Marold (feu Ludek).
92. Aquarelles et dessins.
Matejko (Jan).
93. Les Fiançailles de Jagiellonczyk.
Max (Gabriel).
94. La Clairvoyante de Prévort endormie.
Mehoffer (Josef).
95. Une Chanteuse.
Melnik (Camillo).
96. Portrait.
Merode (Carl von).
97. Intérieur d'une cheminée.
Moll (Carl).
98. Le Repos du Dimanche.
Mucha (Alfons.-Marie).
99. Notre Père ; aquarelle.
100. La Femme ; panneau décoratif.
101. Les Mois ; dessins.
102. La Nature.
Muller (Léop. C.).
103. Femme Fellah.
104. Saltimbanque.
Munk (Eugénie).
105. Tête d'étude.
Myrbach (Fel von).
106. Trois peintures à l'huile.
Nemejc (Auguste).
107. Amour sans espoir.
Passini (Ludvig).
108. Jugement de Pâris.

Pausinger (Clément de).
109. Portrait de Mme de Benardaky.
110. Un portrait.
111. Un pastel.
Pippich (Carl).
112. Naschmarkt, à Vienne.
Pochwalski (Casimir).
113. S. E. le comte Koziebrodzki.
114. Portrait.
Pollak (Richard).
115. L'Amie.
Radimsky (Wenzel).
116. Environs de Giverny.
Radio (Amélie de).
117. Paysage.
118. Peinture sur peau mosaïquée.
Rex (Oscar).
119. Dans la Cikanka.
Ribarz (Rudolf).
120. A Incheville.
Rosenberg (Comtesse Camille).
121. Intérieur.
Russ (Robert).
122. Fête de jardin à Riva.
Schaeffer (Aug.).
123. Un jour de Mars au Wienerwald.
Schindler (Émile feu).
124. La Chaussée.
Schmid (Julius).
125. Portrait de la baronne Eschenbach.
Schmutzer (Ferdinand).
126. Les Merles, paysage.
Schusser (Josef).
127. Soir de Mai.
Schwaiger (Hans), professeur.
128. Le Petit et le Grand ; aquarelle.
129. Le Conseil ; aquarelle.
130. Rue à Bruges ; aquarelle.
131. Les Joueurs et le Diable.
132. Essai de couleurs ; aquarelle.
Sigmund (Ludwig).
133. Ancienne ville de Gratz.
Skramlik (Johann, Chevalier de).
134. Le Rapporteur.
Slaby (Franz).
135. Approche du Printemps.
Slavicek (Anton).
136. Automne.
Spillar (Jaroslav).
137. La lettre impériale.
Stachiewicz (Peter).
138. Les légendes de la Mère de Dieu.

Stanislawski (Jan).
139. Pavots et oignons.
140. Peupliers au bord du Lac.
141 à 147. Pastels.
Stohr (Ernst).
148 et 149. Pastels.
Suppantschitsch (Max).
150. Le Vurnstein sur le Danube.
Svabinsky (Max).
151. Deux études.
Tetmayer (Vladimir).
152. Dimanche de Pâques, en Pologne.
Tomec (Heinrich).
153. Partie du Wienerwad Modling.
Tyrs (Wilhelm).
154. Près du feu.
Uprka (Josef).
155. Mendiant.
Vacha (Rudolf).
156. Portrait.
Vaclar (Janza).
157. L'Etang de Tisy (Bohême).
Veith (Édouard).
158. Fontaine de Jouvence.
Vlcek (August).
159. Portrait du Directeur Korenksy.
Weiss (Adalbert).
160. Portrait de Parents.

Weisse (Rodolphe).
161. Portrait.
Wertheimer (Gustave).
162. Lions.
163. L'Épave.
Wilda (Charles).
164. Prophète Arabe.
Wilt (Hans).
165. Vieille Rue à Eger.
166. Automne à Hallein.
Wirkener (Wenzel).
167. Moulin dans la Forêt.
Wisinger-Florian (Olga).
168. Feuillage tombant.
Witkiewicz.
169. Brume de Printemps.
Wiczotkowski (Léon).
170. Portrait.
Wyspianski.
171. Tête d'étude.
Zenisck (Franz).
172. Général des Chevaliers de la Croix.
Zetsche (Edouard).
173. Partie près de Lichtenworth ; aquarelle.
Zoff (Alfred).
174. Paysage.
175. Soir.
176. Ville de Krems.

SCULPTURE ET GRAVURE EN MÉDAILLES ET SUR PIERRES FINES

Benk (Johannes).
1. Buste de S. M. l'Empereur.
Esterle.
2. Statuette.
Friedl (Theodor).
3. Satyre et Bacchante.
Guerické.
4. Étude de cheval ; cire.
Hellmer (Edmond).
5. Portrait ; marbre.
6. Colonne hermétique.
Hergesel (Frantisek).
7. Notre pain quotidien.
Jakic (Richard).
8. Débris rejetés de la Mer.
Kauffungen (Richard).
9. Thucydide.
10. Statues en marbre.
Kautsch (H.).
11. L'Amiral de Jonquières.
12. Médailles.
13. S. M. l'Empereur.

Korsckaw.
14. La Femme aux lys.
15. Objets d'art.
Kossowski (H.).
16. Portrait ; buste plâtre.
Laszczka (Constantin).
17. Figure en bronze.
Maratka (Joseph).
18. Tireur de glace.
Marschall (Rodolphe).
19. Médailles bronze et argent.
Matsch (Franz).
20. Fontaine pour jardin d'hiver.
Moser.
21. S. E. le comte de Wolkerrstein.
Murka (A.).
22. La nature ; buste bronze.
Mystberk (Vactav).
23. L'Archevêque de Prague.
24. Prince de Schwazenberg.

Pawlik (Franz-X.).
25. Médailles et plaquettes de fonte.
Pohl (Ad.-Jos.).
26. Au Tombeau du camarade.
Popp (Antonin).
27. Le Génie des sciences techniques.
Rantz.
28. Carmen.
Rathausky (Hans).
29. Buste du Dʳ Drasche.
30. Buste de M. H. Holzwarth.
Reinitzer (A.).
31. Joueur de harpe égyptien.
32. Objets d'art.
Ries (Theresa-Feodorowna).
33. Portrait ; marbre.
Saff (Adalbert-Édouard).
34. Amazones Bohémiennes.

Scharff (Anton).
35. Médailles.
Schnirck (Bohustav).
36. Deux frises.
Schwartz (Stefan).
37. Médailles.
Strasser (M. A.-Arthur).
38. Antonine ; groupe bronze.
Tautenhayn (Josef).
39. Plaquettes.
Tilgner.
40. M. Johann Strauss.
41. Prof. Leop Muller.
42. Buste de l'Architecte Kaiser.
43. Buste du Dʳ Bruckner.
Vosnik (Vincenz).
44. Le Christ dans le désert.
Wojtowicz (Peter).
45. L'Enlèvement des Sabines.

BELGIQUE

PEINTURES ET DESSINS

Abry (Léon).
1. Arrivée à l'étape.
Art (Mˡˡᵉ Berthe).
2. Fleurs ; pastel.
Artan (Feu Louis).
3. Marine.
4. Marine.
Asselbergs (Alphonse).
5. Terrasse en hiver.
6. La Kasbah d'Alger.
Baertsoen (Albert).
7. Petite place, le soir.
8. Petite cité, le soir.
Baes (Firmin).
9. Le Tir à l'arc.
Baron (Feu Théodore).
10. La Meuse à Profondeville.
Beernaert (Mˡˡᵉ Euphrosine).
11. Le Couvent de Schilde.
Bellis (Hubert).
12. Cinéraires et Azalées.
Binjé (Franz).
13 et 14. Aquarelles.

Blieck (Maurice).
15. Paysage.
Bouvier (Arthur).
16. Tempête.
Buysse (Georges).
17. Le Sentier de l'église.
Carpentier (Evariste).
18. Derniers beaux jours.
Claus (Émile).
19. Passage des vaches.
Clays (Feu Paul-Jean).
20. Navires dans l'Escaut.
Collart (Mᵐᵉ Marie).
21. Paysage d'hiver.
Coosemans (J.-T.).
22. Paysage d'automne.
Courtens (Franz).
23. L'Automne.
De Bièvre (Marie).
24. Violettes et azalées.
De Braeckeler (Feu H.)
25. L'Atelier.
26. L'École.
27. Intérieur (Anvers).

De Hem (Mlle Louise).
28. Vieille flamande.
Delannois (Alfred-Napoléon).
29. Aquarelle.
Delville (Jean).
30. L'Amour des âmes.
Delvin (Jean).
31. Matinée d'été; pastel.
Devaux (Eugène).
32. Portrait de jeune fille; dessin.
Dierckx (Pierre-Jacques).
33. Femme à la baratte.
Ensor (James).
34. Une Coloriste.
Evenepoel (Feu H.-J.-E.).
35. L'Espagnol à Paris.
Frédéric (Léon-Henri-Marie).
36. Le Ruisseau.
37. Les Écureuses.
38. Les Peleuses de pommes de terre.
Gilsoul (Victor).
39. Lueurs crépusculaires.
Gouweloos (Jean-Léon-Henri).
40. La Veuve.
Hens (Franz).
41. Bourrasque sur l'Escaut.
Heymans (Adrien-Joseph).
42. Automne.
43. La Rentrée du berger.
44. Les Dunes de Nieuport.
Hoeterickx (Émile).
45. Le Ravin du bois de la Cambre.
Horenbant (Joseph).
46. Seul ! (Intérieur flamand).
Janssens (René).
47. Intérieur de sacristie.
Joors (Eugène).
48. Raisins et pêches.
Khnopff (Fernand).
49. L'Encens.
50. Une Aile bleue.
51. Le Silence.
Laermans (Eugène-Jules-Joseph).
52. L'Aveugle.
53. L'Ivrogne.
Lalaing (Comte Jacques de).
54. Portrait de M. Tesch.
Leempoels (Jef).
55. Amitié.
Le Mayeur (Adrien).
56. L'Estacade.
Lemmers (Ferdinand-Georges).
57. Portrait de mon père.

Linnig (Feu Junior-William).
58. Le Démon du jeu.
59. Le Perruquier.
Luyten (Henry).
60. Les Enfants de la mer.
Marcette (Alex).
61. L'Éclaircie.
Mertens (Charles).
62. Le Viatique.
63. Trois Femmes.
64. En Zélande.
65. Série de dessins.
Metdepenninghen (F.-Raphael).
66. Portraits.
Meyers (Isidore).
67. Temps gris.
Motte (Émile).
68. Jeune fille.
Ottevaere (Henri).
69. Vieille Chapelle.
Richir (Herman-Jean-Joseph).
70. Portrait de M. Ch. Weber.
Ronner (Mlle Alice).
71. Pavots.
Rops (Feu Félicien).
72. Juif et chrétien.
73. L'Attrapade; aquarelle.
Rosseels (Jacques).
74. Hiver.
Smits (Eugène).
75. Le Bain.
Stacquet (Henry).
76 à 78. Aquarelles.
Stevens (Feu Joseph).
79. Le Marchand de sable.
80. Chien à la mouche.
Stevens (Alfred).
81. L'Atelier.
82. La Dame rose.
83. La Bête à bon Dieu.
84. La Veuve et ses enfants.
                (Musée de Bruxelles).
85. Le Convalescent.
86. Femme au bouquet.
87. Le Bouquet effeuillé.
88. Femme en vert.
Stevens (Gustave-Max).
89. L'Annonciation.
Stobbaerts (J.).
90. Intérieur d'étable.
91. Cour de ferme.
Struys (Alexandre).
92. La Confiance en Dieu.
93. Maria Maand.
94. Désespéré
                (Musée de Gand).

Trémerie (CAROLUS).
95. Le Calvaire (à Gand).
Uytterschaut (VICTOR).
96. Le Vieux pommier.
97. Banlieue.
Vanaise (GUSTAVE).
98. Chapelle royale (Grenade).
Van Beers (JAN).
99. Portraits; panneau.
100. Jeune femme.
101. Etude.
Van der Ouderaa (PIERRE-JEAN).
102. Retour au tabernacle.
Van Hove (EDMOND).
103. Le Philtre.
Van Leemputten (FRANS).
104. Dimanche sur la digue.
Verhaeren (ALFRED).
105. Le Calvaire.
106. Intérieur de chapelle.

Verhas (Feu JAN).
107. Procession.
Verstraete (THÉODORE).
108. Le Départ des pêcheurs.
109. Printemps en Zélande.
Verwee (Feu ALFRED-JACQUES).
110. Attelage franc-comtois.
111. La Ghilde de saint Guidon.
Vogels (Feu GUILLAUME).
112. Paysage.
Willaert (FERDINAND).
113. Ancien béguinage, à Malines.
Willems (F.).
114. Intérieur.
Wollès (LUCIEN).
115. Portrait de Mme S. Fr.
Wytsman (Mme JULIETTE).
116. Le Moulin rose.
Wytsman (RODOLPHE-PAUL).
117. Les Meules.

SCULPTURE ET GRAVURE EN MÉDAILLES ET SUR PIERRES FINES

Bauwens (JOSEPH).
1. M. E. Robert; buste.
Braecke (PIERRE).
2. Le Pardon.
3. Monument Remy, à Louvain.
Charlier (GUILLAUME).
4. « Misère ».
5. Jeune fille bavaroise.
De Vigne (PAUL).
6. Psyché.
7. L'Espérance.
8. Christ.
Dillens (JULIAAN).
9. Monument Anspach à Bruxelles.
10. Le Silence de la tombe.
11. Van Duyse.
12. Le Laurier.
Du Bois (PAUL).
13. Silence.
14. Diane.
15. Jeune femme à la chaise.
Dupon (JOSUÉ).
16. Jeune Bangala.
17. Le Belluaire.
Lagae (JULES).
18. Père et mère.
19. Pêcheur flamand.

20. Mère et enfants.
21. Pêcheur de l'Adriatique.
Lalaing (JACQUES DE).
22. Le baron Lambermont.
Lambeaux (J.).
23. L'Abondance.
24. Le Triomphe de la femme.
25. La Séduction.
26. Imperia.
Le Roy (HIPPOLYTE).
27. La Conscience.
Meunier (CONSTANTIN).
28. Faucheur.
29. La Moisson, la Terre.
Rombaux (EGIDE).
30. Le Vénusberg.
Rousseau (VICTOR).
31. Le Liseur.
32. La Femme de trente ans.
Samuel (CHARLES).
33. Ulenspiegel et Nele.
34. Mme Juliette Wytsman.
35. Mme W...; buste.
Van Bresbroeck (JULES).
36. Le Peuple le pleure.
Van der Straeten (GEORGES).
37. Sous l'empire.

BOSNIE-HERZÉGOVINE

PEINTURES ET DESSINS

Kaufmann (Adolf).
1. Diorama.

Mucha (Alphonse).
2. Décoration pour le pavillon de Bosnie.

SCULPTURE ET GRAVURE EN MÉDAILLES ET SUR PIERRES FINES

Kautsch (Henri).
1. Médailles commémoratives.

Mucha (Alphonse).
2. Sculpture pour le pavillon de Bosnie.

BULGARIE

PEINTURES ET DESSINS

Danaïloff (Dragan).
1. Portrait.

Drog (César).
2. A Philoppople.

Forcade (Étienne de).
3. Paysage (Sofia).

Horejski (Otto).
4. Oiseaux.

Ilieff (Charalampi).
5. Paysage : le grain.
6. Vue de Rila.

Michaïloff (Nicolas).
7. Danse des nymphes.
8. Le Prisonnier des nymphes.

Mittoff (Antoine).
9. Bazar à Sofia.
10. A la Fontaine.

Mittoff (George).
11. Portrait de M. D. D.

Mrkvicka (I.-V.).
12. Les Guyaoures.
13. Jour des âmes (Sofia).
14. Printemps.
15. Païssy.
16. L'Invasion des Karjalis.
17. Insurgés après la bataille.
18. Paysage.
19. Danse nationale bulgare.
20. S. A. R. la Princesse de Bulgarie.
21. La Princesse de Bulgarie.

Ulrich (Raymund).
22 et 23. Aquarelles.

Vesin (Jaroslav).
24. Un Marché bulgare.
25. Manœuvres militaires à Sofia.

SCULPTURE ET GRAVURE EN MÉDAILLES

Chatz (Boris).
1. Un Soldat russe.
2. Macobbé.
3. Païdard, musicien populaire.
4. Souvenir de Constantinople.
5. Un Garçon qui siffle.
6. Un Chop.
7. Un Macédonien.
8. Médaillons.
9. Cadre en style vieux bulgare.

Spiridonoff (Geko).
10. Une Nymphe.
11. Paysan (étude).
12. Buste de M. D.
13. Buste de M. M.
14. Buste (étude).
15. Étude.
16. Soussanne.

Vassilieff (Marin).
17. S. A. R. la princesse de Bulgarie.
18. A la Fontaine.

DANEMARK

PEINTURES ET DESSINS

Achen (G.).
1. Intérieur.
Ancher (Mme Anna).
2. Un Enterrement.
3. Effet de soleil.
4. Deux Vieux.
Ancher (Michael).
5. Le Noyé.
6. Trois Pêcheurs.
Bache (Otto).
7. Le général Schleppegrell.
Bjerre (Niels).
8. Une Réunion religieuse.
Bloch (Paul).
9. Portrait de M. W. B.
Brasen (H.).
10. Matin d'été.
Christiansen (Paul.).
11. Portrait d'homme.
Christiansen (R.).
12. Le Banquet.
13. Comice agricole.
Clement (G.-F.).
14. Tête d'une jeune Pêcheuse.
Cour (J. La).
15. Soir d'Octobre.
16. Journée de Septembre.
Find (L.).
17. Portrait d'un jeune homme.
Frolich (Lorenz).
18. La Nuit.
19. Les Impulsions.
20. L'Aspiration.
21. Centaures et Loups.
22. Illustration des chants d'Edda.
Hammershöj (Wilhelm).
23. Hiver dans la forêt.
24. Jeune homme lisant.
25. Balayeuse.
26. La Femme de chambre.
27. La Porte blanche.
28. Intérieur.
29. Dans la vieille cour.
30. Trois jeunes femmes.
31. La Nappe blanche.
32. Paysage.
33. Intérieur; dessin.
Hansen (Peter).
34. Une fruiterie.

Haslund (Otto).
35. Deux Frères.
36. Portrait du peintre J. La Cour.
Holsted (Axel).
37. La Fille de Jaïre.
38. Mère et Fille.
Hinrichsen (L.).
39. Collines.
Holm (Harald).
40. Orchidées.
41. Giroflées.
Ilsted (Peter).
42. Petite Fille au piano.
43. Intérieur.
Irminger (V.).
44. La Flle de Jaïre.
45. Passé minuit.
46. Le Christ et ses disciples.
47. Voyage de noce.
48. La Conscience.
49. Les Animaux entrent au Paradis.
Jensen (Gabriel).
50. Soir près d'une ferme.
Jerndorff (August).
51. Le général Bülow.
52. Portrait de Son Ex. M. Estrup.
53. Les Landes du Jütland.
54. Illustrations d'un vieux poème.
55. Illustrations d'un poème de Noël.
Jespersen (Henrich).
56. Lever du soleil.
Jöhansen (Viggo).
57. Une Soirée chez moi.
58. L'Arbre de Noël.
59. L'Anniversaire de grand'mère.
60. Une Dame qui écrit.
61. Maman raconte des histoires.
62. Le Soir.
63 et 64. Paysages.
Jorgensen (Eugèn).
65. Projet (billet de banque).
Kragh (Johannes).
66. Portrait du pasteur K.
Krebs (Mlle Johanne).
67. Portrait.
Kröyer (P.-S.).
68. Une Séance de l'Académie Royale des Sciences.
69. Soir d'été à Skagen.

70. Déjeuner 1893.
71. Portrait de la comtesse Raben-Levetzaü.
72. Edvard et Nina Grieg.
73 à 78. Aquarelles et dessins.

Kynh (V.).
79. Journée de juin.
80. Soir.
81. Soir de novembre.

Larsen (JOHANNES).
82. Ejders.
83. Corneilles.
84. Canards sauvages.

Locher (CARL).
85. Tempête de juillet.
86. Pêcheurs.

Mols (N.-P.).
87. Les Dunes de Raabjerg.
88. Quatre chevaux.
89. Pêcheurs.

Nielsen (EJNAR).
90. Une Malade.
91. Portrait de Mme F.

Niss (THORVALD).
92. Le Sillage.
93. Le Fjord de Kolding.
94. Orage.
95. Paysage.
96. Marine, vent de terre.

Paulsen (JULIUS).
97. Portrait de M. et Mme C. Jacobsen.
98. Mlle Theodora Jacobsen.
99. Au Crépuscule.
100. Coucher de soleil.
101. Un Etang.
102. Dans la chambre à coucher.
103. Une Ferme.
104. Marine.
105. Paysage (effet de nuit).

Pedersen (VIGGO).
106. Soir d'été.
107. Jour d'automne.
108. Un Duo.
109. Prairie.

Philipsen (TH.-E.).
110. L'Automne dans la forêt.
111. Une Etable.
112. Un Chemin.
113. Vaches.

Ring (L.-A.).
114. Printemps.
115. Au Village.
116. Au Village ; l'ivrogne.

Rohde (JOHAN).
117. Portrait du peintre Zahrtmann.
118. Temps gris.
119. Journée sans soleil.
120. La Jetée de Hoorn.

Schlichting-Carlsen.
121. Soir d'été.

Schlichtkrull (J.-C.).
122. Ma petite belle-sœur.
123. Paysage.

Skovgaard (JOAKIM).
124. Le Christ.
125. Le Bon Larron.
126. Au Salon.
127. Arbres pendant la tempête.
128 à 132. Aquarelles.

Skovgaard (NIELS).
133. Paysage.
134. Grues dans les dunes.
135. Les Houles (mer du Nord).
136. La Chanson de Roland.

Slott-Moller (AGNÈS).
137. Adelil la Fière.

Slott-Moller (HARALD).
138. Trois Femmes.

Smidth (HANS).
139. Les Cigognes.

Syberg (FRITZ).
140. Portrait de l'artiste.
141. Une Mère.
142. Paysage, juillet.
143. Une Ferme.
144. Une Colline.

Tegner (HANS).
145. Douze illustrations.

Thomsen (CARL).
146. Le Poète Rahbek.

Thomsen (Mlle PAULINE).
147. Soir, Jutland.

Tûxen (L.).
148. Le Couronnement de Nicolas II.
149. S. M. la Reine Victoria.
150. Portrait de Mme de B.
151. Portrait de Mme T.

Wegmann (Mlle BERTHA).
152. Portrait du peintre Otto Bache.

Wilhjelm (JOHANNES).
153. Escalier à Civita d'Antino.

Willumsen (J.-F.).
154. Ultima Thule.
155. Jeux d'Amours ; aquarelle.

Zacho (CHR.).
156. Soleil du soir.
157. Le Ruisseau, printemps.
158. Coucher de soleil.

Zahrtmann (Kr.).
159. La fête de S. Lidano.
160. Le Mariage mystique.
161. Incarcération de Christina.
162. Jeanne la Folle de Castille.

SCULPTURE ET GRAVURE EN MÉDAILLES ET SUR PIERRES FINES

Aarsleff (Carl).
1. La prière d'Abel.
Bissen (Wilhelm).
2. Chasseresse.
3. M. Georg Brandes.
Bonnesen (Carl-Johan).
4. Du temps des Huns.
5. Un Barbare.
Brandstrup (L.).
6. Buste,
7. Buste.
8. Buste.
9. Buste d'enfant.
Bogebjerg (R.).
10. Une jeune Femme.
Christensen (Thod).
11. La Fille d'Eve.
Hansen (Aksel).
12. Le Christ insulté.
Jensen (Lauritz).
13. Deux chiens de chasse.

Kröyer (P.-S.).
14. Le Professeur R. Bergh.
Mortensen (Carl).
15. Avant la course.
Plockross (Mlle Ingeborg).
16. Gamin et hérisson.
17. Le Peintre Willumsen.
Saabye (A.-W.).
18. Le Professeur Julius Thomsen.
Schultz (Julius).
19. Le Poète A. Oehlenschlaeger.
Stein (Th.).
20. Le Berger Faustulus.
Tegner (Rudolp).
21. Monument funéraire.
22. Buste.
Willumsen (J.-F.).
23. La Guerre.
24. Portrait de l'artiste.

ÉQUATEUR

PEINTURES ET DESSINS

Albuya (J.-D.).
1. Mgr Gonzalès Suarez.
Alvarado (Mlle Palmira).
2. Tableau.
Aranjo (J.-J.).
3. Tableau.
Arcos (Dario).
4. Tableaux.
Becerra (Mlle Dolores-M.).
5. Tableau.
Bernardi (Mlle Rosa-B.).
6. Paysage.
Cazal (Mlle Ana).
7. Dessin à la mine de plomb.
Delgado (José-Ignacio).
8. Le Triomphe de la Vierge.
9. Le saint Linceul.
Encalada (Mlle Carlota).
10. Fusain.

Enfants du travail (Société des).
11. Portraits.
Estrada (Emilio).
12. Paysage.
Gagliardo (Tomas).
13. Tableau.
Garcia (Eladio).
14. Portrait.
Haencel (Secundino).
15. Tableau.
Jauregui (Rosa-Maria).
16. Un tableau.
Léon (Francisco de Paula).
17. Le Fils du riche.
18. Le Fils du pauvre.
Lopez (Modesto).
19. Peinture sur verre.
Loyola (Mlle Josefa).
20. Tableau

Manta (Juan-E.).
21. Portrait; dessin.
Palacios (M*me* Elvira-S. de).
22. Deux tableaux.
Palacios (Josefa-A.).
23. Portrait au crayon.
Pallares Arteta (Leonidas).
24. Peintures sur porcelaine.
Peralta (N.).
25. Portrait; fusain.
Pinto.
26. Tableau.
27. Deux aquarelles.
28. Peinture sur verre.
29. Dessin.
Puig Verdaguer (Jaime).
30. Tableaux.
Reinoso (M*lle* Dolores-M.).
31. Dessin.
Rivas V. (Rafael).
32. Portrait; dessin.

Salas (Rafael).
33. Les Andes équinoxiales.
Salas fils (Rafael).
34. Paysage.
Salguero (S.-Antonio).
35. Étude de femme.
36 à 38. Douze petites études.
Samaniego.
39 à 43. 5 tableaux.
Seminario (Enrique-José).
44. Une rue de Fontarabie.
45. Avant l'orage.
Solano (F.-V.).
46. Portrait; fusain.
Torres (Carlos-V.).
47. Les Armes de l'Equateur.
Torres (M*lle* Elisa).
48. Dessin en couleurs.
Vallejo (A.-M.).
49. Tableau.
50. Peinture sur verre.

SCULPTURE ET GRAVURE EN MÉDAILLES ET SUR PIERRES FINES

Alvarado (Daniel).
1. M. M. L.; buste en bois.
Andrade Torre (Daniel).
2. Buste; bois.
Arts et Métiers (École des).
3. Bustes et figures.
Borja (Carlos-A.).
4. L'Enfant Jésus.
Cordoba (José-R.).
5. Saint Dominique.
Cruz (Fidel).
6. Saint Vincent de Paul.
7. Le Christ et la Vierge.

Pallares Arteta (Leonidas).
8. Sculptures sur bois.
Pozo (Arcesio).
9. Symbole.
Reyes (Daniel-S.).
10. Sculpture; bois.
Vazquez (Juan-R.).
11. Buste; bois.
Velez (José-Miguel).
12. Buste; bois.
Venalcazar (Ignacio).
13. M. Pedro Carbo.

ESPAGNE

PEINTURES ET DESSINS

Alonso y Torres (Lamberto).
1. Marchande d'oignons.
Alvarez Dumont (César).
2. Le Bataillon de Malaga.
3. Aïssaoua.

Arcos (Santiago).
4. Portrait de M. J. J. d'O.
Arredondo y Calmache (R.).
5. Déjeuner dans un jardin.
6 à 8. Vues de Tolède.

Baixeras Verdaguer (Dionisio).
9. En attendant les barques.
Benlliure y Gil (José).
10. La Vallée de Josaphat.
Beruette (Aureliano de).
11. Rives du Tage.
12. Vue de montagnes.
13. Environs de Tolède.
Borras Abella (Vicente).
14. Libre.
15. Qu'il fait froid !
Brull y Viñolas (Juan).
16. Idylle.
17. Offrande.
Cabello Izarra (Segundo).
18. Fin de Siècle.
Cabrera Canto (Fernando).
19. Mors in vita.
Casas (Ramon).
20. Portraits.
Checa (Ulpiano).
21. Derniers moments de Pompéi.
22. Course de chars à Rome.
Diaz Molina (José).
23. Portrait.
Domingo (Francisco).
24. Un Savant.
25. Sainte Claire.
Dominguez Meunnier (Manuel).
26. Marchandes (Noya).
Fabrés (Antonio).
27. La Sentinelle.
28. L'Esclave.
29. La Fiancée.
30. Les Ivrognes.
31. Mort de sainte Thérèse.
Félix (Manuel).
32. Convalescent.
Ferrer y Miro (Juan).
33. La Veille du jour des Rois.
Fillol y Granell (Antonio).
34. La Bête humaine.
35. Dans l'Albufera de Valence.
Fortuny y de Madrazo (Mariano).
36. Portrait.
Gárate y Clavero (Juan-José).
37. Faucheurs.
Garcia y Ramos (José).
38. Sauve qui peut !
Ginés y Ortiz (Adela).
39. Sur un Banc.
Gonzalez Mendez (Manuel).
40. Portrait d'enfant.

Jimenez Aranda (José).
41. Don Quichotte de la Manche.
Jimenez Aranda (Luis).
42. Pendant la moisson.
43. La Tombe du père.
44 à 46. Portraits.
Llaneces (José).
47. Portrait de Sarasate.
Madrazo (Raimundo de).
48 à 51. Portraits.
52. Figure grandeur naturelle.
53. Diverses figures.
Manero de Miguel (Luis).
54. La Campagne à Burgos.
Meifren (Eliseo).
55. Nature.
Menender Pidal (Luis).
56. Le Guide.
57. Salus infirmorum.
Miralles Darmanin (José).
58. De bonne humeur.
Moreno Carbonero (José).
59. La Bataille de Biscayen.
60. L'Aventure des moulins.
Morera (Jaime).
61. Pics de la Najarra.
62. Têtes de fer.
63. Glaciers.
64. Les Arbustes.
65. Brouillard.
Munoz Lucena (Tomas).
66. Idylle.
67. Gardeuse de dindons.
Pahissa y Laporta (Jaime).
68. Environs de Ginestar.
Paredes (Vicenta de).
69. La Jeunesse de Louis XV.
Parladé y Heredia (Andrés).
70. Deux bons amis.
Pasco y Mensa (José).
71. Études.
Pedroso de San Carlos (M.).
72. « Lola »; portrait.
Pinazo Martinez (José).
73. Le voilà.
74. Le Ban.
Plà y Gallardo (Cecilio).
75. Amour vainqueur.
76. La Petite-fille.
Pujol Guastavino (Clemente).
77. Laquelle des deux ?
Riva-Munoz (Maria-Luisa de la).
78. Nature morte.
Ruiz Picasso (Pablo).
79. Derniers moments.

Rusiñol (Santiago).
80. Jardins de Grenade.
81. Jardins de Grenade.
    Saenz de Téjada (Maria).
82. Les Noces d'Alexandre et de Roxane.
    Saenz y Saenz (Pedro).
83. La Toilette à l'atelier.
    Sala (Juan).
84. Les Misérables.
85. Printemps.
    Salinas (Pablo).
86. A la santé des époux.
    Salis Camino (José).
87. Mer Cantabrique.
88. Hiver.
    Santa Maria y Sedano (M.).
89. Pour améliorer la race.
    Simonet y Lombardo (Enrique).
90. Flevit super illam.
    Sorolla y Bastida (Joacquin).
91. Cousant la Voile.
92. Le Repas dans la barque.
93. Triste héritage.
94. Le Bain.
95. Carroubier.
96. Une cale.
    Teixidor y Torres (Josefa).
97. Printemps.
98. Automne.
    Teixidor y Torres (Modesto).
99. La Petite Fille.
    Urrabietta Vierge (Daniel).
100. Obole au travail.
101. Course de taureaux.
102. Guerre franco-allemande.
103. Quatre éventails.
    Vasquez y Ubeda (Carlos).
104. Récolte de figues.
105. Le Mois de Marie.
    Villegas y Cordero (José).
106. Portrait de Mme Elliot.

SCULPTURE ET GRAVURE EN MÉDAILLES ET SUR PIERRES FINES

    Alcoverro y Amorós (José).
1. Saint Isidore.
2. En Combat.
    Alsina y Amils (Antonio).
3. Astuce et force.
    Bellliure y Gil (Mariano).
4. M. Manuel Silvela.
5. M. le duc de Denia.
6. M. Francisco Domingo.
7. Taureaux.
8. Ne la réveille pas.
9. Monument à Gayarre.
10. Famille royale espagnole.
11. Velasquez.
12. Sceau en argent.
13. Cheminée.
    Bilbao y Martinez (Joacquin).
14. M. A. Canova del Castillo.
15. Le Sommeil de la Vierge.
    Blay y Fabrega (Miguel).
16. Vertus théologales.
17. Vers l'idéal.
18. Femme et fleurs.
19. Premier froid.
20 à 22. Bustes.
    Corbonele y Huguet (Pedro).
23. Le Général Ulysse Heureaux.
    Claras y Dandi (Enrique).
24. Memento, homo.
    Echeandia y Gal (Julio).
25. En Garde.
    Embil (Miguel).
26. Le Dénicheur.
    Escudero (Francisco-Javier).
27. Hiver.
28. Portrait de M. E. T.
    Folgueras y Doiztua (Cipriano).
29. Chatouillement.
30. Bacchanale.
31. Le Dentiste.
    Fuxa y Leal (Manuel).
32. Après la messe.
    Ginés y Ortiz (Adela).
33. Chant de victoire.
    Llimona y Bruguera (José).
34. La Communion.
    Obiols (Gustavo).
35. Diane.
36. Rêve.
    Pallas y Puig (Francisco).
37. Guerres d'Alexandre le Grand.
    Pradel y Pujol (Damian).
38. Donnez à boire à celui qui a soif.
39. Fleur de Lis.
40. Tête d'étude.
    Querol y Subirats (Auguste).
41. S. M. le Roi d'Espagne.
42. S. M. la Reine régente d'Espagne.
43. Modestie.

44. Saint François.
45. M. le comte de Rascon.
46. La Tradition.
47. Sagounto.
48. Désespoir.
    Rosello (Lorenzo).
49. Désolation.
50. Tête d'étude.
51. Enfant.
52. Vers le bon chemin.

    Ruiz Martinez (Ezequiel).
53. Deux médailles.
    Trilles (Miguel-Angel).
54. Le Géant Antée.
55. La Fuite en Égypte.
    Vancell Puigcercos (Juan).
56. Amour intéressé.
    Yerro Feltrer (Antonio).
57. Première leçon.

ÉTATS-UNIS

PEINTURES ET DESSINS

    Abbey (Edvin-Austin).
1. Hamlet.
2 à 4. Dessins.
    Abbot (Katherine-G.).
5. Anxiété.
    Alexander (John-W.).
6. La Mère.
7. Portrait de Rodin.
8. Automne.
    Allen (Thomas).
9. Sur les Prés de Grassmere.
    Anderson (A.-A.).
10. Hon. Elihu Root.
    Baer (William-J.).
11 à 16. Miniatures.
    Baker (Martha-S.).
17 et 18. Miniatures.
    Barlow (J.-Noble).
19. Une nuit d'été.
    Baxter (Martha-Wheeler).
20. Miniature.
    Beaux (Cecilia).
21. Mère et fille.
22. Mère et fils.
23. Portrait de Mlle Fisher.
    Beckington (Alice).
24 et 25. Miniatures.
    Beckwith (J.-Carroll).
26. Portrait de Mme Beckwith.
27. Le Coup d'œil; dessin.
    Benson (Franck-W.).
28. Enfants dans les bois.
29. Les Sœurs.
30. Figure décorative.

    Bisbing (H.-S.).
31. La Prairie.
32. Bétail.
    Blakelock (Ralph-A.).
33. Paysage.
    Blum (Robert).
34. « L'Ameya ».
35. Marché aux fleurs.
    Bogert (George-H.).
36. Mer et Pluie.
    Bohm (Max).
37. En mer.
    Bosberelk (Robert-W. van).
38. Paysage.
    Brekenridge (Hugh-H.).
39. Lueur de lanterne.
    Bridgman (F.-A.).
40. Pharo.
41. L'Arabe.
    Brown (J.-G.).
42. Jeux de gamins.
    Browne (Charles-Francis).
43. Reflets.
    Brush (George de Forrest).
44. Mère et enfant.
45. Mère et enfant.
46. L'Artiste.
    Bunce (W.-Gedney).
47. Venise.
    Burbank (E.-A.).
48. « Tli-ich-na-pa ».
    Butler (Howard-Russell).
49. Marine.

Camp (Joseph de).
50. Femme s'essuyant les cheveux.
Carl (Kate).
51. La Glace.
Carleton (Clifford).
52. La Lettre.
Cécile de Wentworth.
53. « Portrait du Cardinal Ferrata ».
Champney (Marie).
54. Portrait de Mme H.
Chapman (Carlton-T.).
55. A la Dérive.
56. Constitution et Guerrière.
57. L'Orégon en action.
Chase (William-M.).
58. Femme avec un châle blanc.
59. Paysage.
60. Le grand bol en cuivre.
Christy (Howard-Chandler).
61. Dessin.
Church (F.-S.).
62. La Sorcière.
Clark (Walter-Appleton).
63 à 66. Dessins.
Clark (Walter).
67. Un village de New England.
Clinedinst (B.-West).
68. Marooned ; dessin.
Coffin (William-A.).
69. Lever de soleil.
Coman (Charlotte-B.).
70 et 71. Aquarelles.
Cooper (Emma-Lampert).
72. Les Gagne-pain.
Couse (E.-Irving).
73. Le Long du quai.
Cowles (Maud-Alice).
74. La Rencontre sur le Pont.
Cox (Kenyon).
75. La Poursuite de l'Idéal.
Cox (Mme Louise).
76. Léonard.
Crane (Bruce).
77. Signes de printemps.
Curran (Chas.-C.).
78. La Rosée.
79. Les Peris.
Curtis (Constance).
80. Jean ; aquarelle.
Dannat William-T.).
81. Portrait de Otero.
82. Duchesse de Mecklemburg.
83. Portrait de Mlle C.

Darling (W.-M.).
84. Aidant la mère.
Davis (Charles-H.).
85. Soir d'été.
86. Nuages.
Dearth (Henry-G.).
87. Automne.
Dessar (Louis-Paul).
88. Brebis sur les dunes.
89. Soir en Picardie.
Dickson (M.-E.).
90. Tête.
Donoho (Ruger-G.).
91. Clair de lune.
Drake (Will.-H.).
92. Dessin.
Eakins (Thomas).
93. Le Joueur de violoncelle.
94. Salutat.
95. Entre les reprises.
Eaton (Charles-Warren).
96. Le Marais en hiver.
97. Esprit du crépuscule.
98. Rivière le soir.
Eichelberger (R.-H.)
99. La Vague.
Ellis (Harvey).
100. Aquarelle.
Emmet (Lydia-Field).
101. Jours de jardin.
Enneking (J.-J.).
102. Le Crépuscule.
Fisher (Mark).
103. Le Troupeau de porcs.
Foss (Mlle Harriett-C.).
104. Phlox rose ; pastel.
Foster (Ben).
105. Bercé par le murmure d'un ruisseau.
Franzen (August).
106. Charité.
107. Les constructeurs de maisons.
Fromuth (Charles-H.).
108. Bateaux de pêche.
109. Bateaux dépouillés.
Frost (A.-B.).
110. Ce qui arriva.
111. Quelqu'un d'embrouillé.
Fuller (Laura-Fairchild).
112 à 114. Miniatures.
Gallagher (Sears).
115. Temps de brouillard.
Gallison (Henry-H.).
116. Un Jour gris.

Garnsey (E.-E.).
117. Peinture décorative.
Gauley (ROBERT-DAVID).
118. Polly.
Gay (WALTER).
119. La Maternité.
120. Les Tisserands.
Gibson (CHARLES-DANA).
121. Réjane; dessin.
122. Dessin.
Gifford (R.-SWAIN).
123. Sources de Westport River.
Gihon (ALBERT-DAKIN).
124. Vieux Moulin.
Glackens (WILLIAM).
125 et 126. Dessins.
Grothjean (Mme FANNY).
127. La Lune d'août.
128. La Nouvelle lune.
Guérin (JULES).
129. Dessin.
Guy (SEYMOUR-J.).
130. Repos.
131. Se préparant pour demain.
Halmick (H.).
132. Par terre gisait Bemin Cozart.
Hambidge (JAY).
133 et 134. Dessins.
Harrison (ALEXANDER).
135. Crépuscule.
136. Mystères de la nuit.
137. Feux au soleil.
Harrison (BIRGE).
138. Matin près de Santa-Barbara.
Hassam (CHILDE).
139. Jour de neige.
Hayden (CHARLES-H.).
140. Une colline du Connecticut.
Herter (ALBERT).
141. Chagrin.
Hills (Mme LAURA-C.).
142 à 146. Miniatures.
Hitchcock (GEORGE).
147. Magnificat.
148. Vaincu.
Hitchcock (LUCIUS-W.).
149 et 150. Dessins.
Holman (FRANK).
151. Portrait de ma mère.
Homer (WINSLOW).
152. La Chasse au renard.
153. La Côte de Maine.
154. Tout va bien.
155. Nuit d'été.

Houston (CAROLINE-A.).
156 et 157. Miniatures.
Houston (FRANCES-C.).
158. Portrait.
Humphreys (J.-JOHNSTON).
159. Portrait de la mère de l'artiste.
160. Le Mystère de la nuit.
161. Fortune paysanne.
Hyde (W.-H.).
162. Portrait.
Inness (GEORGE).
163. Un Jour ensoleillé.
164. Le Soleil couvert de nuages.
165. La Vallée.
166. Le Marais du moulin.
Johnson (EASTMAN).
167. Prisonnier d'État.
Jones (H.-BOLTON).
168. Novembre.
Josephi (ISAAC-A.).
169 à 171. Miniatures.
Kaelin (C.-S.)
172. Pastel.
Keller (ARTHUR-I.).
173 et 174. Dessins.
Kendall (MARGARET).
175. Pâturages et rochers.
Kendall (SERGEANT).
176. « Saint Yves, priez pour moi ».
177. Ombres de nuages.
Knight (LOUIS-ASTON).
178. Aquarelle.
Knight (RIDGWAY).
179. Un Matin de juillet.
Koopmann (AUGUSTUS).
180. Les deux forces.
Kost (FREDERIK-W.)
181. Vieux Dock Vanderbilt.
Kronberg (LOUIS).
182. Étude de nu.
La Farge (JOHN).
183. Filles faisant le Kava.
184. Mont Tohivea.
Lathrop (FRANCIS).
185. Portrait de l'artiste.
Lathrop (W.-L.).
186. Jour gris.
187. Paysage.
Lee (HOMER).
188. Construction d'une maison.
Lee-Robbins (LUCY).
189. Étude de bleu.
Lewis (ARTHUR).
190. Portrait de Michel Robinson

Locke (Caroline-T.).
191. Rhododendrons violets.
Lockwood (Wilton).
192. Le Violoniste.
Low (Will-H.).
193. A la source.
Mac Carter (Henry).
194. Dessin.
Mac Chesney (Clara).
195 et 196. Aquarelles.
Mac Ewen (Walter).
197. Portrait.
198. Dimanche en Hollande.
199. Pieter van Wint.
Macilhenny (M.-C.).
200. Novembre.
Mac Kubin (Florence).
201. Portrait de Mme R. Hoar.
Mac Monnies (Mme Mary-F.).
202. Lys et roses.
Marsh (F.-D.).
203. Portrait.
Martin (Homer).
204. Newport Neck.
205. Les Adirondacks.
206. Westchester Hills.
Maurer (Alfred-H.).
207. Portrait.
Maynard (George-W.).
208. Dans d'étranges mers.
209. Sport.
Maynard (Guy).
210. Portrait.
Meakin (L.-H.).
211. Réservoir d'Eden Park.
Melchers (Gari).
212. Le Professeur d'escrime.
213. Portrait.
214. Les Sœurs.
Metcalf (Willard-L.).
215. Crépuscule d'été.
Millet (Francis-D.).
216. The Expansionist.
217. Un Converted.
Minor (Robert-C.).
218. Clair de lune.
Moeller (Louis).
219. C'est une blague.
Muhrman (Henry-H.).
220. Arbres et marais.
221. Grands escaliers.
Murphy (J.-Francis).
222. Paysage.
223. Sous un ciel gris.

Needham (Charles-Austin).
224. Neige dans le parc.
225. Les Bords d'une rivière.
Nelson (M.).
226. Miniature.
Nettleton (Walter).
227. Neige prématurée.
Newman (R.-L.).
228. Le Christ arrêtant la tempête.
Newman (Mme W.-B.).
229. Rêverie (effet de lune).
Nicholls (Rhoda-Holmes).
230. Cherchez les Écritures.
Norton (William-E.).
231. Nasse en Normandie.
Nourse (Elisabeth).
232. A Volendam.
Ochtman (Léonard).
233. Matin d'hiver.
234. Crépuscule d'automne.
Palmer (Walter-L.).
235. Le Lieu de naissance du Sénateur.
236. San Marco, Venise.
Pape (Eric).
237. Dessin.
Parrish (Clara-W.).
238. Portrait.
Parrish (Maxfield).
239. Le Marchand de sable.
Pearce (Charles-Sprague).
240. Le Châle.
Pennell (Joseph).
241. Cathédrales de France.
Perrine (Van Dearing).
242. Le Marché aux fleurs.
Picknel (W.-L.).
243. Matin sur le Loing.
Platt (Charles-A.).
244. Hiver.
245. Nuages.
Poore (H.-R.).
246. Le Chien blessé.
Porter (Benjamin-C.).
247. Portrait de Mme F.
248. Portrait de Master P.
Proctor (P.-A.).
249. Un Puma.
Pyle (Howard).
250. Noël des Boucaniers.
Ranger (Henry-W.).
251. Becky Coles Hills.
252. Le Pont de Brooklyn.

Redfield (Edward-W.).
253. Le Pont de Joinville.
254. Route au bord de la colline.
Rehn (F.-K.-M.).
255. Un Northwester.
Reid (Robert).
256. Azalia.
257. Peinture décorative.
Reinhart (Feu C.-S.).
258. Dessin.
Reynolds (Mme Virginia).
259 à 261. Miniatures.
Richards (F.-T.).
262. Erreurs de médecin.
Robinson (Théodore).
263. Au soleil.
264. Le Canal.
265. Dessin.
Robinson (Will-S.).
266. Le Soir.
Rogers (W.-A.).
267. « Fare, à El Paso. »
Rolshoven (Julius).
268. Colifichets de bisaïeule.
269. Portrait.
Sargent (John-S.).
270 à 272. Portraits.
Saxon (John-G.).
273. Coucher de soleil.
Schofield (J.-Elmer).
274. Soir en janvier.
Schreyvogel (Charles).
275. My Bunke.
Scott (Mme E.-M.).
276. Roses jaunes.
Sears (Sarah-C.).
277. Portrait d'une dame.
278. Romola.
Sharp (J.-H.).
279. Tête de Cheyenne.
280. Tête d'Indien américain.
Sherwood (Rosina-Emmet).
281. Etude de portrait.
282. Portraits d'enfants.
Smedley (William-S.).
283 à 286. Dessins.
Snell (Henry-B.).
287. Crépuscule en mer.
Spicer-Simson (Margaret).
288 et 289. Miniatures.
Steele (Théodore-C.).
290. La Fleur du raisin.

Stephens (Alice-Barber).
291. Dessin.
Sterner (Alberte).
292 à 295. Aquarelles et dessins.
Stewart (Jules).
296. Nymphes de Nysa.
297. La Rieuse.
Story (Julian).
298. Colombine.
299. Portrait.
Strafer (Harriette-R.).
300. Miniature.
Taber (Edward-M.).
301. Le Mont Mansfield en hiver.
Tanner (H.-O.).
302. Daniel dans la fosse aux lions.
Tarbell (Edmund-C.).
303. La Jalousie.
304. De l'autre côté de la chambre.
305. Le Bain.
Taylor (Mme Emily Drayton).
306 et 307. Miniatures.
Taylor (C.-J.).
308. La Pensionnaire de Chelsea.
Teasdel (Mary).
309. Miniature.
Thayer (Abbott).
310. Frère et sœur.
311. Vierge sur un trône.
312. Jeune Femme.
Thayer (Théodora-W.).
313 à 315. Miniatures.
Theriat (Ch.-J.).
316. Portrait.
Thomas (S.-Seymour).
317. Dame en brun.
Vail (Eugène).
318. Soir de Bretagne.
319. Voix de la mer.
320. Matin d'octobre.
Vedder (Simon-Harmon).
321. Portrait.
Vinton (Frédérick-P.).
322. Portrait de l'Hon. A. W. Beard.
Vonnoh (Robert-W.).
323. Portrait de Mlle Mildred Blair.
324. Petite Louise.
Walden (Lionel).
325. Pêche en rade.
Walker (Horatio).
326. Labourage de printemps.
Wall (A.-Bryan).
327. Brebis.

Waters (Sadie).
328. La Vierge au Lys.
Weeks (E.-Lord).
329. Barbier Indien.
330. Le Réveil de Noureddin.
331. Fortune paysanne.
Weidner (Carl-A.).
332. Miniature.
Weir (J.-Alden).
333. Les Coupeurs de glace.
334. Portrait d'une jeune fille.
335. Repos de Midi.
Weir (John-F.).
336. Roses.
Weyden (Harry van der).
337. Calme.
338. Le Coteau.
Whistler (J.-Mac-Neil).
339 et 340. Portraits.

Whittemore (William-J.).
341. Miniature.
Wiles (Irving-R.).
342. Portraits.
Woodbury (Charles-H.).
343. Le Moulin vert.
344. Un Rocher dans la mer.
Woodbury (Marcia-O.).
345 et 346. Aquarelles.
Wuerpel (Edmund-H.).
347. Eaux rêvantes.
Wyant (Feu A.-H.).
348. La Vallée ensoleillée.
349. Dans les Adirondacs.
Yohn (F.-C.).
350. Lord Chef de la Justice.
Zogbaum (Rufus-Fairchild).
351 et 352. Dessins.

CUBA

Bacallao (Mlle).
1. Paysage.
Billini (Adriana).
2. Paysage.
Calvet (Luis).
3. Peintures sur verre.
Cortadellas (S.).
4. Dessin.
Hernandez (Mlle Elena).
5. Portrait.
Magrina (Adriano).
6. Portrait.
Menocal (Armando).
7. Tableaux.

Posada (Manuel).
8. Portrait.
Porro (Angel).
9. Paysage.
Quinones (Santiago).
10. Portrait.
Romanach (Leopoldo).
11. Tableaux.
Serrano (Mlle P.).
12. Portrait.
Soler (José).
13. Portrait.
Tejada (Joaquin).
14. Tableaux.

SCULPTURE ET GRAVURE EN MÉDAILLES ET SUR PIERRES FINES

Barnard (George-Gray).
1. Dieu Pan.
2. Bûcheron.
3. Les Deux Natures.
Barnhorn (Clément-J.).
4. Une Magdeleine.
Bartlett (Paul-W.).
5. Statue de Michel-Ange.
Beveridge (Mlle Kuhne) et Mme Ella von Wrede.
6. Vénus voilée.
7. Wm-A. Chandler.
Bitter (Karl).
8. Danse d'Enfants.
9. Petit garçon volant des oies.

Borglum (Solon-H.).
10. Cheval boiteux.
11. Cheval et poulain au vent.
12. Cheval et Indien.
Brenner (Victor-David).
13. Trois médaillons.
Brooks (Richard-E.).
14. Statue du colonel Cass.
15. O.-W. Holmes.
16. Chant de la vague.
Calder (Alexander-Sterling).
17. Narcisse.
Dallin (Cyrus-E.).
18. L'Homme de médecine.

Flanagan (John).
19. Bons coureurs.
20. Onze portraits.
21. Aigle.
22. Décorations.
23. Tête d'athlète.
French (Daniel-C.).
24. Statue de Georges Washington.
Gelert (Johannes-Sophus).
25. Le Petit Architecte.
Grafly (Charles).
26. Symbole de vie.
27. De Génération en génération.
28. Portrait de Mme Chas. Grafly.
29. Portrait de ma mère.
30. Vautour de guerre.
Harvey (Eli).
31. Lionceaux.
Herring (Mlle Mabel-C.).
32. Echo.
Kitson (Henry-Hudson).
33. La Reine Élisabeth de Roumanie.
Lucas (Albert-P.).
34. Sambo.
Mac Monnies (Frederick).
35. Bacchante.
36. Sir Henry Vane.
37. Shakespeare.
38. Deux groupes de chevaux.
39. Groupe Marine.
40. Groupe Armée.
41. Vénus et Adonis.
Mac Neil (Carol-Brooks).
42. Support de fiasco.
43. Samovar.
44. Giotto jeune.

Mac Neil (H.-A.).
45. Le Vœu du soleil.
46. Danse des serpents.
47. Spandrilles (Pavillon des États-Unis).
Murray (Samuel).
48. Portrait de Benj. Eakins.
Peddle (Caroline-C.).
49. Pendule en bronze.
Proctor (A.-Phimister).
50. Quadrige (Pavillon des États-Unis).
51. Guerrier indien.
52. Le Défi; l'élan.
53. Puma debout.
54. Puma debout (pendant).
55. Panthère « Fate ».
56. Chien avec un os.
57. Jeune faon.
58. Puma.
Rondebust (J.-H.).
59. Les Lutteurs.
Saint-Gaudens (Augustus).
60. Statue du général Sherman.
61. Le Monument Shaw.
62. Ange avec une tablette.
63. Le Puritain.
64. Médaillons; portraits.
Scudder (Janet).
65. Décoration.
Simons (Amory-C.).
66. Surprise.
Tilden (Douglas).
67. Joueurs de foot-ball.
Vonnoh (Mme Bessie Potter).
68. Une jeune Mère.
69. Danseuse.
Yandell (Enid).
70. Sirène et garçon pêcheur.

CUBA

Querol (J.).
1. Statue.

GRANDE-BRETAGNE

PEINTURES, AQUARELLES ET DESSINS

Allan (Robert-W.).
1. Départ pour la pêche.
2. Marée fraiche; aquarelle.

Alexander (Edwin).
3. Une tourterelle; aquarelle.
4. Un lapin; aquarelle.

Alexander (Robert).
5. Chiens et chats.
Allingham (Mrs A.).
6 et 7. Aquarelles.
Alma Tadema (Mlle Anna).
8. La Clôture de la porte; aquarelle.
Alma-Tadema (Sir L.).
9. Le Printemps.
10. Le Baiser.
Alma Tadema (Lady).
11. Contentement.
Almond (W.-Douglas).
12. Camille Desmoulins.
Aumonier (James).
13. Une ferme dans les Fens.
14 et 15. Aquarelles.
Bacon (John-H.).
16. Gethsémanie.
Ball (Wilfrid).
17. Dordrecht; aquarelle.
Barclay (Edgar).
18. Une houblonnière en Sussex.
Bayliss (Sir Wyke).
19. Église Saint-Pierre de Rome.
Beardsley (Aubrey).
20. Vénus et Tannhauser.
Boot (W.-H.-J.).
21. Un bazar au Caire.
Bramley (Franx).
22. Causerie.
Brangwyn (Frank).
23. Le Marché de Bushire.
Brentnall (Edward-F.).
24. Le Pêcheur et le Djinn.
Brett (J.).
25. Été de perle.
Britten (W.-E.-F.).
26. Pastel.
Brock (C.-E.).
27. Dessin.
Brough (Robert).
28. Fantaisie en folie.
Brown (A.-K.).
29. Un jour d'été en Écosse.
Buckmann (Edwin).
30. L'Armée contre la Marine.
Bundy (Edgar).
31. Souvenirs; aquarelle.
32. Dessins.
Bunny (Rupert-C.-W.).
33. L'Attente.

Burne Jones (Feu Sir E.-Bart).
34. Le Rêve de Lancelot.
35. Les Chasses de Cupidon.
36 à 42. Aquarelles et dessins.
Burnes-Jones (Sir Philipp).
43. Portrait de sir Ed. Burne Jones.
Cameron (D.-J.).
44. L'Avenue.
Cameron (Hugh).
45. Le Petit Baigneur craintif.
Cayley-Robinson (J.).
46. La Fin du jour.
Charlton (John).
47. Mise en position des canons.
Christie (J.-E.).
48. Le Joueur de flageolet.
Collier (L'Hon. John).
49. Chrysanthèmes.
Clausen (George).
50. Le Tour de la charrue.
51. Aquarelle.
Collier (Feu Thomas).
52. Aquarelle.
53. Paysage.
54. Un champ de blé.
Cooper (J.-Sidney).
55. Repos du midi.
Crane (Walter).
56. Illustrations.
57. Dessins.
58. Cartons pour vitraux peints.
Crawhall (Joseph).
59. Aquarelle.
Crofts (Ernest).
60. L'Exécution de Charles Ier.
Dadd (Franck).
61. Aquarelle.
Davis (H.-W.-B.).
62. Retour des champs.
63. Une sieste.
Davis (Lucien).
64. Partie de hockey entre dames
Davis (F.-W.).
65. Épée et plume; aquarelle.
Dicksee (Frank).
66. L'Aurore.
67. La Confession.
Dollman (J.-C.).
68. Saint Antoine.
69. Aquarelle.
Douglas (James).
70. Aquarelle.
Draper (Herbert-J.).
71. L'Ile de Calypso.

Du Maurier (Feu G.).
72 à 76. Dessins.
East (ALFRED).
77. Sur les Cotswolds.
78. Orage; aquarelle.
Evans (BERNARD-W.).
79. Aquarelle.
Farquharson (D.).
80. Une Éclaircie.
Farquharson (JOSEPH).
81. Tombée de la nuit.
Fell (H.-GRANVILLE).
82. 3 dessins au crayon.
Fisher (S.-MELTON).
83. Têtes d'enfants.
Fletcher (BLANDFORT).
84. Le Dimanche de la sainte Cène.
Forbes (ELIZABETH-STANHOPE).
85. Imogène.
Forbes (STANHOPE-A.).
86. La Forge.
Foster (Feu BIRKET).
87. Aquarelles.
Fripp (Feu A.-D.).
88. L'Ile de Portland; aquarelle.
Fripp (Feu GEORGE).
89. Aquarelle.
Fulleylove (J.).
90 et 91. Aquarelles.
Gilbert (Feu Sir JOHN).
92. Henri VIII et le cardinal Wolsey.
93. La Sorcière; aquarelle.
Glazebrook (HUGH DE T.).
94. Portrait de Mme M. Chapman.
Goodall (FREDERICK).
95. La Tonte des moutons.
Gotch (THOMAS-COOPER).
96. L'Héritier des siècles.
Gow (ANDREW-C.).
97. Congédiés.
98. L'Arrivée de l'Empereur.
Graham (PETER).
99. La Marée montante.
100. La Paix des landes.
Graham (THOMAS).
101. Les Bords du Tyne.
Granby (Marquise DE).
102 et 103. Dessins.
Grien (Feu CHARLES).
104 et 105. Aquarelles.
Gregory (E.-J.).
106. Portrait de M. S.-R. Platt.
107. Boulter's Lock sur la Tamise.
108 et 109. Aquarelles.

Gülich (Feu J.-P.).
110. Aquarelle inachevée.
Hacker (ARTHUR).
111. Le Cloître ou le monde.
Hague (ANDERSON).
112. Le Temps des primevères.
113. Aquarelle.
Hammond (GERTRUDE-DEMAIN).
114. Aquarelle.
Harcourt (GEORGES).
115. L'Aurore.
Harris (ROBERT).
116. Mme Porteous et ses enfants.
Hatherell (WILLIAM).
117. Aquarelle.
Hayes (CLAUDE).
118. Vie de bohème.
Hayes (EDWIN).
119. Aquarelle.
120. Alone on the wide, wide sea.
Hemy (C.-NAPIER).
121. Perdu.
122. Le Bateau abandonné.
123. Aquarelle.
Henshall (J.-HENRY).
124. Aquarelle.
Herkomer (Professor H.).
125. Portrait.
Hill (JAMES-S.).
126. Château de Harleck.
Hine (Feu H.-J.).
127. Collines, South Downs.
Hine (HARRY).
128. Aquarelle.
Hunt (Feu ALFRED).
129. Aquarelle.
Hunter (COLIN).
130. L'Irlande.
Hunter (E. SHERWOOD).
131. Funérailles.
Hook (JAMES-CLARKE).
132. Les Gagne-pain du Nord.
133. De la Grève aux Champs.
Hurst (HAL).
134. Aquarelle.
Jacomb-Hood (G.-P.).
135. Ma sœur en costume d'escrime.
Jack (RICHARD).
136. Portrait d'une dame.
Joy (GEORGE-WILLIAM).
137. Les Fées gardiennes.
Kay (JAMES).
138. La Clyde à Glasgow.

Keene (Feu CHARLES).
139 et 140. Dessins.
Kennington (T.-B.).
141. La Reine d'amour.
Kinsley (ALBERT).
142. Aquarelle.
Knowles (G.-SHERIDAN).
143. Aquarelle.
Langley (WALTER).
144. Loisir; aquarelle.
La Thangue (H.-H.).
145. Une Petite Propriété.
146. Le Bûcheron.
Lavery (JOHN).
147. Une Dame allemande.
148. Une Dame en noir.
Leader (B.-W.).
149. Le Fardier.
150. Une route inondée.
Leighton (Feu Lord).
151. Le Retour de Perséphone.
152. Rizpah.
153. Clytie.
154. Atteint.
155 et 156. Dessins.
Leslie (G.-D.).
157. Un Village.
Lindner (MOFFAT).
158. Dordrecht.
Linton (Sir JAMES).
159. Shylock et Jessica; aquarelle.
Little (ROBERT).
160. Aquarelle.
Lockart (Feu W.-E.).
161. Portrait.
Logsdail (WILLIAM).
162. Maria (Sentimental Journey).
163. Les Chevaux de Saint-Marc.
Lorimer (J.-H.).
164. Au dernier moment.
Loudan (MOUAT).
165. Diane et Endymion.
Lucas (SEYMOUR).
166. L'Église de Saint-Paul (Londres).
167. Phyllis is my only joy.
Macbeth (R.-W.).
168. Chasse dans un brouillard.
Macwhirter (J.).
169. Le Matin (Ile d'Arran).
Marshall (HERBERT).
170. Aquarelle.
Mc George (WILLIAM-STEWART).
171. Une ballade.

Mc Gregor (ROBERT).
172. La Pêche aux crevettes.
Mempes (MORTIMER).
173. Le XVIIIe siècle.
174. Aquarelle.
Melville (ARTHUR).
175. Course de taureaux; aquarelle.
Michie (JAMES-COUTTS).
176. Le Déclin du soleil couchant.
Millais Baronet (Feu Sir JOHN).
177. Portrait de M. John Hare.
178. La Petite Véronique.
179. Le Vieux jardin.
Montalba (Miss CLARA).
180. Sur la lagune; aquarelle.
Moore (Feu ALBERT).
181. Une nuit d'été.
Moore (Feu HENRY-A.).
182. St-Alban's race.
183. Le Retour des bateaux pêcheurs.
Noble (ROBERT).
184. Le Verger de Phantassie.
Normand (ERNEST).
185. Pandore.
North (J.-W.).
186. Espoir de mai.
187. Le Printemps; aquarelle.
O'Brien (Feu LUCIUS-R.).
188. Les Marais de la Severn.
Orchardson (W.-Q.).
189. Portrait de Sir Walter Gilbey.
Osborne (WALTER).
190. Portrait de Mme Noël Guiness et sa fille.
Ouless (W.-W.).
191. Portrait de Sir A. Holden Bart.
192. Portrait de M. G. H. Pember.
Parsons (ALFRED).
193. Les Boutons d'or.
194 à 196. Dessin et aquarelles.
Parton (ERNEST).
197. Les Jours allongent.
Partridge (BERNARD).
198. Illustrations.
199. Dessin à la plume.
Paterson (JAMES).
200. Le Moulin à vent; aquarelle.
Peacock (RALPH).
201. Dame dansant; portrait.
Pedder (Feu JOHN).
202. Un Berger.
Pettie (Feu JOHN).
203. Silvia.

Pickering (J.-L.).
204. Le Crépuscule de Mars.
Powell (Sir Francis).
205. Arran; aquarelle.
Poynter (Sir E.-J.).
206. Osselet.
207. Sur le seuil du temple.
208. Le Château de Duart; aquarelle.
209. La Danseuse.
Price (Julius-M.).
210. Viaticum.
Priestman (Bertram).
211. Le Gué.
Prinsep (Val.-C.).
212. Cendrillon.
Rae (Henrietta).
213. La Cigale.
Rainey (William).
214 et 215. Aquarelles.
Raven-Hill (L.).
216. Trois dessins.
Reid (Flora-M.).
217. La Charité.
Reid (Sir George).
218. Portrait de feu le professeur Mitchell.
Reid (John-R.).
219. L'Amour et la Guerre.
Rivière (Hugh-Goldwin).
220. Portrait de M. Briton Rivière.
Rivière (Briton).
221. La Tentation dans le désert.
222. Fidèle à mort.
Roche (Alexander).
223. Le Printemps.
Rooke (Thomas-M.).
224. La Cathédrale de Troyes.
Rothenstein (William).
225. La Maison de poupées.
Sambourne (Linley).
226 à 228. Dessins.
Sant (James).
229. Une Belle disputante.
230. Miss Dorothea Baird.
Shannon (Charles-H.).
231. L'Homme à la chemise noire.
Shannon (J.-J.).
232. Contes de la jungle.
Shaw (Byam).
233. Où ?
Sheard (Thomas-F.-M.).
234. Deux aveugles assis au bord du chemin.

Smythe (Lionel).
235. Paysage d'automne.
236. Boulogne-sur-Mer; aquarelle.
Solomon (Solomon-J.).
237. Laus Deo.
Somerscales (Thomas).
238. Corvette diminuant de voiles.
Stone (Marcus).
239. La Bonne amie du marin.
Storey (G.-A.).
240. Pensées.
Stott (Edward).
241. La Vieille barrière.
242. Le Troupeau.
Stokes (Adrian).
243. L'Avenue dans le marais.
Swan (J.-M.).
244. Ours blancs à la nage.
245 à 247. Dessins.
Swanrick (Harold).
248. Jardinage; aquarelle.
Tailer (A.-C.).
249. Dîner d'été.
Thomson (Hugh).
250. Deux dessins.
251. L'Église; dessin.
Thomson (Leslie).
252. Par une mer d'été.
Thorburn (A.).
253. Aquarelle.
254. Dessin.
Tuke (Henry-Scott).
255. Une Idylle de la mer.
Walton (E.-A.).
256. Le Cadran.
Walton (Frank).
257. Le Rocher noir; aquarelle.
Waite (Thorne).
258. Collines Chichester Downs; aquarelle.
Walker (W.-Eyre).
259. La Vallée inondée; aquarelle.
Waterhouse (J.-W.).
260. Hylas et les Nymphes.
Waterlow (E.-A.).
261. Après-midi d'été.
262. La Côte d'azur.
263. L'Aurore; aquarelle.
264. L'Étang; aquarelle.
Watts (George-F.).
265. Vue de Naples.
Watts (Léonard).
266. « Passionless, pale cold face »

Weedon (A.-W.).
267. Le Retour du marché de Sandwich.
Wells (H.-T.).
268. Portrait de Mme A.-T. Mason.
Wetherbee (GEORGE).
269. L'Étang d'Endymion.
Wimperis (EDMUND-M.).
270. Aquarelle.
Wirgman (T.-BLAKE).
271. Mlle Rosabelle Lindsay Sinclair.

Wood (Miss E.-STEWART).
272. La Vallée du Arun.
Woods (HENRY).
273. La Cour du pêcheur.
Wylkie (CHARLES-W.).
274. Sur le Blackwatter.
Wylie (W.-L.).
275. Le Travail de la journée.
276. Le Vapeur Dunvegan Castle.

SCULPTURE ET GRAVURE EN MÉDAILLES ET SUR PIERRES FINES

Allen (CHARLES-JOHN).
1. L'Amour et la Sirène.
2. Sauvés.
Andriesy (R.-G.).
3. Sculptures et gravures.
Bates (Feu HARRY).
4. Lord Roberts V. C.
5. Énée.
Bayes (GILBERT).
6. Jason labourant avec les bœufs d'Aeson.
7. Série de panneaux pour portes.
Bowcher (KRANK).
8. Médailles.
Brock (THOMAS).
9. M. J.-J. Colman.
10. L'Évêque de Wormster.
11. Une dame.
12. Lord Leighton, P. R. A.
13. Ève.
14. M. C.-C. Kuller.
Bruce-Joy (ALBERT).
15. Buste du marquis de Salisbury.
Colton (WILLIAM-R.).
16. Le Trouveur d'images.
Drury (ALFRED).
17. Circé.
18. L'Age de l'innocence.
Fehr (HENRY-CHARLES).
19. La Délivrance d'Andromède.
20. Hypnos donnant le sommeil.
Ford (E.-ONSLOW).
21. Shelley Memorial.
22. Écho.
23. The Singer.
24. Applaudissements.
25. Etude pour tête.
Frampton (GEORGE).
26. Mes pensées sont mes enfants.
27. Mère et fils.
28. La Vision.
29. Les Enfants du loup.

Genest (P.-M.-A.).
30. Médaillons.
Gleichen (Comtesse FÉODORA).
31. Miroir en bronze et jade.
John (W.-GOSCOMBE).
32. Le Lutin.
33. Etude de tête.
Lee (THOMAS-STIRLING).
34. Le Baiser de l'aurore.
Lucchesi (ANDREA-C.).
35. La Destinée.
36. Songe fuyant.
Mc Bride (CHARLES).
37. Rêverie.
Mc Gill (DAVID).
38. Héro et Léandre.
39. Hugh Mac Gill.
40. Le Vainqueur.
Mc Gillivray (PITTENDRIGH).
41. Miss Hannah Kindlay.
42. Miss Ottilie Mac Laren.
Mc Kennal (BERTRAM).
43. Douleur.
44. La Mère et l'enfant.
45. Circé.
Mhatro frères.
46. Femme indienne jouant du lotas.
Mullins (E.-ROSCOE).
47. Mon châtiment est au-dessus de mes forces.
48. Le Garçon à la toupie.
Pegram (HENRY-A.).
49. Portrait.
50. Sybilla Katidica.
51. Labeur.
Pomeroy (F.-W.).
52. Persée.
53. Pensée.
Rost (A.-E.-L.).
54. Sculptures et gravures.

Swan (J.-M.).
55. Lionne buvant.
56. Léopard mangeant.
57. Léopard et tortue.
Thornyvroft (Hamo).
58. La Joie de vivre.

59. Olivier Cromwell.
60. Le Bain.
Toff (Albert).
61. Le Gobelet de vie.
Wimalasurendra (Mudaliyar).
62. Sculptures et gravures.

GRÈCE

PEINTURES

Jacobidès (Georges).
1. Orchestre improvisé.
2. Le Bain.
3. Portrait de M. A. V.

Ralli (Théodore).
4. Avant les Matines.
Rodocanachi (Paul-P.).
5. Portrait de Miss A. de B.

SCULPTURES

Bonnanos (Georges).
1. Nana.
2. Le Triomphe de la diplomatie.
Caracatsanis (Jean).
3 et 4. Bustes.
Cassavetti (Mme Marie).
5. Vénus et Adonis mourant.
6. L'Irrésistible amour.
7. Buste.
8. Médailles (divers portraits).
9. La Suggestion.
Célaïditi (Pangiotis).
10. Monogramme.
Krinos (Pierre-A.).
11. Indécise.

12. La Lecture.
13. Portrait.
14 et 15. Médaillons.
Moussis (Jean).
16. Cheminée monumentale.
Sochos (Lazare).
17 et 18. Bustes.
19. La Grèce protégeant ses souvenirs.
20. Monument funéraire.
21. Statue équestre.
22. M. F.; médaillon.
23. Bas-relief.
24. Princesse Alexandra de Grèce.
Vroutos (Georges).
25. Amour brisant son arc.
26. L'Enfant et le crabe.

HONGRIE

PEINTURES ET DESSINS

Bachman (Charles).
1. Socialistes.
Baditz (Otto).
2. Devant le juge.
3. Jeune fille du Balaton.

Ballo (Edouard).
4. Portrait de M. Lotz.
5. Portrait de Sj Nardai.
Benczur (Jules).
6. S. Em. le cardinal évêque Schlauch.

7. La Comtesse Jules Karolyi.
8. S. M. François Joseph Ier.
9. La reprise de la forteresse de Bude.
Bihari (ALEXANDRE).
10. La mauvaise tête du village.
Boruth (ANDRÉ).
11. Toréador.
Bosznay (ETIENNE).
12. En automne.
13. Le Soir.
Bruck (LOUIS).
14. Salle de marbre.
15. Grand discours d'élections générales.
Bruck (MAXIMILIEN).
16. Ruines.
Csók (ETIENNE).
17. Magdolna.
18. Agissez en souvenir de moi.
Dudits (ANDRÉ).
19. Coucher du soleil.
Ebner (LOUIS).
20. Petite étude.
21. Cortège nuptial.
22. Songe.
23. Foire aux oies.
Edvi-Illés (ALADAR).
24. Trois aquarelles.
Eisenhut (FRANÇOIS).
25. Combat de coqs.
26. Foire asiatique.
Fényes (ADOLPHE).
27. La Famille.
28. Mère allaitant son enfant.
29. Rue muette.
Ferenczy (CHARLES).
30. Scène du soir (chevaux).
31. Portrait.
Ferraris (ARTHUR).
32. Portrait de ma femme.
33. Marquis de Reverseaux.
34. Portraits de ma femme et de ma fillette.
Feszty (ARPAD).
35. Les Femmes en pleurs.
Flesch de Bruningen.
36. Le Remords.
Glatz (OSCAR).
37. Portrait de mon père.
38. M. Burghardt.
39. Pêcheurs sur la rive.
Grünwald (ADALBERT).
40. Saluts angéliques.
41. Gamin au Bain.
42. Soirée (Maison dans l'enclos).
Halmi (ARTHUR).
43. Après l'examen.

Háry (JULES).
44. Aquarelle.
Hegedüs (LADISLAS).
45. Caïn et Abel.
Hollóssy (SIMON).
46. Hussards.
Horovitz (LÉOPOLD).
47. Portrait de ma fille.
48. Portrait de M. Putszky.
49. Comtesse A. Andrassy.
Jendrassiz (EUGÈNE).
50. C'en est fait.
Kacziányi (EDMOND).
51. Ruines de couvent.
Karcsai (LOUIS).
52. L'Avare.
Kardos (JULES).
53. Lecture intéressante.
Karlovszky (BARTHÉLEMY).
54. Mme de Szemere.
55. Mme Heltai.
56. Figure Louis XIII.
Katona (FERNAND).
57. Bateaux sur le Danube.
58. Sur le versant du village, la nuit.
Kaufmann (ISIDORE).
59. Sabbat.
60. La Porte des rabbins.
Kérnéndy (EUGÈNE).
61. Une miniature.
62. Le Duel.
Kernstock (CHARLES).
63. Portrait de dame avec fichu rouge.
64. Cantine d'une fabrique.
65. L'Alchimiste.
Knopp (EMERIC).
66. Le Dernier point.
Komlóssy (EDOUARD).
67. Portrait.
Koust (IDA).
68 et 69. Tableaux.
Koszta (JOSEPH).
70. Colimaçon.
71. La Rentrée.
Kriesch (ALADAR).
72. Rayon de soleil intérieur.
73. La Diète de 1567 à Forda.
László (PHILIPPE).
74. Prince Hohenlohe-Schillingfürst.
75. Le Chancelier prince de Hohenlohe.
76. Schellinghurst.
77. La Comtesse de Csckonics.
78. S. S. le pape Léon XIII.
Lietzenmayen (ALEXANDRE).
79. Plantage d'arbres.

Lotz (Charles).
80. Portrait de dame en noir.
81. Dame en blanc.
Mannheimer (Gustave).
82. Idylle.
83. Soir dans la campagne romaine.
84. Vue de la vallée de la Vag.
85. Le Paon est plus beau que le dindon.
Margitay (Tihamer).
86. Mésalliance.
Marck (Louis).
87. Portrait de dame.
88. En cabinet particulier.
89. Nid de Sirènes.
Mednyanszky (Ladislas, baron).
90. Crépuscule.
91. Clair de lune.
92. Paysage de printemps.
Mendlik (Oscar).
93. Pêcheurs sur l'Adriatique.
Mihalik (Daniel).
94. Paysage d'hiver.
95. Paysage.
96. Hiver.
Munkacsy (Michel de).
97. Récolte du maïs.
98. Paysage.
Olgyay (François).
99. Château fort de Dévény.
100. Soirée.
Paczka (François).
101. Paysage de Pottenstein.
102. Paysage biblique.
Pallik (Adalbert).
103. Tête de bélier.
104. Mouton dans la bergerie.
Pallya (Célestin).
105. Tableau.
Parlagi (Vilhelmine).
106. Le Cardinal de Hohenlohe.
Pataki (Ladislas).
107. La Récolte des pommes de terre.
Perlmutter (Isaac).
108. Pêcheurs hollandais.
Poll (Hugo).
109. Pater noster.
Réti (Etienne).
110. Portrait du peintre.
111. Portrait de M. François Hezzeg.
112. Funérailles de Nonred.
113. Noël de bohèmes.
Révész (Eméric).
114. « Panem ».

Rippl-Ronai (Joseph).
115. Portrait de ma grand'mère.
Skuteczky (Damien).
116. Le pain quotidien.
Spányi (Adalbert).
117. Marécage.
118. Portoré.
119. Le Calvare de Bodajk.
120. La Cascade de Jajce.
Spányick (Corneille).
121. Lune de miel.
Stetka (Jules).
122. Tres faciunt collegium.
Szegfy (Elisabeth).
123. Souci.
Székely (Barthélemy).
124. La Source.
Szenes (Philippe).
125. Bonheur perdu.
Sziksgay (François).
126. Printemps.
Szinnyei-Merse (Paul).
127. Dégel.
128. Coquelicot.
Szlányi (Louis).
129. Nuit.
130. Aquarelle.
Thorma (Jean).
131. Groupe.
132. Ceux qui souffrent.
Tölgyessy (Arthur).
133. Rayons d'or.
Tornai (Jules).
134. Butin européen.
135. Tricheurs au jeu.
Ujvary (Ignace).
136. Fleurs duvetées.
137. Le Danube à Kismaros.
138. Coquelicots.
Vago (Paul).
139. Joyeuse compagnie.
140. Deux grandes toiles historiques.
Vastagh (Géza).
141. Combat de taureaux.
Vaszary (Jean).
142. Age d'or.
Veres (Zoltan).
143. Devant le miroir.
Zemplényi (Théodore).
144. Dans l'église.
145. Foyer de pauvresse.
146. Cela fera-t-il le compte?
Ziegler (Charles).
147. Portrait de Dame.

CROATIE-SLAVONIE

Alexander (ARTHUR).
1. Salomé.
2. Pourquoi ?
   Auer (ROBERT).
3. Sous l'impression de l'harmonie.
4. Allégresse.
   Bauer (JEAN).
5. Triptyque.
   Bukovac (VLAHO).
6. Dédale.
7. Dante.
8. Klitia.
9. Abel.
10. Mon nid.
11. Portrait du peintre.
12. Portrait de M. Mallin.
13. Coucher du soleil.
    Crnèic (CLÉMENT).
14. Pêcheurs.
15. Silence.
16. Quarnero.

Csikos (ADALBERT).
17. Minerve et Psyché.
18. Mort de l'Innocence.
    Ivekovic (OTTO).
19. Portrait de femme ragreb en neige.
    Kovacévic (FERDINAND).
20. Paysage ; cimetière.
    Masic (NICOLAS).
21. Au Jardin.
    Medovic (M. C.).
22. Cimetière.
23. Madone.
24. Saint Jérome.
    Tisov (JEAN).
25. L'Astronomie ; allégorie.
26. Tentation.
27. Lowenthal Maroicic.
28. Anna, baronne à Vienne.
29. Dessin à la plume.

SCULPTURE

Barcza (LOUIS).
1. Gaveuse d'oie.
   Beck (PHILIPPE E.).
2 et 3. Médailles et plaquettes.
   Bezeredi (JULES).
4. Etude d'animal.
5. Coloman de Foth.
   Fadruisz (JEAN).
6. Le Roi Matthias.
7. Figure accessoire.
8. Christ sur la croix.
   Führer (RICHARD).
9. Danseuse.
10. Candélabre électrique.
    Hollo (BARNABÉ).
11. L'Inondation de 1838, à Budapest.
    Kallós (EDOUARD).
12. Georges Bessenyei.
13. Nicolas Ybl.
14. François Erkel.
    Kiss (GEORGES).
15. Le Petit entêté.
16. Le Baiser de Judas.
17. Etude de tête.
    Ligeti (NICOLAS).
18. Eve.
19. Adam et Eve.
    Margo (EDOUARD).
20. Agonie d'enfant.

Nagy (COLOMAN).
21. Berger rendant ses comptes.
22. Porcher de Debreczen.
    Radnai (ADALBERT).
23. Buste.
24. Le Bébé.
    Rona (JOSEPH).
25. Général Klapka, à Komarom.
26. Bataille de Zenta.
27. Dernier Amour.
28. Leçon de musique.
29. Le Petit Impatient.
30. Le baron Désiré Bauffry.
31. Le Prince Eugène de Savoie.
    Senyei (CHARLES).
32. André II, roi de Hongrie.
33. Vanité.
    Strobl (ALOYSE).
34. Notre mère.
35. Le Baron F. Kochmeister.
36. Marie Jaszay.
37. Tombeau du baron Edelsheim-Gyulay.
    Telcs (EDOUARD).
38. Badinage.
39. Portrait.
40. Portrait.
    Tóth (ETIENNE).
41. La Vengeance.

Vastagh (GEORGES, jeune).
42. Csikos maîtrisant un cheval.
Vedres (MARC-WEINBERGER).
43. Chapleur de faux.
44. Caïn.
Zala (GEORGES).
45. L'Archange Gabriel.
46. La Gloire et la Science.
47. Tombeau du poète Csukássy.
48. Tombeau du comte Jules Andrássy.
49. Marie et Magdeleine.
50. Le Comte Jules Andrássy.
51. Hungaria.
52. LL. MM. François-Joseph Ier et Elisabeth.

CROATIE-SLAVONIE

Franges (ROBERT).
1. Gorgone.
2. Suzanne.
3. La Vague.
4. Dominique.
5. Diplôme original en relief.
6. Médailles et médaillons.
7. Marteau.
8. Taureau.
Valdec (RODOLPHE).
9. La Sculpture.
10. La Peinture.
11. Deux portraits en relief.

ITALIE

PEINTURES ET DESSINS

Abbadia de Montecassino.
1. Miniatures des « Codes Cassiniens ».
Agazzi (ERMENEGILDE).
2. Portrait.
Balestrieri (LIONELLO).
3. Beethoven.
Bazzani (LOUIS).
4. L'Arc de Septime Sévère.
Bazzaro (LÉONARD).
5. Paix aux naufragés.
Belloni (GEORGES).
6. Portrait.
Bezzi (BARTHÉLÉMY).
7. Jour de maigre.
Boldini (JEAN).
8. Portrait de dame.
9. La Princesse Eulalie.
10. Portrait de M. Whistler.
11. Portrait de Mme Schneider.
Brass (ITALICUS).
12. Portrait de ma femme.
Cabianca (VINCENT).
13. Au commencement du jour; aquarelle.
Calderini (MARC).
14. Soleil d'automne.
Caprile (VINCENT).
15. Le Vieux Naples.
Carcano (PHILIPPE).
16. La Récolte du maïs.
17. Campagne de Asiago.
Carlandi (HONORÉ).
18. Coucher du soleil à Rome.
Carozzi (JOSEPH).
19. Études.
Casciaro (JOSEPH).
20. Huit paysages; pastels.
Ciardi (GUILLAUME).
21. Matinée d'automne.
Coleman (HENRI).
22. Temps pluvieux.
Conconi (LOUIS).
23. Sur le tombeau de son frère.
Corelli (AUGUSTE).
24. Les Mères.
Corrodi (Comm. professeur).
25. Parc de Monza.
Cortese (FRÉDÉRIC).
26. Temps gris.
Costa (ANGE).
27. Près de Nervi.

Covelli (Gaele).
28. Idylle passagère.
Dall'Oca Bianca (Ange).
29. Les Amours des âmes.
Da Molin (Oreste).
30. Tête de jeune fille.
31. Portrait.
Detti (César).
32. Le Tricheur.
Faccioli (Raphael).
33. Portrait de Lorenzo Sterchetti.
Faldi (Arthur).
34. Dieu t'accompagne.
Fattori (Jean).
35. Artillerie.
Ferrari (Arthur).
36. Intérieur de Saint-Antoine, à Milan.
Ferrari (Charles).
37. Portrait de dame.
Fragiacomo (Pierre).
38. Fin d'une journée d'été.
39. Au bord de la mer.
Gemito (Vincent).
40. Dessins; aquarelle et pastels.
Gilardi (Pier-Célestin).
41. Portrait de femme.
42. Portrait d'homme.
43. Fête à l'hospice.
44. Le Distrait.
Gioli (Louis).
45. Chevaux à l'abreuvoir.
Gola (Émile).
46. Environs de Milan; soir.
47. Le long du Naviglio, à Milan.
Grosso (Jacques).
48. Portrait de dame.
49. Portrait de mon père.
50. Femme nue.
Guaccimanni (Victor).
51. Bataille de S. Martino.
Joris (Pie).
52. Le Jeudi-Saint à Rome.
53. Octave de la Fête-Dieu à Rome.
Laurenti (César).
54. Floraison nouvelle.
Lojacono (François).
55. Paysage.
56. Paysage.
Lori (Amédée).
57 et 58. Bouches de l'Arno.
Mancini (Antoine).
59. Portrait de dame.
Mancini (François).
60. Sur le sommet de la montagne.

Marchesi (Sauveur).
61. Lumière directe.
Maria (Marius de).
62. Effet de lune.
63. Fin d'une journée d'été.
Mentessi (Joseph).
64. Triste vision.
Michetti (François-Paul).
65. Paysan.
66. Retour de la messe.
67. Les Serpents.
68. Les Estropiés.
Misizanetti (Joseph).
69. Malaria.
Morbelli (Ange).
70. Jour de fête à l'hospice Trivulzio, à Milan.
71. Le Viatique.
Morelli (Dominique).
72. Le Christ au désert.
Muller (Alfred).
73. Les Petites filles.
Olivetti (Sauveur).
74. Fleurs et fruits.
Pagliano (Eleuterio).
75. Intérieur de mon atelier.
76. La Curieuse.
Pasini (Albert).
77. Shah de Perse traversant le désert.
Patini (Théophile).
78. Ventre et Cœur.
Pellizza (G.).
79. Le Miroir de la vie.
Pennasilico (Joseph).
80. Pigeons.
Petiti (Philibert).
81. Marais dans la campagne romaine.
Pizzella (Edouard).
82. Mlle B. F.; portrait.
Reycend (Henri).
83. Matin près du « Canavese ».
Romani-Carlesimo (Jouana).
84. Salomé.
85. Printemps.
86. Fleur des Alpes.
87. Angélique.
Rossi (Louis).
88. Ecole de douleur.
Rotta (Sylve-Jules).
89. Hôpital des fous.
90. Ames errantes.
Saccaggi (César).
91. Alma Natura Avè; pastel.

Sartoris (Aristide).
92. La Gorgone et les Héros.
93. Diana d'Efeso.

Segantini (Jean).
94. Alla Stanga.
95. Tryptique : la Nature, la Vie, la Mort.
96. Dernier effort.
97. Jeune fille au soleil.
98. Retour au bercail.
99. Fruit de l'amour.
100. Les Alpes en mai.
101 à 109. Dessins.

Serra (Louis).
110 à 117. Dessins.

Signorini (Joseph).
118. Bavardage de sacristie.

Spiridon (Ignace).
119. M. Twain.

Tallone (César).
120. Jeune Paysanne.

Tavernier (André).
121. Septembre.

Tito (Hector).
122. Sur la lagune.
123. Vecchia Peschiera.
124. La Procession.
125. Chioggia.
126. Le Lac.

Tofano (Edouard).
127. Mlle Charcot.

Vighi (Coriolan).
128. Nocturne ; pastel.
129. Moment d'anxiété ; pastel.

SCULPTURE

Alberti (Achille).
1. La Bassesse.

Apolloni (Adolphe).
2. Le Poète.

Astorri (Henri).
3. Fileuse arabe.

Balzico (Comm. Alphonse).
4. Flavio Gioia.

Bazzaro (Ernest).
5. « Senectus ipsa est morbus. »

Biondi (Ernest).
6. Les Saturnales.

Canonica (Pierre).
7. Surprise.
8. Silence.

Caradossi (Victor).
9. Desiderio da Settignano.

Caro (François).
10. Deux Chiens.

Ceccarelli (Ezio).
11. Tête de Christ.

Cencetti (Adaldert).
12. « Ignara mali. »

Cochi (Vincent).
13. L'Enfant à la toupie.

D'Orsi (Achille).
14. Civilisation moderne.

Foa (Arthur).
15. Portrait de M. Loubet ; ivoire.
16 à 24. Bustes en terre cuite.
25. Le Sénateur Dominique Morelli.
26. Tête de matelot.
27. Joueur de cartes.
28. Portrait de M. Fortuny.
29. Portrait de M. Verdi.

Fontana (Charles).
30. Porteur d'eau arabe.

Gallori (Emile).
31. La Tristesse.

Gemito (Vincent).
32. L'Acquaiolo, porteur d'eau.
33 à 41. Bronzes.
42. Portrait de Meissonier.
43. Grand pêcheur.
44. Esquisse de Charles V.

Graziosi (Joseph).
45. Le Fondeur.

Grossoni (Horace).
46. Premiers brouillards.

Guastalla (Joseph).
47. Prométhée.

Jerace (François).
48. Les Romains.

Jollo (Dominique).
49. A Frisio.

Laforet (Alexandre).
50. La Couturière.

Lancellot-Croce (Mme Marcelle).
51. La Femme et sa destinée.
52. Groupe de médailles.
53. La Famille.
54. La Chasse.
55. Le Champagne.

Lazzerini (Alexandre).
56. A l'œuvre.

Lucchesi (Urbain).
57. La Surprise.

Maccagnani (Eugène).
58. La Voix del Signore Tuono.

Monteverde (Jules).
59. Idéalisme et matérialisme.
Norfini (Joseph).
60. Buste.
Origo (Clément).
61. Artillerie en danger.
Pellini (Eugène).
62. Mère.
Ramieri (Aristide de).
63. Vengée.
Réduzzi (Auguste).
64. Le Confort.
Renda (Joseph).
65. Petits enfants.
Rivalta (Auguste).
66. La Première mort.
67. Centaure.
68. Faune.
Romagnoli (Joseph).
69. « Ex natura ars. »
Romanelli (Raphael).
70. Charles-Albert.
71. Jean Aicard.
72. M. Reinach.
73. G. Puccini.

Rossi (Edouard).
74. Matelot (pêcheur de polypes).
75. Femme.
Tollo (Dominique).
76. A Frisio.
Trabacchi (Joseph).
77. Bethsabée.
Trentacoste (Dominique).
78. Fille de Niobé.
79. A la Fontaine.
Troili (Ernest).
80. Le Temps perdu.
Troubetzkoy (Paul).
81. Soldat de cavalerie italienne.
82. Portrait de dame.
83. Buste du peintre Segantini.
Vela (Vincent).
84. Les Victimes du travail.
Vergnano (Laurent).
85. Baigneuse.
Ximenes (Hector).
86. Renaissance.
Zilocchi (Jacques).
87. En Arcadie.

MEXIQUE

PEINTURES

Jacoby y Gomez (Luis).
1. Marine; effet du matin.
2. Marine; effet de lune.

Torre (Edouardo de la).
3. Paysage.

NICARAGUA

PEINTURES

Lewis (Roberto).
1. Portrait de M. Poylo.

NORVÈGE

PEINTURES ET DESSINS

Aagaard (Martini).
1. Brisants.
Arnesen (Borghild).
2. Sous les Lampes.
Backer (Harriet).
3. Joueurs de Cartes.
4. Intérieur à Kolbotn.
5. Ferme norvégienne.
Borgen (Fr.).
6. Pluie d'automne.
7. Soir d'automne.
Bratland (Jacob).
8. Étang dans les bois.
Bugge (Johanna).
9. Une Ferme.
Collett.
10. Embouchure de la rivière Mesna.
Diriks (Edvard).
11. Kristianiafjorden : Dégel.
Eiebakke.
12. La Table est servie.
Fahlström (Johan).
13. Portrait.
Glöersen.
14. Hiver.
Gude (Hans).
15. Sur la côte.
Gude (Nils).
16. Dr Henrik Ibsen.
Gulbransson (Olaf).
17. Dix-huit caricatures.
Hansteen (Nils).
18. L'Hiver dans le Jotunheim.
Hennig (Otto).
19. Crépuscule d'automne.
20. Tempête.
Heyerdahl (Hans).
21. La Barque de la mort.
22. Dr Henrik Ibsen; portrait.
23. S. I. A. R. le prince Eugène.
24. Vieux Pêcheur.
25. Paysage.
Hinna (Bernhard).
26. Lande marécageuse.
Hjerlow (R.).
27. Le Soir dans les bois de Finskogen.
28. Effet de printemps (Paris).
29. Après-Midi.
Hjersing (Arne).
30. Röros (Norvège).
Holbö (Kristen).
31. Tempête.
32. Soleil couchant.
Holmboe (Thorolf).
33. Soir d'automne.
34. Quatre-vingt-dix ans.
35. Nuit calme.
36. Nuit d'été.
Horneman (Sara).
37. Chalet norvégien.
Jacobsen (Aug.).
38. Soir de samedi.
Johnssenn (Hjalmar).
39. Printemps précoce.
40. Claire journée d'hiver.
Jonsrud (Ole).
41. Jour d'été sur l'étang.
Jorde (Lars).
42. Repas de Noël.
Jörgensen (Sven).
43. « On va t'apprendre, méchant garçon. »
44. Le Premier né.
Kielland (Kitty-L.).
45. Paysage de Jaederen.
46. Coucher de soleil, Jotunheimen.
47. Dans les montagnes, Jotunheimen.
Kolötö (Fredrik).
48. S. K. Bergslien.
49. Le Peintre.
50. Calme et jour gris, Jaederen.
Konow (Karl).
51. Portrait de mon père.
Krohg (Christian).
52. Coup de détresse.
53. Commissionnaire.
54. Brisées devant.
55. Le Père.
56. Camelot norvégien.
Langberg (Juliane).
57. Étude de lumière.
Larsen (Kristoffer-Sinding).
58. Mon père.
59. Étude.

Mellbye (G.).
60. Pêcheurs d'écrevisses.
Moe (Sigurd).
61. Automne, paysage du Jaederen.
Müller (Johannes).
62. Clair de lune.
63. Nuit.
Munthe (Gerh.).
64. Sigurd Jorsalfar, roi de Norvège.
65. Sigurd et Baudoin de Flandre.
66. Entrée de Sigurd à Byzance.
67. Le Roi et la Paysanne.
68. La Porte de la princesse.
69. Les Enfants dans l'angoisse; aquarelle.
70. Les Filles de l'aurore boréale et leurs galants.
71 à 75. Aquarelles.
76. Les Fils d'Erik (surnommé « Hache sanglante »).
Nielsen (Amaldus).
77. Ondées.
78. Au lever du soleil.
79. Entre les rochers.
Nielsen (Eivind).
80. Soir d'été.
81. Sur l'herbe.
Ofsti (Einar).
82. Paysage.
Peterssen (Eilif).
83. Temps d'orage, Jaederen.
84. Vers la mer.
Reusch (Helga-Ring).
85. La Noce enfantine.
86. Maison de paysan en Norvège.
Sinding (Sigmund).
87. Vers les nuits sombres.
88. Le Fjord.
Singdahlsen (Andr.).
89. Soir d'été en Norvège.
Soot (Eyolf).
90. La Bienvenue.

Steineger (Agnes).
91. Portrait.
Stenersen (Gudmund).
92. Nuit de la Saint-Jean en Norvège.
93. Printemps doré.
94. Convalescence.
95. Matin d'été.
Strom (Halfdan).
96. Jeune mère.
97. Portrait d'Emile Hannover.
98. Paysans Norvégiens.
99. Avril en Norvège.
100. Intérieur.
101. Soir en Norvège.
Stromdal (Georg).
102. En aval du glacier de Folgefonden.
103. Le Lac de Buer-Hardanger.
Sverdrup (Maren).
104. L'Ourson.
Tannœs (Marie).
105. Une Fleur.
106. Jour d'automne.
Thaulow (Frits).
107. Nuit d'hiver en Norvège.
108. Paysage.
Thorne (Kristine-Laache).
109. Portrait.
Thorne (Oluf-W.).
110. Portrait.
Torgersen (Th.).
111. L'Écobuage.
Wentzel (Gustav-N.).
112. Enterrement d'un marin.
113. Intérieur à Saeterdalen.
114. Chemin d'hiver.
Werenskiold (Erik).
115. Kitty L. Kielland.
116. Dr Henrik Ibsen.
117. Enfant pauvre.
Wetlesen (Wilh).
118. Hors des murs du Paradis.
119. Paysage romain.

SCULPTURE

Svor (Anders).
1. Deuil.
2. Le Professeur Fridjof Nansen.
Throndsen (Iv.).
3. Monnaies et médailles.

Utsond (Gunnar).
4. La Chevauchée infernale.
5. Et la mer rendit les morts qu'elle avait engloutis.
6. En route.
7. Buste de jeune homme.
8. Buste de Jonas Lie.

PAYS-BAS

PEINTURES ET DESSINS

Abrahams (Mlle A.-A.).
1. Fleurs.
Akkeringa (J.).
2. La Réparation des filets.
Apol (L.).
3. Au bois de La Haye (effet d'hiver).
Arntzenius (Fl.).
4. Vue de ville.
Bastert (N.).
5. La Ville de Vianen.
Baukema (Sieger).
6. Paysage.
Bilders van Bosse (Mme Vve M.-P.).
7. Automne en Gueldre.
Bisschof Robertson (Mme S.).
8. Etalage d'antiquités.
Blommers (B.-J.).
9. Été.
Bock (Th. de).
10. En plein champ.
Boosboom (J.).
11. Temple protestant à Harlem.
12. Synagogue.
Bosch-Reitz (S.-C.).
13. Pont de Saint-Ives.
Bondewynse (A.).
14. Portrait de mon père.
Breman (C.).
15. Brouillard.
Briët (A.-H.-C.).
16. Jeune ménagère.
Cate (S. J. ten).
17. La Meuse à Rotterdam.
18. Londres et Paris; pastels.
Chattel (Fred. J. du).
19. Temps gris.
Comte (A. le).
20. Vue sur Wondrichem.
Dankmeyer (Ch.).
21. Vue de ville ancienne en Hollande.
Elias (H. J.).
22. Jour d'automne.
Frankfort (Ed.).
23. Intérieur en Twenthe.
Gabriel (P.-J.-C.).
24. Paysage en Hollande.
Gorter (A.-M.).
25. Couleurs d'automne.
Hamel (W.).
26. Été.
Hart Nibbrig (F.).
27. Abondance.
Henkes (G.).
28. Réunis en conseil.
Heyberg (J.-G.).
29. Près du poêle.
Hogendorps'Jacob (baronne van).
30. Iris.
Hoynck van Papendrecht (Jan).
31. Le 11e hussards prend un convoi ennemi à Sprottau (mai 1813).
Hulk (John F.).
32. « Tire haut ».
Hijner (A.).
33. Paysanne de Zélande.
Israels (J.).
34. Jour d'hiver à Amsterdam.
Israels (Joseph).
35. Marchand de bric à brac.
36. Retour des champs.
Jacobson (John).
37. Plaine de Cérnay.
Jansen (H.-W.).
38. Dans les docks.
Josselin de Jong (P. de).
39. Portrait de famille.
40. Dans la fonderie; aquarelle.
Kaemmerer (F.-H.).
41. Domino.
Kerling (Mlle A.-E.).
42. Fleurs.
Kever (J.-S.-M.).
43. Le Matin.
Klinkenberg (K.).
44. Canal à Rotterdam.
45. Canal à Leyde en hiver.
Koster (A.-L.).
46. Culture des tulipes, près Harlem.
Krabbé (H.-M.).
47. A la cantine.
Lapidoth (M.-C.).
48. Vue du Zoom (Gueldre).

Leenhof (Ferd.).
49. Amphitrite.
Maarel (M. van der).
50. Soir d'été.
Maris (J.-H.).
51. Moulin sur les remparts.
52. Pêcheurs de coquillages.
Maris (W.).
53. Paysage en Hollande.
Martens (Willy).
54. Le Puits.
Mastenbroek (J.-H. van).
55. A Rotterdam.
Mélis (H.-J.).
56. L'Attente; aquarelle.
Mesdag (H.-W.).
57. Matinée d'été, à Scheveningue.
58. Rentrée des bateaux de pêche.
Mesdag (Mme S.).
59. Bergerie en Gueldre.
Mesdag (Mme G.).
60. Coin de mon jardin.
Mesdag (Taco).
61. Soir d'été.
Meulen (F.-P. ter).
62. Gardeuse de troupeau.
Nakken (W.-C.).
63. Ferme dans le Limbourg néerlandais.
Neuhuys (Alb.).
64. Intérieur.
65. Intérieur.
Nusselein (G.-L.-H.).
66. Esquisse; aquarelle.
Oldewelt (Ferd.-G.-W.).
67. Pavots.
68. Portrait de ma femme.
Oort (J. van).
69. Richesse; aquarelle.
Oosterzee (H.-A. van).
70. En hiver.
Oppenoorth (W.-J.).
71. Route près Hilversum.
Pieters (E.).
72. En mai.
Poggenbeek (G.).
73. En novembre; aquarelle.
Pruiys Van der Hoeven (Mlle Cl.).
74. Salve.
Reyenga (Jac).
75. La Porte de la ville sainte dans le désert.
Rink (P.).
76. Le Retour du pêcheur.

Rip (W.-C.).
77. L'Approche de l'orage.
Roelofs (Alb.).
78. Portrait.
Roelofs (W.-E.).
79. Nature morte; aquarelle
Ronner (Mme H.).
80. Un bout de toilette.
Rossen (Mlle Fr. van).
81. Cyclamen; aquarelle.
Sadée (Ph.).
82. Avant le départ.
Sande Bakhuysen (Mlle G.-J. van de).
83. Fleurs et fruits.
Sande Bakhuysen (J. van de).
84. Automne.
Schildt (M.).
85. Les Lessiveuses.
Schwartze (Mlle Th.).
86. Portrait du C^t général Piet Joubert.
87. A l'orphelinat d'Amsterdam.
Sluiter (Willy).
88. Sur la plage.
Soest (L. van).
89. Matinée d'hiver.
Steelink (W.).
90. Rentrée du troupeau.
Tadama (F.).
91. Paysage.
Thol-Ruysch (Mme A. van).
92. Le Bénédicité.
Toorop (J.).
93. Sur la plage; pastel.
94. Portrait; crayons de couleur.
Vuuren (J. van).
95. En été.
Waay (N. van der).
96. Jeune Fille d'orphelinat à Amsterdam
Weele (H.-J. van der).
97. La Rentrée du troupeau.
Weissenbruch (J.-H.).
98. La Plage.
Willigen (Mlle C.-A. van der).
99. Chrysanthèmes; aquarelle.
Wouters (H.).
100. Jeune Fille tricotant.
Wysmuller (J.-H.).
101. Rue de village hollandais.
Zilcken (Ph.).
102. Le Pont Saint-Michel, à Paris.

SCULPTURE

Begeer (A.).
1. Médailles.

Bosch Reitz (Mlle W.-M.).
2. Alors elle embrassait son enfant et il n'y avait personne pour la consoler.

Hove (Bart. van).
3. Primavera.

Heenhof (Ferd.).
4. Mercure.

Schwartze (Mlle Geo).
5. Enfants endormis.

Teixera de Matthos (H.).
6. En danger (lionne et son petit).
7. S. Exc. W.-H. de Beaufort.

Wyk (Ch. van).
8. Fécondité.
9. Gamin jouant avec un crabe.
10. Retour des champs.

PÉROU

PEINTURES

Calderon (Abelar do Alvarez).
1. Afternoon Tea.
2. Une charmeuse.
3. Journaux illustrés.
4. Portrait de l'artiste.
5. Portrait.
6 à 8. Etudes.

Hernández (Daniel).
9. M. E. López de Romaña, président du Pérou.
10. M. N. de Piérola, ex-président du Pérou.
11. « L'Amour est souvent cruel. »

12. Paresseuse.
13. Etude de jeune femme.

Lynch (Albert).
14. Panneau décoratif : Le Soir.
15. Parisienne.
16 et 17. Portraits.
18. Manon.

Sanz (Inès-Mercédès).
19. M. N. de Piérola, ex-président du Pérou.
20. M. Toribio Sanz y de Santistévan.
21. Tableau de genre.

SCULPTURE

Mijáres (Alberto Pareja dé).
1. Francisco Pizarro.
2. Isabel la Católica.
3. La Fontaine.

4. Le Soir.
5. Bas-relief avec médaillons; étain.

Sanz (Toribio).
6. Voiture du sacre de Charles X.

PORTUGAL

PEINTURES ET DESSINS

Dom Carlos Ier, roi de Portugal.
1. Le Lever des filets d'une Madrague; pastel.

Alto Mearim (D. Maria-Luisa do).
2. Fileuse du Minho; pastel.
3. Etude; pastel.

Alto Mearim (Comtesse du).
4. La Bible.
5. Poveretta.
6. Portrait de M. de V.
7. Sœur Marianne; pastel.
Assis (D. Branca).
8. La Mère Amélie.
Barbosa (Albino-Pinto-Rodrigues).
9 à 11. Portraits; peintures sur faïence.
Bandeira (D. Laura Sauvinet).
12. Victor Wagner, luthier portugais.
Bordallo Pinheiro (D. M.-A.).
13 à 15. Fleurs.
Braga (D. Emilia-Santos).
16. Sœur Marianna.
17. Endormi.
18. Rêverie.
19. Varina, marchande de poissons.
Brito (José).
20. Martyre du fanatisme.
21. La fable et la vérité.
22. Portrait de M. le comte de L.
Carneiro junior (A.-Texeira).
23. Portrait de R. C.
24. Portrait de A. C.
25. L'Amour.
26. La Source du Bien.
Columbano (Bordallo-Pinheiro).
27. Vins et fruits.
28. Saint Antoine de Lisbonne.
29. La Tasse de thé.
30. Portrait de l'acteur J. Rosa.
31. Portrait de l'acteur Taborda.
32. Portrait de M. Eça de Queiroz.
33. Portrait de M. le comte d'Arnoso.
34. Portrait de M. Joao Barreira.
35. Portrait de M. Trindade Corelho.
36. Portrait de M. H. de Vasconcellos.
Condeixa (Ernesto-Ferreira).
37. Vasco de Gama devant le Samorim de Calicut.
38. Portrait de M. Prosper Lasserre.
39. Portrait de l'Auteur.
Cunha (Antonio-Candido da).
40. Dolmens.
41. Coquelicots.
42. Viatique (effet de nuit).
Gameiro (Alfredo-Roque).
43 à 47. Aquarelles.
Guedes (Alfredo).
48 à 50. Aquarelles.
Keil (Alfredo).
51. Études.
52. Motifs du Nord du Portugal.
Loureiro (Arthur).
53. La Vision de saint Stanislas Costha.

Malhoa (José).
54. Les Potiers.
55. A blanchir le linge.
56. Les Boulangères.
57. Le Professeur titulaire de chaire.
58. Portrait du prieur de Constancia.
59. En voyant passer le train.
Matloso da Fonseca (Joao-G.).
60. Portrait de Mme Matloso da Fonseca.
Moura (Edouardo de).
61. Gardeuse de vaches.
Munrô (D. Fanny).
62. Marée montante.
Nogueira (D. Leonor da Silva).
63 et 64. Portraits sur porcelaine.
Pinto (Alberto).
65. Retour de la ville.
66. Gardeuse d'oies.
67. Intérieur breton.
Pinto (Manuel-Henrique).
68. Pâturage des porcs.
Prat (Arthur).
69. En songeant à lui.
70. La Pêche de la bucarde.
71. Dans un atelier de photographe.
Ramos (Julio).
72. Récolte de maïs.
73. Ecole buissonnière.
74. Crépuscule.
75. Rentrée des bateaux.
76. Effet du couchant.
Reis (Carlos).
77. Mme M. M.
78. Portrait de ma mère.
79. Portrait de ma mère.
80. Matin à Clamart.
81. Dans la prairie.
82. L'Automne.
83. Coucher de soleil.
Ribeiro (Arthur-B.-S.).
84. Tambour d'infanterie; aquarelle.
Ribeiro (Eduardo-Teixeira-Pinto).
85. Dévotion.
Rio (Jules, V^{sse} de Sistello).
86. La Fin d'une ondine.
87. Rose de Noël.
88. Irène.
89. L'Anniversaire.
Rodrigues (Adolpho).
90. La Gardeuse.
91. Sabotiers bretons.
92. Paysage breton.
93. Jeunesse.
94. Portrait de Mme la baronne de S. C.

Salgado (José-Vellozo).
95. Jésus.
96. Vasco de Gama au Samorim de Calicut.
97 à 102. Portraits.
103. Portrait de Mme Mouchon.
104. Portrait du Dr Mello Vianna.
Santos (D. Laura).
105. Une consultation.
Santos (D. Virgina).
106. Les Sardines.
Silva (José-Silva d'Almeida e).
107. Chez le bon papa.
108. Que ton nom soit béni.
109. Après le repas.

Silva Nogueira (D. A.-Pinto-Leite).
110 et 111. Portraits sur porcelaine.
112. Objet de fantaisie.
Souza Pinto (José-Julio de).
113. Le Chant de l'Alouette.
114. Dans l'eau.
115. Chloé enfant.
116. Les Châtaignes.
117. Au coin du feu.
118. La Forge.
119. Le Retour des bateaux.
120. L'Été à Vizella.
121. Les Mousses.
122. Le Scorff.
Torquato Pinheiro (A.-José).
123. La Récolte de maïs.

SCULPTURE

Alves (Venancio-P.-M.).
1. Médailles.
Costa (Thomas-F. d'Araujo).
2. Dans la Forêt.
3. La Loi chrétienne.
4. Infant D. Henrique.
5. Nymphe du Mondego.
Gouveia (F.-Pereira-da-Silva).
6. Regret.
7. Béatrice de Portugal.
8. Portrait.
9. Médaillon.
10. La Calomnie.
Lima (Casimiro-José de).
11. Médaille.
Lopes (Antonio-Teixeira).
12. La Veuve.
13. Caïn.
14. Saint Isidore de Séville ; bois peint.
15. La Charité.
16. Etude d'enfant.
17. La Douleur.
18. L'Histoire.
19. Portes pour l'église de Candelarra à Rio de Janeiro.
20. Tête d'étude (vieille femme).

21. Monument Oliveira Martius.
22. Statuette.
Lopes Junior (José Teixeira).
23. Tête de gamin.
Meirelles (Joaquin Pereira).
24. Martyr.
Pinto (Antonio Alves).
25. Portrait.
Rato (Jose-Moreira).
26. Dr Cunha Belem.
Ribeiro (Aleixo de Queiroz).
27. Dernière pensée.
28. Vasco de Gama.
29. Lisbonne.
Sa (A. Fernances de).
30. Enlèvement de Ganymède.
31. Tête d'expression.
32. Vieille Femme.
33. La Vague.
Texeira Lopes (José-Joaquin).
34. Bas-relief.
35. Médaillon.
36. Tête de jeune Fille.
37. Christ.
38. Médaillon.

ROUMANIE

PEINTURES ET DESSINS

Alexandresco (Titus).
1. Sur le boulevard.
Alpar (Jean).
2. Paysage.
3. A Agapia.

Aricesco.
4. Le Soir dans la Forêt.
Artachino.
5. Sur le Pont.

Capidan.
6. Portrait.
Deschly (IRÈNE).
7. Chanson.
Eliade (GEORGES).
8. Portrait ; pastel.
Gargouromin (VERONA).
9. L'Espérance.
10. Portrait de M. L. G.
11. Le Port de Braïla.
Grant (NICOLAS).
12. Le Lavoir d'Eaubonne.
13. Sur le bord de la Cagnee.
14. Coin de jardin.
15. Convalescence.
Grigoresco (NICOLAS).
16. Sur la Plage.
17. Un Coin de mon atelier.
18. Intérieur de Paysan pauvre.
19. Pâtres et leurs Troupeaux.
20. Char à Bœufs.
21. Habitation paysanne.
22. Fleurs.
23. Bébé dans les Champs.
24. Paysages d'Automne.
25 à 29. A Vitré ; études.
30. Fillette à la Cruche.
31. Bohémienne.
Gropeano (NICOLAS).
32. Les Enfants aux cheveux d'or.
33. Mme de Nuovina, de l'Opéra-Comique.
34. La Diseuse de bonne aventure.
35. Candeur ; pastel.
36. Dans les Chrysanthèmes ; pastel.
Kornéa (Mme OLGA).
37. Portrait.
38. Thaïs.
39. La Mort de Sigurd ; pastel.
40. Cléopâtre ; pastel.
Loghi (KIMON).
41. « Post mortem laureatus. »
42. Orientale.
43. Iphigénie en Tauride.

Lukian (ÉTIENNE).
44. Lever de Lune ; pastel.
45. Retour de l'eau ; pastel.
Marculesco.
46. Intérieur.
47. Intérieur.
Pallady (THÉODORE).
48. Repentir.
49. Juana.
50. Étude (pour tête de Christ) ; dessin.
51. Nature morte.
52. Portrait de M. Aman Jean.
53. Lucile, étude ; dessin.
Ramniceano (V.).
54. Coin de chambre.
Segall (A.).
55. Grange rustique.
Serafim (DIMITRI).
56. Suzanne au bain.
57. Religieuse orthodoxe en prière.
Simonidy (MICHEL).
58. A la suite de l'Indépendance, la Fortune distribue ses bienfaits à la Roumanie.
59. Parfums d'hiver.
60. Ovide ; aquarelle.
Sperlich.
61. Paysage.
Strambulesco.
62. Portrait de théâtre.
63. Souffrance intime.
64. Dans la rue.
Tintoreanu (NICOLAS).
65. Conception du bel Enfant de la Larme.
66. Portrait de M. Le Charollais.
Vermont.
67. Un Baptême.
68. L'Endormie ; aquarelle.
Voinesco (EUGÈNE).
69. Une Plage.
70. La Chapelle de Sinaïa.
71. La Mer Noire, après la tempête.

SCULPTURE

Balacesco (C.).
1. M. Kitzou.
2. L'Innocence.
Carniol (M.).
3. Ecusson de la Roumanie ; acier.
Hegel.
4. Michel Kogalniceanu.
5. C. Stancesco.
6. M. Urechia.

Marin (PHILIPPE).
7. Enfant ; tête marbre.
Mirea (D. D.).
8. Mme D. Mirea.
9. Jeune femme.
10. Enfant.
Spaethe (O.).
11. Faune dansant.
12. Le Peintre T.
13. Mlle G.

Storck (Carol).
14. Mme Br.
Storck (F.).
15. Tentation.
16. Innocence.

17. Un Clown.
18. Athlète.
19. Porte-coquille.
20. Réflexion.
21. Une Ève.

RUSSIE

PEINTURES ET DESSINS

Ahlstedt (Fr.).
1. Le Rosier au bord du golfe.
2. Misère.
3. Portrait du général Sederholm.
Aivasowsky (Ivan).
4. L'Océan.
Alchimowicx (Casimir).
5. Un Franc-Tireur oublié.
Andrychewicz (Sigismond).
6. Portrait de Mme M.
Arkhipow (Abram).
7. Le Vieux.
8. De retour.
9. Sur le Volga.
Askenasy (Isaak).
10. L'Ecclésiaste.
Austen (Antoine).
11. Côtes de Catalogne.
Badowski (Adam).
12. Portrait de l'archevêque P.
Bakcheef (Vasili).
13. Chez soi.
Becker (Adolphe de).
14. Intérieur villageois (Finlande).
Beggrov (Alexandre).
15. Vue de Riga.
16. Arrivée de l'Amiral Gervais, à Cronstadt.
Bem (Elisabeth).
17 et 18. Sujets des contes russes; aquarelles.
Bergholtz (Richard).
19. Matin d'avril.
Berkoss (Michel).
20. La Terre vierge.
Blomstedt (Voeinae).
21. Portrait de Mme S.
22. Paysage d'hiver.

23. Nuit d'été.
24. Songes sont mensonges.
25. Clair de lune.
Bodarewski (Nicolas).
26. Portrait de Mme P.
Bogdanow-Bielsky (Nicolas).
27. Le Futur Moine.
Borissow (Alexandre).
28. La Période des glaciers.
Botkine (Théodore).
29. Jeune Fille aux cheveux défaits.
30 et 31. Têtes.
Braz (Joseph).
32. Portrait.
Brulov (Paul).
33. Le Travail aux champs.
Chelminski (Jean).
34. Vauchamps (1814).
Chelmonski (Joseph).
35. Paysage.
Chichkine (Iwan).
36. Moulin délaissé.
37. Sonouet; dessin.
Cionglinsky (Jean).
38. La Vie.
Danielson-Gamboggi (Mme Elin).
39. Une Mère.
40. La Vigne.
Doubowskoi (Nicolas).
41. Hors du Couvent.
42. Vers le soir.
43. Le Calme.
Edelfelt (Albert).
44. Portrait de Mme Pasteur.
45. Portrait d'homme.
46. Portrait de Mlle L.
47. Incantation.
48. Pêcheurs.

49. Le Christ et la Madeleine, légende finnoise.
50. Portrait de Mme G.
51. Les Fraises.
   Enckell (Magnus).
52. Au Concert.
53. Portrait de la mère de l'artiste.
54. Le Réveil.
55. Portrait.
56. Le Pilote ; aquarelle.
   Endogouroff (Iwan).
57. Odde (Norwège).
   Engberg (Gabriel).
58. Paysage finlandais.
   Eristoff Kazak (Princesse Marie).
59. Général Baron de Freedericks.
60. Portrait de Mme Paquin.
   Frosterus-Segerstrale (Mme Anna).
61. Paysan finlandais.
   Gallen (Axel).
62. Portrait de M. Eneberg, sénateur.
63. Portrait de Mme D.
64. Portrait de Mme A.
65. M. Néovius, professeur à l'Université.
66. Défenseurs de Sampo-Joukahainen.
67. La Mère de Lemminkainen.
68. Vieux paysan.
   Gazyez (Marie).
69. La Chasse au sanglier.
   Gebhard (Albert).
70. Délaissée.
   Gerson (Wojcliech).
71. Casimir le Grand revenant en Pologne.
72. Portrait de M. C.
   Girsemberg.
73. Le Juif-Errant.
   Gorski (Constantin).
74. La Fable de l'Enfant prodigue.
   Gritsenko (Nicolas).
75 à 78. Aquarelles.
   Halonen (Pekka).
79. Les Jeunes Filles au guet.
80. Faucheurs.
81. Joueur de Kantèle.
82. Terre sauvage.
83. Soleil du soir.
84. Dîner de paysans.
85. Sorbier.
86. Paysage d'hiver.
   Harlamoff (Alexis).
87. Les Enfants avec des fleurs.
88. La Fillette.
89. Petite Fille.
90. Errante.
91. Tête d'Enfant.

92. Tête de petite fille.
93. Jeune Femme.
   Hirschfeld (Emile-B.).
94. Glorieux débris.
   Hirszenberg.
95. Le Juif Errant.
   Jaernefelt (Eero).
96. Baron J. Ph. Palmen.
97. Effet d'automne sur le lac de Piélis.
98. Paysans défrichant la terre.
99. Portrait du fils de l'artiste.
100. Paysage d'hiver.
101. Le Golfe de Finlande, effet d'hiver.
102 à 104. Aquarelles.
   Jarochenko (Nicolas).
105. Les Montagnes du Caucase.
106. En Été.
107. Portrait de M. Solovien.
   Jarzew (Grégoire).
108. Pavillon Russe au Trocadéro.
109. Paysages de Sibérie.
   Jasinski (Zdzislauo).
110. Portrait du Dr M.
   Kassatkine (Nicolas).
111. Dans le couloir du Palais.
112. Les Rassembleurs des Ramilles.
   Kendzrierski (Apolonius).
113. Le Travail.
   Kholodovsky (Michel).
114. Grande vitesse.
   Kiréevsky (Etienne).
115. La Vicomtesse de Montlovier.
   Klopfer (Charles).
116. La Forêt.
   Kondratenko (Gabriel).
117. La Nuit.
   Korine (Alexei).
118. L'Amateur.
   Kerovine (Constantin).
119. Les Espagnoles.
120. Portrait de Mme A.
   Kostandi (Kiriak).
121. Le Soir.
122. Le Printemps.
   Kousnetzow (Nicolas).
123. Une Gardeuse d'oies.
124. Motif de printemps.
125. Portrait d'une jeune fille.
126. Chien et cochon.
   Krigitzky (Constantin).
127. Paysage du Nord.
128. Le Rocher de Stienka Kasine.
   Krilov (Iwan).
129. La Steppe.

Lagerstram (Berndt).
130. Le Lac de Toriseva.
131. Paysage Finlandais.
Lebedew (Claude).
132. Mort du Tsar Théodor Alexeiewitch.
Lentz (Stanislas).
133. Portrait.
Levine (Constantin).
134. Place Loubianskaia, à Moscou.
Levitan (Isaac).
135. Le Commencement du printemps.
136. Le Printemps.
137. La Nuit.
138. L'Automne.
Lindholm (Berndt).
139. Au bord du Cattégat.
140. Soir dans la forêt.
141. La Côte suédoise.
142. A la lisière de la forêt.
143. Intérieur de forêt.
144. Etude.
145. Etude.
Loevy (Edouard).
146. Portrait de M. G. M.
Louchnikoff (Alexandre).
147. Fête de Dolom Kochoun (Mongolie).
Ivon (Princesse).
148. Portrait du Comte Cassini.
Makovsky (Alexandre).
149. Départ pour la chasse.
150. Les Chasseurs.
Makowsky (Constantin).
151. Les Nouveaux mariés.
152. Portrait de Mme Makowsky.
153. Portrait de Mme A. Souvorine.
Makovsky (Vladimir).
154. Les Enfants du Volga.
155. Le Beau-Père et la Bru.
156. L'Asile des Pauvres, à Moscou.
157. L'Instituteur.
158. Sur le Volga.
159. La Communion des enfants.
160. Le Consolateur.
161. Procession.
162. Types d'acteurs
163. L'Achat du trousseau.
Maliavine (Philippe).
164. Le Rire.
165. Paysanne russe.
166. Jeune paysanne russe.
167. Un paysan.
Malischeff (Nicolas).
168. A Châteaux-Maisons.
Maslowski (Stanislas).
169. La Forêt.
170. Le Marché à Kazimirz; aquarelle.

Miassoiedov (Grégoire).
171. La Messe pendant la sécheresse.
Miloradovitch (Serge).
172. Le Siège du couvent de Troizhosergievsky.
Mordasewicz (Casimir).
173. Portrait de la comtesse F.
Munsterhjelm (Alarick).
174. Soir du premier printemps.
Munsterhjelm (H.).
175. Paysage d'automne.
176. Matin d'été.
Nesterov (Michel).
177. Les Moines.
178. Saint Serge.
Pankiewicz (Joseph).
179. Portrait.
Pasternac (Léoni).
180. A la veille de l'examen.
181. « Résurrection », de Tolstoï; dessin.
Pawliszak (Vinceslas).
182. Le Tir aux aigles.
Perwonkhine (Constantin).
183. Le Volga.
Petrokokino (Catherine).
184. Une antichambre.
Piontkowski (Henri).
185. Portrait de M. M.
Piechowski (Wojciech).
186. La Procession.
Pienkovski (Ignace de).
187. Portrait de Mlle de B.
Pilichowski (Léopold).
188. Le Teinturier.
Pokitonow (Ivan).
189. Sur la plage.
190. Effet de neige.
191. Printemps.
192. Automne.
193. Aux environs d'Ostende.
194. Vue de la plage de la Panne.
195 et 196. Vues aux environs de Liège.
Polenow (Basil).
197. Jésus parmi les docteurs.
198. Jésus au bord du lac.
199. La Première neige.
200. La Vallée de Génésareth.
201. Jésus au bord du lac de Génésareth.
202. L'Hiver.
Pourvite (Basile).
203. Les Derniers rayons du soleil.
Rapacki (Joseph).
204. Le Matin d'automne.

Rasmaritzine (ATHANASE).
205. La Dernière retouche.
206. Le Musicien.
Repine (ELIE).
207. Portrait de C. Cui.
208. Portrait d'E. V. Pavlow.
209. Portrait du Comte J. Tolstoï.
Rerich (NICOLAS).
210. Les Chefs slaves sous le chêne sacré.
Riabouchkine (ANDRÉ).
211. La Messe de fête, à Moscou, au XVIIe siècle.
212. Une famille de marchands au XVIIe siècle.
Rissanen (JUHO).
213. L'Aveugle; aquarelle.
214. La Discuse de bonne aventure; aquarelle.
Rosen (JEAN).
215. Les Gardes d'honneur, 1814.
216. L'Assaut de Hospenthals, 1797.
Ryszkiewicz (JOSEPH).
217. La Mort d'une vivandière.
Seithov (PIERRE).
218. Une Élégie (Crimé).
Serov (VALENTIN).
219. L'Automne.
220. Le Crépuscule.
221. Portrait de M. S. M. Bokine.
222. Portrait de Mlle W. S. Mamontow.
223. S. A. le Grand-Duc Paul Alexandrovitch.
Simberg (HUGO).
224 et 225. Portraits.
226. Les Fleurs de la mort.
227. L'Automne.
Socolo (ALEXANDRE).
228. Portrait d'une jeune fille.
Soldan-Brofeldt (VENNY).
229. Femmes piétistes.
230. Le Repas.
231. Gamines au bord de l'eau.
Sourikow (VASILI).
232. L'Assaut d'une ville de neige.
Sparre (Comte LOUIS DE).
233. Nuit de Noël.
234. Portrait de fillette.
235. Repos.
236. La Cascade d'Aemmae; aquarelle.
Strabrovski (CASIMIR).
237. Le Calme du village.
Stankiewiecz (SOPHIE).
238. Paysage.
Stepanow (ALEXEI).
239. Le Matin, au village.

Stjernschantz (BEDA).
240. Souffleurs de verre.
Stolitza (EUGÈNE).
241. Le vapeur *Ermak* dans les glaces polaires.
Sviaeoslavsky (SERGUEI).
242. Une auberge, à Moscou.
Szwoinicki (ROMAN).
243. Portrait.
Thesleff (ELLEN).
244 à 247. Portraits.
248. Joueuse de violon.
249. Paysage.
Tkatchenko (MICHEL).
250. Effet de lune (mer Noire).
251. L'arrivée de Félix Faure à Cronstadt.
252. Le Calme (mer Noire).
Toppelius (VOLDEMAR).
253. Tempête.
254. La Côte du golfe de Finlande.
255. Le Sund.
Wasilkowski (CASIMIR).
256. Le Désir.
Wasnezow (APOLLINAIRE).
257. La Sibérie.
258. Élégie.
259. Le Kremlin de Moscou.
260. Un conte de fées.
Wasnezow (VICTOR).
261. Les Scythes.
262. Quelle route prendre?
263. La Madone de la cathédrale de Kiew.
264. Tryptique; le Christ, la Madone, sainte Olga.
265. Gamaioun; oiseau augure.
266. L'Étang.
267. Alenouchka; conte.
Weichert (VITOLD).
268. Les Chasseurs.
Westerholm (VICTOR).
269. Partie d'Alande.
270. Effet de neige.
271. Le Rapide de Woikka.
272. Paysage.
273. Etude de neige.
274. Etude.
Weyssenhoff (HENRI).
275. La Neige.
Wlasoff (SERGE).
276. Jour d'été en Finlande.
277. Présentez armes!
278. La Forteresse de Svéaborg.

Wolkoff (Efime).
279. La Route du Domaine.
280. Temps nuageux.

Wuk (Maria de).
281. En quittant le foyer.

Wylie (Michel de).
282. Vues de Russie ; aquarelles.

Zmurko (François).
283. L'Etoile de Bethléem.

SCULPTURE

Antokolsky (Mark).
1. Nestor l'historien.
2. Jaroslaw.
3. Ermak.
4. Pierre le Grand.
5. L'Empereur Alexandre II.
6. L'Empereur Alexandre III.
7. Spinoza.
8. Martyre chrétienne.
9. Sœur de charité.
10. Saint Jean-Baptiste ; tête.
11. Satan.
12. « Pax ».
13. La Belle au bois dormant.
14. Ophélie.
15. Une Nymphe.
16. Le Rêve.
17. Le Chagrin.
18. Le Juif-Errant.
19. En prison.
20. Buste de S. M. l'Empereur Nicolas II.
21. Buste de S. M. l'Impératrice Alexandra Théodorowna.
22. Buste de S. A. I. le Grand-Duc Nicolas Nicolaévitch.
23. Sculpture de tombeau.

Aubert (Arthur).
24. Chimpanzé et tortue.
25. Gazelle poursuivie par des chiens sauvages.

Beklemicheu (Vladimir).
26. Sainte-Barbe.
27. La Fille de la neige.

Bernstamm (Léopold-B.).
28. Pierre le Grand et Louis XV.
29. Rubinstein.
30. Gérôme.
31. Flaubert.
32. Henri Brisson.
33. Edmond Rostand.
34. Li-Hung-Chang.
35. J. Chéret.
36. Grévin.
37. Coquelin.
38. Prince Bariatinski.
39. Ambroise Thomas.
40. Rodin.
41. Paul Deschanel.
42. Coquelin, dans *Thermidor*.
43. Jules Simon.
44. E. Rostand.
45. Coquelin cadet.
46. Waldeck-Rousseau.
47. Dr Labadie-Lagrave.

Bernstein-Sinayeff (Léopold).
48. S. A. I. la Grande-Duchesse Hélène Wladimirovna.
49. Le Rêve.
50. Écho de la vague.
51. Mme A. de P.
52. Esdras désolé.
53. Sieste du travailleur.

Edouards (Boris).
54. Le Christ.
55. Le Prophète.
56. Etude de tête.
57. « Chourka ».

Gabovitch (Joseph).
58. La Naja.
59. Petite fille au poussin.

Gerson (Marie).
60. Mater Dolorosa.

Ginzbourg (Elias).
61. Buste du Comte L. Tolstoï.
62. V. Verestchagine.
63. Comte L. Tolstoï.
64. Le Petit Musicien.
65. Le Garçon au bain.
66. Au Bain.
67. Les Ecoliers.
68. L'Écharde.
69. Après le bain.
70. Statuette de Mendéléier.

Glicenstein (Enoch).

Hattia (Kaarlo).
71. Caïn et Abel.
72. La Harpe de la Cascade.

Jampolsky (Michel).
73. Médailles.

Kaplan (Michel).
74. Buste de Mlle M. M.
75. Buste de Belinsky.
76. Buste de Mme C.

Kwiatkovska (I., Ctesse d'Albazzi).
77. Le Vitrarius de J.-A. Pousin.
78. Alfred Darcel.
79. Médailles.

Metchnikoff (Olga).
80. Buste de derviche.
81. Buste de femme.
Naoum-Aranson.
82. Berceau d'Amours.
83. Le Nid.
84. Silésienne.
85. Arlésienne.
86. Martyre.
Pastchenko (W. de).
87. Sphinx.
88. Médaille commémorative.
Perelmane (Wladimir).
89. Tristesse.
90. Compassion délicate.
91. Une Caresse.
Rasumny (Félix).
92 et 93. Médailles et plaquettes.
Rygier (Théodor).
94. Tête de faune.
95. L'Art.
Stigell (Rob).
96. Les Naufragés.
97. La Chasse.
Tourguéneff (Pierre-Nicolas).
98. Chevaux de labour.
99. Aréthuse.
100. Cheval en liberté.
Trojanovsni (V.).
101. Médailles.
102. Wagner.
Troubetzkoï (Prince Paul).
103. Portrait de la Princesse Tenicheff.
104. Portrait de M. N. N.
105. Portrait du Comte Tolstoï.
106. Portrait du Comte Tolstoï à cheval.
107. Portrait du Prince Galitzine.
108. La Mère et l'enfant.
109. Un Fiacre à Moscou.
110. Un Esquimau en traîneau.
111. Une Vache.
112. Etude d'après nature.
113. Un Cheval.
114. Portrait de M. N. N.
115. La Fille et les chiens.
116. Douleur.
117. Bénitier en pierre.
118. Groupe d'enfants.
Vallgren (Ville).
119. Petite bronzes.
120. Kierté.
121. Christ.
122. Plaintes.
123. Méditation.
Walgren (Antoinette).
124. Bas-reliefs en cuir patiné.
125. Bas-reliefs bronze patiné.
126. Petites Bretonnes.
127 à 129. Bustes d'enfant.
Welonski (Pius).
130. Prométhée.
Wikstroem (Émil).
131. L'Enfant.
132. Invocation.
133. « Délivrez-nous du mal ».
134. Fronton du palais de la Diète de Helsingfors.
135. La Défense.
136. Petits bronzes.
Winter (Georges).
137. Illusion.

SERBIE

PEINTURES

Bozzaritch (A.).
1. Les Ruines de l'Empire serbe.
Ivanovitch (Paul).
2. Couronnement du tsar Douchan.
3. L'Insurrection de Tacovo.
4. Le Duel.
5. La Fureur teutonique.
Ivanovitch (Svetislav).
6. Le Retour du Monténégrin.
7. Portrait de M. ★★★, métropolite.
8. Portrait de Mme X.
Kohen (Léon).
9. Le Songe de Joseph.
10. Enlèvement d'une 'eune fille.
Krstitch (George).
11. La Conquête de Stalatz.
Kutlik (Cyril).
12. L'Étoile naissante.
13. L'Éclipse de soleil.
14. Le Premier triomphe de la mort.
15. Etude de portrait.
16. Etude de portrait.
17. Monténégrin.

Miloyevitch (Nicolas).
18. Portrait de Mme Gencitch.
19. Portrait.
Murat (Marco).
20. L'Entrée du tsar Douchan, à Raguse.
21. Jeune fille de Conavlié.
22. Portrait de M. Milicevitch.
23. Portrait de M. Matavoul.
Ranossovitch (Pierre).
24. Haïdouk-Velko.
Théodorovitch (Stefan).
25. Portrait de S. M. le roi Alexandre Ier.
26. Portrait de M. Kranitz.
27. Sylvie.
28. Portrait d'une jeune fille.
29. Portrait de deux enfants.
30. Portrait de ma fille.
Voucanovitch (Mme Bety).
31 à 33. Portraits.

Voucanovitch (Risto).
34. Les Dahis.
35. Les Premières victimes des Dahis.
Vucetitch (Pierre).
36. Portrait d'une dame.
37. Belladone.
38. La Haine et la Folie.
39. Etude de tête.
40. Etude de portrait.
41. La Fin.
Vulitch (Mlle Antoinette de).
42. Médaillons, miniatures réunis dans un cadre.
43. Portrait d'une dame; pastel.
Yougovitch (Jivko).
44. Portrait de M. Tchuturilo.
45. Portrait de M. Klidis.
46. Portrait d'un vieux maître d'école.

SCULPTURE

Oubavkitch (Pierre).
1. S. M. le roi de Serbie.
2. Insurrection de Takovo.
Roksanditch (Simon).
3. S. M. le roi de Serbie.
4. L'Esclave.

Yvanovitch (Georges).
5. Monument de Kossavo.
6. Mme X.
7. Poète serbe.
8. Médaillons.
9. Miloche Obrenovitch Ier.

SUÈDE

PEINTURES

Ahlgrensson (Bjorn).
1. Portrait au fusain.
Albert (Gustaf).
2. Nuit sur la côte.
Almqvist (Ester).
3. Intérieur; dessin au fusain.
4. Heure du soir; pastel.
Andersson (Acke).
5. Portrait de Zacharias Copelius.
6. Fantaisie de l'Aube.
Arsenius (Georg).
7. Bill.
8. Le Matin.
9. En Forêt.
Aslund (Elis).
10. Nuit d'été en Laponie.

Aström (Eva).
11. Lis.
Barck (Comte Nils-I.-J.).
12. Marine.
Bergh (Richard).
13. Portrait.
14. Portrait d'Eva Bonnier.
15. Le Chevalier et la jeune fille.
Bjorck (Oscar).
16. Portrait de S. A. R. le prince Eugène.
17. Portrait de ma femme.
18. Portrait du comte Wrangel.
Bjorkman (Hedvig).
19. Les Trois Rois (tenture décorative).

Ekstrom (Per).
20. Soleil du matin.
21. Paysage d'hiver.
   Erdman (Axel).
22. A Hasselbacken.
   Erdtman (Elias).
23. Rappel du troupeau, le soir.
   Eugène (S. A. R. le prince).
24. Nuit d'été.
25. Nuage.
26. Le Vieux Château.
   Fjaestad (Gustaf-Adolf).
27. La Hauteur de Raksta.
28. Forêt mouillée.
29. Le Printemps ne vient donc jamais.
   Forsberg (Nils).
30. Gustave-Adolphe, roi de Suède, exhortant son armée devant l'ennemi, commandé par Wallenstein, à Lutzen, le 6 nov. 1632.
   Gerle (Aron).
31. Portrait de B. Ahlgrenson.
32. L'Observatoire.
   Hagborg (August).
33. Marée.
34. En Dalécarlie.
35. Intérieur dalécarlien.
   Hesselbom (Otto).
36. Vue étendue (motif de Dalsland).
   Jansson (Eugène).
37. Minuit au temps de la Saint-Jean.
38. L'Heure du soir à Kornhamn.
39. Rue du Faubourg du Sud à Stockholm.
   Kreuger (Nils).
40. Jour de septembre.
41. Bœuf paissant.
42. Station de voitures de transport.
43 à 45. Dessins.
   Larsson (Carl).
46. Jour de fête.
47. Convalescence.
48. Devant la glace.
49. La Vieille; dessin colorié.
   Liljefors (Bruno).
50. Grand duc.
51. Coq de bruyère.
52. Chasseur.
53. Grues.
54. Cygnes; aquarelle.
   Lindström (Fritz).
55. Portrait.
   Nordstrom (Karl).
56. Pierres tumulaires de Saint-Olof.
57. Motif de nuit.
58. Lever de lune.
59. Paysage; fusain.
   Norrman (Herman).
60. Effet de nuage.
61. Heure du soir.
   Pauli (Georg).
62. La Nuit de la Saint-Jean.
63. Portrait de Signe P.
64. Construction d'église; pastel.
65. Lever de lune; fusain.
   Pauli (Hanna, née Hirsch).
66. Portrait de mon père.
67. Portrait d'Ellen Key.
68. Les Deux Vieux; fusain.
   Saaf (Erik).
69. Clair de lune.
70. Coucher de soleil.
   Sjoberg (Axel).
71. Veaux de mer.
72. Oiseaux d'Islande.
73. Soir d'été près la mer; aquarelle.
   Thegerstrom (Robert).
74. Crépuscule.
75. Portrait.
   Tornros (Nabot).
76. Portrait.
   Wahlberg (Alfred).
77. La Haute mer à St-Guénobé (Bretagne).
78. Au clair de lune.
79. Au bord de la Baltique.
   Wallander (Alfred).
80. Le Vieux Manoir.
   Wilhemson (Carl).
81. Femmes de pêcheurs au retour de l'église.
82. Pendant la messe.
   Zorn (Anders).
83. Mère.
84. Nuit du 24 juin (Mora).
85. Oscar II.

SCULPTURE

   Améen (Mme Marta).
1. Liens brisés.
   Bonnier (Mlle Eva).
2. Lampe.
3. Boîte et cachet.
   Eldh (Carl-Johan).
4. Innocence.
5. Ève.
   Ericson-Molard (Mme Ida).
6. La Maman.
7. Collaborateurs.

Eriksson (Christian).
8. Bretonne.
9. Statuettes et reliefs.
10. Kajsa.
Jonsson (Sven-August-Adolf).
11. Misère.
Matton (Ida).
12. Dans les vagues.

Milles (A^son-C.-V.).
13. Jeune fille.
14. Agar et Ismaël.
Nilsson (Svante-E.).
15. Portraits médaillons.
Sorensen-Ringi (Harald).
16. La Vague.
17. Vase.

SUISSE

PEINTURES ET DESSINS

Amiet (Cuno).
1. Richesse du soir.
2. Paysage d'hiver.
3. Paysage d'hiver.
4. Le Malade.
Anastasio (Pietro).
5. Le Premier Roman.
Balmer (Wilhelm).
6. Étude de nu.
7. Portrait d'enfant.
8. Le Premier Né.
Baud-Bovy (Auguste).
9. Paysage.
10. Paysage.
Beaumont (Auguste de).
11. Soir d'été aux environs de Genève.
12. Premier printemps, lac de Neufchâtel.
13. Matinée de juin.
Beaumont (Gustave de).
14. Vue de Genève.
15. Frise de l'arsenal de Genève.
16. Portrait; pastel.
Beaumont (Mlle Pauline de).
17. Lande fleurie.
18. La Forêt en novembre.
19. Un Pays.
Bedot-Diodati (Mlle Marie).
20. Portrait; aquarelle.
Benziger (Auguste).
21. M. Hauser, président de la Confédération suisse.
Berthoud (Mme Blanche).
22. Riffelalp.
23. Le Breithorn.
Biéler (Ernest).
24. Panneaux décoratifs.
Bille (Edmond).
25. Le Temps des fenaisons.

Billon (Charles).
26. L'Atre.
Boccard (Mme Elisa de).
27. Heures mornes.
Boitel (Edouard).
28. Le Rothorn, Lindl (Valais); aquarelle
Boos (Edouard).
29. Paysage d'hiver.
Bouvier (Mlle Berthe).
30. Repos; pastel.
Bovet (Edmond).
31. Soirée d'automne; aquarelle.
Breslau (Louise-Catherine).
32. La Chanson enfantine.
33. Gamines.
34. La Dame aux chrysanthèmes.
35. Petite fille à la poupée.
36 à 39. Pastels.
Bühler (Gerhard).
40. Vallée du Jura.
Buri (Max).
41. Madone.
Burnand (Eugène).
42. L'Invitation au festin.
43. Voyage du chrétien de Bunyan dessins.
Burnat (Adolphe).
44. L'Église de Brou; aquarelle.
Burnat (Ernest).
45. Le Moulin rouge à Levanto; aquarelle.
46. Rio Maggiore (Ligurie); aquarelle.
Burnat-Provins (Marguerite).
47. Profil à la coiffe.
48. Valaisanne au chapeau.
49. Valaisanne au bonnet.

Chiesa (Pietro).
50. Repos.
Coutau (Hippolyte).
51. Premier printemps.
Crosnier (Jules).
52 à 54. Aquarelles.
Douzon (Théodore).
55. Effet de neige.
56. Temps gris d'automne.
Emmenegger (Hans).
57. Matinée de juin.
58. Colline.
Estoppey (David).
59. Paysage de Savoie.
60. Paysage de l'Ain.
Franzoni (Albert).
61. Vallon près de Recco (Italie).
62. L'Été.
63. Chardons et Marais.
64. La Porte de Gruyères ; aquarelle.
65. Village de Grimentz (Valais) ; aquarelle.
Franzoni (Filippo).
66. Après l'orage.
67. Le Delta de la Maggia, à Locarno.
Ganz (Edwin).
68 à 70. Études pour l'assaut de Montaigu ; dessins.
Garnjobst (Hans).
71. Ma Mère.
72. Epoque primitive.
73. Matinée d'automne ; aquarelle.
Gaud (Léon).
74. Cuisines économiques.
75. La Rentrée, le soir.
Gaulis (Fernand).
76. L'Espace (Venise).
77. La Route de Javernaz ; aquarelle.
78. Dans le port de Gênes ; aquarelle.
Gehri (Karl).
79. Nouveau Calendrier.
Giacometti (Giovanni).
80. Portrait de mon père.
Girardet (Eugène).
81. L'Heure de la prière, à Bou-Saâda.
82. Tombeaux des Mamelucks.
Girardet (Paul).
83. Le Printemps en Provence.
Giron (Charles).
84. Portrait.
85. Jeune fille d'Unterwald.
86. Cime de l'Est.
Goumois (William de).
87. Route solitaire.
Gos (Albert).
88. Une Nuit au mont Cervin.

Grob (Conrad).
89. Recueillement.
Hinderling (Armand).
90. Le seul enfant.
Hodler (Ferdinand).
91. La Nuit.
92. L'Eurythmie.
93. Le Jour.
Höflinger (Albert).
94. Portrait de ma mère.
Jeanneret (Gustave).
95. Les Saisons de la vigne.
Jeanmaire (Edouard).
96. Lever de soleil à Pouilleules.
Jeidels (Charles-Henri).
97. La Baie du mont St-Michel.
Ihly (Daniel).
98. Automne à Vandœuvres.
99. Bords de la Marne à Champigny.
100. Printemps à Vandœuvres.
Kaiser (Edouard).
101. Atelier de monteur de boîtes.
102. Paysage à Oberœchinen.
Lehmann (Wilhelm-Ludwig).
103. Derniers rayons du soleil.
104. Nuages du soir.
105. Crépuscule ; pastel.
Lendorff (Hans).
106. Port de mer écossais.
Mariotti (Giacomo).
107. L'Octave des Morts à Cevio.
Mestral-Combremont (V. de).
108. Le Sommeil ; pastel.
Meyer (Charles-Théodore).
109. Paysage.
110 et 111. Pastels.
Moos (Joseph von).
112. Rosa mystica.
Morax (Jean).
113. Vendanges.
Morsier (Frédéric de).
114 à 116. Aquarelles.
Nicolet (Gabriel).
117. Orphelines d'Amsterdam.
Odier (Jacques).
118. Vue de Sierre (Valais).
119. Le Rhône à Finge (Valais).
120. Lac de Géronde.
Palézieux (E.-H.-Théodore).
121. Effet de brume en Bretagne.
Patru (Louis).
122. Le Torrent.
123. Pâturage de Salleufe.

Perrelet (Paul).
124. Causerie à l'ombre.
125. Autour de la fontaine.

Perrier (Alexandre).
126. L'Aube, vision de montagne.
127. Pré fleuri, vision de montagne.
128. Salève, vision de montagne.

Rapin (Aimée).
129. Portrait de M. A. de N.; pastel.

Redmond (Mme Fried).
130. Bégonias; aquarelle.

Rehfous (Alfred).
131. Le Vallon de Thoiry (Ain).
132. Le Rhône près de Sion.
133. Lac de Morat (canton de Fribourg).
134. Golfe de Coudrée (Lac de Genève).

Renevier (Julien).
135 à 137. Dessins et aquarelle.

Rheiner (Edouard).
138. Poésie du soir (lac de Genève).

Robbi (Adolphe).
139. Jeune Sabine.

Roederstein (O.-W.-Ottilie).
140. Portrait de l'artiste.
141. Jeune homme en béret.
142. Portrait de Mlle H.

Rossi (Luigi).
143. Le Moût.

Rossmann (Mlle Augusta).
144. Portrait.

Röthlisberger (William).
145. La Vieille servante.
146. Pêcheurs au grand filet (lac de Neuchatel).

Ruch (Jacques).
147. A l'aube des Glarides.

Sandreuter (Hans).
148. Val Bavona (Tessin).
149. Aux environs de Bâle.
150. La petite fontaine de Jouvence.
151. Il Decamerone.

Saugy (Louis).
152. Chambre de paysan; dessin.

Schill (Emile).
153. Le Soir.

Schoenberger (Martin).
154. M. le Dr Dardel.
155. Sons de printemps.

Schwabe (Carlos).
156. Le Miroir (paysage).
157. Le Rêve.
158 à 162. Dessins et aquarelles.

Silvestre (Albert).
163. La Dune, lac de Genève.
164. Bords du Rhône.

Soldano (Mlle Jane).
165. Aquarelles.

Stockmann (Anton).
166. Mon professeur.

Stückelberg (Ernest).
167. Les Sirènes.
168. Acheteur d'amourettes.
169. Sapho.

Thomann (Adolphe).
170. Génisses.
171. Intérieur d'une écurie.
172. Vaches au pâturage.

Turian (Emile).
173. A Moudon.
174. Ronde de jeunes filles.
175. Petites Russiennes; dessin.
176. Portique de maison à Moudon; dessin.

Vallet (Edouard).
177. Le Bûcheron.
178. Le Braconnier.
179. Dessin.
180. Dessin (tête d'homme).

Vautier (Carl).
181 et 182. Pastels.

Vautier (Otto).
183. Deux Amies.
184. Petite fille devant une grange.

Vibert (Pierre-Eugène).
185. Le Calvaire; gouache.

Virchaux (Paul).
186. Novembre à Savièze.
187. L'Hiver à Savièze.

Vuillermet (Charles et Joseph).
188. La Vocation des apôtres.
189. Le Martyr de saint André; dessin.

Wagner (Jacob).
190. Ponte Brolla.
191. Coucher de soleil au lac Majeur.
192. Matin de février au Maggia delta.

Waldmeier (Ernest).
193. Le Vieil étang.

Welti (Albert).
194. Soir de noce.

Wetstein (Robert).
195. Épluchage de haricots.

Wieland (Hans-Beat).
196. Quand la nuit s'approche.
197 et 198. Paysages; aquarelles.

SCULPTURE

Albisetti (Natale).
1. De Melchtal et son fils.
Chiattone (Antonio).
2. Le Repos.
Chiattone (Giuseppe).
3. Ave Maria.
David (Théodore).
4. Le Chanoine Metroz du St-Bernard.
Dunand (John).
5. Portrait de jeune fille.
6. Portrait d'homme.
Frei (Hans).
7. Médailles.
Girardet (Mme Berthe).
8. Le Toréador.
9. La Vieille.
10. La Vierge.
Kaufmann (Jean).
11. Angelica Kaufmann.
12. Dr Arnold ott.
13. Jos-Casp. Schwendimann.
Langenegger (Rosa-Marie).
14. La Boudeuse.
Lanz (Alfred).
15. Monument funéraire.
16. M. Schenk.
Leu (Max).
17. W. Balmer, peintre.
Mettler (Walter).
18. Baigneuse.
Niederhausren (A. de).
19. Favon.
20. Hodler.
21. Les Initiés.
22. Fragments du monument Verlaine.
Reggazoni (Ampelio).
23. Soucieuse.
Reymond de Broutelles (M.).
24. Étude d'expression.
25. L'Etoile.
26. Portrait en pied.
27. Le Major Davel.
Siber (Gustave).
28. Atropos.
Töpffer (Charles).
29. La Baigneuse.
30. Toilette.
31. Sorcière.
32. Médailles.
Vassali (Luigi).
33. Pestallozzi.
34. Prière d'anges.
Vibert (James).
35. Objets en grès.
Waldmann (Oscar).
36. Lion et sanglier.
37. Cires perdues.

TURQUIE

PEINTURES

Capamagian (N.).
1. Portrait ; pastel.
Chabanian (Arsène).
2. La Vague.
3. Sur les bords de la Méditerranée.
Chahine (Edgar).
4. Coin de rue.
5. Montmartre.
Della Sudda (Emilio).
6 à 8. Pastels.
Diranian (Sarkis).
9. Danseuse circassienne.
10. Les Bijoux.
11. Munir bey, ambassadeur de Turquie.
Halil R. Bey.
12. Portrait de dame.
Loghadès (Mme de, née Tchoumakoff).
13 et 14. Portraits ; pastels.

SECTION INTERNATIONALE

PEINTURES

Americo (Pedro).
1. Honneur et Patrie.

Bielewiecki (Alexandre).
2 à 4. Portraits sur émail.

Blanes (Juan-M.).
5 Les Ennemies de l'âme.

Gonzalez (Juan-François).
6. Le Chemin de l'église.
7. Village au bord de l'eau.
8. Une rue au Chili.

Harris (Juan-Eduardo).
9. Une Matinée.
10. La Loi de l'honneur.

Lira (Pierre).
11. Enfance de Giotto.
12. Ermite en prière.
13. Portrait.

Myrton-Michalski (Valentin).
14 et 15. Portraits.

Rodriguez-Etchart (Severo).
16. Portrait de Mme M. M.

Visconti (Elysée).
17. Les Oréades.
18. Mélancolie.

Weingartner (Pedro).
19. Les Flûtes de Pan.

SCULPTURE

Gonzalez (Simon).
1. L'Enfant qui boude.

2. « Spes unica. »
3. Mendiant.

TABLE DES GRAVURES

FRANCE

PEINTURE

Abbema (Mlle L.) . . 60	Bordes (E.) 116	Courtois (G.) . . . 114
Adan (L.-E.) 113	Borchard (E.) . . . 117	Courtois (G.) . . . 115
Adler (J.) 76	Bouguereau (W.-A.) 132	Dagnan - Bouveret
— —. 77	— — 133	(P.-A.) 161
Agache (A.-P.) . . . 166	Boulard (É.) . . . 26	Dameron (É.-C.) . . 145
— — 167	Bourgain (G.) . . . 98	Darien (H.-G.) . . . 131
Alaux (G.) 158	Bourgonnier (C.) . . 114	Dawant (A.-P.) . . . 31
Alizard (J.-P.) . . . 19	Boutigny (E.) . . . 168	Debat-Ponsan (E.) . . 64
Aubert (J.-E.) . . . 102	— — 169	Delabarre (E.) . . . 147
Aubert (J.-J.-F.) . . . 83	Braut (A.) 49	Delahaye (E.-J.) . . . 81
Aublet (A.) 1	Bréauté (A.) 38	Delance (P.-L.) . . . 44
Bail (J.) 102	— — 159	— —. 122
— —. 103	Breton (J.) 148	Delobbe (F.-A.) . . . 47
Barillot (L.) 10	— — 149	Demont (A.-L.) . . . 81
— —. 11	Brispot (H.) 99	Demont - Breton
Barrias (F.-J.) 54	Brouillet (A.) . . . 15	(Mme V.) 39
— — 88	Buffet (A.) 50	Deschamps (L.) . . . 2
— — 166	Buffet (P.) 83	Detaille (E.) 44
Baschet (M.) 170	— — 163	Deully (E.-A.) . . . 121
— — 171	Buland (E.) 85	Deyrolle (T.-L.) . . . 35
Beaury - Saurel	Bussière (G.) . . . 103	Didier (J.) 82
(Mme A.) 108	Busson (C.) 132	Didier-Pouget (W.) . 58
— — 150	Busson (G.) 41	Dubufe (E.-M.-G.) . 134
Beauvais (A.) 20	— — 96	Dufau (C.-H.) . . . 80
Bellanger (C.-F.) . . 59	Calbet (A.) 138	Duhem (H.-A.) . . . 61
Benjamin-Constant	Callot (G.) 49	Duhem (Mme M.) . . . 61
(J.-J.) 65	Carolus Duran (E.) . 20	Dupré (J.) 79
Benner (J.) 53	— — 21	— —. 155
— — 96	Carrier - Belleuse	Duvent (C.) 3
Béraud (J.) 9	(P.) 8	— —. 162
Bergès (G.) 147	— — 97	Edouard (A.-J.) . . . 7
— — 149	Carteron (E.) . . . 50	Enders (J.-J.) 10
Berne - Bellecour	Cauchois (E.-H.) . . 91	Estienne (H. d') . . . 158
(E.-P.) 112	Cavé (J.-C.) 58	Etcheverry (H.-D.) . 59
Béronneau (M.) . . . 68	Cerbelaud-Pigelet	Félix (L.-P.) 19
— — 131	(Mme J.-L.-B.) . . . 114	Ferrier (G.) 24
Berthelon (E.) . . . 35	Chabal - Dussurgey	Feyen (E.) 27
Besnard (P.-A.) . . . 164	(A.-P.) 50	Flameng (F.) 172
— — 165	Chabas (M.) 116	Foreau (L.-H.) . . . 11
Beyle (P.-M.) 9	Chaperon (E.) . . . 78	Foubert (E.-L.) . . . 8
Biva (H.) 148	Chevilliard (V.) . . 76	— —. 176
Blanche (J.-E.) . . . 152	Clairin (G.) 40	Fougerat (E.) 19
Bloch (A.) 8	— — 41	Fouqueray (C.) . . . 40
Boggio (E.) 103	Claude (G.) 30	— —. 41
Bondoux (J.-G.) . . . 7	— — 31	Fourié (A.) 51
Bonnat (L.) 56	Coëssin de la Fosse	Frappa (J.) 116
— — 57	(C.-A.) 34	Friant (E.) 136
Bonnencontre (E.-	Colin (P.) 95	— —. 137
C. de) 144	Collin (R.) 104	Gagneau (L.) 35
Boquet (J.) 4	— — 105	— —. 148
— — 5	Cormon (F.) 62	Gelhay (É.) 60

TABLE DES GRAVURES

Geoffroy (J.) . . . 26	Lecomte du Nouy (J.) 55	Priou (L.) 32
Gervais (P.) 136	Leclercq (L.-A.) . . 93	Quignon (F.-J.) . . 27
Gervex (H.) 120	Lefebvre (J.-J.) . . . 156	Ravaut (R.-H.) . . 32
— — . . . 121	— — 157	Renard (E.) 91
Giacomotti (F.-H.) . 6	Leménorel (E.-E.) . 99	Richemont (A. de). 28
Gilbert (V.-G.) . . . 174	Le Pan de Ligny (J.) . 119	Rieder (M.) 52
— — . . . 175	Le Quesne (F.) . . . 116	Rigolot (A.-G.) . . 25
Glaize (A.-B.) . . . 75	Lerolle (H.) 92	Rixens (J.-A.) . . . 40
Glaize (P.-P.-L.) . . 75	— — 142	Robert-Fleury (T.) . 142
Gorguet (A.-F.-M.) . 37	Leroux (A.-J.-M.) . . 123	— — . . 143
Gosselin (A.) 113	Leroy (P.) 123	Rochegrosse (G.) . 22
Gourse (H.-C.) . . . 60	Lévy (H.-L.) 14	Roll (A.-P.) 142
Granchi-Taylor (A.) . 32	— — 78	— — 143
Gradjean (E.-G.) . . 54	Lévy-Dhurmer (L.) . 111	Rosset-Granger
Grolleron (P.) . . . 16	Lhermitte (L.-A.) . . 93	(E.) 166
Gros (L.) 61	Liot (P.) 104	Rouffet (J.) 102
Gruyer - Brielman	Loustaunau (feu L.) . 97	Roy (M.) 138
(Mme E.) 7	Lucas (D.-L.-M.) . . 177	— — 139
— — 100	Lucas (M.-F.-H.) . . 141	Roybet (F.) 86
Guay (G.) 96	Machard (J.) 141	— — 87
Gueldry (F.-J.) . . . 146	— — 160	Royer (H.) 138
Guillaume (A.) . . . 172	Madeline (P.) . . . 6	— — 139
— — . . . 173	Maignan (A.-P.-R.) . 24	Royer (L.) 37
Guillemet (J.-B.-A.) 54	Maillart (D.-U-N.) . 47	Sabatté (F.) 42
Guillonnet (O.-D.-	Marais (A.) 23	— — 43
V.) 118	Marlef (Mme C.) . . 151	Saglio (E.) 174
— — . . . 119	Martens (E.) 17	Sain (E.-A.) 122
Guillou (A.) 104	Martin (A.-N.) . . . 74	— — 123
Guinier (H.) 63	Martin (H.-J.-G.) . . 20	Saïn (P.-J.-M.) . . 89
Guy (H.) 63	— — 21	Saint-Germier (J.) . 85
Haquette (G.) . . . 124	Mathey (P.) 87	Saintpierre (G.-C.) . 34
Harpignies (H.) . . 51	Maxence (E.-H.) . . 30	Salzedo (P.) 89
Henner (J.-J.) . . . 78	Mélingue (G.) . . . 16	Saubès (D.) 74
Hermann-Léon (C.) . 165	Ménard (E.-R.) . . . 44	— — 129
His (R.-C.-E.) . . . 89	— — 45	— — 151
Hoffbauer (C.) . . . 155	Mercié (A.) 29	Sautai (P.-E.) . . . 162
Houssay (Mlle J.) . . 16	Monginot (C.) . . . 82	— — 163
Humbert (F.) 124	Montenard (F.) . . . 85	Scherrer (J.-J.) . . 172
Iwill (M.-J.) 81	Montholon (F. de). . 8	Schommer (F.) . . . 112
Jacquier (H.) 100	Montzaigle (E. de) . 81	Schryver (L. de) . . 106
Jamin (P.-J.) 95	Moreau (A.) 141	— — 107
Jobert (P.) 6	Moreau de Tours . . 115	Sergent (L.-P.) . . . 85
Jolyet (P.) 13	Moreau-Néret (A.) . 91	Sinibaldi (J.-P.) . . 92
Jourdan (R.) 76	Morlon (A.-P.-E.) . . 40	Sonrel (Mlle E.) . . 131
Lagarde (P.) 123	Morot (A.) 101	Steck (P.) 117
La Haye (A.-M.) . . 127	Muenier (J.-A.) . . . 82	Surand (G.) 47
Laissement (A.-H.) . 152	Orange (M.-H.) . . 9	Tanzi (L.) 135
Lalauze (A.) 35	Paris (J.-M.-A.) . . 26	Tardieu (V.) 130
Lamy (P.-Franc.) . . 132	Perrault (H.-P.) . . 81	Tattegrain (F.) . . 72
Lard (E.-M.) 144	Perrault (L.) 17	— — 73
Laugée (feu D.) . . . 90	Perret (A.) 150	Tavernier (P.) . . . 22
— — 91	Perrier (Mlle M.) . . 93	Tenré (H.) 27
Laugée (G.) 15	Petitjean (E.) 125	Thirion (E.-R.) . . 84
Laurens (J.-P.) . . . 68	Petit-Gérard (P.) . . 138	Thivier (E.-L.) . . 92
— — 69	Popelin (G.) 52	Thomas (P.) 108
Laurens (J.-P.) . . . 128	Prévot-Valeri (A.) . 85	— — 109
Laurens (P.-A.) . . 94	Princeteau (R.-P.) . 135	Thurner (G.) 79
Laurent - Desrous-	Prinet (R.-X.) . . . 120	Toudouze (E.) . . . 36
seaux 128	Prinet (R.-X.) . . . 176	— — 37
Layraud (J.-F.) . . . 110		Tournès (E.) 110

TABLE DES GRAVURES

Triquet (J.)	112	Wallet (A.)	33	Zo (A.)	67
Truchet (A.)	100	Weertz (J.-J.)	155	Zo (H.)	103
Vayson (P.)	66	— —	157	Zwiller (M.-A.)	98
Veber (J.)	98	Wencker (J.)	48	Zuber (J.-H.)	163
Vibert (J.-G.)	105	— —	178		
Wagrez (J.)	88	Wéry (E.)	151		

SCULPTURE

Aizelin (E.)	83	Dubois (E.)	94	— —	154
Allouard (H.-E.)	21	Dubois (P.)	4	— —	175
— —	48	Ducrot - Icard		Massoulle (A.-P.)	120
Aubé (J.-P.)	92	(Mme F.)	74	— —	164
— —	163	Escoula (J.)	12	Mengue (J.-M.)	111
Bareau (G.-M.-V.)	42	Fagel (L.)	2	— —	160
— —	46	Falguière (A.)	84	Mercié (A.)	70
— —	139	Ferrary (M.)	18	Moreau - Vauthier	
Barrau (Th.)	82	— —	80	(P.)	41
Barrias (E.-L.)	88	— —	168	Morice (L.)	143
Blanchard (J.)	97	Frémiet (E.)	70	Octobre (A.)	18
Boisseau (E.-A.)	173	— —	71	Pech (G.-E.)	43
Boucher (A.)	90	Gardet (G.)	117	Perron (Ch.-Th.)	3
Capellaro (P.-G.)	68	— —	131	— —	164
Carlès (A.-J.)	94	— —	153	Peter (V.)	117
Carlier (E.-J.)	130	Guglielmo (L.)	100	Puech (D.)	135
Charpentier (F.-M.)	102	Guilbert (E.-Ch.-D.)	64	— —	150
— —	111	Guittet (G.)	159	— —	175
— —	118	Hannaux (E.)	144	Rivière (Th.-L.-A.)	3
Chevré (P.)	42	Itasse (Mlle J.)	79	— —	154
Convers (L.)	38	Lafont (E.-R.)	126	Robert (E.)	55
— —	88	Lami (S.)	162	Rodin (A.)	114
— —	108	Larche (F.-R.)	5	Roger-Bloche (P.)	34
— —	156	— —	15	Saint-Marceaux	
Cordonnier (A.-A.)	12	— —	122	(R. de)	36
Cornu (V.)	173	— —	140	— —	37
Daillion (H.)	74	Larroux (A.)	36	Seysses (A.)	160
Dalou (A.-J.)	93	— —	46	Sicard (F.)	140
Demagnez (Mlle M.-A.)	110	Lefevre (C.)	140	— —	164
Deplechin (E.)	130	Lemaire (H.)	130	Soulès (F.)	38
Dercheu (J.-A.-A.)	157	Leroux (E.)	72	— —	126
Derré (E.)	129	Lombard (H.)	4	Syamour (Mme M.)	124
Desruelles (F.-A.)	106	Louis-Noel (H.)	53	Valton (Ch.)	29
Dubois (E.)	46	— —	106	— —	154
		Marqueste (L.-H.)	105	Vidal (H.)	18

PAYS ÉTRANGERS

PEINTURE ET SCULPTURE

Allemagne				Belgique	
		Reichenbach (Cte W)	180		
		Simm (F.)	179		
Dammeier (R.)	180	Autriche		Baertsoen (A.)	184
Liebermann (M.)	179			— —	185
Meyerheim (P.)	180	Vacha (R.)	181	Claus (E.)	182

TABLE DES GRAVURES

Heymans (A.-J.) . . . 185	Eisenhut (F.) . . . 198	Kostandi (K.) . . . 218
Laermans (E.-J.-J.) 183	Fényes (A.) 197	Perwonkhine (C.) . 220
Lambeaux (J.) . . . 184	Hegedüs (L.) . . . 197	Petrokokino (C.) . 219
Leempoels (J.) . . . 182	Medovic (M.-C.) . . 198	Pilichowski (L.) . . 219
Le Mayeur (A.) . . 185	— — . . . 199	Przepiorski (L.) . . 218
Struys (A.) 185	Vaszary (J.) 198	Rerich (N.) 215
Van-Hove (E.) . . . 181	Italie	Ryszkiewicz (J.). . 221
Van der Straeten (G.) 184	Balestrieri (L.) . . 202	Soldan-Brofeldt (V.) 217
	Bazzaro (L.) 200	Tkatchenko (M.) . 214
Espagne	Corelli (A.) 200	Wasilkowski (C.) . 215
Alonso y Torres (L.) 191	Fattori (J.) 201	Wasnezow (A.). . . 214
	Guaccimanni (V.) . 202	— — . . 215
Arredondo y Cal- mache (R.) . . . 189	Joris (P.) 201	— — . . 220
	Romani - Carlesino (Mᵐᵉ J.) 199	Wlasoff (S.) . . . 215
— . . . 190		Wylie (M. de) . . . 222
— . . . 192	Rotta (S.-J.) . . . 202	— — . . 223
Benlliure y Gil (J.) 187	Pays-Bas	Zmurko (F.) . . . 221
Cabello Izarra (S). 186	Briët (A.-H.-C.) . 204	Serbie
Checa (U.), ... 191	Jansen (H.-W.) . . 205	Vucetitch (P.) . . . 225
Domingo (F.) 192	Pieters (E.) 205	— — . . 226
Fabrès (A.) 186	Ronner (Mᵐᵉ H.) . 204	Suède
— 189	Schildt (M.) 203	Albert (G.) 227
— 191	Schwartze (Mˡˡᵉ Th.) 203	Bjorck (O.) 227
Ferrer y Miro (J.) 187	Pérou	Bjorkman (H.) . . . 227
Fillol y Granell (A.) 188	Lynch (A.) 237	Eugène (S. A. R. le Prince) 226
	— — . . 238	
— 189	Portugal	Larsson (C.) . . . 226
Miralles Darma- nin (J.) 188	Pinto (M.-H.) . . . 207	Pauli (H. née Hirsch) 225
	Reis (C.) 205	Pauli (G.) 228
Moreno-Carbonero (J.) 186	— — . . 206	Wahlberg (A.) . . . 228
	— — . . 207	Suisse
— 188	Rio (J.) 207	
Saenz de Tejada (M.) 190	Sa (A. F. de) . . . 208	Amiet (C.) 230
	— — . . 208	— — . . 234
Salinas (P.) 191	Souza-Pinto (J. de) 206	Beaumont (A. de) . 230
Santa Maria y Se- dano (M.) 193	— — . . 209	— — . . 231
	Roumanie	Biéler (E.) 228
Teixidor y Torres (J.) 193	Deschly (I.) 210	Breslau (Mᵐᵉ L.-C.) 231
	Grigoresco (N.) . . 211	Buri (M.) 232
Teixidor y Torres (M.) 190	— — . . 212	Gaud (L.) 236
	— — . . 213	Gehri (K.) 234
États-Unis	Gropeano (N.) . . . 211	Girardet (E.) . . . 230
Bohm (M.) 194	Pallady (Th.) . . . 211	Jeanneret (G.) . . . 236
Knight (R.) 194	— — . . 209	Kaiser (E.) 232
Mac Ewen (W.) . . 195	Serafim (D.) 212	Mariotti (G.) . . . 234
Mac-Monnies (F.) . 239	Simonidy (M.) . . . 212	Moos (J. von) . . . 233
Grande-Bretagne	Russie	Nicolet (G.) . . . 236
Cameron (H.) . . . 196	Alchimowicz (C.) . 221	Roederstein (O. W. Ottilie) 235
Macpherson (W.-C.) 195	Berkoss (M.) . . . 221	Vuillermet (C.) . . 231
Roche (A.) 195	Borissow (A.) . . . 220	— — . . 233
Grèce	Botkine (T.) . . . 216	Waldmann (O.) . . 229
Ralli (Th.) 196	Gabovitch (J.) . . . 218	— — . . 234
Thomopoulos (E.) . 196	— — . . 219	Section internationale
Hongrie	Kaplan (M.) 224	Harris (J.-E.) . . . 238
Arpad de Migl. . . 197	Kassatkine (N.) . . 216	Rodriguez-Etchart (S.) 199
	Kostandi (K.) . . . 213	

Librairie d'Art. — L. BASCHET, Éditeur, rue de l'Abbaye, 12
PARIS

LES GRANDS SUCCÈS
DU
PANORAMA

L'Exposition Universelle de 1900 (20 livraisons à 60 centimes).

Paris instantané. 500 vues et monuments (20 liv. à 60 c.). Le volume relié . . . . **15 fr.**

Paris s'amuse. Les Cafés-concerts, la Danse, Serpentins et Confetti, le Bal de l'Opéra, la Journée de la Parisienne, le Coucher de la Mariée, etc., etc. (10 livraisons à 60 cent.) Le volume relié . . . . **8 fr.**

Paris la Nuit. Théâtres et Coulisses, Attractions parisiennes, le Moulin-Rouge, le Moulin de la Galette, Bullier, les Cabarets artistiques, etc. (10 livraisons à 60 cent). Le volume relié. **8 fr.**

Les Saisons. 160 compositions photographiques. La Pêche, le Bain, la Chasse, les Vendanges, le Patinage, etc. (10 livraisons à 60 cent.). Le volume relié . . . . **8 fr.**

Nos jolies Actrices. 130 portraits. (5 livraisons à 60 cent.). Le volume relié . . . . **4 fr. 50**

Panorama=Salon. Choix des meilleures œuvres exposées chaque année au Salon. Années 1895 et 1896 épuisées. — Années 1897 à 1900 (chaque année, 10 livraisons à 60 cent, dont 5 consacrées au Nu). Le volume relié . . . . **8 fr.**

Le Louvre et le Luxembourg. 80 chefs-d'œuvre de nos musées (5 liv. à 60 centimes). Le volume relié . . . . **4 fr. 50**

Merveilles de France. 400 vues et monuments (25 liv. à 60 c.). Le vol. relié. **18 fr.**

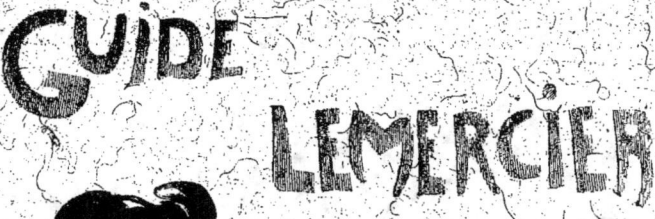

GUIDE LEMERCIER

publié par les concessionnaires
du CATALOGUE OFFICIEL
de l'Exposition Universelle

Le plus Artistique, le plus Complet,
le plus Pratique de tous les GUIDES
de l'Exposition Universelle de 1900

25 plans en couleurs. — 100 photographies
Liste des attractions, des produits exposés
et des restaurants avec leurs prix, etc.

———

PRIX : 1 fr. 50 broché
Cartonné : 2 fr.

En vente : Chez L. BASCHET, éditeur, 12, rue de l'Abbaye, Paris,
Sur toutes les tables et dans tous les kiosques de l'Exposition, et
chez tous les libraires.

Paris. — Imp. Lahure, rue de Fleurus, 9.

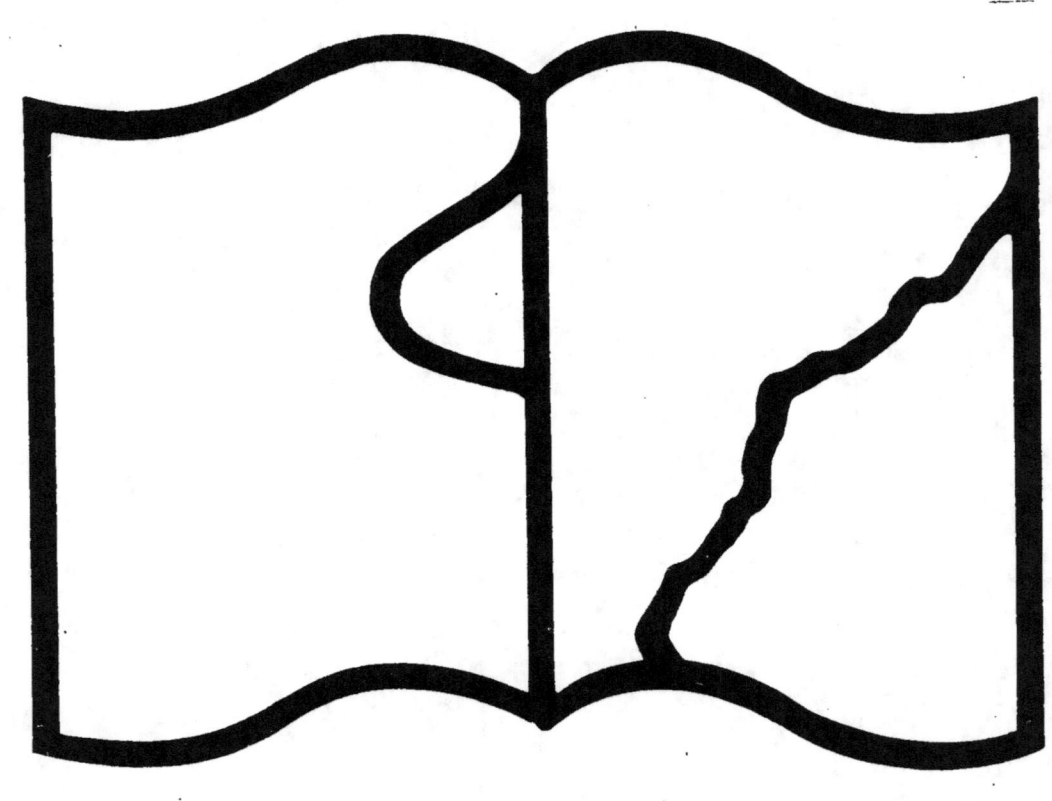

Texte détérioré — reliure défectueuse

NF Z 43-120-11

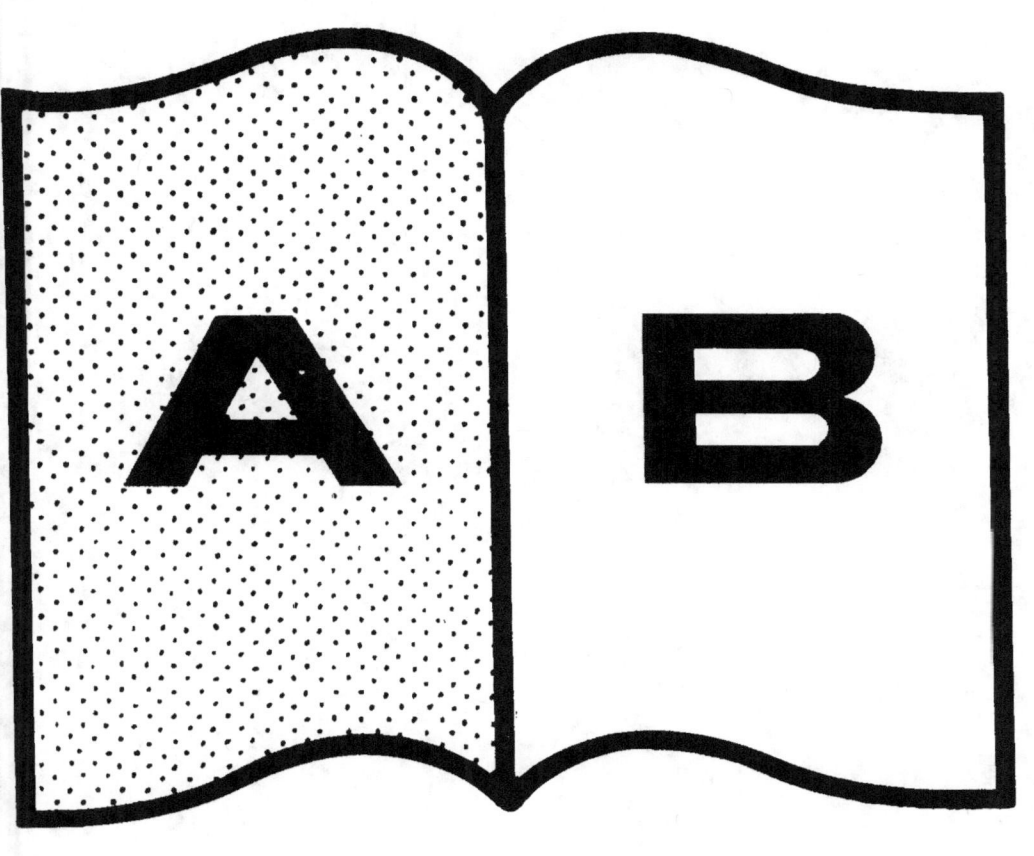

Contraste insuffisant

NF Z 43-120-14

www.ingramcontent.com/pod-product-compliance
Lightning Source LLC
Chambersburg PA
CBHW052239220526
45471CB00001B/105